高职高专旅游与酒店管理专业"十三五"规划教材

饭店服务心理学

高职高专旅游与酒店管理专业教材编写组　编

主　编　张保忠　花菊香
副主编　卫聪聪

河南大学出版社
HENAN UNIVERSITY PRESS

·郑州·

图书在版编目（CIP）数据

饭店服务心理学/高职高专旅游与酒店管理专业教材编写组编. —郑州：河南大学出版社，2017.6（2018.1 重印）

ISBN 978-7-5649-2939-8

Ⅰ.①饭… Ⅱ.①高… Ⅲ.①饭店-商业心理学-高等职业教育-教材 Ⅳ.①F719.2

中国版本图书馆 CIP 数据核字（2017）第 156645 号

责任编辑 郑 鑫
责任校对 林方丽
封面设计 郭 灿

出版发行 河南大学出版社
地址：郑州市郑东新区商务外环中华大厦 2401 号 邮编：450046
电话：0371-86059712（高等教育与职业教育出版分社）
　　　0371-86059701（营销部）
网址：www.hupress.com
排　版 郑州金点图文设计有限公司
印　刷 虎彩印艺股份有限公司
版　次 2017 年 8 月第 1 版　　印　次 2018 年 1 月第 2 次印刷
开　本 787mm×1092mm　1/16　印　张 19.75
字　数 492 千字　　　　　　　定　价 42.00 元

（本书如有印装质量问题，请与河南大学出版社营销部联系调换）

前 言

21世纪是亚洲和中国饭店行业的"黄金时期",如何迎接国际上的"新时代饭店"模式的挑战,适应我国饭店业进一步发展对心理学的需求,是饭店行业工作者和心理学研究者共同的研究任务。《饭店服务心理学》作为高等职业技术学院旅游与酒店管理专业的主干课程之一,其理论研究得到了许多专家与饭店管理经营者的深度关注。旅游业和饭店业的蓬勃发展要求饭店的从业者去寻找更加系统、更加全面和更加科学的服务心理研究方法;要求饭店行业的实践研究操作者投身于实际工作,根据现有的理论与研究成果,结合实际工作情况,有针对性地提出科学、全面的饭店服务和管理方法。

本书在进行工作分析的基础上选取了与饭店服务工作密切相关,同时对于培养学生独立解决问题的能力有重要作用的心理学知识点,较系统地阐述了相关的原理、方法及其在实践中的应用。

本书的编者吸收了国内外各类服务心理学和旅游心理学教材的优点,借鉴和参考了大量的文献资料,力图将国内外旅游与服务心理学领域的最新研究成果和实践资料融入本书。全书共十四个项目,分别介绍了个体心理基本知识(感知觉与观察、注意与记忆、需要与动机、思维与问题解决及决策、情绪、人格等)、饭店服务心理(前厅、客房、餐饮、销售及售后)、员工心理(职业适配与适应、职业生涯发展管理、激励、压力与心理健康)、沟通宣传人际关系及其他社会性行为、人性化的服务与人性化的管理等方面的基本概念和原理,并讨论这些知识在宾客的消费、饭店服务和管理方面的应用。为了便于学习,本书主要遵照"先介绍每一个心理现象的内涵和已有的心理学研究成果,再探讨相关原理的实践运用"的原则来安排各项目任务的结构,同时,尽量不涉及服务措施与管理措施,而是让读者自己(或参照其他课程中的具体内容)来提出应对措施与方法,在学习中强调观察与设身处地,以达到知己知彼的效果,并促进学生分析问题、解决问题能力的提高,也避免了与其他职业课程中相关内容的重复。

在编写本书的过程中,编者博采众长,参考并吸收了有关专著、教材和相关网络资源的成果,书后虽有列示但难免遗漏,谨特向这些专家、学者、报刊和网络信息资料的作者表示由衷的感谢,感谢他们的研究成果为本书的编写提供了良好的参考。同时,本书的编写与出版还得到了黄河水利职业技术学院、郑州旅游职业技术学院的大力支持,在此一并表示感谢。

由于编者水平有限,加之时间仓促,书中难免存在不足之处,敬请各位学术同人、教师、学生和其他读者不吝赐教,多提宝贵意见,以便在对本书进行修订再版时加以改正。

编者
2017年6月

目 录

项目一	饭店服务心理学概述	1
任务一	饭店服务心理学的性质、内容和意义	3
任务二	心理、心理学的基本知识	7
任务三	饭店服务心理学的基本研究方法	20

项目二	人性化的服务与人性化的管理	28
任务一	人性化与人性管理	29
任务二	服务、优质服务与人性化服务	33
任务三	人性化管理的内涵与实施	42

项目三	饭店宾客消费行为分析的基本理论	55
任务一	饭店宾客消费行为概述	56
任务二	饭店宾客购买决策过程的理论	60
任务三	饭店宾客的消费经历	77

项目四	认知过程的基本原理及其在饭店服务中的应用	94
任务一	感知觉、观察的基本原理及其在饭店服务中的应用	96
任务二	注意、记忆的基本原理及其在饭店服务中的应用	103
任务三	思维、问题解决与决策	109

项目五	情绪、情感的基本原理及其在饭店服务中的应用	122
任务一	情绪、情感的概念、分类与基本规律	123
任务二	饭店宾客的情绪管理	126

项目六	需要、动机的基本原理及其在饭店服务中的应用	136
任务一	需要的基本规律及其在饭店服务中的应用	137
任务二	动机的基本规律及其在饭店服务中的应用	145

项目七　个性的基本原理及其在饭店服务中的应用　　　155
　任务一　个性的基本原理　　　156
　任务二　个性的基本原理在饭店服务中的应用　　　161

项目八　饭店前厅部服务心理　　　175
　任务一　饭店前厅部的作用和职能　　　176
　任务二　饭店前厅部服务心理　　　179

项目九　饭店客房部服务心理　　　189
　任务一　饭店客房部的作用和职能　　　190
　任务二　饭店客房部服务心理　　　193

项目十　饭店餐饮部服务心理　　　205
　任务一　饭店餐饮部服务概述　　　206
　任务二　宾客餐饮服务心理　　　210

项目十一　饭店销售及售后服务心理　　　220
　任务一　饭店产品的设计与市场营销　　　222
　任务二　饭店宾客的购买行为与销售技巧　　　235
　任务三　饭店宾客购买后行为及投诉的处理　　　242
　任务四　客户忠诚度的建立和维护　　　248

项目十二　饭店员工心理与行为的自我管理　　　254
　任务一　饭店员工职业生涯发展的自我管理　　　256
　任务二　饭店员工情绪与工作压力的自我管理　　　259
　任务三　饭店员工工作倦怠的自我调适　　　262
　任务四　成为学习型的饭店员工　　　264

项目十三　饭店员工心理与行为的组织管理　　　269
　任务一　员工的选拔与安排　　　270
　任务二　员工工作积极性的激励　　　283
　任务三　企业心理资本的培育　　　287

项目十四　群体中的沟通、宣传及其他社会性行为　　　293
　任务一　群体概述　　　294
　任务二　饭店中的沟通　　　296
　任务三　宣传的概念与基本规律　　　299
　任务四　饭店中的其他社会性行为　　　301

项目一
饭店服务心理学概述

学习目标

知识目标：1. 了解饭店服务心理学的学科定义、性质及学习、研究该学科的意义。
2. 掌握心理和行为的概念与类型。
3. 了解心理学研究人类心理与行为的基本思路，了解当代心理学关于心理和行为的基本观点。
4. 了解饭店服务心理学的基本研究方法。
5. 了解心理学的产生和发展的基本过程。

技能目标：能够初步运用观察法、调查法来研究人的心理和行为。

情感目标：1. 对饭店服务心理学的学习和研究产生积极的兴趣。
2. 初步形成在生活和工作中从性别、文化、职业、社会阶层、参照群体等多个角度分析人的心理和行为的意识。

项目导图

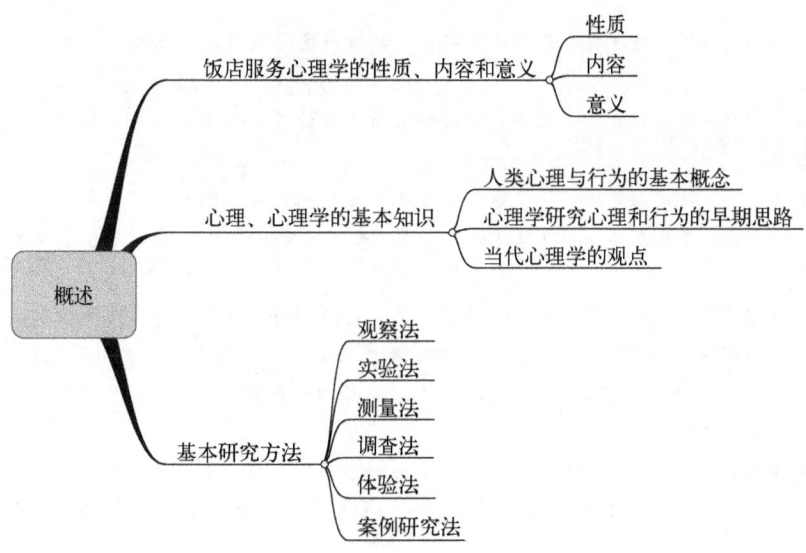

教授的遭遇

北京某旅游高校有一位著名教授，是研究饭店服务的专家，由于平时潜心研究学问，不太注意外部形象，再加上月薪偏低，平时消费比较拮据。在一次公务出差活动中，入住到某市一家五星级饭店，住宿是会务组安排，吃饭和其他消费是自费。

当他第一天中午参加完会议后，独自到饭店内的风味小餐厅就餐（由于他多年潜心研究学问，养成了一人独处的性格，在组织上没有安排集体活动的时候，喜欢单独行动）。

他刚走到小餐厅的门前，迎宾员看见他一身寒酸打扮和满脸沧桑的样子，不但没有露出甜蜜的微笑，连一句"欢迎光临"的日常礼貌用语也没有，只是用眼角轻蔑地扫了他一眼，他的心里"咯噔"了一下，一向受"尊重"的感觉消失了一半。但他还是硬着头皮走了进去，坐到餐桌前再也没有勇气看一眼递给他菜单的服务员，就胡乱地点了两个最便宜的菜和一碗面。

当他正在狼吞虎咽地吃饭时，听到站在离自己一米之外的两个服务员窃窃私语的声音。该餐厅只有他一个人用餐，他就敏感地抬起头来，看到两个服务员正用蔑视的眼光看着他，正在对他指指点点：
"这个人太穷酸，吃这么便宜的饭菜！"他再也吃不下去了，扔下筷子，迅速地逃离了餐厅。

他第一天到饭店的小餐厅里用餐，不但没有受到公正的待遇，连起码的"凡人尊严"在这些服务员面前也荡然无存了。这位著名的旅游专家遭遇的"痛苦经历"，后来就成为他在课堂上讲授"饭店服务心理学"的案例之一。

案例分析：

这位著名的高校教授，当年在离开饭店的时候，之所以没有投诉这家五星级饭店的主要原因有以下几点：

他认为自己平时研究的饭店服务理论，没有和饭店服务的实践融合在一起，是理论和实践脱钩的现象，需要改进。

经过两天的反思，他反而认为"无论做什么事都是有利也有弊"的。从"不公正的心理待遇"中找到了"利"的一面，在饭店的小餐厅里就餐时，遭遇的"不公正待遇"，是一次很成功的饭店心理服务"暗访"。

他反而很感谢小餐厅门口的迎宾员和两位服务员。是她们给他提供了一个反面案例，并且提醒了他今后在研究某一课题之前，除了阅读大量的书籍和资料之外，要有意识地利用到饭店就餐的机会，进行"暗访"，使自己的研究课题，由晦涩难懂的理论术语堆积成篇的"出土文物"早日成为理论和实践相结合的"大众读物"。

这次不愉快的经历，为他从另外一个角度的多方面思考了问题，奠定了一个基础，从而体现了一个高层面人物的平和心态和宽容胸怀。如果换了另外一位客人，投诉这几位服务员的可能性就很大。

思 考

1. 饭店服务心理学是一门什么样的学科？
2. 为什么要学习饭店服务心理学？
3. 怎样理解人的心理和行为？
4. 饭店服务心理学的基本研究方法有哪些？

任务一　饭店服务心理学的性质、内容和意义

一、饭店服务心理学的性质和主要内容

饭店服务心理学是研究饭店消费者与饭店从业者的心理活动及其规律的学科。是基于心理学的基本理论、基本观点和基础知识，结合饭店服务与管理工作实际，为做好饭店产品开发与营销、饭店服务和饭店企业管理等方面的工作提供心理学依据和指导的一门应用科学。

普通心理学研究正常成年人的一般心理现象，而饭店服务心理学则只研究一个特殊的领域，即正常成年人作为饭店消费者（顾客）时的心理现象及其发展规律和饭店员工的心理现象及其发展规律。正常成年人在不同的社会活动中总是扮演不同的角色，在担任不同角色的过程中，其心理活动会表现出一定的特殊性。饭店服务心理学就是在一般心理现象的基础上，揭示人作为顾客和作为员工的特殊心理活动及其规律。

相关阅读1-1

饭店服务心理学和旅游心理学的产生

饭店服务心理学是基于旅游心理学细分出来的一门学科。

随着社会的进步和经济的发展，心理学的知识被广泛应用在生产、教育、管理、运动等诸多领域。

旅游心理学产生于20世纪70年代末，最早见于一些学者在报刊上发表的关于旅游中的消费心理学问题的研究文章。1981年，美国CBI公司出版了由佛罗里达中心大学老迪克·波普旅游研究所所长小爱德华·J. 梅奥和商业管理学院副院长兰斯·P. 贾维斯编著的《旅游心理学》。该书第一次从行为科学角度考察旅游和旅游业，从心理学角度分析研究旅游者的旅游行为，揭开了旅游心理学研究的序幕，后来日本等一些国家的学者也相继开展了旅游心理学的研究。自20世纪80年代初期以来，我国的旅游研究领域的专家、学者勤奋工作、不断探索，先后有一些教材和专著问世。这些教材和专著在吸收、借鉴国外理论的同时，注重结合我国国情和我国旅游业的实际，为我国旅游心理学的发展奠定了基础。

随着饭店行业的壮大，如何将心理学的基本理论、相关知识运用于饭店服务中成为了学者和企业管理者纷纷探讨的问题，于是基于"旅游心理学"产生了很多关于饭店服务与管理心理应用的研究，并逐步形成了一定的理论体系，部分学者还出版了"饭店（酒店）服务心理学"的专著和教材。

饭店服务心理学的研究主要包括以下内容：

1. 饭店消费者心理

正常成年人在不同的情景下会表现出不同的特征，其作为饭店的消费者时，除了表现出个性的一般特点外，还会表现出与其消费者身份相应的心理现象。饭店的服务对象是来到饭店的

消费者，饭店开展营销活动和服务活动的直接目的是为消费者提供满意的服务，充分满足消费者的需要，以此获得合理的回报。因此，有必要了解、理解消费者，掌握消费心理，预测不同消费者的行为。该研究内容较少涉及饭店消费者的生理因素和自然、社会环境等因素，主要定位于对饭店消费者的行为与心理因素的研究上。

2. 饭店员工心理

一流的服务源自一流的员工，一流的员工才能为饭店提供更高的效益。员工是饭店服务的主体。一方面，饭店服务活动对其员工的心理和行为提出了一定的要求；另一方面，饭店员工对饭店工作有一定的心理和行为反应，其体现在员工的认识、情感、意志、个性、需要、观念、行为表现等方面。这两者之间并不是完全协调的，有时候还有明显的矛盾和冲突。因此，有必要对员工心理进行研究，具体内容包括：饭店从业者应该具备怎样的心理素质才能适应行业和岗位的需要，从业者应该如何调适自我心理、控制情绪和行为，从业者如何进行自我心理保健等。

3. 饭店服务心理

服务是饭店业的灵魂，服务质量关系到饭店业的兴衰成败。饭店员工与消费者是服务与被服务的关系，消费者心理和员工心理都会表现在消费/服务行为中。这两种截然相反又密不可分的心理行为必须协调一致，才能够使消费/服务过程顺利进行。要想提高服务质量，服务人员就必须在把握消费者心理的基础上采取一定的策略并通过恰当的服务行为来顺应和引导消费者，为饭店消费者提供情感化、个性化、针对性的优质服务。

 相关阅读1-2

服务注意"察言观色"

饭店服务讲究知客人之所需，急客人之所急。服务人员耳听眼观，在客人尚未说出要求时，即以最快的速度提供服务，那么客人一定对这位服务员非常满意。这就是服务中常说的察言观色。宴席气氛热烈，客人说话的声音越来越大时，服务员悄悄将背景音乐的音量调低一些；包厢中，酒过三巡食过五味，客人"衣带渐宽"时，服务员悄悄将空调开大一点，诸如此类，使客人感觉到餐厅服务的细致周到。当发现入住的客人面容憔悴时，前厅接待及时通知大堂副理、楼层领班做好相应服务；见到客人往电梯走时，服务员上前一步，为客人按亮电梯开关，并微笑致意；客人出门，整理房间时，顺便将客人的皮鞋擦拭干净；客人在会议室开会，钢笔突然没有水时，及时递上一支笔。这些，将使客人有宾至如归的感觉。

4. 饭店企业管理中的管理心理

有效的管理才能打造出富有成效的团队。在饭店的日常运营中，如何针对员工的不同心理特点，进行适当的人职匹配，以恰当的方式认可员工的工作表现，尊重员工，引导员工发挥自己的主动性和积极性，增强员工对饭店企业的认同感，促进各部门、各层次员工间的沟通，改善组织气氛，降低员工的缺勤、离职率等等，都需要各级管理人员掌握一定的管理心理知识，因此，饭店服务心理学也需要对饭店管理心理进行相应的研究。

二、学习、研究饭店服务心理学的意义

旅游业在我国是朝阳产业,它已成为国民经济中重要的支柱产业,正受到各级政府部门和企业前所未有的高度重视,而饭店业则是旅游业的三大支柱之一。2010年,全国仅星级饭店就有14 639家,还有大量的旅游饭店没有评定星级,而且饭店业当前以及今后相当长的一段时间内都会保持高速发展。饭店行业的发展以及饭店人才的需求都对饭店服务心理学的研究提出了越来越高的要求,饭店服务心理学的研究工作可谓任重而道远。学习、研究饭店服务心理学的意义具体表现在以下四个方面:

1. 有助于开展有针对性的服务,提高饭店服务质量

随着经济和社会的发展,人类从重视生理需要的满足逐渐转向重视心理需要的满足,饭店业的发展正是适应了这种转变,极大地满足了客人个性化、人性化的需求。饭店产品是饭店吸引物和服务的组合,而这个产品饭店消费者是带不走的,但可以铭刻在记忆中。要想提高服务质量,首先就要了解服务对象的心理,掌握饭店消费者的心理活动及其规律。饭店消费者一般都不只是为了满足于低层次的需要,入住饭店或在饭店进行其他的餐饮、娱乐等消费也是为了满足获得尊重、友谊等高层次的需要。而这些需要的满足,就不只是豪华设备、美味佳肴所能奏效的了,饭店消费者更看重的是服务质量,是富有人情味的接待,是友谊、尊重、理解和美感交织在一起的一种人生享受。通过对饭店消费者心理活动的分析研究,可总结出一些普遍性的规律,为饭店工作者透过现象深入地了解饭店消费者,开展富有针对性的服务,更好地满足其需要提供了理论依据。

相关阅读1-3

其实你不懂我的心

《其实你不懂我的心》这首红极一时的歌曲,现在却成为许多消费者的心声。即使许多企业宣称"顾客是上帝",但客人投诉事件仍时有所闻,令人不禁想问:这中间出了什么问题?事实上,从业者常靠对顾客外在反应的观察,便对顾客内心的想法妄下判断。然而,顾客的反应真会如此单纯地呈现吗?愤怒、挑剔的顾客可能最友善,而安静、容易打发的顾客说不定对业绩最有杀伤力。深入探讨和了解顾客的内心世界,便会发现一些惊人的秘密。

"你们咖啡的味道变得好淡,可以重新冲一杯吗?""我的天,这盘子怎么这么脏,你们洗了吗?去叫你们经理来!"我们经常会遇到这种抱怨的顾客,通常他们会被归类为挑剔、爱找麻烦的"拗客"。但用心透视顾客内心的企业不会如此想,前一个顾客的真正想法可能是:"他们的咖啡真的变得难喝了吗?再给他们一次机会好了,说不定是失误。"后一位顾客则可能有恨铁不成钢的心态:"唉!这种失误怎么可以犯,得快点让他们经理知道。"事实上,许多"拗客"的出发点常常是善意的,他们直言不讳的态度,显示出对店家的信任和忠诚。因为相信业主会接受意见,所以愿意把意见说出来;因为不想放弃自己喜爱的店家和品牌,所以提醒他们犯了哪些错。这类顾客往往是爱之深、责之切,他们才是品牌和产品的忠实顾客。表面看来,愿意忍耐、声音不大的消费者似乎替

> 店家减少了许多"眼前"的麻烦，不需要补偿和高层管理者的道歉，但事实真是如此吗？"怎么味道变得这么淡啊！开始偷工减料了，回去把这消息发在 BBS 上。""这盘子没洗干净，脏死了，要提醒他们吗？算了！说了也不会改，下次去别家就好。"上述客人不愿花费任何力气和时间等店家改进，而认为选择别的饭店较为省事。独具慧眼的饭店企业会明辨顾客属性，对症下药：面对无声的消费者，不会一厢情愿地以为顾客没有意见便代表他满意；面对表达不满的顾客，无论他的意见是否客观，都心存感激，积极响应。

2. 有利于科学、合理地开发饭店服务产品

饭店设施设备是支持饭店业生存和发展的"硬件"系统，而服务是饭店的"软件"系统。饭店服务产品的开发首先要为广大饭店消费者所接受。要做到这一点，就需要遵循和利用饭店服务心理学的知识。成功的饭店产品在其"硬件"和"软件"建设上都十分注重饭店消费者的心理因素，使饭店消费者在消费活动中从心理上得到极大满足。现代化的饭店为给消费者创造方便、恬静、舒适的环境，在设施安排上充分考虑到饭店消费者的生理和心理特点，最大限度地满足客人求安全、快捷、舒适和温馨的心理需求。在服务中一定要考虑饭店消费者的心理活动规律，否则就会事倍功半，浪费人力物力，饭店服务心理学可为此提供理论基础。

3. 有利于提高从业者的心理素质，塑造健康心理

现代饭店业要求从业人员具有良好的素质。提高员工的素质，其中最重要的就是要提高心理素质，包括对他人和对自己的心理活动的认识、理解和把握。饭店服务心理学对解决饭店服务人员的职业意识等方面的问题具有重要作用，能有效地帮助饭店服务人员正确认识服务的对象，正确处理客我关系，提高文化和业务水平；能使饭店从业人员增强对生活和事业的信心，掌握处理人际关系和人际沟通的技能，提高工作效率；能全面提高职工的素质，使他们积极主动、富有创造性地去完成饭店服务工作；能学会自我心理分析，能进行自我心理的调适，塑造健康心理，以一个良好的心理素质去迎接四方来宾。

4. 有助于提高饭店企业的经营和管理水平，进而促进饭店业的发展

近年来随着我国饭店业的飞速发展，尤其在硬件方面进步明显，很多高端饭店赶超了世界发达国家水平，但在软件方面我们依旧与先进国家存在一定差距，究其原因就是我们的饭店服务落后，经营管理水平低，这已成为制约我国饭店业发展的瓶颈。

饭店业是在竞争中发展的，现代饭店业面临着更加激烈的市场竞争。这种竞争的核心是争夺客源市场，是争夺饭店消费者。饭店要想在激烈的市场竞争中立于不败之地，就要在充分了解消费者心理趋势的基础上对市场环境进行科学的分析和预测，以制定切实可行的短期或长期营销策略。饭店服务心理学揭示的原理和规律可以帮助饭店经营者了解饭店消费者的心理及变化态势，饭店经营者可以据此开展有针对性的饭店促销宣传，吸引饭店消费者；根据不断变化的市场走向，调整经营方针和策略，提高经营效果，这样才能保持充足的客源，使饭店业健康地发展。

饭店内部管理状况也是饭店企业能否在广大消费者心目中树立良好的形象、能否在激烈的市场竞争中取胜的重要因素。人的管理是饭店管理的首要任务。通过学习和研究饭店服务心理

学的理论，有助于饭店的管理阶层对员工的心理进行深入的分析，帮助管理者了解员工的心理状态，有针对性地做好员工的思想工作，进行心理引导，解决员工的心理问题；了解企业内部人际关系状况，帮助他们调整好人际关系，保持工作的协调一致，共同搞好工作，避免产生各种不必要的矛盾；有的放矢地运用激励机制调动全体员工的积极性和创造性，更好地实现组织目标。

任务二 心理、心理学的基本知识

由于饭店服务心理学是把心理学的原理和相关研究成果及研究方法运用到饭店情境而产生的，因此，要理解并掌握它的研究内容和研究方法，首先应对心理和心理学有一个基本的认识和了解。

心理学是一门研究人类及动物的心理现象、精神功能和行为的科学，既是一门理论学科，也是应用学科，包括理论心理学与应用心理学两大领域。对人的心理现象的研究，有着长久的历史，但直到1879年，冯特（Wilhelm Wundt）在德国莱比锡大学建立世界上第一个心理实验室，才标志着心理学成为一门独立的现代意义上的科学。

一、人类心理与行为的基本概念

（一）人类心理的实质

心理是感觉、知觉、记忆、思维、情感、意志、兴趣、性格、意识倾向等心理现象的总称。

心理现象是现代心理学的研究对象。心理现象是心理活动的表现形式。心理活动是诸多心理现象有机联系、系统活动的内容与过程。心理现象是人与客观现实相互作用时，在人脑中产生的感知、记忆、想象、思维、情感、意志等心理过程，以及在这些心理过程中形成和表现出来的动机、兴趣、信念、态度、性格、气质、能力等个性心理倾向与个性心理特征。

心理现象不仅人有，其他动物也有。人的心理是动物心理发展到最高阶段的产物。辩证唯物主义观认为，人的心理实质上是人脑的机能，是在实践活动中产生的对客观现实的主观能动的反映。

（二）人类心理的结构

尽管心理现象不像化学、物理等现象那样具有形象性，可以直接观察，但通过对行为的观察与分析，就可以客观地认识它。下面分几个角度对与心理相关的核心概念进行探讨，以便于加深对"心理"这一概念的理解。

1. 个体心理与社会心理

（1）个体心理：

人是作为个体而存在的。个人所具有的心理现象称个体心理。它是一个异常复杂的系统。

心理学家一般把个体心理现象分为心理过程与个性心理有机统一的两个方面，认为前者是心理现象的动态表现形式；后者是在心理过程中表现出来的具有个人特点的、稳定的心理倾向与心理特征，是心理现象的静态表现形式。

20世纪60年代，苏联心理学家列维托夫把个体的心理现象分为心理过程、心理状态、个性心理三个方面。他认为，心理过程是暂时性的，个性的心理倾向与心理特征是比较稳定的，而心理状态则是处于两者之间的表现形式，既有暂时性，又有稳定性，是心理过程与个性统一的表现形式。

概括起来，个体心理可以分成以下几个方面。

① 心理过程：

心理过程，即心理活动的过程，是人对客观现实动态反映中心理活动所表现的阶段性、层次性、连续性、系统性发展变化的经历。根据心理过程的性质与特征，心理学家把心理过程分为认识过程、情感过程、意志过程三个既有机联系又相互区别的方面。

a. 认识过程（认知过程）：传统心理学认为，认识过程是人脑通过感知觉、记忆、思维等形式反映客观事物的特性、联系或关系的心理过程，现代认知心理学则以信息加工的观点来解释认识过程，认为认识过程就是信息的接受、编码、贮存、提取和使用的过程。两者尽管表述各异，其实质是大致相同的。认识过程包括感性认识与理性认识两个阶段。

感性认识是认识过程的初级阶段，由感觉和知觉组成。感觉是对事物个别属性的认识。知觉是在感觉的基础上，人们对事物的多种属性进行综合而形成的整体认识。理性认识是认识过程的高级阶段。它是在实践的基础上，把感性认识阶段所获得的丰富的感觉材料，经过分析、比较、判断、推理，进而形成的对客观事物的本质与规律性的认识。

b. 情感过程：人们在认识客观事物时，不仅反映事物的属性、本质，而且还要产生对事物的态度，引发喜爱、厌恶、满意、不满意等主观体验，这就是情绪与情感。情感虽然同情绪一样都是人对客观事物的态度体验，但它却是在情绪的基础上形成的，是和人的社会性需要相关联的一种较为复杂而又稳定的态度体验，人在与客观事物相互作用时，产生、发展和消除这种主观心理体验的过程，就是情感过程。

c. 意志过程：人不仅能认识世界，对事物产生肯定或否定的情感，而且能在自己的活动中有目的、有计划地采取行动，以改造客观世界。人的这种自觉地确定目的，并根据目的调节支配自身的行为，克服困难，去实现预定目标的心理过程，就是意志过程。意志是人的意识能动性的集中表现，是人类特有的心理现象，它在人主动地变革现实中表现出对行为的发动、坚持、制止、改变等控制调节作用。意志过程包括两个阶段：一是制定行动计划；二是执行决策，克服困难，实现目标。

认识、情感与意志的有机统一、相互作用主要表现为：认识产生和强化情感，情感激励或消退意志；意志又调节控制情感，情感推动或影响认识。

② 心理状态：列维托夫认为，心理状态是心理过程与个性心理特征的统一表现，心理过程都是在一定的心理状态的背景中进行的，都表现为一定的心理状态。心理状态一般可分为四类：

a. 觉醒状态，表现为心情舒畅、情绪开朗、思维敏捷、行动自如等。

b. 振奋状态，表现为精神振奋、情绪高涨、思想活跃、行动轻快等。

c. 消沉状态，表现为心情沉闷、情绪低落、反应迟钝、行为呆滞等。

d. 应激状态，是人在意想不到的外来刺激下，心理适应的能力和状态。如有的人急中生智，随机应变；有的人则方寸大乱、手足无措等。

因此，一个人在特定时刻的心理状态，是当前事物引起的心理过程、过去形成的个性特征和以前的心理状态相结合的综合表现。

③ 个性心理：心理过程与心理状态是人的心理的共性表现，是从大量的、现实的、色彩纷呈的众多个体的心理活动中抽象出来的。古人云："人心不同，各如其面。"这就是说，由于个体所具有的生活环境、智力水平、文化素养、社会经历各不相同，个性心理便表现出差异性。我们把那些表现在个体身上的经常的、稳定的、本质的心理品质叫做个性。个性心理包括个性心理倾向、个性心理特征和自我意识系统三个方面。

个性心理倾向是个体对现实的情感、态度、意识趋向和行为方式选择的心理表现，包括需要、兴趣、动机、信念等内容。个性心理特征是个体在行为方式上经常而又稳定地表现出来的能力、性格和气质特点。自我意识系统是个体在自我认知、自我体验、自我评价的基础上，对自己的思维、情感、态度、意志等心理活动与行为方式的自我调节与控制。自我调控水平的高低与一个人的个性修养与锻炼密切相关。

(2) 社会（群体）心理：

前面我们讲到的动机、心理过程和心理特性，是存在于个体身上的心理现象。我们称之为个体心理或个体意识。但是，人作为社会的成员，总是生活在各种社会团体中，并与其他人结成各种各样的关系，如阶级关系、民族关系、国家关系、师生关系、亲属关系等。由于社会团体的客观存在，便产生了社会心理或群体心理。社会团体与个体一样，存在着团体需要、团体利益、团体价值、团体规范、团体舆论、团体意志、团体目的等心理特征。一个团体由于具有某些特定的心理特征而区别于其他团体。

社会心理或群体心理与个体心理的关系，是共性与个性的关系。社会心理是在社会团体的共同生活条件和环境中产生的，它是该团体内个体心理特征的典型表现，而不是个体心理特征的简单相加。社会心理不能离开个体心理，但它对个体来说，又是一种重要的社会现实，直接影响个体心理或个体意识的形成与发展。

2. 意识与无意识

人的心理活动还可以按有意识和无意识来分类。有意识的心理活动比较容易理解，比如，有意识地去看、去听、去注意、去思考、去想象，这是人们在学习、生活中无时无刻不存在的心理活动。人还有一种无意识的心理活动，比如，小时候爸妈常带你上街玩，总会耐心地教你怎么记住回家的路，你自己也会用心而忙碌地去记住沿途的一些标志性的东西，如电线杆、商店、招牌、十字路口的情况等。可是等到你稍大一点的时候，不论是去学校还是回家，你再也不会边走边用心去记沿途的标志，两条腿仿佛长上了眼睛似的，到了该拐弯时便拐弯，不知不觉就到了学校或家里了。这种不知不觉识别回家或到学校路线的心理学活动，就是一种无意识的心理活动。无意识的心理活动普遍存在于我们的日常生活之中，因为人们不必为它作出努力，所以能缓解心理活动而带来的疲劳，使人们的心理活动变得轻松。

(1) 意识：

人和动物都有心理。但人的心理不同于动物的心理，它具有意识的特点。

意识原意为精神活动。意，即是自我的意思。识，就是认知，认识。意识，代表我们作为个体的独立性，是主观存在的独特坐标。意识，代表了我们可以认识自己的存在，可以知道发生的事情。可以对立与不同于自己的存在进行对比。意识的定义非常简单，就是认识和知道事物的存在。在心理学中意识是指现时正被个人觉知到的心理现象。意识可以在三个水平上界定：一种是对内部和外部世界的觉知，一种是反映那种觉知的能力，以及一种自我作为被觉知和反映的个体的感觉。

人的意识主要表现为用词的形式巩固在头脑中的知识体系。这种知识体系与各种情绪、情感结合在一起，构成人们丰富而稳定的主观世界，成为人们能动地认识世界和改造世界的内部资源。这是人的意识的第一个特点。由于人有意识，因而人类就和单纯适应自然界的动物有了本质的区别。人们凭借对事物的本质和规律的认识，不仅能够了解客观事物的现状，而且能够通晓过去和预见未来，这是任何动物的心理所不能及的。

人的活动具有明确的目的，能够预先计划达到目的的方法和手段，这是人类意识的另一特征。换句话说，人的意识表现为人能够计划自己的行动，在实现目的的过程中，能坚持预定的方向分析出现的新情况、新问题，克服遇到的各种困难。正如马克思指出的："他不但使自然物发生形式变化，同时他还在自然物中实现自己的目的。这个目的是他所知道的，是作为规律规定着他的活动的方式和方法的，他必须使他的意志服从于这个目的。"

人的意识还表现在人能够把"自我"与"非我"、"主体"和"客体"区别开来。也就是说，人具有自我意识。人不仅能认识事物，而且能自觉地了解哪些事物已经认识，哪些事物尚未被认识；能够揭露和掌握认识过程的规律，人不仅有喜怒哀乐等情绪，而且知道为什么喜或怒，知道怎样寻求欢乐而避免忧愁与烦恼。正是这种自我意识，使人们能够对自己的所作所为进行自我分析、自我评价、自我调节和控制。动物没有自我意识，幼小婴儿的自我意识也没有发展起来，因而都没有自我分析与自我评价的能力。自我意识是人的心理的重要特点，是个体在一定发展阶段上才出现的，它对个体的发展有着重要的意义。

（2）无意识：

人的心理除有意识外，还有无意识现象。这是人们在正常情况下觉察不到，也不能自觉调节和控制的心理现象。人在梦境中产生的心理现象，完全是在无意识的情况下出现的。人们不能预先计划梦境的内容，也无法支配梦境的进程，在多数情况下，人们也难以回忆梦境的内容。人在清醒的时候，有些心理现象也是无意识的。例如，我们能够意识到自己看见和听见了什么，但对视觉和听觉的过程却意识不到。外界有些刺激（如低于16赫兹的次声）能影响人的机体状态和心理，但人们却意识不到它的存在。某些动作方式起初可能受意识调节，但在它们成为习惯之后，便可能转化为无意识现象。在人们的相互关系中，某种意识不到的、潜移默化的影响也是存在的。

总之，意识是人的精神生活的重要特征。人的日常生活、学习和工作，是在意识的支配下进行的。只有精神错乱的病人，他们的行为才失去意识的控制，而完全为无意识的欲望所支配。但是，在人的正常生活中，也存在着无意识现象，它对人的行为也有一定的作用。

相关阅读1-4

前意识、下意识、潜意识——无意识的相关概念

潜意识并不是弗洛伊德最早提出的，但心理学界公认是弗洛伊德使这个概念成为了无人不知的心理学术语。最早弗洛伊德提出的是"无意识"概念，后来改称"潜意识"。但弗洛伊德的著作和演讲中，其实从未明确的给其下过定义，他70岁生日的时候说："在我之前的诗人们和哲学家们就已经发现了无意识，我发现的只是研究无意识的方法。"当然以前的关于潜意识（无意识）的提出，几乎多是从哲学角度进行的，如叔本华、尼采等等。毋庸置疑，潜意识是弗洛伊德首先在真正近代科学基础上，在精神分析领域里发现和首先应用于精神分析领域里的一个崭新的观点。

弗洛伊德认为，人的心理包含两个主要的部分：意识和无意识。在后人对他的理论总结中，意识是能够觉察得到的心理活动；无意识包含人的本能冲动，以及出生后被压抑的人的欲望。这种欲望因为社会行为规范不允许满足，而被压抑到内心深处，意识不能将其唤起。它不同于觉察不到的通常意义上的"无意识"，为避免混淆，后来经常将其叫做潜意识。

后来弗洛伊德又提出了"前意识"的概念，是指意识和潜意识之间，此时此刻虽然意识不到，但在认真回忆的情况下可以回忆出的经验。

前意识，指潜意识中可召回的部分，人们能够回忆起来的经验。它是潜意识和意识之间的中介环节。潜意识很难或根本不能进入意识，前意识则可能进入意识，所以从前意识到意识尽管有界限，但没有不可逾越的鸿沟。前意识处于意识和潜意识之间，担负着"稽查者"的任务，不准潜意识的本能和欲望侵入意识之中。但是，当前意识丧失警惕时，有时被压抑的本能或欲望也会通过伪装而迂回地渗入意识。

下意识仅从心理学意义上讲，即人的不自觉的行为趋向。如果从完全的心理学角度分析，可以参照弗洛伊德的心理学理论对二者进行比较。无论是下意识还是潜意识都是人在长期生活中的经验、心理作用、本能反应以及心理和情感的暗示等不同的精神状态在客观行为上的反映。二者的一般界限是行为的支配力不同，尽管表现相类，但我们可以通过仔细观察发现，下意识行为往往是由本能、性情或其他"人"本身的先天因素引起的，如我们在遇到危险时，总会下意识地产生"趋利避害"的想法，这是人进行自我保护的本能；而潜意识行为一般是有某种心理暗示或是在行为之初产生过有意识的思考而引起的，诸如我们在犯罪分子身边，纵使他被羁押，但我们潜意识中仍会认为"他"是危险的，同样在遇到国家曾经的敌人时，我们心理也会不自然地产生一种排斥情节，并非对其某个人，而是我们受到了长期以来爱国教育的暗示。

根据以上表述，我们可以把人的心理现象结构简单地图解如下（图1-1）：

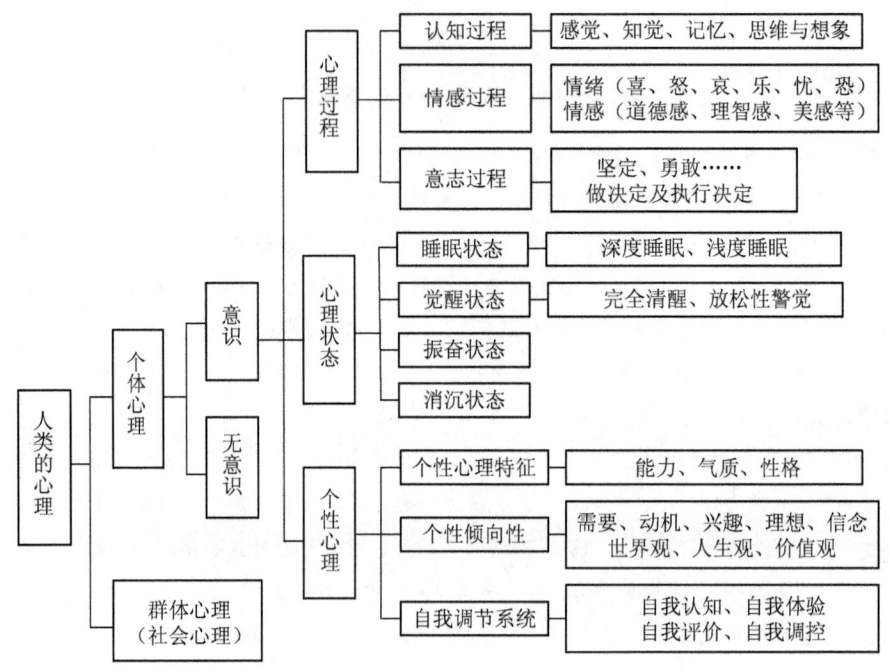

图1-1　人类心理现象结构图

注：注意不是一种独立的心理现象，它是所有心理活动的前提条件。

（三）行为的含义与分类

1. 行为的含义

行为主义心理学认为，所谓行为就是有机体用以适应环境变化的各种身体反应的组合。

作为有机体的反应系统，行为由一系列反应动作和活动构成，例如，吃饭、穿衣、散步、劳动、娱乐，都是人类各种不同的行为。有的行为很简单，只包含个别或少数几种反应成分，如光线刺激眼睛引起眼睑关闭，食物刺激口腔引起唾液分泌，肠胃因饥饿而加快蠕动等。有的行为则很复杂，包含了较复杂的反应成分。如写字、体操、驾驶飞机等。这些行为由一系列反应动作所组成，成为各种特定的反应系统。

行为总是在一定的情况下产生的。引起行为的内、外因素叫刺激。光线是使眼睑关闭的刺激，饥饿是使胃肠蠕动加快的刺激。在人类行为中，语言刺激具有重要的意义。通过语言发布命令，可支配别人的行为，也可进行自我调节，使行为服从预定的目的。

2. 行为的分类

人类的行为有的表现在身体外部，有的隐藏在身体内部，行为的强度有大有小，有的行为可以用人的感官直接观察，而有些行为则需要借助仪器才能观察。

由此，人类的行为，可以分为三类（图1-2）：

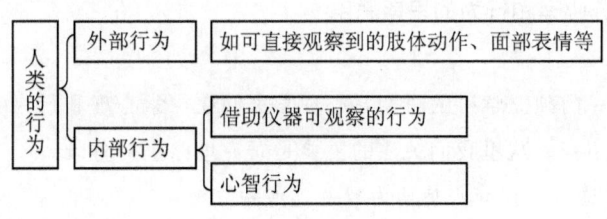

图1-2 人类行为的分类

（四）人类心理与行为的基本关系

行为不同于心理，但又和心理有着密切的联系。引起行为的刺激常常通过心理的中介而起作用。没有对光线、声音、气味的感知觉，就不会有对光线、声音、气味的反应。人的行为的复杂性是由心理生活的复杂性引起的。同一刺激可能引起不同的反应，不同刺激也可能引起相同的反应，其原因就在于人有丰富的主观世界。主观世界的情况不同，对同一刺激的反应总是不一样的。俗话说，"饿时吃糠甜如蜜，饱时喝蜜蜜不甜"。有机体的内部状态不一样，对同一事物的反应也可能极不一致。

心理支配行为，又通过行为表现出来。一个人的视觉和听觉能力，是通过他对微弱光线和声音的反应表现出来的；一个人的记忆，是通过它运用知识的活动表现出来的；一个人的情绪和情感，是通过面部和姿势表情表现出来的。心理现象是一种主观精神现象，它看不见，摸不着，没有重量、大小和体积，而行为却具有显露在外的特点，它可以用客观的方法进行测量。例如，我们可以用电影机拍摄体操队员的精彩表演，用计时器记录工人的动作反应时间等。由于行为表现了人们的心理活动，因此，我们可以通过观察和分析行为来客观地研究人们的心理活动。仅仅在这个意义上，心理学有时也可以叫做研究行为的科学，即通过对行为的客观记录、分析和测量来揭示人的心理现象的规律性。

二、心理学研究心理和行为的早期思路与当代心理学的观点

心理学家使用科学方法对个体的行为和心理过程得出结论，其目标主要包括：① 在适宜的分析水平上客观地描述心理和行为；② 解释产生心理和行为的原因，找到行为和心理过程的常规模式及其主要的影响因素；③ 预测心理和行为何时会发生；④ 控制（或理解）心理与行为；⑤ 帮助人们改进他们的生活质量。为了达成这些目标，心理学家们从多个角度进行了长期的探索。

(一) 心理学研究心理和行为的早期思路

在心理学刚成为一门独立学科的时期，心理学家们在探索心理和行为的基本思路及研究方法上就出现了不同的主张。这里我们关注的主要是研究思路上的分歧。

1. 第一种基本思路——探索心理的内容及其结构

这一思路的基本观点是：所有的人类精神经验都可以作为基本成分的联合来理解，可以通过实验法、统计法和内省法来找出人类意识的精神活动元素。在这个总体思路下，有两个主要的分支：

其一是以冯特和铁钦纳（E. B. Titchener）为代表的构造主义（structuralism，也译为结构主义）心理学，认为可以像研究物质的构成元素那样来研究人的意识，他们的目标是通过分析感觉的构成因素以及其他组成个体精神生活的体验，来揭示人类心理的潜在结构。如，铁钦纳强调"什么"是心理的内容，而非"为什么"和"怎么"思维。许多心理学家都用下面三点来攻击结构主义：（1）它是简化论的，因为它把所有的人类体验都简化为简单的感觉；（2）它是元素论的，因为它寻求把成分或者元素联结起来，而非直接研究复杂的或整体的行为；（3）它是心灵主义的，因为它只研究人类有意识觉知的口头报告，忽视对那些不能描述他们的内省经验的个体，包括动物、儿童以及精神混乱者的研究。

其二是1912年由德国心理学家马克斯·魏特海默（Max Wertheimer）、苛勒（W. Kohler）和考夫卡（Kurt Koffka）等人开创的完形主义心理学（也叫格式塔心理学）。他们采取了现象学的观点，主张心理学应研究现象的经验（也就是非心非物的中立经验），在观察现象的经验时要保持现象的本来面目，认为现象的经验是整体的或完形的（Gestalt①），不能将它分析为感觉元素；强调经验和行为的整体性，反对当时流行的构造主义元素学说和行为主义"刺激—反应"公式，认为整体不等于部分之和，意识不等于感觉元素的集合，行为不等于反射弧的循环。

2. 第二种基本思路——探索心理与行为的机能（目的）

如果说第一种思路的核心是探索"心理（意识）是什么"，则第二种基本的思路则是注重研究心理（意识）"如何"和"为什么"的问题，即不仅研究意识内容，还应研究意识是如何进行和为什么进行。这一思路的典型代表是19世纪末20世纪初出现于美国的机能主义心理学。

机能主义心理学受达尔文进化论的影响和詹姆斯实用主义思想的推动，反对构造心理学的

---

① 德文单词Gestalt（音译为"格式塔"）意指物体及其形式和特征，但是，它不能译为"structure"（结构或构造）。考夫卡曾指出："这个名词不得译为英文structure，因为构造主义和机能主义争论的结果，structure在英美心理学界已得到了很明确而很不同的含义了。"因此，考夫卡采用了E. B. 铁钦纳对structure的译文"configuration"，中文译为"完形"。所以，在我国，格式塔心理学又译为完形心理学。

观点，主张心理学的研究对象是具有适应性的心理活动，强调意识活动在人类的需要与环境之间起重要的中介作用；反对把意识分析为感觉、感情等元素，主张意识是一个连续的整体；反对把心理看作一种不起作用的副现象，强调心理的适应功能；反对把心理学只看作一门纯科学，重视心理学的实际应用；反对把心理学局限于正常人的一般心理规律，主张把心理学的研究范围扩大到动物心理、儿童心理、教育心理、变态心理、差异心理等领域。

尽管存在基本研究思路、研究方法等方面的差异，心理学的开创者们的见解依然为当代心理学创造了一个使其得以在其中繁荣发展的智性环境，心理学家们也继续使用很多不同的方法去研究适用于所有人类的一般力量以及每个个体的独特方面。现在，心理学家们同时探索行为的结构和机能，比如在对言语产生的过程的研究中，为了理解言语产生是如何工作的，研究者们研究了说话者使意义（机能）与语言的语法结构相适合的方式（Bock, 1990）。例如，当你想邀请一个朋友去看电影的时候，你说的词语必须在完成正确的功能（星球大战，和我，今晚）的同时，也要有正确的结构——下面这种说法是不行的："愿意看《星球大战》我去和今晚你吗？"

（二）当代心理学关于心理和行为的观点

这部分的内容概述了主导着当代心理学的观点或概念方法。每种观点——生物的、心理动力学的、行为主义的、人本的、认知的、进化的以及文化的——都阐释了影响心理学家们的研究内容和方法的观点和假设：人们是有自由意志呢，还是只不过简单地按照他们的遗传（生物决定论）或环境（环境决定论）所规定的内容来行动？心理现象和社会现象能用生理过程来解释吗？复杂的行为仅仅是许多较小成分的总和，还是说它本身有着新的不同特性？心理学家的观点决定了要探究的内容、地点以及应用的方法。在你阅读下面每一部分的时候，请注意每种观点是如何阐释行为的原因和结果的。

有一点需要注意：尽管每种观点都代表了对心理学核心问题的一个不同看法，我们也应该了解为什么大多数心理学家从这些观点中的不止一个观点借用和混合概念。每种观点都促进了我们对人类体验的理解，当把它们放在一起时，它们代表了当代心理学所涵盖的一切。

1. 生物学的观点（biological perspective）

生物学观点引导心理学家在基因、大脑、神经系统以及内分泌系统中寻找行为的原因。一个器官的功能由其身体结构和生物化学过程来解释。体验和行为在很大程度上被理解为在神经细胞内部和之间发生的化学和电活动的结果。

持生物学观点的研究者们一般假设：心理现象与社会现象能够最终依据生物化学过程加以理解；即使最复杂的现象，也能够通过被分析或简化为更小更具体的单位来理解。比如说，他们可能会用你脑细胞中确切的物理过程来解释你是如何阅读这句话中的词语的。这种观点认为，行为是被躯体结构和遗传过程所决定的，经验可以通过改变内部的生物结构和过程来改变行为。研究者们可能会问："在你学习阅读的时候,你脑中发生了什么变化?"心理生理学研究者们的任务就是在最精确的分析水平上理解行为。

当许多这样的研究者在大学和医学院的实验室中工作着的时候,其他的一些人却在临床机构工作。前者可能会研究成年老鼠的记忆是否能通过移植老鼠胎儿的脑组织而得到促进。而后者可能会研究在车祸或疾病之后丧失了记忆的人。这些研究者共同关注的是行为的受生物力量作用的方面。

2. 心理动力学观点(psychodynamic perspective)

心理动力学的观点认为,行为是由强大的内部力量驱使或激发的(这种内部力量主要是继承来的本能和生物驱力),而且试图解决个人需要和社会要求之间的冲突。剥夺状态、生理唤起以及冲突都为行为提供了力量,就像煤给蒸汽机车供应燃料一样。在这个模型中,当机体的需要得到了满足、它的驱力降低时,它就停止反应。行为的主要目的是降低紧张度。

心理动力学的动机原则是由维也纳的医生弗洛伊德(Sigmund Freud)在19世纪末和20世纪初最完整地发展起来的。弗洛伊德的思想在心理学的许多领域中都产生了巨大影响。当你阅读有关儿童发展、梦、遗忘、无意识、动机、人格和心理分析治疗的章节时,你将看到他所做贡献的不同侧面。但是你可能会惊讶地发现,他的思想从来都不是系统的科学研究的结果。相反,它们是一个迷恋于人类思想、情感和行为的特别活跃的头脑的产物。

3. 行为主义观点(behavioristic perspective)

那些持有行为主义观点的人寻求理解特定的环境刺激如何控制特定类型的行为。首先,行为主义者分析先行的环境条件——那些在行为之前出现、而且为一个机体产生反应或抑制反应提供活动场所的条件。其次,他们把行为反应(behavioral response)——研究的主要对象——看做是要理解、预测和控制的行为。最后,他们查看跟随反应出现的可观察到的结果。例如,一个行为主义者可能对不同数额的超速行驶罚单(结果)在改变司机认真驾驶或放任驾驶(行为反应)行为方面感兴趣。

行为主义者一般从经过控制的实验室实验中收集数据;他们可能使用电子设备和计算机去呈现刺激并记录反应。他们强调对所研究的现象的精确阐述以及证据的严格标准,通常用可量化的表格。他们往往研究动物(通常是鸽子和老鼠),因为和人类参加者相比,研究者可以更完全地控制条件。行为主义者假定他们对动物研究的基本过程代表了对不同物种都适用的一般原则。

行为主义对后来的心理学研究有着重要的影响。它对严格的实验和仔细定义的变量的强调,影响了心理学的大多数领域。尽管行为主义者使用非人动物进行了大量实验,但行为主义的原则已经被广泛地应用于人类问题。行为主义的原则产生了一套更为人性化的教育儿童的方法(通过正强化而非惩罚)、新的修正行为紊乱的疗法以及创建理想化社会的指导方针。

4. 人本主义观点(humanistic perspective)

人本主义心理学是在20世纪50年代作为与心理动力学和行为主义模型并驾齐驱的一种

理论而出现的。人本主义心理学的观点认为，人既不是由弗洛伊德主义者假设的强大本能力量所驱使，也不是由行为主义者提出的由环境因素所操纵。相反，人们是先天良好而且具有选择能力的有能动性的动物。根据人本主义的观点，人类主要任务是使自身的潜能得到不断发展。

人本主义心理学家研究行为，但是并非通过把它简化为成分、元素以及实验室实验中的变量的方式。相反，他们在人们的生命历程中寻找行为模式。与行为主义者形成鲜明对比的是，人本主义心理学家关注个体所体验到的主观世界，而不是由观察者和研究者所看到的客观世界。在这个意义上，他们也被认为是现象学家——那些研究个体对事件的个人观点的人。人本主义心理学家也试图研究整体的人，将一种整体的观点运用于人类心理学。他们相信（对个体所体验到的主观世界的）真正的理解要求建立一套与对社会力量和文化力量的认识相伴的关于个体心理、身体以及行为的完整知识。

人本主义观点扩大了心理学的领域，把从文学、历史和艺术的研究中得到的有价值的内容都包括了进来。心理学因而成为了一个更加全面的学科。人本主义者提出，他们的观点就像是酵母，帮助心理学使其焦点超越了人性的负性力量以及人性中和动物相似的那一面。

5. 认知的观点（cognitive perspective）

心理学的认知革命是作为对行为主义的局限的另一个挑战而出现的。认知的观点的中心是人的思维以及所有的认识过程——注意、思考、记忆和理解。从认知的观点看，人们行动是因为他们思考，而人们思考是因为他们是人类——已经被精细地构造好去这样做。

在认知模型中，行为只是部分地像行为主义所认为的那样，由先前的环境事件和过去的行为结果所决定。一些最重要的行为是从全新的思维方式中产生的，而并非从过去使用过的可预测的方式中产生。想像与过去和现在完全不同的选择和可能性的能力，使人们能够朝着超越当下环境的方向发展。个体对现实的反应和客观世界是不一致的，但是和在个体思维和想像的内部世界中的主观现实是一致的。认知心理学家把思维同时看作外显行为的原因和结果。在伤害别人之后感到后悔就是思维作为结果的一个例子。但是在感到后悔之后为你的行为道歉则是思维作为行为的原因的一个例子。

认知心理学家在多种水平上研究较高级的心理过程，比如知觉、记忆、语言使用、问题解决和决策，他们可能检查不同类型的认知任务中脑内的血流模式，一个学生对一个童年早期事件的回忆，或者一生中记忆能力的改变。由于它对心理过程的关注，许多研究者把认知观点看作是在今天的心理学中占优势的观点。

6. 进化论观点（evolutionary perspective）

进化论观点寻求把当代心理学与生命科学的一个中心思想——达尔文关于自然选择的进化论——联系起来。自然选择的思想非常简单：能更好地适应环境的有机体，倾向于比那些适应性较差的有机体更能成功地产生后代（并遗传它们的基因）。经过很多世代，物种朝着具有更好适应性的方向改变。心理学中的进化观点认为心理能力和身体能力一样，经过了几百万年的

进化以达成特定的适应性目标。

为了实践进化心理学，研究者们关注人脑发生进化的环境条件。更新世时期（大约持续200万年，结束于1万年前）的人类居住在小群体中，以打猎和采集为生，99％的进化发生在这一时期。进化心理学用进化论生物学的丰富理论框架来确定这一物种所面对的中心适应问题：躲避食肉动物和寄生虫，收集和交换食物，寻找并维持配偶，以及抚育健康的子女。在确定了早期人类所面临的适应性问题之后，进化心理学家产生了关于早期人类在进化过程中用来解决这类问题的心理机制或心理适应的推论。

进化心理学与其他观点最基本的不同在于，它把极长的进化过程作为中心解释原则。比如，进化心理学家试图把男人和女人所承担的不同性别角色理解为进化的产物，而非当代社会压力的产物。由于进化心理学家无法做实验来区分进化的过程，因此，他们必须特别创造性地提供能支持他们的理论的依据。

7. 文化观点（cultural perspective）

持有文化观点的心理学家们研究行为的原因和结果中的跨文化差异文化观点是针对下述批评而做出的重要响应：以往心理学研究往往以西方的人性概念为基础，并且它的研究对象只是美国中产阶级白人（Gergen et al.，1996）。对文化影响的适宜考虑可以包括在同一国家内比较不同的人群。例如，研究者可能对美国国内进食紊乱的白人青年和非洲裔青年进行比较。文化因素也可以在不同国家之间进行评估，比如在美国和印度之间比较道德判断。跨文化心理学家想确定研究者发展出的理论是否适用于所有人，还是只适用于特定的人群。

跨文化的观点可以被用在几乎每一个心理学研究的题目上，如人们对世界的知觉是受文化影响的吗？人们所说的语言影响他们体验世界的方式吗？文化如何影响儿童向成人发展的方式？文化态度是如何塑造老年经验的？文化如何影响我们的自我感觉？文化影响个体进行特定行为的可能性吗？文化影响个体表达情感的方式吗？文化影响心理失常人的比例吗？

通过提出这些类型的问题，文化的观点常常产生一些直接挑战其他观点的结论。例如，研究者们曾经主张，弗洛伊德的心理动力学理论中的很多方面都不能应用到与弗洛伊德时代的维也纳非常不同的文化中去。这一点担心早在1927年就被人类学家马林诺夫斯基（Bronislaw Malinowski）提出了，他通过描述新几内亚特罗布莱恩（Trobriand）岛民的家庭实际情况——权威在母亲而非父亲这一边，彻底地批评了弗洛伊德的以父亲为中心的理论。因此，文化的观点认为心理动力学观点的一些通用的主张是不正确的。文化的观点对忽视文化差异性和丰富性的理论提出了一个持续的重要挑战。

这七种观点中的每一种都基于一套不同的假设，并且导致了寻找有关行为问题的答案的不同方式。表1-1概括了这些观点。作为一个例子，让我们大致比较一下这些使用不同模型的心理学家们是如何处理为什么人们会表现出攻击性的问题。对于每种观点，我们给出了研究者们可能提出的主张以及他们可能进行的实验的例子。

表 1-1 当代心理学的主要观点

观点	对人性的看法	决定行为的因素	研究的焦点	基本研究主题
生物学	被动的、机械论的	遗传 生物化学过程	脑与神经系统过程	行为与心理过程的生物化学基础
心理动力学	本能驱动	遗传	无意识驱力	把行为作为无意识动机的外显表达
行为主义	对刺激可反应可改变的	环境	特定的外显反应	行为及其刺激的原因和结果
人本主义	能动的潜能是无限的	潜在自我管理	人的体验和潜能	生活模式、价值、目标
认知	创造性能动、刺激反应性	刺激条件 心理过程	心理过程 语言	通过行为的显示推断心理过程
进化	适应性的,以解决更新期间的问题	为生存而适应环境	进化的心理适应性	按照进化的适应性功能发展出的心理机制
文化	可被文化改变	文化规范	态度和行为的跨文化模式	人类体验的普遍方面和文化特殊性的方面

为了帮助读者理解这些观点对人的心理和行为的研究思路和主要结论,表 1-2 列举了关于人类的攻击性的研究中,持有不同观点的研究者们可能提出的主张以及他们可能进行的实验的例子。

表 1-2 在对人类攻击性的研究中的不同主张以及可能进行的实验

观点	对人类攻击性的主张以及可能进行的实验
生物	通过刺激脑的不同区域并记录由此所引起的任何破坏性行为,来研究特定脑系统在攻击性中的作用;也对杀人惯犯的大脑做变态分析;考察女性的攻击性与月经周期之间的关系
心理动力学	把攻击性作为对因不能获得快乐感——比如不公平的权威——而引起的挫折的反应;把攻击性看作成人的最初来自儿童期的针对父母的对抗的一种转移
行为主义	确定过去的攻击性反应的强化,比如对一个打了同学或兄弟姐妹的孩子予以额外的关注;认为人们从身体虐待的父母那里学会虐待自己的孩子
人本主义	寻找那些促成自我限制、攻击性观点而不是促进成长、分享经验的个人价值以及社会条件
认知	探索人们在目睹暴力行为时经历的攻击性思维和幻想,同时注意攻击性的想像以及伤害他人的意图。研究电影和录像中的暴力的影响,包括色情暴力、对枪支控制的态度、强奸和战争
进化	考虑什么样的条件能使攻击性成为早期人类的适应性行为,确定在哪些条件下能选择性地产生攻击性行为的心理机制
文化	考虑不同文化中的成员如何表现和理解攻击性,确定文化力量如何影响不同类型的攻击性行为的可能性

任务三　饭店服务心理学的基本研究方法

饭店服务心理学是以心理学为研究基础的，因此，在具体研究方法上主要借鉴心理学特别是普通心理学的一些方法。通常采用的方法有以下几种：

一、观察法

观察法是在自然情况下，有计划、有目的、有系统地直接观察被研究者的外部表现，了解其心理活动，进而分析其心理活动规律的一种方法。观察法应在自然条件下进行，研究者不应去控制或改变有关条件。否则被试者行为表现的客观性将受到影响。

运用观察法，首先应有明确的目的，要制定研究计划，拟定详细的观察提纲。观察过程中要敏锐捕捉各种现象，准确、详细地记录下来，及时予以整理和分析，以利于科学结论的产生。观察法的优点在于能保持被观察者的心理及行为的自然性和客观性，所得材料客观可靠；缺点是由于研究者处于被动地位，只能消极地等待其所需要的现象发生，对所观察的现象不易做定量分析。

二、实验法

实验法是有目的地严格控制或创设一定的条件，人为地引起某种心理现象产生，从而对它进行分析研究的方法。实验法有实验室实验法和自然实验法两种类型。

实验室实验法在人为制造的实验室环境中进行。其特点是精确，但也因此而失去了一定的真实性和普遍性，因为现实中很少有像实验室那样的环境。

自然实验法是由研究者有目的地创造一些条件、在比较自然的条件下进行的。自然实验法兼有观察法和实验室实验法的优点。由于自然实验法是在实际情况下进行的，所得到的结果比较接近于实际。自然实验法是由研究者有目的地改变或控制某些条件，因此具有主动性和严密性，所得到的结果也比较准确。

三、测量法

测量法指采用标准化的心理测验量表或精密的测量仪器，对有关心理品质或行为进行测定、分析的方法。如能力测验、性格测验、人才测评等，都是旅游心理学中常用的测量法。这一方法往往用在对旅游从业人员的心理测试上，用以研究员工的心理品质或服务行为的关系，对研究旅游企业员工心理具有积极作用。

四、调查法

调查法指对不能直接观察到心理现象，通过调查、访问、谈话、问卷等方法搜集有关资料，以间接了解被试者的心理和行为的一种方法。调查法主要包括谈话法、问卷法、材料分析法等等。

谈话法是通过研究者与调查对象面对面地进行交谈、收集口头资料的一种调查方法。这种方法具有直接性、灵活性、适应性、效率高等特点，谈话者的谈话技巧、知识与能力、性格等会直接影响调查的结果。因此，需要选择合适的谈话者，并加以培训。

问卷法是通过被调查者回答一定的问题来研究心理现象的一种方法。问卷法的优点是能同时进行大规模的群体调查，快速收集大量资料。但调查法不大适于对行为的调查，而且对涉及态度问题的回答未必完全真实，所以得到的材料的价值要酌情分析。

五、体验法

体验法是指通过角色扮演或角色换位等方式体验客人或员工心理，比如由服务人员扮演客人，体验接受服务的心理状态，从而让服务人员能很好地理解客人心理。在企业管理中，可以让普通服务员轮流当一天"代理领班、主管"，让他们体验基层管理者的角色和心理状态，这样能让基层员工更好地理解上级，促进管理者与服务员相互之间的交流和协作。

六、案例研究法

案例研究法是收集案例和相关资料以分析其心理现象和规律的方法。所收集的资料必须真实、可靠，经过多个同类的个案研究分析之后，进而总结出普遍规律。这些规律可为饭店服务与管理提供参考。

📐 项目小结

——核心概念

心理、行为、意识、无意识、观察法、实验法、测量法、调查法、体验法、案例研究法

——重要提示

只要是从事跟人有关的工作或者活动——无论是服务还是管理，抑或是人际交往——就必须了解人的心理与行为的规律，才能做到"知己知彼，百战不殆"。饭店服务情境中所涉及的人主要包括饭店宾客及饭店员工，这些人在服务与被服务的过程中各自都有不同的心理活动，都可以表现出不同的行为。饭店服务心理学是心理学的一门新兴的应用性学科，它主要是运用心理学的原理和相关研究成果及研究方法来分析和研究饭店服务情境中人的行为与心理的规律。本项目的学习，我们重点是理解心理和行为的概念、类型及其关系，掌握研究心理和行为的基本方法，了解心理学研究心理和行为的基本思路以及当代心理学关于心理和行为的基本观点，了解心理学的产生和发展的基本过程。

综合能力训练

◆◆◆ 基本训练 ◆◆◆

一、复习与思考

1. 学习饭店服务心理学有何意义？
2. 心理的实质是什么？个体心理可以分为哪些方面？
3. 什么叫意识？什么叫无意识？
4. 什么叫行为？
5. 当代心理学关于心理和行为的基本观点有哪些？
6. 饭店服务心理学的基本研究方法有哪些？

二、案例分析

对不起，我不在这里住了

某饭店的前厅服务员小曹，在为客人办理入住登记手续的过程中，有另外一位韩国客人打来电话咨询。

小曹接听后，听不懂韩国客人说的韩言，便将电话转给另一位服务员小王，嘴里还不停地嘟囔着："说的什么鬼话，一句也听不懂。"并且还明显地表现出厌烦的样子。

当服务员小王接完电话之后，告诉小曹可能是一位韩国客人的咨询，她也听不懂，只是用自己掌握的一点英语知识，敷衍了事地把饭店的房价给客人报了一遍，因为对方没有听懂，很生气地挂断了电话。

小曹和小王接电话的整个过程，被正要办理入住登记手续的客人看在眼里，记在心里。客人经过短时间的思考后，对小曹和小王说："对不起，我不住你们这里了。"

问题：
1. 小曹和小王的行为体现了她们什么特点？
2. 客人为什么不在这家饭店住了？

◆◆◆ 技能训练 ◆◆◆

消费者生活方式的调查

在美国、日本等市场经济发达的国家早已将生活方式视为市场研究中的一项重要内容与方法。比如，日本的博报堂就曾经在中国通过研究当前中国知识型青年的生活方式来进一步把握未来21世纪的中国市场的消费模式。其调查方式非常独特：采用以拍照为主、简单答卷为辅的调查手段，即用照相机拍下你的环境和人物，包括你喜欢的或不喜欢的。

【提示】研究消费者生活方式的方法很多，本案例中的方法能使被调查者的个人生活方式跃然纸上，然后就可以根据对生活方式的统计结果来细分市场，组合营销策略。

请参考上述调查的方法和形式，选取你身边的某一类型（如不同的性别、职业、家庭、社会阶层等）的人，对他们进行调查，并分析他们的消费心理特点。

拓展学习

心理学的诞生与发展

一、心理学的诞生

人类从古代开始，历经中世纪、文艺复兴以至19世纪中叶，对心理的探索和研究，都是处于一种无明确研究目的、目标，无明确研究思想、方法的混沌状态下自发地或不自觉地进行，夹杂在对哲学和神学的研究中。对人的心理的研究成果，主要是融汇（或包括）在哲学和神学的内容体系中，心理学家是由哲学家、神学家、医学家或其他科学家兼任，对心理的研究方法也主要是思辨的方法。亚里士多德的《灵魂论》，可以说是世界上的第一部心理学专著。

心理学的真正历史，是1879年冯特在德国莱比锡大学建立世界上第一个心理实验室才开始的。冯特，是公认的第一个把心理学转变成一门正式独立学科的奠基者，也是心理学史上第一位真正的心理学家。他的《生理心理学原理》是心理学史上第一本真正的心理学专著。

二、心理学的发展历程

在心理学史的课程中，一般将心理学的发展历程分为三个方面来阐述，即西方心理学史、中国心理学史和苏俄心理学史。

（一）西方心理学史

西方心理学史是心理学史课程的主要内容，几乎占到心理学史课程的80%。

要理解什么是西方心理学史，首先要了解什么是西方心理学，顾名思义，西方心理学就是西方国家的心理学。传统上，我们习惯于把西欧和北美国家称之为西方国家。因此，从地域上讲，西方心理学就是指存在于英国、法国、德国等西欧国家和加拿大与美国的心理学。所谓西方心理学史就是指在这些国家中作为主流心理学存在和发展的历史。

但我们要指出的是，在西方心理学史的论述中，美国心理学史占了较大的比重。原因是进入20世纪以后，美国的心理学逐步取得了世界领先的地位。在19世纪后期，科学的心理学产生于德国，德国的莱比锡大学是西方乃至整个世界的心理学中心。那时各国的学者纷纷赴德国学习实验心理学。一些重要的心理学流派，如内容心理学、意动心理学、精神分析和格式塔学派等都产生于德国。但希特勒当政时期的法西斯主义迫使犹太血统的心理学家移居美国，德国心理学的力量散失了，而美国心理学则在温和的土壤上获得了较快的发展，成为继德国之后世界心理学的又一个中心，许多著名的心理学流派，如行为主义、新行为主义、新精神分析、人本主义心理学和认知心理学等都在美国产生和传播。时至今日，美国心理学仍在西方心理学中居主导地位。这样一来，我们在编写西方心理学史时，就不得不把美国心理学的流派和理论放到一个主要地位了。

另一个原因是：当今世界的心理学被划分成三个世界：

第一世界　美国心理学

第二世界　英国、法国、德国、加拿大、日本、俄罗斯的心理学

第三世界　发展中国家的心理学，包括中国

美国心理学无论从人员、知识产出量都在世界上占有绝对的优势，因此美国心理学的发展历史必然引起人们的关注和重视。

以1879年实验心理学建立为分野，西方心理学的历史可以划分为两大时期：实验心理学建立之前漫长的前科学心理学时期和实验心理学建立之后的科学心理学时期。我们首先看看在那漫长的前科学心理学时期中心理学的发展经过了哪些阶段：

自古希腊、罗马时期开始至1879年实验心理学建立的这段时间为前科学心理学时期。这段时期内心理学发展的特点是：有丰富的心理学思想，但是却没有系统的心理学理论。心理学在这段时期内是附属于其他学科的，特别是附属于哲学。哲学家在构建其理论的过程中阐发了许多心理学的思想观点。这一时期心理学思想的发展大致经历了两个阶段：

第一个阶段是官能心理学阶段，时间大致是从公元前6世纪至14世纪。这一阶段包括了奴隶社会和封建社会两个历史时期。主要代表人物有古希腊、罗马时期的柏拉图和亚里士多德以及中世纪教父学的代表人物奥古斯丁和经院哲学的著名代表托马斯·阿奎那。在此阶段中，心理学思想集中体现在灵魂的功能或曰"官能"的探讨上，而灵魂的官能实际上就是我们探讨的意识或心理，因此我们称这段时期的心理学思想为官能心理学。

第二个阶段为意识经验心理学阶段，时间大致起于14世纪末止于19世纪中叶，包括了资本主义关系形成时期和资产阶级革命时期的心理学思想。在这一阶段里，有关心理问题的探讨由灵魂的功能逐渐转向了认识的起源、过程和方法等问题。注意的焦点转向了意识经验起源的研究。官能心理学开始让位于意识经验心理学。

意识经验心理学探讨的主要问题是知识经验是怎样产生的。在这个问题上，出现了两种对立的主张，即经验论和唯理论。在心理学史上，我们称之为经验心理学和理性主义心理学。

经验论主张感性经验是知识的唯一源泉，一切知识均来源于经验。唯理论站在经验论的反面，它推崇理性判断、贬低感性经验。唯物主义唯理论主张认识的对象是客观存在的自然界；唯心主义的唯理论则认为理性知识是天赋的，是先天固有的。经验论与唯理论之争构成了意识经验心理学发展的主要线索。

在经验论的基础上产生了联想主义心理学。联想主义心理学以"联想"解释一切心理现象，认为各种心理元素通过联想的规律形成各种心理状态。联想主义心理学是意识经验心理学发展的最高形式。它的出现代表着哲学心理学向科学心理学的过渡。

1879年，冯特吸收了自然科学的研究精神，把自然科学，特别是实验生理学的研究方法与哲学心理学的理论概念相结合，创立了实验心理学。冯特在德国莱比锡大学建立了世界上第一所心理学实验室，这标志着科学心理学的建立。自此，西方心理学进入了一个新的发展时期。在这个时期里，心理学虽然脱离哲学而独立，但是却没有形成一个统一、联合的学科。不同理论倾向的心理学家相互争论，形成了大大小小的心理学流派。

1. 实验心理学

冯特的心理学体系里包括两大部分，一是研究个体意识过程的个体心理学，即实验心理学。由于冯特强调心理或意识的内容，人们通常把他的实验心理学体系称为"内容心理学"，这便鲜明地区别于与他同时代的另一位德国心理学家布伦塔诺的"意动心理学"。二是研究人类共同生活方面的复杂精神过程的民族心理学，即社会心理学，又称内容心理学，以意识的内容为主要研究对象，采用实验内省法。

2. 意动心理学

意动心理学是德国著名心理学家和哲学家布伦塔诺创立的。他在《经验观点的心理学》中提出了一种与冯特的内容心理学相对立的意动心理学。他们都坚持心理学是一门经验科学，但冯特使用实验的方法研究关于物理现象的经验，这种经验同外部世界相联系，通过外部知觉获得；布伦塔诺是用经验的方法研究关于心理现象的经验，这种经验同内部世界相联系，通过内部知觉获得。以意识的活动为主要的研究对象，采用内部知觉的方法。

3. 构造心理学

构造心理学是由冯特的学生铁钦纳创立的。冯特只是构造主义的先驱，虽然铁钦纳在一般观点上接受了冯特的心理学思想，但他本人有具体的研究和著述，在一些具体的观点上不同于冯特，他的构造体系没有包含冯特心理学的全部思想。同时，铁钦纳主要是用他的构造主义与机能主义进行论战的。铁钦纳之所以称他的心理学体系为构造主义，是因为他通过在实验条件下的内省方法发现了意识的结构，即意识经验是由感觉、表象和情感三种最基本的心理元素构成的，心理学的最终任务就是要把人类经验的元素完整地描述出来。

4. 机能心理学

机能心理学有广义和狭义之分。广义的机能心理学包括欧洲的早期机能主义与作为美国心理学一般特征和总体倾向的机能主义。前者主要包括德国意动心理学传统、奥地利形质学派、英国机能心理学、法国机能心理学和瑞士克拉帕雷德与皮亚杰主张心理适应的心理学思想，后者一般以美国机能心理学的哥伦比亚学派为代表。狭义的机能心理学则特指旗帜鲜明地与铁钦纳的构造心理学相对立的心理学派别，即美国机能心理学的芝加哥学派。

机能心理学是美国的本土心理学，它受达尔文进化论的影响，认为意识之所以进化到今天，是因为意识在人类适应环境的过程中有用，有它特定的机能。所以机能心理学强调意识的功用或意识机能的研究。

5. 行为主义

行为主义是20世纪初产生于美国的西方心理学派别。以华生1913年发表题为《行为主义者眼中的心理学》的论文为标志，号称西方"心理学第一势力"，在心理学领域占统治地位近半个世纪。华生于1913年开创行为主义心理学以后，很快席卷美国，而且几乎遍及世界，在心理学史上成为"行为主义革命"。1913年至1930年，以华生为代表的行为主义心理学是行为主义心理学的第一代，即早期行为主义。1930年以后为新行为主义时期。

行为主义以可观察的行为为心理学的研究对象，采用实验方法等客观技术。

6. 精神分析

精神分析产生于19世纪末，是由奥地利的医生弗洛伊德创立的。它逐渐发展成为现代西方心理学的一个重要流派，并且超越心理学的范围，对西方的哲学、社会学、美学、神学、伦理学、文学、艺术产生了广泛的影响。

精神分析是在学院心理学之外产生的，是从神经症和精神病的治疗实践中发展出来的，它的研究对象是变态行为，所采用的方法主要是临床观察法，研究的主要领域是无意识、情欲、动机等。精神分析着重神经症和精神的分析治疗，并对心理和人格作出理论解释。因此，精神分析即是治疗神经症和精神病的技术，又是关于潜意识的心理学说。

弗洛伊德之后，精神分析的发展有两条线索，一条线索是正统精神分析的发展，经历了精神分析的自我（ego）心理学、精神分析的对象关系理论和精神分析的新自我（self）心理学。另一条是精神分析的社会文化学派，也称新精神分析学派。

7. 格式塔心理学

格式塔心理学，又称完形主义或完形心理学，是于1912年产生于德国的一个心理学派别，也是德国心理学内部首次对冯特的心理学体系予以非难的派别。它由魏特海默、苛勒、考夫卡三位德国心理学家联合创立。他们自1910年起密切合作，并于1912年创办了《心理学研究》。格式塔心理学强调经验和行为的整体性，主张以整体动力结构观来研究心理现象。概言之，格式塔心理学是一种反对元素分析而注重整体组织的心理学理论体系。

8. 人本主义心理学

大致上可以说，20世纪50年代之前的西方心理学为行为主义和精神分析所平分。尽管在此时期内存在着其他心理学派别，但在心理学内最有影响的还应属这两大心理学流派。50年代以后，西方心理学的阵营发生了变化：作为行为主义和精神分析之后心理学的第三势力——人本主义心理学产生了。

人本主义心理学是20世纪中叶产生于美国的一种心理学思潮和革新运动。它既反对行为主义（心理学第一势力）机械的环境决定论，又反对精神分析（心理学第二势力）本能的生物还原论。它强调心理学应该研究人的本性、潜能、尊严和价值，研究对人类进步富有意义的现实问题，因此被称为西方心理学的第三势力。

9. 认知心理学

认知心理学是20世纪50年代中期（1956年左右）产生于西方的一种现代心理学思潮和研究取向。60年代得到迅速发展，70年代后成为当代心理学的主流。现代认知心理学是一种狭义的认知心理学即信息加工的认知心理学，它利用信息加工的观点和术语说明人的认知过程，主要研究人对知识的接受、编码、记忆、表象、思维和言语等。认知心理学有两种研究取向：一是符号加工模型，二是联结主义模型。

现代认知心理学与其他流行的心理学思潮是对立的：与行为主义的对立，反对它只研究可观察的外部行为，强调研究人的内部认知结构；与精神分析的对立，反对它过分关注潜意识，强调意识的主导地位；与人本主义心理学的对立，反对它只关注个人的成长和人际关系，强调应以认知过程为研究对象。总之，现代认知心理学的兴起是世界心理学发展的一件大事。

目前，人本主义心理学和认知心理学是西方心理学的两个主要发展方向，其他心理学流派都在不同程度上受到这两种研究取向的影响。

以上内容构成了西方心理学史的主要内容。

（二）中国心理学史

中国心理学史主要分为两个历史时期：中国古代心理学思想史和中国近现代心理学史。中国传统文化中蕴含着丰富的心理学思想，古人对心理现象的思考就提出了六大对立的基本问题，即人贵论、身心论、性习论、知行论、性情论、理欲论，它们构成了中国古代心理学思想的范畴论。在具体的心理学思想中，中国古代心理学又涉及人的心理的方方面面，如教育心理学思想、释梦心理学思想、心理卫生思想、情欲心理学思想、性情心理学思想、军事心理学思想等。

中国近现代心理学史是研究中国近代以及现代心理学形成和发展的历史。中国史学研究中，一般将1840年的鸦片战争视为是中国近代史的开端，而将1919年的五四运动作为中国现代史的开端。但鉴于中国心理学历史发展的"特殊性"，16、17世纪明朝时西方近代心理学的思想就已传入中国，这些思想对中国近代心理学的发展起到了一定影响。为此，我们在界定中国近代心理学史的年限时，就不完全以中国通史的历史分期来划定，而将中国近代心理学史的启蒙时期追溯至16、17世纪。中国近代心理学思想中，一方面有诸如龚自珍、梁启超等学者以经验描述和思辨方法为主体的心理学论述，但更主要的还是通过早期教会学校以及通过翻译西方心理学论著，使西方心理学思想在近代的中国得以初步传播。

中国现代心理学史的历史时期与中国现代史的划分基本上是一致的，它分为两个时期：

19世纪末至20世纪40年代，是中国现代心理学的建立时期。这一时期的心理学是以中国古代和近代心理学思想为历史渊源，通过引入西方心理学的途径而建立和发展起来，其主要代表人物有郭任远、张耀翔等心理学家；从1949年10月中华人民共和国成立之后至今，是中国现代心理学的发展时期。这一时期经历了学习改造阶段、初步繁荣阶段、遭遇挫折阶段、重新恢复阶段和飞速发展阶段。

目前中国心理学已经取得了长足进步，表现之一是心理学研究机构和教学机构不断发展壮大，二是人才培养上了一个新台阶，三是与国外心理学同行开展的学术交流活动日益增多。

（三）苏俄心理学史

所谓苏俄心理学，就是指前苏联与现在的俄罗斯的心理学，包括十月革命前俄国的、苏联时期的以及现在俄罗斯的心理学。

十月革命前的俄国心理学存在着一场唯物主义与唯心主义路线的激烈斗争，谢切诺夫（I. M. Sechenov）、巴甫洛夫（I. B. Pavlov）、兰格（N. N. Langer）等人是心理学中唯物主义路线的代表，其中巴甫洛夫用条件反射的实验方法研究大脑皮层的机能，创立了高级神经活动学说和高级神经活动的类型说，为前苏联以及世界心理学的发展做出了重要贡献。

十月革命后，苏联建立了第一个社会主义国家。这一时期的苏俄心理学主要表现是形成了心理学的三个著名学派：

1. 维列鲁学派

维果茨基（Lev Vygotsky）、列昂节夫（Leontiev, Aleksei Nikolaevich）和鲁利亚（Luria）形成了维列鲁学派，即社会文化历史学派。他们认为，人的心理除了受生物进化规律所制约，还受社会的文化历史发展的规律所制约。

2. 鲁宾斯坦学派

鲁宾斯坦学派，强调主体的研究，认为心理学的研究对象既不是心理，也不是行为，而是作为主体的人。因此这个学派也被称为主体心理学。

3. 人学学派

人学学派的研究包含四个方面：对作为生物实体的人的研究、对人类起源与演化以及历史发展的研究、对人的个体发生发展的研究、对人的个性即作为社会成员的人的研究。

苏联解体后，俄罗斯心理学仍然坚持马克思主义哲学对心理学的指导，并且注重心理学理论与社会实践相结合的问题，要求心理学工作者"走出实验室"，去研究社会生活和经济建设中出现的课题。目前，俄罗斯心理学有三大研究中心：俄罗斯科学院心理学研究所、俄罗斯教育科学院心理学研究所和莫斯科大学心理学系。

项目二
人性化的服务与人性化的管理

学习目标

知识目标：1. 了解人性化、人性化管理的概念及有关规律。
2. 掌握服务、服务质量、优质服务和人性化服务的概念。
3. 掌握饭店优质服务的一般要求。
4. 了解人性化管理的概念、基本过程、基本策略与基本方法。

能力目标：能够在服务和管理工作中恰当地表现出人性化的特质。

情感目标：1. 能够初步形成对服务工作的积极态度。
2. 能够围绕服务与管理初步形成"以人为本"的意识。

项目导图

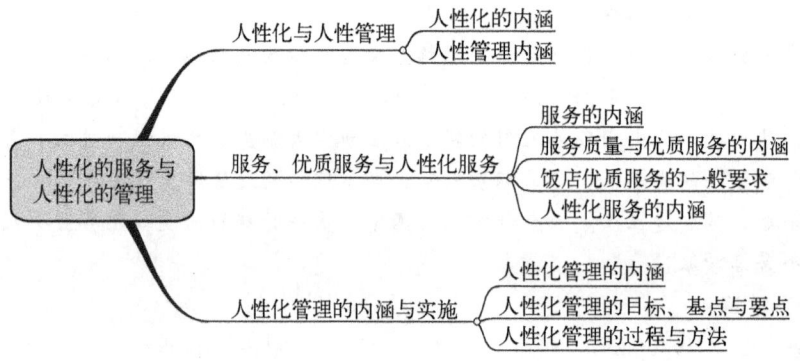

案例导入

人性化服务

老板常跟我们说起一件事：一次他入住某五星级宾馆，因为习惯睡高枕头，他把宾馆的枕头对折起来枕着睡了一夜。第二天晚上回来，发现宾馆的服务员已经通过枕头上的折痕敏锐地判断出他睡觉的习惯，不仅更换了一只高枕头，还特地留了一张字条，写上"服务不周，请多原谅"之类的温馨话语。这件事成了老板每次强调人性化服务时必然提到的经典案例。

最近我出差，住在一个快捷酒店。晚上我把枕头对折起来靠在背后看电视。次日临出门时，看到枕头上的折痕，忽然想到老板常说的那个事例，心想这里的服务会不会也那样人性化？转念一想，这不过是个快捷酒店，跟五星级的不能相提并论。然而办完公事回到宾馆房间，我吃惊地发现床上已经换上了一个崭新的枕头，而且枕头边居然也放着一张字条！我暗暗赞叹，原来这家快捷酒店的服务也能做得这样好！我忙拿起字条一看，差点晕过去，只见上面写着："您好，因您损坏高档枕芯一个，故请按价赔偿，费用将和您的房费一并结算。"

思考

1. 什么叫做人性化？人性管理的内涵是什么？
2. 服务、优质服务和人性化服务的理论对我们有什么启示？
3. 饭店优质服务的一般要求有哪些？
4. 什么是人性化管理？人性化管理的理论对饭店管理有什么启示？

无论是作为消费者还是员工，在内心深处，我们都希望被关怀、被尊重，分享心情，获得新体验，追求纯真，等等。但在目前物质化盛行的今天，无论企业怎样发展高科技，怎样进行集成化，怎样为客户定制并销售新产品，很多人都仅仅注重了追逐利润的一面，却忘记了这些都只是手段——其本质都是为我们的人性根本需求着想，为提升我们的生活品质尽心尽力。人性化的思想应该深刻地渗透到企业的血液中。

在这一项目中，我们将对人性化服务和人性化管理进行比较系统的论述，以便更好地理解及实现饭店的人性化服务和人性化管理。

任务一　人性化与人性管理

时至今日，我们依然面临着这样一个困惑：物质文明的发展原本是对人的精神充盈的巨大推动，然而在某种意义上这种发展使我们越来越受累于物，越来越难以接近自我甚至丧失自我。这就是所谓人的异化。从马克思主义观点看，异化作为社会现象同阶级一起产生，是人的物质生产与精神生产及其产品变成异己力量，反过来统治人的一种社会现象。异化概念所反映的是人们的生产活动及其产品反对人们自己的特殊性质和特殊关系。在异化活动中，人的能动性丧失了，遭到异己的物质力量或精神力量的奴役，从而使人的个性不能全面发展，只能片面发展，甚至畸形发展。

这种现象，反映在企业的运营上，就是随着科技的进步，企业运作越来越复杂。于是种种的规章制度出现了，种种流程规定也出现了。而企业的各阶层员工，则日益忙于应付各种制度和规程的要求，却忘了制定这些制度和规程的最终目的——更高效率地、更好地为人服务。

为了让企业高效有序地运作，制度当然是必要的；但是如果我们每日埋头于这些制度而忽略了这些制度究竟是为谁服务的，那么就好像是开车的时候两眼只看着仪表盘而不看前面的路，理论上讲你依然有机会安全地到达目的地，但是在实际生活中这只会造成车祸。

"人"是各种商业活动的核心。企业的各种工作流程、规章制度、报表图文也都是为了更好地服务于"人"才出现的。这些"人"既包括企业外部的客户，也包括了企业的"内部客户"。也许在未来的某一天，科幻电影中的场景会出现在你的公司——一个银光闪闪的机器人愤怒地投诉说你们的产品使它的外壳生锈。但在那之前，我们还是应该把注意力放在"人"的身上。

一、人性化的内涵

（一）人性化的含义

人性化指的是一种理念，是指让技术和人的关系协调，即让技术的发展围绕人的需求来展开。这里所指的技术是广义上的技术，不单单指的是某一领域。而"技术和人的关系协调"，意味着通过技术的发展而设计出来的成果（如具体的产品、服务以及管理的方式方法等），在实用、美观、方便的同时，还能适合人的生活习惯和操作习惯等，也就是既能满足人对此成果的功能诉求，又能满足人的心理需求。

"人性化"一词本身就暗示了我们的产品、服务和管理要关注的内容——关注人类的本性。我们希望被关怀，被尊重，分享心情，获得新体验，追求纯真，等等。这些思想应该是渗透到企业的血液中的。无论企业怎样发展高科技，怎样进行集成化，怎样为客户定制新产品，那些都只是手段。再简单的东西都可以做到人性化。只要它的出发点是在为我们的人性根本需求着想，为了提升我们的生活品质尽心尽力，那就是人性化的。

（二）人的自然属性和社会属性

"人性化"意味着要关注人类的本性。那么，人的本性是什么呢？根据人性学的观点，人的本性主要体现在自然属性和社会属性两方面。

在人的自然属性方面，有三个定律：① 人的生理层面的自然属性是"人类总是要求拥有快乐而不是痛苦"。② 人的心理层面的自然属性是"人类总是要求得到尊重而不是贬抑"。③ 人的心灵层面的自然属性是"人类总是希望有长久的目标而不是虚度一生"。

而在人的社会属性方面，也有三个定律：① 对行为后果的考虑。② 对自己长远目标的考虑。③ 对人生价值的考虑。

企业只有了解了人性中这些自然属性和社会属性，才能对错综复杂的人际关系、职工的行为和动机进行有效的引导和管理，才能根据企业不同的发展阶段提出更高的更能发挥全员潜能的管理目标。

人的社会属性受心灵支配，而心灵则是一种思想意识，是人类社会属性产生的源泉，可以通过人类一代代传承下去，并不断得到丰富。

思想意识在个人的发展和现代管理中都起着决定性的作用。意识的先进性是社会进步、企业蓬勃发展以及个人顺利发展的动力之源。

（三）人性化与"以人为本"

以人为本的直接解释是以人为"根本"。以人为本，是科学发展观的核心。以人为本，不仅主张人是发展的根本目的，回答了为什么发展、发展"为了谁"的问题；而且主张人是发展的根本动力，回答了怎样发展、发展"依靠谁"的问题。"为了谁"和"依靠谁"是分不开的。

人是发展的根本目的,也是发展的根本动力,一切为了人,一切依靠人,二者的统一构成以人为本的完整内容。只讲根本目的,不讲根本动力,或者只讲根本动力,不讲根本目的,都不符合唯物史观。

结合前述人性化的内涵,我们不难理解,这两者本质上是共通的,但后者给人的印象更直接、更明白。

从饭店服务的角度来理解"以人为本",意味着我们所有工作的根本是通过我们提供的优质服务来满足宾客不断增长的物质文化需求和精神文化需求,在获得宾客的信任和满意的基础上,促进员工个人和企业的可持续的良性发展。

而从饭店管理的角度来理解"以人为本",则意味着人是管理中最基本的要素,人的发展是企业发展和社会发展的前提。人是能动的,与环境是一种交互作用;创造良好的环境可以促进人的发展和企业的发展;个人目标与企业目标是可以协调的,将企业变成一个学习型组织,可以使员工实现自己的目标。在此过程中,企业要进一步了解员工以使企业目标更能体现员工利益和员工目标。以人为本的管理要以人的全面发展为核心,围绕着激发和调动人的主动性、积极性、创造性来展开,以实现人与企业的共同发展。其具有下列几个特点:① 以人为本的管理主要是指在企业管理过程中以人为出发点和中心。② 以人为本的管理活动围绕着激发和调动人的主动性、积极性和创造性来展开。③ 以人为本的管理致力于人与企业的共同发展。

二、人性管理内涵

(一)人性管理含义

人性管理,从本质上说是一种针对人的思想的"稳定和变化"同时进行管理的新战略。人性管理理念的确立,以思维方式从线性到非线性的转变为前提。线性思维的特征是历时性,而非线性思维的特征是共时性,也就是同步转型。在表面上混沌的纷杂现象中,看出事物发展和演化的自然秩序,洞悉到下一步前进的方向,识别出潜在的未知需要和未开拓的市场,进而预见到变化并自如地应付变化,这就是现代企业人性管理的任务。

人性管理以"人性化"为标志,强调跳跃和变化、速度和反应、灵敏和弹性。它注重平等和尊重、创造和直觉、主动和企业精神、远见和价值控制,它依据信息共享、虚拟整合、竞争性合作、差异性互补、虚拟实践社团等,实现知识由隐性到显性的转化①,创造竞争优势。

人性管理是企业在已有先进生产技术和规范管理的基础上,经过系统思考,改变心智模

---

① 知识转化是知识管理领域的术语。野中郁次郎将显性知识和隐性知识之间的相互作用和变化称为 knowledge conversion,即知识转化。他提出,知识的转化要通过 Socialization(社会化:从隐性知识到隐性知识)、Externalization(外化:从隐性知识到显性知识)、Combination(连接化:从显性知识到显性知识)、Internalization(内化:从显性知识到隐性知识)四个过程来完成,简称 SECI。和知识转化相关的常用术语有知识转移、知识共享、知识传播、知识扩散等。

型，提高学习能力，实现自我超越，主动地适应外部环境的变化来实现经营管理状态的变化，为用户提供质优、价格适中的产品和服务。企业必须坚持"复限式"的经营原则，打破原有的分工边界，充分利用各方面信息，采用人性的生产技术和动态的组织结构，充分发挥全体员工的创新积极性。

（二）人性管理中应注意的因素

1. 以满足顾客需求为导向

传统的批量生产型企业的观念是：供给创造需求。只要能生产，就会有顾客购买，企业就有利润，利润由市场和生产能力决定。在新经济时代，不仅要为顾客提供物品，而且要丰富顾客的价值，使顾客在消费一种物品时能够获得更多的超值感受。人性管理就是将顾客的需求与偏好放在首位，利润蕴含于顾客对物品需求和满足顾客偏好之中，只要能将顾客的需求与偏好转化为物品或服务，利润就是这种转化的一种自然结果。因此，人性管理的关键在于确定如何创造提升顾客价值和如何解决顾客所关注的问题的方案，以及如何将顾客感知到的但并没有完全清楚表达出的愿望的方案。

直接定制是在简单的大规模生产模式不能满足消费者的多样化、个性化需求的情况下提出来的，它将每一位顾客都视为一个单独的细分市场，根据个人的特定需求来进行市场营销组合，以满足每位顾客特定需求的一种营销方式。其最突出的特点是根据顾客的特殊要求来进行产品生产。

2. 以学习激励为目标

美国经济学家麦格瑞哥（Douglas Mcgngor）在其重要著作《企业的人性面》中指出，每一位管理者均有自己的一套管理哲学，其管理哲学取决于其对人性行为的看法。麦格瑞哥将这些传统管理哲学归类为 X 理论（Theory X）和 Y 理论（Theory Y），其中 X 理论认为一般人皆生性怠惰、缺乏大志、厌恶责任、宁愿受人指挥，因此员工的行动有赖于指引，管理有赖于说服、奖励、惩罚及控制；而 Y 理论则认为人的发展潜力、肩负责任的能力、朝向组织目标以及引导其行为的能力，都是其本性所固有的，管理的责任，则在使员工认识其固有的特性，从而自行发展这些特性。人性管理就是以 Y 理论为基础的一种科学管理。科学管理的最基本职能是决策，而网络时代管理的最基本职能是寻求知识转化的路径与结点。网络时代不确定的市场变化已经把管理的核心作用体现为：促进学习、激发灵感和洞察未来。激励、综合、协调一线人员的努力与贡献，以更高的视野兼顾全局，并将一线人员的创新理念整合到企业发展的统一战略框架之中，从而使企业的发展、进化过程成为由发达的部件以最优化的方式组合的有机体。

3. 组织虚拟实践社团

识别、发现市场的潜在需求与偏好，把握需求与偏好的动态过程，不仅需要大量的信息，更需要敏锐的洞察力，需要智慧与灵感。在市场的需求结构瞬息万变的网络时代，只有通过发挥各个方面的创新力量，才能造就一个智能化的企业，才能不断获得新的竞争优势。因此，组建各式各样的虚拟实践社团，努力为企业的发展提供创新性的建议与方案，增强企业的适时学习能力，使企业成为一个真正的学习化企业，是企业立于不败之地的保证。虚拟实践社团是

"强强"合作,它的本质特点是以顾客为中心,以机会为基础,具有一整套清晰的、建立在协议基础上的目标。

4. 网络式组织形式

质量是20世纪80年代企业成败的关键,而把客户真正当作合作伙伴的团队销售是当今时代企业成败的关键。但科学管理时代的组织是一种金字塔形结构的层级组织,它层次过多、传递信息的渠道单一而且过长,反应迟缓;各职能部门间相互隔离,信息流动受边界的限制,上下级之间的信息传递常常扭曲、失真,按照旧的组织架构,在某一组织机构中有固定位置的人只能在该位置上执行固定的职能,无论这种职能是否对满足客户需求有利,旧的层级管理体制显然不能适应以满足客户为中心的企业战略的需要。但是,网络式组织的各个部分相对独立,各部分之间是一种融合共生的关系,不存在分别划定的边界。以网络式的扁平化组织结构代替金字塔形组织结构,提高了信息传递的效率和工作效率,加强了部门之间的相互沟通。在新的组织机构里,当一个市场机会出现时,在某一组织机构中有固定位置的人便会以其专长进入项目工作小组,并在其中扮演团队成员的新角色,与其他小组成员形成虚拟团队协同工作,直至小组任务完成为止。

5. 以企业再造为手段

企业再造关注的是企业经营模式的调整,这为企业实现人性管理提供了机会。因为,企业再造是在更高层次上确定企业如何对市场作出反应,如何识别潜在市场与创造新市场,并在这种识别与创造中重新定位企业在市场中的角色。企业再造重视培养人的学习能力,目的是把企业变成一个学习型组织,增强企业从员工个人到整个组织对瞬息万变的环境的适应能力。企业"人性管理"是针对知识经济和全球化经营实际提出的新的管理思维与管理方式,它与传统的泰勒管理强调步调一致不同,是通过讲求管理软化,以管理的人性化激发人的主观能动作用,以适应知识经济"刚性竞争"的需要。实践证明,"人性管理"以柔克刚,是强化企业市场"刚性竞争"的良策,值得提倡。

任务二 服务、优质服务与人性化服务

一、服务的内涵

(一)服务的定义

几乎每一个人对"服务"一词都不会陌生,但如果要回答"什么是服务",相信没有几个人能说得清楚。"服务"也和"管理"一样,很多学者都给它下过定义。但由于它是看不到摸不着的东西,而且应用的范围也越来越广泛,难以简单概括,所以直到今天,还没有一个权威的定义能为人们所普遍接受。"服务"在古代是"侍候,服侍"的意思,随着时代的发展,"服务"被不断赋予新意,如今,"服务"已成为整个社会不可或缺的人际关系的基础。

社会学意义上的服务,是指为别人、为集体的利益而工作或为某种事业而工作,如"为人民服务","他在邮电局服务了十五年"。

经济学意义上的服务，是指以等价交换的形式，为满足企业、公共团体或其他社会公众的需要而提供的劳务活动，它通常与有形的产品联系在一起。

1960年，美国市场营销协会（AMA）最先给服务下的定义为："用于出售或者是同产品连在一起进行出售的活动、利益或满足感。"这一定义在此后的很多年里一直被人们广泛采用。

1974年，斯坦通（Stanton）指出："服务是一种特殊的无形活动。它向顾客或工业用户提供所需的满足感，它与其他产品销售和其他服务并无必然联系。"

1983年，莱特南（Lehtinen）认为："服务是与某个中介人或机器设备相互作用并为消费者提供满足的一种或一系列活动。"

1990年，格鲁诺斯（Gronroos）给服务下的定义是："服务是以无形的方式，在顾客与服务职员、有形资源等产品或服务系统之间发生的，可以解决顾客问题的一种或一系列行为。"

当代市场营销学泰斗菲利普·科特勒（Philip Kotler）给服务下的定义是："一方提供给另一方的不可感知且不导致任何所有权转移的活动或利益，它在本质上是无形的，它的生产可能与实际产品有关，也可能无关。"

综上所述，我们认为，服务是指为他人做事，并使他人从中受益的一种有偿或无偿的活动。服务一般不以实物形式而以提供活劳动的形式满足他人某种特殊需要。其核心是本着诚恳的态度，为别人着想，为别人提供方便或帮助。

（二）服务的分类

从不同的角度可以将服务分为不同的类型。

依据服务与被服务双方的接触程度的不同，可以将服务分为高接触性服务、中接触性服务和低接触性服务。高接触性服务是指顾客在服务推广过程中参与其中全部或者大部分的活动，如电影院、娱乐场所、公共交通、学校等部门所提供的服务。中接触性服务是指顾客只是部分活在局部时间内参与其中的活动，如银行、律师、地产经纪人等所提供的服务。低接触性服务是指在服务推广中顾客与服务的提供者接触较少的服务，其间的交往主要是通过仪器设备进行的，如信息、邮电等提供的服务。

依据提供服务工具的不同可以分为以机器设备为基础的服务（如自动柜员机、自动化汽车刷洗等）和以人为基础的服务（如非技术性、技术性和专业性服务，如会计审计服务、旅游接待服务等）。

依据在服务场所出现的必要性的大小分为要求顾客亲临现场的服务（如身体检查、理发美容、按摩等）和不需要顾客亲临现场的服务（如汽车修理、成衣整烫等）。

依据顾客个人需要与企业需要的不同分为面对个人需要的专一化服务和面对个人需要与企业需要的混合服务。

依据服务组织的目的分为营利性服务、非营利性服务、私人服务、公共服务。

依据服务活动的本质分为作用于人的有形服务、作用于物的有形服务、作用于人的无形服务、作用于物的无形服务。

依据顾客与服务组织的联系状态分为连续性、会员关系的服务，连续性、非正式会员的服务，间断性会员关系的服务，间断性非会员关系的服务。

依据服务方式及满足程度分为标准化服务（公共汽车载客服务），易于满足要求但服务方式选择度小的服务（电话服务），选择余地大而难以满足个性化要求的服务（教师授课），需求能满足且服务提供者有发挥空间的服务（美容、建筑）。

依据服务供求关系分为需求波动小的服务（保险、法律），需求波动大而供应基本能跟上的服务（电力、天然气），需求波动幅度大并会超出供应能力的服务（交通运输、饭店宾馆）。

（三）服务的特性

1. 服务的无形性

商品和服务之间最基本的，也是最常被提到的区别是服务的无形性，因为服务是由一系列活动所组成的过程，而不是实物，这个过程我们不能像感觉有形商品那样看到、感觉或者触摸到。

对于大多数服务来说，购买服务并不等于拥有其所有权，如航空公司为乘客提供服务，并不意味着乘客拥有了飞机上的座位；饭店为客人提供客房服务，并不意味着客人拥有了客房的所有权。

2. 异质性

服务是由人表现出来的一系列行动，而且员工所提供的服务通常是顾客眼中的服务，由于没有两个完全一样的员工，也没有两个完全一样的顾客，那么就没有两种完全一致的服务。

服务的异质性主要是由于员工和顾客之间的相互作用以及伴随这一过程的所有变化因素所导致的，它也导致了服务质量取决于服务提供商不能完全控制的许多因素，如顾客对其需求的清楚表达的能力、员工满足这些需求的能力和意愿、其他顾客的到来以及顾客对服务需求的程度。由于这些因素，服务提供商无法确知服务是否按照原来的计划和宣传的那样提供给顾客，有时候服务也可能会由中间商提供，那更加大了服务的异质性，因为从顾客的角度来讲，这些中间商提供的服务仍代表服务提供商。

3. 生产和消费的同步性

大多数商品是先生产，然后存储、销售和消费，但大部分的服务却是先销售，然后同时进行生产和消费。

这通常意味着服务生产的时候，顾客是在现场的，而且会观察甚至参加到生产过程中来。有些服务是很多顾客共同消费的，即同一个服务由大量消费者同时分享，比如一场音乐会，这也说明了在服务的生产过程中，顾客之间往往会有相互作用，因而会影响彼此的体验。

服务生产和消费的同步性使得服务难以进行大规模的生产，服务不太可能通过集中化来获得显著的规模经济效应，问题顾客（扰乱服务流程的人）会在服务提供过程中给自己和他人造成麻烦，并降低自己或者其他顾客的感知满意度。另外，服务生产和消费的同步性要求顾客和服务人员都必须了解整个服务传递过程。

4. 易逝性

服务的易逝性是指服务不能被储存、转售或者退回的特性。比如一个有100间客房的饭店，如果在某天只有80间客房入住了客人，它不可能将剩余的20间客房储存起来留待第二天再销售；一个咨询师提供的咨询也无法退货，无法重新咨询或者转让给他人。

由于服务无法储存和运输，服务分销渠道的结构和性质与有形产品差异很大，为了充分利用生产能力，对需求进行预测并制定有创造性的计划成为重要和富于挑战性的决策问题，而且由于服务无法像有形产品一样退回，服务提供者（个人或组织）必须制定强有力的补救策略，以弥补服务失误（如，尽管咨询师糟糕的咨询没法退回，但是咨询公司可以通过更换咨询师来重拾顾客的信心）。

二、服务质量与优质服务的内涵

（一）服务质量的内涵

服务质量是产品生产的服务或服务业满足规定或潜在要求（或需要）的特征和特性的总和。特性是用以区分不同类别的产品或服务的概念，如旅游有陶冶人的性情给人愉悦的特性，旅馆有给人提供休息、睡觉的特性。特征则是用以区分同类服务中不同规格、档次、品位的概念。服务质量最表层的内涵应包括服务的安全性、适用性、有效性、经济性、舒适性和文明性等一般要求。

服务质量既是服务本身的特性与特征的总和，也是消费者感知的反应，因而服务质量既由服务的技术质量、职能质量、形象质量和真实瞬间构成，也由感知质量与预期质量的差距所体现。

服务的技术质量是指服务过程的产出，即顾客从服务过程中所得到的东西。例如宾馆为旅客休息提供的房间和床位，饭店为顾客提供的菜肴和饮料，航空公司为旅客提供的飞机、舱位等。对于技术质量，顾客容易感知，也便于评价。

服务的职能质量是指服务推广的过程中顾客所感受到的服务人员在履行职责时的行为、态度、穿着、仪表等给顾客带来的利益和享受。职能质量完全取决于顾客的主观感受，难以进行客观的评价。技术质量与职能质量构成了感知服务质量的基本内容。

服务的形象质量是指消费者企业在社会公众心目中形成的总体印象。它包括企业的整体形象和企业所在地区的形象两个层次。企业形象通过视觉识别、理念识别、行为识别等系统多层次地体现。顾客可从企业的资源、组织结构、市场运作、企业行为方式等多个侧面认识企业形象。企业形象质量是顾客感知服务质量的过滤器。如果企业拥有良好的形象质量，些许的失误也会得到顾客的谅解；如果失误频繁发生，则必然会破坏企业形象；倘若企业形象不佳，则企业任何细微的失误都会给顾客造成很坏的印象。

服务的真实瞬间则是服务过程中顾客与企业进行服务接触的过程。这个过程是一个特定的时间和地点，这是企业向顾客展示自己服务质量的时机。真实瞬间是服务质量展示的有限时机。一旦时机过去，服务交易结束，企业也就无法改变顾客对服务质量的感知；如果在这一瞬间服务质量出了问题也无法补救。真实瞬间是服务质量构成的特殊因素，这是有形产品质量所不包涵的因素。服务生产和传送过程应计划周密，执行有序，防止棘手的"真实的瞬间"出现。如果出现失控状况并任其发展，出现质量问题的危险性就会大大增加。一旦真实的瞬间失控，服务质量就会退回到一种原始状态。服务过程的职能质量更是深受其害，进一步恶化质量。

预期服务质量即顾客对服务企业所提供服务预期的满意度。预期服务质量是影响顾客对整体服务质量的感知的重要前提。如果预期质量过高，不切实际，则即使从某种客观意义上说他们所接受的服务水平是很高的，他们仍然会认为企业的服务质量较低。预期质量受四个因素的影响：即市场沟通、企业形象、顾客口碑和顾客需求。

感知服务质量则是顾客对服务企业提供的服务实际感知的水平。如果顾客对服务的感知水平符合或高于其预期水平，则顾客获得较高的满意度，从而认为企业具有较高的服务质量，反之，则会认为企业的服务质量较低。从这个角度看，服务质量是顾客的预期服务质量同其感知服务质量的比较。

判断服务质量的要素主要包括以下五个方面：

（1）可靠性：可靠性是可靠地、准确地履行服务承诺的能力。可靠的服务行为是顾客所期望的，它意味着服务以相同的方式、无差错地准时完成。可靠性实际上是要求企业避免在服务过程中出现差错，因为差错给企业带来的不仅是直接意义上的经济损失，而且可能意味着失去很多潜在的顾客。

（2）响应性：响应性是指帮助顾客并迅速有效提供服务的愿望。让顾客等待，特别是无原因的等待，会对质量感知造成不必要的消极影响。出现服务失败时，迅速解决问题会给质量感知带来积极的影响。对于顾客的各种要求，企业能否给予及时的满足将表明企业的服务导向，即是否把顾客的利益放在第一位。同时，服务传递的效率还从一个侧面反映了企业的服务质量。研究表明，在服务传递过程中，顾客等候服务的时间是个关系到顾客感觉、顾客印象、服务企业形象以及顾客满意度的重要因素。所以，尽量缩短顾客等候时间，提高服务传递效率将大大提高企业的服务质量。

（3）保证性：保证性是指员工所具有的知识、礼节以及表达出自信和可信的能力。它能增强顾客对企业服务质量的信心和安全感。当顾客同一位友好、和善并且学识渊博的服务人员打交道时，他会认为自己找对了公司，从而获得信心和安全感。友好态度和胜任能力两者是缺一不可的。服务人员缺乏友善的态度会使顾客感到不快，而如果他们的专业知识懂得太少也会令顾客失望。保证性包括如下特征：完成服务的能力、对顾客的礼貌和尊敬、与顾客有效的沟通、将顾客最关心的事放在心上的态度。

（4）移情性：移情性是设身处地地为顾客着想和对顾客给予特别的关注。移情性有三个特点：接近顾客的能力、敏感性和有效地理解顾客需求。

（5）有形性：有形性是指有形的设施、设备、人员和沟通材料的外表（如手写的信函）。有形的环境是服务人员对顾客更细致的照顾和关心的有形表现。对这方面的评价可延伸到包括其他正在接受服务的顾客的行动。

顾客从这五个方面将预期的服务和接受到的服务相比较，最终形成自己对服务质量的判断，期望与感知之间的差距是服务质量的量度。从满意度看，既可能是正面的也可能是负面的。

需要注意的是，好的服务质量不一定是最高水平的服务，管理人员首先要识别公司所要追求的服务水平。当一项服务满足其目标顾客的期望时，服务质量就可认为是达到了优良水平。

（二）优质服务的内涵

优质服务是指从服务对象的利益诉求出发，在符合行业标准或部门规章等通例的前提下，能够满足服务对象的合理需求和适当的期许值，保证一定的满意度，并给服务对象带来生理上和精神上美好享受的那种服务。在国际上，优质服务主要是指提高服务质量。

优质服务可以根据服务体验与要求的差别，由低到高进一步细分为满意度服务、舒适度服务、惬意度服务。不同层级的服务，对服务的要求不同。满意度服务一般是要求能够满足服务对象提出的要求，以服务对象的合理要求基本满足，不产生或增加新的负面情绪为基本要求；舒适度服务是在满足服务对象要求的基础上，从多方面使服务更臻完善，以最小化服务对象的负面情绪，并获得服务对象一定好评为基本要求；惬意度服务则是从服务对象的角度和利益出发，既满足客户的服务需求，也能够周到细致地考虑到客户所未考虑到的当下需求和将来时需求，并预见性地提供相应的服务，以赢得服务对象的信赖、忠诚度和高度评价为要求。

优质服务竞争和产品设计、产品质量的竞争一样，是市场经济环境下商业竞争，尤其是服务行业竞争的主要领域和手段。无论是有形产品的生产企业还是服务业，服务质量都是企业在竞争中制胜的法宝。根据《美国营销策略谋划》的研究结果：91%的顾客会避开服务质量低的公司，其中80%的顾客会另找其他方面差不多，但服务更好的企业，20%的人宁愿为此多花钱。美国哈佛商业杂志1991年发表的一份研究报告显示，"再次光临的顾客可为公司带来25%—85%的利润，而吸引他们再次光临的因素首先是服务质量好，其次是产品本身，最后才是价格"。随着我国第三产业的发展壮大和政府职能从管理型向服务型转化，优质服务不仅限于企业、社会团体、民间组织等非权力机构组织，也成了包括党政机关事业单位在内的各行各业的各项考核考评的重要指标和参考依据，因而具有越来越重要的价值和意义。

三、饭店优质服务的一般要求

基于客人的心理需求，为客人提供相应的优质服务是饭店的一项基本任务，也是饭店成功经营的基本保障。优质服务在很大程度上体现在服务人员的具体服务上。

（一）良好的服务态度

良好的服务态度是指对顾客具有一般的肯定评价倾向，也就是说，对顾客的光临持欢迎的态度，将顾客的要求视为合理的要求。服务态度与角色意识密切相关，正确的角色意识有利于形成良好的态度。态度还与个性相关。如具有乐观、外倾（外向）、情绪稳定等性格特征的服务员，较易形成良好的服务态度。良好的服务态度还与自我尊重密切相关。尊重自己所从事的服务工作，是建立良好服务态度的重要前提。如果服务人员认为服务工作低人一等，由此产生的自卑和不安必然使其厌恶服务工作，这样的心理状态自然不可能形成良好的服务态度。此外，良好的服务态度还与自信心密切相关，而自信的一个重要来源是不断地自我提高。

(二) 亲切的服务语言

基本的服务语言在饭店员工手册中有明确的规定，一般的要求是具有灵活性、时代感，体现职业特色，顺应顾客群的要求。

(三) 高超的服务技术

服务技能（技术）是指服务人员在为顾客服务时所体现出来的实际加工技巧和服务接待技艺，服务技能（技术）是服务质量的基本保证。从服务人员的角度来说，提高技术水平包括两方面的内容：一是不断提高自身的文化素质，二是提高基本的技能水平。这既需要专门的训练，也需要在工作中不断地通过实践积累经验，用心提高。需要特别指出的是，知识与技能虽然相关，但知识并不等于技能本身。正如一个熟读了10本游泳技能书籍的人，如果不下水实践，仅仅靠对游泳知识的理解是不能学会游泳的，技术水平主要还是靠亲自动手实践才能提高。

(四) 科学的服务策略

饭店服务与顾客的消费有时是同时进行的，服务活动也是在与顾客的交往中进行的。要想取得良好的服务效果，就必须把握顾客的心理状态并采取相应的服务策略。

心理状态是人在一定时间内的心理活动的综合表现，顾客的心理状态是其情绪和积极性（这里的积极性是指接受服务的积极性）的结合。顾客的心理状态有4种基本情况：情绪好积极性高、情绪好积极性不高、情绪不好积极性高、情绪不好积极性低。在情绪好积极性高的心理状态，顾客的消费欲望强烈，乐于接受服务员的服务和推荐；在情绪好积极性低时，顾客的消费欲望低，但不排斥服务和推介；当情绪不好积极性高时，顾客仍愿意消费，但在接受服务时容易冲动；当情绪不好积极性低时，顾客的消费欲望低，也容易冲动。因此在为顾客服务时，服务人员应根据顾客的不同心理状态采取相应的服务策略。

1. 投石问路

投石问路是指服务探测策略，即在对顾客没有形成初步判断的情况下，服务人员的言行要谨慎，先设法对顾客的心理状态进行试探，并在服务过程中做进一步判断。

2. 先谋后动

在对顾客的心理状态有了基本了解的情况下，服务人员就可以对后续的服务行为进行一定的谋划，并在此基础上进行服务。

3. 区别对待

针对顾客的不同心理状态所采取的基本服务策略包括：积极服务策略，即对情绪好积极性高的顾客积极进行服务引导；服务引导策略，即对情绪好积极性不高的顾客，可以适度引导其消费欲望（如利用幽默的言语）；消极服务策略，即对情绪不好积极性高的顾客要有分寸地提供服务，不宜进行积极推介和引导，主要是根据顾客的要求提供服务，并尽量避免引发冲突；顺其自然策略，即对情绪不好积极性低的顾客采取顺其自然的策略，以防顾客的情绪向激烈、消极方向转化。

（五）恰当的服务时机

服务时机的恰当把握，是提供优质服务的一个重要方面。有时候，服务人员的热情服务反而会引起顾客的厌烦和不满，这就是服务时机的不恰当造成的。

把握服务时机问题可以通过饭店的管理制度和服务设施得到解决。例如，客房服务员在不恰当的时间进入客房打扫卫生，可能引起顾客的不满。为了避免这种情况发生，饭店客房通常都备有"请勿打扰"的标志，并要求服务员在打扫卫生之前必须注意该标志是否启动。

服务时机的把握更多的要靠服务人员的耐心细致。例如，在饭店茶楼内，服务员看到客人的茶水不足就立即过去给客人续水，这本来合情合理，但如果两位客人正聊得起劲，服务员走过去续水就可能扰乱客人的兴致。

服务时机的把握主要依靠服务人员的直觉、感觉、经验和领悟，它是服务人员主动精神、进取精神的表现。首先，服务人员要把握顾客的特点，并留心观察顾客的神态表情和言谈话语。其次，要注意顾客所处的情境和场所。情境不同，顾客的心境也就不同，其对服务的内容、方式和需求的迫切程度也就不同。把顾客的心境和需求结合起来，就能够恰当地把握服务时机。

（六）友善的人际交流

饭店的许多服务都是靠服务人员与顾客的交流来进行的。服务人员的人际交流技巧与沟通技巧对服务质量有直接的影响。因此，优质服务的一个重要方面就是良好的言语沟通。

心理学把人与人交往时的心理状态分为三种类型（详见项目七），分别是父母状态、儿童状态、成人状态。同一个人在不同的情境和场所，面对不同的沟通对象时，往往表现出不同的心理状态。父母状态是指一个人面对交往对象时，其心理状态同通常的父母与子女交往时相似，以优越感和权威为标志；儿童状态是类似于儿童在父母面前的心理状态，以自我为中心，感情冲动为特征；成人状态是指两个身份相似的成年人交往时通常的心理状态，以成熟、客观、理智为标志。当交流双方都处于成人自我状态时，交流和沟通往往是比较顺利的。

服务人员在与顾客交流和沟通时，应该以修正后的成人自我状态对待顾客，即以理智、客观的心理状态与顾客交流，并适度体现出肯定性情感。不论顾客以什么样的自我状态与服务人员进行交流，服务人员都可以用修正后的成人自我状态对待顾客，这样的交流方式可以成功地影响顾客的心理状态，使其心理状态也逐步调整为修正后的成人自我状态。修正后的成人自我状态是指理智、客观、肯定性情感。

四、人性化服务的内涵

人性化服务包含两层意思：一是指某些产品在体现美观实用的同时，又能考虑到以人为本的设计理念，根据消费者的生活习惯、操作习惯创造出的产品新功能，这种产品新功能被企业宣传者包装为人性化服务；二是指企业为消费者提供优质服务，给消费者以人文关怀，从而提高消费者的满意程度，这种区别于普通服务的优质服务被称为人性化服务。

在具体理解人性化服务的时候，需注意以下几点：

（1）所谓"人性化服务"，就是在提供服务之前，要考虑到我们所提供的服务的使用者是人。因此，应该细心地替人设想，让人在使用的过程中感到舒适，并且能保持尊严。这里所谓的使用者，包括行动不方便的使用者在内，如果连老、弱、残、障、妇、孺，使用起来都不会感到自惭形秽，都很方便顺利，那就是最人性化的服务了。

（2）所谓"人性化服务"，就是在提供服务之前，要考虑到人性的许多弱点。譬如说：人都有惰性，因此我们的服务就应该尽可能地让使用者一次"ok"，能让客户一趟就办完的事不要让人家跑两趟；能让客户只填一张单子就办完的事，不要让客户填第二张单子；能让客户少写一个字，就少写一个字，能让客户少花一分脑筋，就少花一分脑筋。又譬如说：人人都爱面子，所以所提供的服务，应该要让人不会有感到窘迫、出糗的可能。

（3）所谓"人性化服务"，就是在提供服务之前，要考虑到人性的差异。人的个性是相当复杂多样的，最基本的人格特质就有很大的不同，有人外向、有人内向，有人是规矩型、有人是灵活型，有人是思考型、有人是感受型，有人喜欢凭感官（小脑）的知觉判断、有人喜欢凭直觉办事。人是不能像机器一样千百年如一日的，所以为人提供的服务，也不能数十年如一日，即使是"麦当劳"这样标准化运作的速食店，也必须绞尽脑汁去加上"人性化"的点子，就是这个道理。

（4）所谓"人性化服务"，就是尊重人的自我防卫的心理，尊重个人的隐私权，尊重个人的不愿被指指点点的心理。举个例子来说，在西方的文化背景下，去看心理医生是个很正常的举动。可是在东方，绝大部分人都视此如畏途，结果导致许多本来问题不严重的人，却因为不敢去看医生，等到问题严重时（真的发疯了）才去就诊，为时已晚。因此，众多医院如果能够加上"人性化"的考虑，将"精神科"门诊，改称为"情绪门诊"或"快乐门诊"，就好像临终关怀被称为"安宁病房"或"安宁照护"一样，一定可以帮助更多人提早接受诊治。

在服务市场竞争日益激烈的今天，谁赢得了客户，谁就赢得了市场，谁就赢得了发展的机会。所以，各行各业纷纷打起了"服务战"，客户有什么样的需求，服务机构就应尽可能提供什么样的服务。依靠服务手段，在竞争中求得胜利，站稳脚跟，求得自己的生存与发展，这是市场经济条件下的必然选择，亦是市场竞争的无情法则。在这样的形势下，人性化服务不再是一句时髦的口号和表面的形式，而是一种具体的本质的内容，要融入到每一个服务人员的理念之中。人性化服务要求必须由传统的被动服务模式转变为主动服务模式，充分发挥人的主观能动性，挖掘内在潜力，时刻为客户着想，时刻以客户为中心。在具体工作中，要"主动抓，抓主动"。为广大的消费者提供真正的服务，哪怕是一件很小的事情，满足了人们特定的需要，才会赢得市场。现在大家都比较喜欢讲眼球经济，认为吸引了消费者的眼球，才会带来不竭的

财富。吸引眼球，关键是要在顾客心灵上下工夫，就是要确实维护和保证顾客的利益，要为顾客带来实实在在的东西。

所以，作为一名服务人员，不仅要有一副温柔可亲的笑貌，还要有一双洞察人心的眼睛，要充分体贴和理解客户的需求，努力解决客户的困难和不便，做到善于发现客户的问题并及时解决。要站在服务对象的立场上去思考，研究服务对象的内在需求，把服务主动带给他们，而不是消极顺应。这样的人性化服务，是一种价值追求，是一种思想理念，是真正把人性化服务做到位、做到家。

任务三　人性化管理的内涵与实施

一、人性化管理的内涵

（一）人性化管理的含义与本质

所谓人性化管理，是一种在整个企业管理过程中充分注意人性要素，以充分开掘人的潜能为己任的管理模式，是一种以围绕人的生活、工作习性展开研究，使管理更贴近人性，从而达到合理，有效地提升人的工作潜能和高工作效率的管理方法。至于其具体内容，可以包含很多要素，如对人的尊重，充分的物质激励和精神激励，给人提供各种成长与发展机会，注重企业与个人的双赢战略，制定员工的生涯规划，等等。

"员工也是上帝"是人性化管理理念的本质体现。

现代西方企业管理学家近期提出了一个颇具新意的观点，认为企业有两个"上帝"：一个是顾客，另一个是员工。美国罗森布鲁斯旅游公司更是标新立异，独树一帜，大胆提出了"员工第一、顾客第二"的口号，并将其确定为企业的宗旨付诸实践，使该公司在短短的十余年时间内便跻身于世界三大旅游公司的行列。西方人已经意识到了员工的重要性，意识到了员工队伍的稳定、创造性的大小、素质的高低、凝聚力的强弱深刻影响着企业的效益和发展。对于企业来说，员工队伍的稳定可以说是效益稳定的一块基石。对于频繁的员工流动，实际上付出最大机会成本的还是企业，或者说，员工有可能找到一家适合自己发展的企业，而企业文化中如果不包含内在地包蕴重视员工的理念，那它就永远也不会拥有真正属于自己的员工。员工需要激励，这种激励一方面当然是精神上的，但物质激励在现实工作中往往能发挥更直接的作用。企业有时候过高地估计了员工的思想境界，认为员工提出福利待遇方面的要求是过分的，这无疑是戴着"老眼镜"在看新问题。

摆正了企业与员工的位置，才有人性化管理可言。人性化管理最起码的要求，就是要将人当人看。先把员工当人看，才能将员工当上帝看。管理者如果在一般员工面前缺乏平等意识，不给予员工关怀、理解，让员工参与企业的管理，而是对员工不屑一顾，这种企业就会缺乏凝聚力，缺少形成合力的基础。当然，说管理者与一般员工的平等并非要求二者什么都一样，重要的是要有平等意识，要尊重员工，将员工当回事。

对员工最好的奖赏莫过于重用员工。独具慧眼的领导往往不是等到员工具备各种能力时才去用他，而是只要他具备基本素质，就给他职位、责任、压力，让他在管理实践中磨炼，在磨炼中展示各种潜能，提高管理技能。在人才们干出惊天动地的事情之前，他们多与常人相差无几，但只要一有合适的机会，他们就会一鸣惊人。所以，领导如何发现人才、使用人才，不只影响到个人成长，更关系到组织的发展。不能否认，错用一个员工的负面影响也是巨大的。对于企业，如果员工感受不到管理机制的规范性与合理性，看不到自己的发展前途，那这个企业也就毫无发展前景而言。这种企业如果不加以全面改造或彻底休整，就会陷入深重的危机而难以自拔。

不可忽视的是，虽然员工多能默默奉献，但企业却不能只将员工当"奶牛"。只有企业视员工为上帝，员工才会视企业为家园。

（二）"人性化管理"与"讲人情"的区别

人性化管理，通常人们也常说成"管理人情化"，但在具体工作的实施中却常有将"人情化"理解成"讲人情"，其实不然，它们是两个不同的概念。

人性化管理是由现代行为科学演变出来的一种新的管理概念，对于这一概念的研究被称为人性管理学。随着知识时代的来临，人作为知识、智慧的主体变得越来越重要，合理开发人的内在潜能已成为现代管理的重要课题。人性化管理是一种以围绕人的生活、工作习性展开研究，使管理更贴近人性，从而达到合理、有效地提升人的工作潜能和高工作效率的管理方法。

那么"人性化管理"与"讲人情"有什么区别呢？

作为从事服务行业的我们可能有一个共同的感受：人与人之间有许多微妙的关系，正确地处理这些关系能使事情做得得心应手。当你在工作中出错时，你的同事、上司、朋友没有指出你的错误、没有告诉你它的危害，却反而拍着你的肩头说声没事，为你隐瞒了事实，这就是"讲人情"。"讲人情"在管理工作中是不允许的，甚至会使你的工作变得更糟糕。然而人性化管理则不一样，人性化管理虽然允许你在工作中出错，但它会告诉你这样做是错的，会带来什么样的危害，你应该怎么做会更好。这样既原谅了你，让你不用担心上司的责怪和同事异样的对待，反而使你的工作激情更高涨、工作目标更明确。同时，人性化管理还要求建立合理的人性化管理实施与评价体系。例如，一些上市公司为提高员工的主人翁精神，提倡员工入股制度；大集团公司为激励员工的创新意识，不惜拿出巨额资金作为员工创新奖项。

二、人性化管理的目标、基点与要点

（一）人性化管理的目标

人性化管理的最终目标，就是追求全方位和谐发展。

雇员无不期盼着管理者的决策行为能够体现人性化。柔性化管理表现出对雇员利益的关注是表面的、局部的、暂时的；人性化管理表现出对雇员利益的关注则是实质的、全面的、持续的。雇员总是希望管理者把他们当作个体来进行管理，承认并尊重他们个人的价值和尊严，使他们每个人都觉得自己在企业中或者说在领导的心目中并不是可有可无的；希望管理者能够关注他们个人的物质需要和精神需要，关注他们个人的处境和困难，支持他们个人的发展和目标的实现。这样，每个个体都能体会到管理者浓浓的人情味，每个个体的能力甚至潜能都能得到充分的发挥，企业就会充满生机。

事实上，组织与雇员之间要讲究双赢，组织与社会之间也要讲究双赢。单赢就不可能长期合作，就不可能获得可持续发展。也就是说，双赢理念强调的不是企业的利益要去通过减少员工利益而实现，或是企业利益要去通过损害社会利益而实现。任何企业自身利益的实现，都要以员工利益的同时实现为前提，也就是要在员工利益同时增长的基础上，使自己的赢利也能够有效提升。不同组织的利益与不同组织雇员的利益相加就组成了社会利益。当一个组织的管理者把社会责任、社会利益的理念融于雇员管理的境界时，组织和雇员的目标就会趋于一致。一个组织的经济目标就不再是这一组织唯一的存在理由。组织将不仅维护雇员在合同中规定的利益，还将积极地、长期地为雇员创造利益，以使全体组织成员发挥潜力，更加和谐有效地共同创造社会利益。这时，组织对雇员的决策过程与管理行为也必将是人性化的。

人性化管理就是要依据人性特征进行人力资源管理。人性特征是多方面的，人不同于机器。人有辨别和接受思想的能力。人有不同层次的需求，如同马斯洛提出的生理需求、安全需求、归属需求、社会尊重需求和自我实现需求。人有极强的、潜在的创造和破坏的能量与作用。人可以适应环境，也可以改变环境。正因为如此，众多管理者都认同：组织拥有的雇员及雇员拥有的知识技能是组织最重要的资源，是组织的构成部分，是组织承担社会责任、创造社会利益的根本力量。如同微软的比尔·盖茨所说，"我们主要的财产是我们的软件以及我们开发软件的技能，都是完全无法在资产负债表上体现的东西。"管理者在管理决策中应充分考虑组织与组织成员的共同发展，在实现组织目标的过程中，充分满足雇员的物质、精神需求和全面发展，从而可以最大限度地挖掘雇员潜在的积极性和创造性，实现人力资源使用效益的最大化，以满足组织和社会发展的需求。

（二）人性化管理的基点

注重人的潜能开发是人性化管理理念的基点。

注重人的潜能开发，是提高员工素质的一个根本途径。企业的管理者好比是一个建筑师，他善于因材施用，将各不相同且不完美的人像石头似的精心安排，砌成坚固的房子，既将各自的优缺点相互取长补短，相得益彰，又能因此组合出万千风景的图案，管理者的才能在这里便是珍贵的凝聚剂。

进一步说，企业的经营者又好比是一个球队的教练。他必须具备：合理观念，知己知彼，甚至要知道整个战局的发展；合理调配使用本组织的资源，让每个成员都在合适的岗位上得到表现的机会；善于对各成员给予相应的指导和帮助。员工的素质对于企业来讲至关重要，因此，现今不少企业便将人事部改为"人事培训部"，一改过去忙于员工调进调出的做法，将各层次员工的培训作为人事部的主要工作。

一些公司认为，提高员工的能力便是最好的善待员工，他们将目标确定为让每个员工在本企业工作三五年之后，能力和实力都能跃上一个台阶。员工在这里感受到的是不努力就会落伍的压力，而不是感受到企业摇摇欲坠即将破产的恐惧。员工的成长是企业成长最好的推动力。企业对有一定才干的员工因材施用，让员工在企业中找到归属感和成就感，也就增强了企业的稳定性，从而降低企业的人力资源成本，提高人力资源的使用效率和效益。营盘建在稳固的基础上总比建在流沙上强。有的企业对应聘人员动则就是要求"硕士以上学历"，却不顾企业所提供的岗位是否需要这么高的学历，一来造成人才的浪费，二来"大材小用"，也难以留住人才，其结果是人事部忙于刊登招聘广告，人员依然是来了一拨又走了一拨。因此，要真正实行人性化管理就必须花大力气加强人力资源开发，夯实企业的人力资源基础。

（三）人性化管理的要点

（1）承认人性的自然属性，满足人性自然属性中的基本需求。
（2）承认人性的社会属性是受思想意识支配的。
① 不同行业，应培育不同风格的文化意识，使人的社会属性组织化。
② 思想意识的第一任务是为其生理、心理满足服务。因此，企业组织要有合理、明确、科学的分配制度和规章制度。
③ 思想意识完成第一任务之后就要为长远目标或其他目标服务。因此，企业要有满足这种愿望的措施，要塑造自己的行业意识和企业文化，使来自四面八方，在社会属性形态上有差异的人逐渐统一于企业的行业意识和企业文化之下。一旦这种文化意识达成共识，团体的工作效率就会出现意想不到的效果。

人类的职业有成千上万种，社会组织的功能也千差万别，即使是以营利为目的的企业组织，也存在着职业上的很大差异。因此，它们所需要的人的社会属性形态是有选择的。企业家在组织领导企业时，应充分注意到这一点，否则将会导致由于社会属性形态与职业差异太大而使管理失败。

（3）承认人类自然属性和其心灵意识中有竞争与合作的双重天性。
在企业管理中要有符合人的竞争与合作双重天性的机制。为了使合作与竞争的自然属性能有序高效地得到发挥，必须通过一种社会化组织结构和一种社会化的意识文化加以联结、控制和引导，使人性中这种竞争与合作天性在企业家的组织领导下得到充分的发挥。

三、人性化管理的过程与方法

（一）人性化管理的过程

人性化管理其实是对企业文化培育和发展的管理。
人性化管理是一个动态发展的过程，也是对人的自然属性和社会属性的表现形态进行有序组织和改造的过程。人性化管理大体分为四个发展阶段：人际权力管理阶段、人际沟通阶段、合作管理阶段、奉献管理阶段。这个发展阶段实际上是企业文化与员工个人意识或文化意识进行整合的过程。

人际权力管理阶段：员工来自四面八方，员工的文化意识不一样，可能出现混乱和冲突，因此，在这个阶段应建立统一的行为规范，并建立严格的等级制度，促使员工服从企业管理。
人际沟通阶段：进入人性化管理的意识培育和调整阶段，是企业发展、成长、塑造企业文

化的开始。在此阶段应着重上下级之间的沟通，并开始逐步建立共同的价值观。

合作管理阶段：是培育企业文化的重要阶段，企业领导如不注重研究分析自己企业的特点就没有文化上的创新，就没有属于自己的文化，而且这一个阶段将是一个漫长的发展过程。

奉献管理阶段：是全文化管理阶段，就是企业已拥有了属于自己的独特的企业文化，全体员工也融入到了企业文化之中，这时员工的思想行为都自觉地在企业文化的支配之下，并能对变幻莫测的市场，很快地采取对策，联合行动。

（二）人性化管理的方法

1. 情感化管理

情感化管理，就是要注重人的内心世界，根据情感的可塑性、倾向性和稳定性等特征去进行管理，其核心是激发职工的积极性，消除职工的消极情感。

2. 民主化管理

民主化管理就是让员工参与决策。企业家在作出涉及部属的决定时，如果不让经理以外的其他人来参与，就会损伤他们的自尊心，引起他们的激烈反对；如果能让其他人参与决策，即听取他们的意见，则不仅不会挫伤他们的自尊心，反而还会提高他们的士气，被征求意见的人多一些，员工的士气就会更高一些。民主化管理就是要求企业家集思广益。办企业必须集中多数人的智慧，全员经营，否则不会取得真正的成功。要真正做到管理的民主化，还需要建立一种企业与员工的关联机制，如让员工持有一定的股份便是较好的方法。

3. 自我管理

自我管理可以说是民主管理的进一步发展，其大意是职工根据企业的发展战略和目标，自主制定计划、实施控制、实现目标，即自己管理自己。它可以把个人意志和企业的意志统一结合起来，从而使每个人心情舒畅地为企业做贡献。

4. 文化管理

文化管理是人性化管理的最高层次，它通过企业文化的培育、文化管理模式的推进，使员工形成共同的价值观和共同的行为规范。文化管理充分发挥文化的作用，覆盖人的心理、生理、现状与历史，把以人为中心的管理思想全面地显示出来。文化是一整套由一定的集体共享的理想、价值观和行为准则形成的，是个人行为能为集体所接受的共同标准、规范、模式的整合。

项目小结

——核心概念

人性化、人性管理、服务、服务质量、优质服务、人性化服务、人性化管理

——重要提示

人性化意味着我们的产品、服务和管理都要关注人类的本性。在某种意义上，人性化已经成为影响一个企业生命力的关键因素。要提高企业的人性化服务和管理的水平，首先要正确理解人性化的理念，掌握优质服务、人性化服务和人性化管理的内涵、规律和相应的方法，并在工作中自觉地实践"以人为本"的理念。

综合能力训练

基本训练

一、复习与思考

1. 人的自然属性和社会属性分别有哪些？
2. 人性管理中要注意哪些因素？
3. 服务有哪些特性？
4. 判断服务质量的要素主要包括哪些方面？
5. 试分析优质服务的重要性。
6. 饭店优质服务的一般要求有哪些？
7. 人性化服务的内涵有哪些？
8. 人性化管理的实质是什么？
9. 人性化管理与讲人情有什么区别？
10. 人性化管理的目标、要点、基点分别是什么？
11. 人性化管理的发展可以分为哪些阶段？
12. 人性化管理的方法有哪些？

二、案例分析

批评要注意场合

某酒店卡拉 OK 舞厅开张的仪式上，锣鼓、鞭炮、军乐队一片喧闹。

主席台和主桌上，有关嘉宾、领导在轻声说话。服务员穿梭其中，逐个上茶水，完毕后，转身欲走。

突然，经理发现，所有的客人的茶都上了，偏不巧，唯独漏掉了场上的最高领导——副市长。

经理脸色陡变，当场上前，大声训斥该服务员："你怎么搞的，魂到哪里去了！嗯?！平时是怎么培训你的，你是不是不想干了？"

经理一脸吹胡子瞪眼相，场面也一阵尴尬。

服务员被训得一时不知所措，惊悸之余，才想起应该帮副市长补上茶，忙走到副市长跟前。

副市长起先并没注意自己的茶是否上了，经这一折腾，明白了，马上打圆场："没关系，没关系。"

请同学们运用人性化管理的有关理论对本案例进行分析。

技能训练

1. 结合自己的专业学习和书上的有关内容，以小组为单位，研讨如何做到优质服务、人

性化服务。

2. 结合自己的专业学习和书上的有关内容，以小组为单位，研讨人性化管理的方法。

拓展学习

锁定顾客　赚顾客一生的钱

一位菜贩的生意经

某地一位女菜贩，卖菜每月赚五六千元以上。她借鉴超市会员卡方式，顾客买菜可以累计积分，到了月底，根据顾客买菜金额多少，可以分别享受不同优惠。比如，张三本月买了500元的菜，她就给5个点的返利，月底就送给张三25元的菜；李四本月买了400元的菜，她就给4个点的返利，月底李四买16元的菜就不用掏钱了。这个方式，吸引了不少家庭主妇每天习惯性地到她的摊位前排队买菜。

这位菜贩的成功之处，不能简单地认为她借鉴了超市的促销方法，更重要的价值在于，她向营销人员揭示了一个新的营销理念：由追求顾客单次购买利润转向追求顾客终身价值。

销售的本质是培养顾客

有人认为，销售就是出售产品。因此，他们每天都在想如何向更多顾客卖出更多产品。他们把销售的重点放到与顾客讨价还价上，竭力说服顾客下定决心，不怕牺牲，排除万难，赶快掏钱。结果，愿意从他这里购买产品的顾客不多，他的生意也就自然难做。

其实，销售的本质是培养顾客。所谓顾客，就是给你送钱的人，有顾客就会有钱赚。顾客才是生意之本，赚钱之源。

可口可乐公司敢夸下海口说，全世界各地的可口可乐工厂，一夜之间被大火烧得一干二净，第二天世界各地报纸头版头条将会是，各家银行争先恐后向可口可乐公司贷款。可口可乐为什么会有这样的自信？原因很简单，可口可乐公司最重要的财富不是他的厂房，不是他的设备，甚至不是他的产品，而是成千上万每天不喝可口可乐就会觉得少点什么的忠实顾客。

优秀商人和普通商人最重要的区别在于，优秀生意人眼中、心中有人，他们是围绕着人做生意；而普通生意人眼中、心只有产品，他们围绕着如何去卖产品做销售。

心中有人的生意人，每天想的是如何与顾客建立并维护好关系，他培养了一批愿意和他打交道、愿意从他手中买产品的人，结果，想从他手中购买产品的顾客排成队，他从不担心没有人来买自己的产品。

当拥有一大批想和你交往，愿意从你手中购买东西的顾客时，你就不发愁产品卖不出去了。

心中只有产品的人，擅长与顾客讨价还价，但问题是，愿意从他手中买产品的人并不多。

1999年12月31日，叶利钦辞职前对普京说的最后一句话是："你要保护好俄罗斯"。今天，营销人员要记住的忠告就是：要保护好你的顾客。

顾客的价值

顾客的价值即顾客购买企业的产品时给企业贡献的利润。一位顾客带给企业的价值要远远超出你的想象。

在一家匹萨店，服务员见到顾客进门，心中就会默念，又有一个要送我8000美金的人来了，我要好好地为他服务。8000美金，指的是一位吃匹萨的顾客的终身价值。

对顾客价值，营销人员不能只从顾客本次购买产品贡献多少利润来衡量，而要朝前看，看看顾客未来还能为你贡献多少利润。顾客价值包括三个部分：历史价值，即过去给你贡献过多少利润；现在价值，即现在能为你贡献多少利润；未来价值，即未来顾客还能为你贡献多少利润。这就是顾客终身价值。销售工作不能只着眼于一笔交易的达成，更要努力挖掘顾客的终身价值。

在给一家奶粉企业经销商进行培训时，我为经销商算了一笔账。他的产品适用于0—4岁儿童，每个儿童每月消费8袋奶粉，4年共消费400袋奶粉。这就是销售目标：让顾客在4年内都购买我们的奶粉。

顾客终身价值体现的是一种精神：和顾客单笔交易的完成，并不是关系的终结，而恰恰是一个开始。企业应该着眼于发展与现有顾客的长期关系，因为忠诚顾客价格敏感度较低，较易产生重复购买，并能为产品开拓新顾客带来口耳相传的效应。保留现有顾客的成本通常要低于获取新顾客，而现有顾客保留率的增加通常能比吸引新顾客带来更多的利润。

顾客终身价值告诉我们，顾客保持关系的时间越长，顾客给企业贡献的利润就越多。美国一个调查显示，对工业品而言，如果第一年从顾客身上得到45美元利润，第二年可以得到99美元，第三年可以得到121美元，第四年可以得到144美元，第五年可以得到168美元。

顾客终身价值理论，提出了考核销售工作的新标准：顾客保持率和顾客占有率。销售工作做得好坏，不只看你卖了多少产品，实现了多少销量，还要看顾客保持率，也就是你与顾客保持业务关系时间的长短。

从市场份额到顾客份额

追求市场份额一直是企业营销的目标。为了追求更高的市场份额，企业以价格战和广告宣传为武器，与竞争对手展开激烈厮杀。对市场份额的过度迷恋与不当追求，使一些企业落入无利润或负利润增长的"市场份额陷阱"之中。

有销量无利润的现实，让一些企业对市场份额的价值产生怀疑，于是，1995年，营销专家针对企业追求市场份额的思路，提出了顾客份额的概念。顾客份额是指一个企业为某一顾客所提供的产品和服务在该顾客同类产品和服务消费总支出中所占的百分比。市场份额是以整个顾客群体作为基础的，追求的是在整体顾客群体中拥有更大的比例；顾客份额则是以单个顾客为基础的，追求的是在单个顾客在同类产品的购买中我们产品所占的比例，有人形象地称之为"钱夹份额"。

将更多的产品卖给同一位顾客，不但有效率，而且更有利可图。研究发现，顾客份额是一个比市场份额更加重要的利润决定因素。在一些行业内，顾客份额增加5%，企业利润会增加25%—85%。专家研究结论是，按照顾客忠诚度衡量的市场份额质量与市场份额数量同样值得重视。简单地讲，就是追求市场份额为企业带来销量，追求顾客份额为企业带来利润。

市场份额是衡量企业业绩的后视镜，只能表明企业过去的业绩，却无法表明企业将来的业绩。而顾客份额是望远镜，提醒销售人员关注顾客终身价值，要求营销人员向前看，不是回头看顾客已经购买了我们多少的产品，贡献了多少的利润，而是要考虑顾客未来还有多少利润潜力可挖，让顾客价值最大化，从而调整企业的营销策略。

从 4P 到 3R

4P 理论告诉营销人员，销售工作的重点是把一个能卖多少钱的产品，到什么地方、用什么样的手段卖给顾客。在企业不断通过促销手段吸引新顾客购买产品的同时，许多老顾客却从身边悄悄溜走。营销工作就像漏水的木桶，需要不断用新顾客来补充失去的顾客。

3R 销售，为营销人员提供了做好销售的新思路。着眼于未来，营销人员在产品出售给顾客后，还要做好三个工作，即 3R 销售：

1. 顾客保留。要与顾客保持积极联系，获得源源不断的收益流。维持与现有顾客的业务关系，要比吸引新顾客更加容易，费用更低。据计算，吸引新顾客的成本是留住现有顾客成本的 5 倍以上。

满意的顾客今后还会再三光顾你的商店，每一次光顾都会为你带来利润。顾客照顾你生意的时间越长，为你做出的贡献就越大。

2. 关联销售。顾客不仅会购买你现有的产品，而且会购买你经营的其他产品和新产品。一句营销名言是"现有的顾客是最好的顾客"。向现有顾客推销你的其他产品，不仅容易成功，而且费用更低。原因很简单，向那些已经了解公司并接受过公司产品的顾客销售新产品，不需要太多的市场推广活动，因此节省了市场推广的费用。

实践表明，向现有的顾客推销公司生产的新产品的边际利润更高。

海尔集团提出的"家电产品成套卖"，在更好地满足顾客需要的同时，抢占了顾客的钱包份额。

3. 口碑效应。《圣经》中夏娃对亚当说"去，尝尝那个苹果"的故事，告诉我们一个古老的生意经，即满意的顾客会给你推荐新顾客。美国营销专家保罗·马斯顿说："最近一项研究表明，比起 30 年前，口碑在消费者决策中的重要性提高了 50%。"美国市场营销学会《客户满意度手册》的资料显示，每 100 个满意的客户会为你带来 25 个新客户。

销售的目标，不仅仅是要把产品卖给顾客，赚顾客一次钱，而是要和顾客保持长期关系，从顾客身上挣更多的利润，让顾客为企业带来的价值最大化。

锁 定 顾 客

某个生意兴隆的化妆品专卖店老板，有几个与众不同的做法：

1. 他的营业员在顾客走时，一边对着顾客的背影鞠躬，一边对顾客说："非常感谢您的光临。"

2. 他利用午休时间，到周边写字楼上，对这里的白领女员工做免费化妆知识讲座。在介绍完化妆知识后，他给每人发一张价值 5 元的折扣券。顾客拿着折扣券到他的店里买化妆品，可抵 5 元钱。这对那些年轻的女白领们还是有吸引力的，她们纷纷登门购买。

3. 每次顾客购买了产品，他会送一张"友情卡"，顾客下次再来购买，还可以折扣5元钱。就这样，他吸引了一个又一个的顾客，也让顾客一次次地到他的店里来。

用资讯链接消费者，向顾客提供额外的各种他需要的资讯，"告知，不推销"，不像是卖产品给他，更像为他的生活贴心考虑，日本资生堂就是用这种方法锁定顾客。资生堂有一份为40万资生堂使用者服务的杂志，印刷精美，内容鲜活，有名人讲座、旅游信息、美容知识等，还有相关产品介绍，非常贴近女性。它不像广告，更像一本时尚生活杂志。资生堂的杂志每次面世，在商场超市即被妇女们疯抢一空。这项营销计划使资生堂得以在市场上引领风骚数十年。

让顾客进店，让顾客购买后被锁定，以后再到你的店里来，生意自然兴隆。

年度顾客价值

营销人员如果只考虑顾客现在能买多少，那就太短视了，无疑会使自己失去很多销售机会。如果盯着顾客终身价值，又显得遥远而渺茫，眼前的销售工作无从入手。怎么办？一家保健品企业提出了年度顾客价值的概念，并据此开展销售工作。

所谓年度顾客价值，就是一年内顾客会买多少产品。把挖掘顾客的年度价值看成是销售目标。根据产品使用情况，该公司确定每位顾客年度价值是1 000元，营销人员的工作目标就是让顾客把这1 000元掏出来。

公司把顾客分为100元、300元和500元三级，然后把挖掘顾客的未来价值作为工作的重点。

有的营销人员可能会把那些这次买了500元的顾客作为重点顾客去服务。事实上，这样是错误的，因为，顾客已经购买了500元，够五六个月用的了。未来五六个月内，顾客不会再次买。因此，即使你为他提供最好的服务，他也不会购买，并且，过度的服务就是打扰顾客，顾客会烦的，吃力不讨好。营销人员要着眼于未来有价值的顾客，比如100元的顾客，向他们提供服务，他们可能会再次购买。因此，营销人员近期的工作目标是黏住他们。

为了锁定顾客，公司用多种营销手段来维系顾客的忠诚度，并使产品品牌融入顾客心中。

（1）信息。

"信息"即掌握顾客信息。这是锁定顾客的前提。了解顾客，才能更好地满足顾客。

（2）关系。

"关系"是指营销人员要与顾客建立关系。与顾客之间的良好关系是锁定顾客的前提和重要手段。如何与顾客建立关系呢？拜访、沟通、活动，经常开展一些联谊和娱乐活动，让顾客参与进来。

（3）价值。

公司根据顾客的价值将顾客进行分类，让不同价值的顾客做出不同的贡献。

销售价值：即顾客可以购买你的产品的数量。

口碑价值：顾客为企业带来了新客户。

传播价值：顾客可能没有购买产品，但帮助企业传播品牌。比如，公司把宣传资料交给他去发，比企业自己发更能赢得顾客信赖。

公司区别顾客价值，发挥不同顾客的作用，并针对不同价值顾客，采取不同的激励方式。

顾客永远是对的？不对

有两条生意规则被众多企业奉为圭臬，这就是：

规则一，顾客永远是对的。

规则二，如果顾客错了，见规则一。

今天看来，这个生意经错了。新的生意准则是，按照赢利性不同，有的顾客会比其他顾客更正确。

杭州百货大楼去年和某著名品牌化妆品合作，由杭州百货大楼提供场地，邀请30名VIP顾客，然后由化妆品公司派导购员提供一对一的服务，结果两天时间内，实现销售额200多万。

为什么你的促销活动效果不好？为什么促销费用白花了？原因之一，就是你把所有的顾客都看成是"上帝"，都要好好地伺候他们。结果，你发现，在顾客中，有20%为你贡献了80%的利润；有80%的顾客，只为你贡献了20%的利润。然而，许多营销人员却把所有的顾客都看成是上帝，一视同仁地对待，最后发现，企业把80%的营销资源用在那些低价值的80%的顾客上。为你贡献80%利润的那20%顾客，因为没有受到特别的优厚对待，结果对你不满意。而那些80%的顾客，只为你带来的20%的价值，你却在他们身上花了80%的促销费用。

威廉·谢登提出了80/20/30法则，即"在顶部的20%的顾客创造了公司80%的利润，但其中的一半给在底部的30%的非营利顾客丧失掉了"。对所有的顾客一视同仁，就意味着费用的浪费和对重要顾客没有提供更好的服务。

营销专家研究发现了一个重要结论，企业从不同顾客身上得到的利润差额，远远比从不同产品上得到的利润差额要大。因此，你现在就要做两件事：

一是找出谁是你最重要的顾客，向他们提供个性化和人性化的服务，给他们最贴心的关怀，留住他们。要知道，2/3顾客流失的原因，不是你产品不够好，而是你对他们关怀不够。"特别的爱要给特别的你。"一位母亲向即将开始独立生活的儿子提出忠告："永远买最好的鞋和床。因为，你有半生是在鞋上度过，其余半生是在床上度过。"这个故事告诉我们，永远不要在最重要的事情上打折，对你最重要的客户，要提供最好的服务。

二是找出谁是低价值的顾客，淘汰他们。不要在错误的顾客身上浪费你的钱。把节省下来的钱，用到最重要顾客的关系维护上。

避免顾客流失

不管你的产品和服务做得如何好，顾客每年还会以10%—30%的速度流失。这是由各种各样的原因造成的：有1%是因为死亡，有2%是因为搬迁，有4%是因为改变了偏好，有5%是在朋友的推荐下更换了公司，有9%是因为在别处购买了更加便宜的商品，有10%是习惯性的抱怨者。

顾客终身价值理论告诉我们，顾客和我们维持业务关系的时间越长，顾客为企业带来的利润就越多，因此，避免顾客流失就是营销的一个重要环节。一些调查表明，企业每年减少1%的顾客流失，利润将增加2%。花费同样的精力，只有5%的可能争取到新客户，却有40%的可能重新挽回老客户。据美国著名学者雷奇汉的研究：如果企业能使"客户流失率"降低1%，企业利润就会翻一番。

企业要把客户流失当成学习机会，研究客户为什么会流失，如何把流失的客户争取回来。有公司专门将最优秀的营销人员组成一个小组，研究客户流失问题，研究如何为流失的客户提供更好的服务，吸引客户再回头。

有时，给流失的客户打一个电话，就能赢得客户回头。美国信用卡公司调查显示：每打一个电话，三个持卡人中就有一个立刻像以前一样，或者以比停用以前更高的水平使用信用卡。拿起电话，打给你流失的顾客吧。

员工第一，顾客第二

如何让员工真心实意服务顾客从而留住顾客呢？过去企业倡导的理念是"顾客第一"。现在越来越多的企业正在检讨这一理念。在一些企业流传一句顺口溜："年年难过年年过，年年过得都不错，关键在工作，工作靠人做。"是企业的员工为顾客提供了一流的产品和服务，没有满意的员工，就不可能向顾客提供一流的产品和服务。因此，现在越来越多的企业提出新的理念："员工第一，顾客第二"。

"员工第一，顾客第二"，其含义就是公司为员工营造一个快乐的工作环境，员工为公司创造出色的工作成果。星巴克遵守这一理念，海底捞遵守的也是这一理念。

立 即 行 动

1. 评估顾客终身价值。企业要评估出每位顾客的终身价值是多少。

2. 让每一个员工明白顾客终身价值。就是要让员工们明白，从顾客终身价值的角度来看待顾客，而不只是每次交易时的销售额。

3. 强化与顾客的联系。向顾客卖出产品即宣告销售结束，然后接待下一位顾客，这已不是今天的生意经。销售并不是营销的最终目标，而是与顾客之间建立持久和有益的品牌关系的开始，是把品牌购买者转化为企业品牌忠诚者的机会。

4. 倾听顾客的声音，了解顾客真正的需求。不管是公司一线业务员和服务人员，还是公司的高管，都要倾听顾客的声音。接触顾客，了解顾客。

5. 正确激励员工，培养顾客忠诚度。

对一线员工的激励，销量并不是唯一的指标，确保与顾客的关系，避免顾客流失，也是他们的重要责任。

菲利普·科特勒指出："外部营销是对公司以外的人的营销，而内部营销是指成功地雇用、训练和尽可能激励员工很好地为顾客服务的工作。事实上，内部营销必须先于外部营销，在公司打算提供优质服务之前促销是没有意义的。"

6. 找到核心顾客，为他们提供针对性的产品与服务。

7. 淘汰不合适的顾客，把有限的资源投入到有利可图的顾客身上。为满足所有顾客的需要而进行的努力可能会对最终的业绩造成很大的损失。

8. 确定忠诚顾客占顾客数的份额，显示出企业顾客队伍的质量，为企业下一步的营销改进工作指明方向。

9. 延长与顾客的关系。每年顾客的流失率是20%,这表明企业与顾客关系的平均持续时间不到5年。如果能够把顾客流失率降低到10%,那么顾客关系的平均持续时间就会增加到10年,而且顾客终身价值(按照利润率计算)的增长将超过2倍。

10. 善待你的员工。因为,他们在从事满足顾客需要的工作。

项目三

饭店宾客消费行为分析的基本理论

学习目标

知识目标：1. 了解饭店宾客的概念及其分类。
2. 掌握饭店宾客消费行为及其基本过程。
3. 掌握饭店宾客购买决策的概念、类型、过程及主要的影响因素。
4. 了解饭店宾客消费经历中的体验感、控制感和消费价值的内涵与意义。

技能目标：能够初步分析饭店宾客消费行为和心理。

情感目标：在服务工作中初步形成关注并分析饭店宾客行为与心理的意识。

项目导图

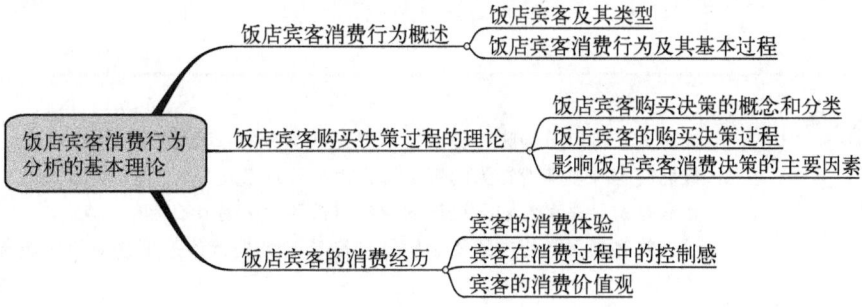

案例导入

黄金周复杂的旅游消费心理

在一般旅游消费中，旅游者基本上是抱着积极态度的。然而，来自《华商报》"生活调查"栏目的一则调查则带来了关于黄金周消费独特的心理效果。2004年4月19日的《华商报》"生活调查"栏目以"'五一'长假你想怎么过"为题发出问卷，截至4月25日14时，共有239人次参与投票。几个问题是：① "五一"黄金周，你准备怎么过？调查显示：60%的人选择在家休息，27%的人选择外出旅游，另有13%说有事要办。② 你觉得黄金周是否有必要改进？调查显示：85%的人认为应该改进，9%的人觉得这样挺好，另有6%说不清。③ 如果你选择旅游，你准备去哪里？41%的人选择在国内旅游，29%的人选择在省内旅游，20%选择市郊，8%选择到未开发的景点，2%的人想出境旅游。④ 你出游最担心的是什么？49%的人担心景点宰客，35%为出行安全忧心，10%担心旅行社服务差，另有6%担心会生病。⑤ 如果你不去旅游主要原因是什么？58%的人说人太多，玩不好，24%的人因为旅游

费用上涨，12%担心安全，另有6%说不想出去。这个调查给我们带来的思考是深远的。据国家旅游局资料统计，1999年"十一"第一个黄金周，全国出游人数7天内达到2 800万人次，旅游综合收入141亿元；2000年达到2 980万人次，旅游收入230亿元；2001年达到6 397万人次，旅游收入250亿元；2002年达到8 071万人次，旅游收入306亿元；2003年达到8 999万人次，旅游收入346亿元。

资料来源：《黄金周复杂的旅游消费心理》，载《华商报》，2004－04－19。

案例分析：

高达85%的人认为黄金周需要改进，说明黄金周引发的种种弊端已到了众人皆怨的地步，如果持续下去的话，假日经济是否还能够这样红火，黄金周是否还能成之为黄金周，就成了一个值得商榷的问题了。然而，我们看看这些居高不下、连年增长的数字，发现：即便黄金周令人怨声载道，却仍然火爆。黄金周，让人欢喜让人忧。黄金周出游消费者往往抱着矛盾心理，求生理与心理的解脱却怕旅游劳累，陷入更深的疲劳；求补偿却担心旅途服务质量不高，败坏心情；求平衡又怀疑消费陷阱等等。总之，恐惧、怀疑、遗憾、失落、烦躁等各种情绪构成了黄金周独特的出游消费心理。况且，这些矛盾心理的成因并不是空穴来风。旅游消费心理的恐惧多半来自旅游安全，包括交通安全、游览安全、饮食安全、住宿安全等。黄金周期间，交通拥挤，道路不畅，游客进得来、散不开、出不去的现象时有发生，使游客对此产生恐惧。住宿安全与环境卫生是令游客头疼、恐惧的事，保安措施不健全，偷窃事件时有发生。此外，游客与景区保安、管理人员或服务员之间的冲突也时有发生，轻者口角，重者打架斗殴，给其他游客心理上造成恐惧。

思考

1. 饭店宾客可以分为哪些类型？不同类型宾客的一般特点是什么？
2. 饭店宾客外显消费行为的基本过程由哪些环节构成？
3. 什么是购买决策？购买决策的理论对饭店服务有什么启示？
4. 饭店宾客消费经历中的体验感、控制感和消费价值的理论对饭店服务有什么启示？

任务一　饭店宾客消费行为概述

一、饭店宾客及其类型

1. 饭店宾客的概念

饭店宾客是指由于观光旅游、商务或会议等原因外出而购买使用酒店产品或接受酒店服务的个人或团体。在本项目中，我们主要研究的是购买使用酒店产品或接受酒店服务的人。

2. 饭店宾客的类型及其一般特点

按照饭店宾客出行（消费）目的的不同，可以将饭店宾客分为以下类型：

（1）旅游型宾客：这类宾客既有团队，也有散客，以年轻人、小家庭居多。他们出来的主

要目的就是为了参观游览、调节身心。他们对自然风光、名胜古迹非常感兴趣，最大的要求是吃好、住好、玩好，而且喜欢照相和购买旅游纪念品，委托服务比较多。他们对饭店产品的一般要求是：① 地理位置优越；② 餐饮产品富有特色；③ 可提供旅行车、船、机票的代订业务；④ 客房服务项目较完善；⑤ 有较舒适、完善的康乐中心；⑥ 拥有商品丰富的商场，出售纪念品、地方特色商品和礼品；⑦ 通信联络和市内交通方便；⑧ 房间预定方便简捷。因此酒店要注意做好早晚服务工作，早上注意叫醒，提前送水，并提醒客人带好照相机，告知可能出现意外的天气情况等。晚上在宾客回店前，要备足茶水，调节好房间温度，保持空气清新。同时服务员可主动向宾客介绍本地的景区景点、名胜古迹、风味餐馆、土特产品和旅游纪念品等，以方便宾客选择。

（2）出差型宾客：因为是公务出差，所以这类宾客时间一般都安排得比较紧，常常要早出晚归；来访客人较多，有时还会有一些与公务密切相关的文电；而且他们对生活要求较高，常利用公务之余外出游览，晚上需要娱乐活动。这类宾客对饭店产品的要求一般是：① 饭店要处在商业中心区，交通方便，有利于来访、社交和联系；② 饭店的声誉和知名度要高；③ 通信设施方便齐全；④ 出于企业形象上的考虑，商务型宾客要求客房面积大，设施要豪华；⑤ 有专供差旅型人士所使用的楼层、酒吧或咖啡厅；⑥ 有设施完善的商务中心和多功能厅；⑦ 要有各式餐厅和贵宾厅。对这类宾客，酒店可尽量向他们推荐比较好一点的客房。服务员做客房服务时注意不要乱翻乱动他们放在房间的文件，有客人来访时，要事先征得其同意，并及时供应茶水，特别是在他们工作时，注意不要打扰他们。对有关文电，酒店要根据宾客要求，及时送达或发出，以免误事，给宾客造成损失。

（3）会议型宾客：这类宾客一般人数较多，住店时间较长，活动集中、有规律，时间安排比较紧；会场使用要求高，客房服务任务重；会议组织者一般都有自己的工作人员。因此酒店在开会之前，一定要分派专人组成项目组，讲清任务、要求、方法等，精心准备，严格按照工作人员的要求安排客房、餐饮、会议等事宜。报到时办理手续要快，尽可能减少宾客等待的时间。开会时要妥善安排、布置会议室，高效做好茶水服务。会议期间酒店要加强与会议工作人员的联系，对可能出现问题的关节点要严格控制，并主动征求意见，及时改进服务。

（4）修学型宾客：这类宾客以大中学生为主体，往往三五人结伴同行，时间多在寒暑假。他们精力旺盛，要求参观游览的地方比较多，白天多外出活动，晚上也喜欢出去走走看看，对书店、博物馆、科技馆、历史纪念地和文化活动场所比较感兴趣。由于大多还是花父母的钱，所以手里钱不多，对饮食和住宿条件要求不高。因此酒店对他们要以推荐中低档客房为主，并注意安排叫醒服务。如有可能，对他们比较感兴趣的各种场所或专业资料，服务员要多作介绍；而且不论是客房服务还是餐饮服务，都要讲究效率，速度要快。

（5）探亲型宾客：这类宾客在侨乡比较多一些，他们共同的特点是具有强烈的民族自豪感和乡土观念，热爱祖国，对家乡所取得的一切成就和发生的变化都感兴趣，喜欢购买土特产品和品尝家乡风味菜，来访客人和亲友比较多。对这类宾客酒店要特别重视，热情迎送，由于他们大多白天会出去参观游览或探亲访友，因此要特别做好早晚服务工作。由于他们来访客人较多，所以酒店要搞好问询会客服务，如宾客不在，一定要请来访亲友留言，以利宾客及时与其联系。如宾客有失散多年的亲友，酒店要耐心帮助查找，对于年事已高的宾客，上下楼和上下

车时服务员要多搀扶，餐饮方面应多提供家乡风味菜。同时服务员要多给宾客介绍家乡近年来所取得的巨大成就和发生的重大变化，以及家乡风味饮食和土特产品等。

（6）疗养型宾客：这类宾客多为身体状况不是很好或年龄偏大，一般都希望居住的地方起居方便，能够得到酒店热情周到的照顾与服务。由于是疗养，所以他们一般住店时间较长，活动有规律，喜欢安静的环境，对药物、矿泉和优美恬静的自然风光感兴趣。对这类宾客，酒店要尽量安排僻静的房间给他们，服务员要随时关注他们有什么需要。如宾客需常在客房用餐，酒店要尽量满足，及时供应。而且千万要注意，在宾客休息时不要打扰他们，保持楼道和客房的安静。

二、饭店宾客消费行为及其基本过程

（一）饭店宾客消费行为的概念

消费行为在狭义上仅仅是指消费者的购买行动以及对消费资料的实际消费过程。在广义上则包括消费者为索取、使用、处置消费物品所采取的各种行动以及先于且决定这些行动的决策过程，甚至是包括消费收入的取得等一系列复杂的过程。在这里，我们将饭店宾客消费行为定义为"饭店宾客在索取、使用、处置饭店产品和服务时所采取的各种行动以及先于且决定这些行动的决策过程"。

在研究酒店宾客消费行为时，通常有以下几个假设前提：
(1) 消费者的行为具有目的性。
(2) 消费者在消费时具有选择的余地。
(3) 消费者行为是一个具有序列性的过程。
(4) 消费者行为是可以被各种营销策略所影响的。
(5) 消费者需要教育和诱导。

（二）饭店宾客外显消费行为的基本过程

根据上述饭店宾客消费行为的定义，可以将饭店宾客外显消费行为的基本过程分为以下几个环节（图3-1）：

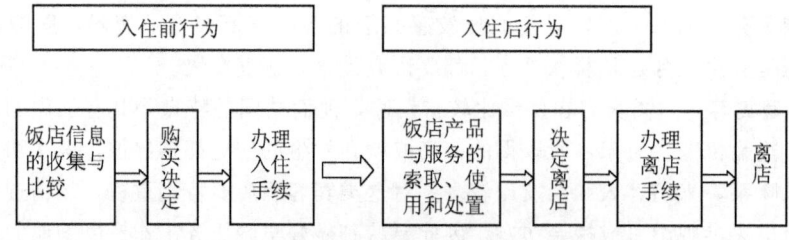

图3-1　饭店宾客外显消费行为的基本过程

在入住前行为阶段，饭店宾客首先根据自己的出行目的，利用各种途径、方法和工具（如亲友介绍、互联网、电话查询等）收集饭店的信息并结合自己的实际情况进行比较，然后做出购买决定（一是决定要入住的饭店，二是决定是否预订），当宾客抵达酒店后，还需要办理入住的相关手续。

当宾客办理完入住的手续后，其外显的消费行为就进入了入住后行为阶段。其中又可以分为对饭店产品与服务的索取、使用和处置环节（亦即对饭店产品和服务的体验过程）、决定离店环节（一是决定要结束入住，二是要收拾自己的行李）、办理离店手续环节和离开酒店环节。

 相关阅读3-1

酒店商务消费者消费行为特点

根据伯爵饭店组织对2 858名常住商务客人的问卷调查结果显示：

商务客人对酒店的设施要求很高，60%的客人要求房间隔音效果好，57%的客人认为商务中心十分重要，有52%的客人认为室内调制解调器很重要。他们对客房千篇一律的布置和几乎相同的摆设感到乏味。

商务客人在住店时发现酒店存在的主要问题包括：床头灯光线太暗，不利于看书、阅读。挡光的窗帘不能很好地阻挡早晨的阳光，透过窗帘或窗帘外围均可射入光线。客房未装电话锁，安全系数不高。椅子高度不合适，不利于办公。写字台上未装电话，客人在写字台上工作时往往需要电话联系，不得不到床头柜打电话。

商务客人不仅对酒店硬件设施要求很高，对酒店服务质量水平要求也很高。90%的商务客人要求24小时洗、烫衣服服务，76%的客人认为提供免费交通前往附近的商务约会地点非常吸引人，50%以上的客人非常重视美容形象服务。

客人每天在客房工作时间，有71%工作1—2小时，16%工作3—4小时，1%工作5小时以上。对于餐饮偏好，45%的客人喜欢尝试新口味，55%的客人偏爱家乡菜。至于用餐方式，50%以上的客人选择优质的晚餐，30%左右的客人更习惯于客房用餐，3%的客人选择方便快餐。

另据美国《旅行与休闲》杂志对商务客人的年度商务调查显示：

商务客人选择加盟酒店的主要标准依次是：酒店的位置、酒店的全面质量和酒店的价格、公司的决定、常客。

商务客人认为客房内最重要的东西依次是：咖啡壶、调制解调器、烫衣板、多功能电话、传真机。

资料来源：http://jiudian.jiameng.com/news/40643_1.htm

任务二　饭店宾客购买决策过程的理论

一、饭店宾客购买决策的概念和分类

（一）饭店宾客购买决策的概念

决策（decision making），意为作出决定。饭店宾客的购买决策就是宾客购买目的的确立、手段的选择和动机的取舍的过程。购买决策包括一个广泛的信息搜集、品牌对比和评价以及其他一系列活动在内的全部过程。比如，在购买之前，饭店宾客就要确定买什么（客房、餐饮或是会议室等），买什么品牌饭店的，买多少，到哪里去买（即在饭店内的商场买还是在其他的商场购买。购买地点的决定受多种因素的影响，诸如路途的远近、可挑选的商品品种、数量、价格以及商店的服务态度等）、何时买、如何买（涉及的是购买方式的确定，比如，是直接到饭店的商场选购，还是函购、邮购、预购或托人代购；是付现金、开支票，还是分期付款）等等。在购买过程中要选择品牌，衡量价格水平等。在购买之后还会体会到某种程度的满意或不满意，从而影响到以后的购买行为。

购买决策在宾客的购买行为中占有非常重要的地位。对于宾客来说，决策的内容不仅规定着购买行为的发生方式，而且决策的质量决定着购买行为的效用大小。正确的决策可以使宾客以较少的费用和时间买到物美价廉的商品，最大限度地满足宾客的需要。对于饭店企业来说，分析研究宾客的购买决策，可以为企业正确地确定产品、价格、渠道、促销等策略提供依据。

相关阅读3-2

购买角色

对于某些产品来说，确认购买者是比较容易的。男人通常选择自己的剃须刀，而妇女购买自己用的口红。但随着社会的发展，越来越多的产品所涉及的决策成员往往不止一个人。比如，全家外出旅游的选择，可能首先是孩子提出要出去旅游；同事推荐某地、某旅行社；爸爸和妈妈经过商量，决定去某地，第二天爸爸去某旅行社咨询购买；最后全家去旅游。在整个事件完成过程中，我们可以区分出对购买决策有影响的五类角色：

首倡者：首先提出购买某个产品或服务的人。
影响者：其观点或建议对决策有影响的人。
决策者：对购买决策的某个方面（包括是否买、买什么、如何买、何处买）作出决定的人。
购买者：实际去购买的人。
使用者：消费或使用产品或服务的人。

（二）饭店宾客购买决策的类型

根据饭店宾客作为消费者在购买决策中投入程度的不同，决策可分为三种类型：

1. 扩展型决策

扩展型决策（extended decision making），是一种较为复杂的购买决策。宾客花费几天、几个星期甚至几个月的时间，广泛搜集内部和外部信息，寻找可供选择的备选方案，形成明确的评估标准。在全面深入地评价和比较各个备选方案的优劣后，形成自己的态度和购买意向，进而实施购买行为，并完成对相关的衣食住行等方面的辅助决策。

例如，宾客打算开展蜜月旅游、欧洲度假游、首次航海游等花费高、距离远、意义大的旅游，但对相关的旅游产品和服务不熟悉，尚未建立起相应的评价标准，也未将选择范围限定在少数几个备选方案之内，而他又有较多时间斟酌，那么，他通常会进行扩展型决策。在扩展型决策中，尽管宾客审慎地解决了决策过程中各阶段的问题，他仍可能对最终购买有疑虑，甚至会延迟或重新评估其购买决策。宾客可能还要求助于旅游代理商、旅游专家、政府旅游管理部门，或采取共同决策的方式来确保决策的正确性。

2. 有限型决策

有限型决策（limited decision making），是指消费者对某一产品领域或该领域的品牌有一定了解，或者对产品和品牌的选择已形成基本的评价标准，但尚未形成对特定品牌的偏好，因此还需要进一步搜集信息，以便作出较为满意的选择。例如，在高级餐馆就餐通常属于有限型决策。对于无力频繁光顾高级餐馆的顾客来说，虽然他们知道自己喜欢什么样的食物、服务和就餐环境，但他们对餐厅菜式、酒和饮料没有特殊的偏好或购买习惯，所以，他们需要根据对其他顾客的观察或根据服务员的推荐来点菜。

与扩展型决策相似，宾客在有限型决策中也要经历购买决策过程的一系列阶段，只不过在某些阶段所花费时间和精力较少。与扩展型决策不同的是，宾客在有限型决策中以内部信息搜集为主，外部信息搜集为辅，进入备选范围的产品不多，而且通常只对产品的某个或少数几个方面进行评价。除非在消费过程中出现问题或购后服务不尽如人意，否则，宾客在事后很少对产品的购买与使用进行评价。

采用有限型决策的宾客通常认为备选品之间的差异不是很大，而他又没有时间和资源广泛搜集信息，因而简化决策过程，大幅减少信息来源、评估准则或备选方案。常见的有限型决策包括宾客在某种情绪影响下作出的购买决策、追求低价位的购买决策、追求多样化的购买决策。例如，一位对广州非常熟悉的商务旅客时常搜集饭店信息，每次到广州出差都设法预订不同的四星级饭店。这种变换饭店的决策，并非出于对以前入住饭店的不满，而是出于对多样化的追求。宾客长期使用某企业的服务，可能会产生厌倦感，从而在求新、求变动机的驱使下转换品牌。对此，企业不仅要一如既往地履行对顾客的责任，还要为顾客提供符合其特殊需要的优质服务，才有可能把爱跳槽的顾客转变为偏爱本企业的宾客。

3. 名义型决策

名义型决策（nominal decision making），又称惯例决策，是指消费者根据其头脑中已形成的观念、知识和经验，几乎不假思索地选择某个消费目的地或购买某种产品和服务。比如，一些西方旅游者年复一年地到某个海滨旅游地度假，他们的决策就属于名义型决策。

在名义型决策中，消费者的投入程度较低，通常跳过决策过程中的某个阶段想当然地作出决策，并较少考虑购买风险。其原因是，他们认为所购的旅游产品并不昂贵，而且自己懂得如何评价备选方案，对这些产品的情况了如指掌。比如，宾客在选择快餐店的汉堡时，无需征求其他人意见就能迅速决策。宾客对麦当劳、汉堡王、肯德基这几家店的汉堡有充分的了解，而且不管在哪个城市，同一家连锁店的汉堡都是一样的。如果没有意外，他们购买的产品就能产生他们所期待的效用。在这种情况下，他们甚少评估消费过程和消费结果。只有当被选产品达不到预期效果时，才进行购后评价。

名义型购买决策，可进一步分为忠诚型购买决策和习惯型购买决策。忠诚型购买决策是指消费者认定某一品牌能比其他竞争品牌更好地满足其需要，从而对该品牌形成情感依赖，长期反复选用该品牌。比如，某旅游消费者在一次出游中精心挑选旅行社，在选定"南湖国旅·西部假期"后，觉得线路设计合理，价格公道，服务周到。在此后的旅游中，该旅游者可能会不假思索地一再选择这家旅行社。由于他对该品牌形成了偏好和忠诚，其他旅行社很难赢得他的青睐。习惯型决策和忠诚型决策的外在表现形式一致，即较长期重复选择某一品牌的旅游服务。但是，在习惯型决策中，消费者重复选择某家旅行社、饭店、餐馆并不意味着他喜欢这一旅游企业，而可能是因为购买这家企业的服务比较方便，或认为不同服务品牌之间没有实质性差异。如果遇到竞争企业降价或采用强有力的促销手段，消费者可能无须做太多的斟酌和思考就改购其他竞争企业的服务。

消费者形成品牌忠诚和习惯性重复购买的原因主要是减少购买风险，简化决策程序，尤其是减少信息搜集方面的工作量。虽然习惯性重复购买在日常生活中很常见，但以名义型决策购买旅游产品的消费者为数不多。喜欢求新求异，追求完美体验的旅游消费者更常采用有限型决策和扩展型决策。

4. 三种购买决策类型的比较

上述三种类型的购买决策主要有以下几个方面的区别（表3-1）：

表3-1 宾客购买决策类型及其区别

购买决策类型 区别	扩展型决策	有限型决策	名义型决策
搜集信息	大范围寻找	在有限范围内寻找	几乎不寻找
寻找可能的选择	是	是	否
形成明确的评估标准	是	否	否
将评估标准整合为决策原则	是	否	否
运用决策原则作出决策	是	是	否
消费者投入程度	高	中等	低
消费者感觉中的风险	高	中等	低
对所购产品的经验和知识	少	中等	多
购买频率	不常购买	偶尔购买	经常购买
花费的时间与认知来源	多	中等	少

一是在购买决策所经历的阶段以及各阶段宾客的投入程度上的差别。宾客在名义型决策中的投入程度最低,在扩展型决策中的投入程度最高,在有限型决策中的投入程度介于前两者之间。

二是宾客重复选择同一产品或目的地的概率不同。一般而言,越是简单的名义型决策,宾客重复选择同一产品或目的地的可能性越大;在复杂的购买决策中,宾客再次购买同一产品或重游目的地的可能性相应较小。

三是宾客的信息搜集时间和范围存在差异。宾客在名义型决策中很少搜集信息,靠经验解决问题。如果要购买新型的旅游产品或到陌生地方旅游,宾客的信息搜集行为会逐渐增加。在扩展型决策中,宾客会花时间进行广泛的信息搜集。

除了以上三种购买决策外,还有一种购买决策未列入上述讨论范围,即冲动性购买决策,指宾客一时兴起,或因受到某种刺激所引起的瞬间冲动,而作出的无计划性购买决策。这种决策的特点是:① 突发性强,且带有急切行动的欲望;② 心理暂时处于失控状态;③ 以主观情绪为主导,几乎没有进行过客观地评估;④ 不顾后果。当宾客受旅游企业促销的诱惑时,可能会作出这类决策。

二、饭店宾客的购买决策过程

饭店宾客的购买决策过程是指饭店宾客在购买产品或服务过程中所经历的步骤。一般来说,宾客通常经历的决策过程是:① 问题确认;② 信息搜寻;③ 方案评价;④ 购买决策;⑤ 购买后的行为。需要指出的是,这里并不是说饭店宾客的购买决策会完全按次序经历这个过程的所有步骤,在有些情况下,宾客可能会跳过或颠倒某些阶段,尤其是参与程度较低的购买。比如,购买特定品牌饮料的妇女可能会从确定需要饮料直接进入购买阶段,跳过了信息搜寻和方案评价阶段。图 3-2 为饭店宾客面对参与程度较高的新购买时所需的全部过程。

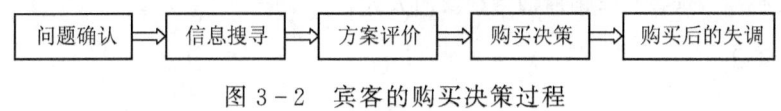

图 3-2 宾客的购买决策过程

(一)问题确认

购买过程始于购买者对某个问题或需要的确认,即消费者意识到一种需求并且有一种解决问题的冲动。

问题确认是由购买者的理想状态与现实状态之间的差距引起的。当潜在的购买者对情境的希望与情境的实际之间存在差异时就会产生某种需要。当然从这里产生的需要或动机的强度取决于实际状态和期望状态之间的差异程度。比如,一个上学快要迟到的学生可能会口渴,但他通常不会途中下车去买水喝。同样,家里人也许用完了一两样东西,但家里仍然有足够的东西,随着一天天过去,更多的东西用完了,最终有必要去一趟商店。这时,实际和期望状态之间的差距在增大,也就是说,使得家里人变得有较强的动机为此去采取行动。

问题确认的诱因也就是引起期望和实际状态之间产生差异的原因，这些诱因受到外部和内部两方面因素的影响。这些因素有：

1. 缺乏

当潜在宾客由于内外原因而产生入住饭店的想法时，确认需求就出现了。此时的潜在宾客的决策通常是一种简单和惯例的行为，可能会就近选择一个估计能适合自己情况的饭店或寻找一个自己熟悉的品牌饭店直接作出购买决定来解决这个问题。

2. 不满意

需求确认产生于潜在宾客对所得到的结果不太满意。他可能会扩大搜寻范围，如利用智能手机等移动终端查询饭店信息、向熟悉的人请教，以此帮助他作出消费决策。

3. 新需要

生活中的变化经常导致人们产生新的购买需要，如体验了大同小异的宾馆客房后，宾客希望能够体验有特色的主题饭店等。

4. 相关产品的购买

需求确认也可以由一种产品的购买激发起来，如去海南旅游时对潜水发生了浓厚兴趣。

5. 新产品

市场上出现了新产品并且这种新产品引起了潜在宾客的注意，这也能成为需求确认的诱因。营销商经常介绍新产品和服务，并且告诉消费者解决问题的类型。

6. 营销因素

引起实际与期望状态之间差距的还有一个原因是由营销商引致的问题确认。比如，营销商可以通过推出新的旅游线路、新的旅游目的地、新的旅游项目，似乎不去就会落伍，就会产生没有身份的感觉，从而助推人们确认需要。

当然，对于营销商刺激潜在宾客产生需求确认的企图，人们并不总是买账的，在有些情况下，人们也许看不到问题或意识不到营销商正售卖的产品到底有什么价值，独立性强的人可能还会产生逆反心理，选择与营销商期待相反的方式。

相关阅读3-3

宅在酒店度周末（节选）

周末要怎么过？出门旅行，可能比工作还累；宅在家里，或许又感到有些浪费。生活工作压力下，人们开始寻觅一种不用太费精力和体力的休闲模式，让假期成为更纯粹的休闲时间。如此一来，酒店正在成为越来越多当地客人周末度假的新宠。

酒店度假模式已在国外有了比较稳定的发展趋势。金融危机后，西方人开始节约开支和时间减少长途旅行，度假就在城市及周边解决，有人干脆在家度假，也就出现了staycation（即stay + vacation）的说法。在这种情况下，酒店找到了商机。如今，这股酒店度假风在中国方兴未艾，酒店的经营者正在不断摸索度假型客人的实际及心理需求，来把握这个日渐壮大起来的消费群体。

在记者采访的多家一线城市五星酒店中，工作日商务型客人达到60%至70%，其余为度假型客人，而一到周末，这个比例就完全反了过来。对此，酒店更是推出一系列的度假套餐吸引周末度假人群，主要是将客房及酒店内的餐饮休闲场所消费做打包优惠，其消费趋势令酒店感到颇为乐观。比如，上海半岛酒店今年推出的"家庭乐"及"夏日悠游"两种住宿套餐在7月底统计累计达到570个订单，比去年同期统计的类似套餐订单总量有40%的上涨，雅居乐万豪酒店套餐订单量较去年同期上涨25%。北京金融街丽思卡尔顿酒店则将这种度假模式，更为明确地概括为"周末城市度假"的概念，自5月推出以来，每周都有七八组客人消费该项目。在这些度假订单中，不乏当地客人的消费。如浦东香格里拉酒店今夏推出的"暑期乐游特惠"中，上海本地订单达到30%，剩下70%的订单基本来自上海周边地区。深圳益田威斯汀酒店推出的"威斯汀周末"中，深圳及周边地区的订单接近总量的60%。

"酒店过周末最吸引人的就是暂时离开家，不用带太多行李。脱离家庭生活压力，在酒店住什么都不用管。""几天待在酒店，就是重新放松调整。外出行程安排紧凑自己也会很累。"在记者的询问下，一些消费者如此评价酒店度假的优势。

（二）信息搜寻

潜在宾客决策制定的第二步是信息搜寻。一旦他们意识到一个问题或需求能通过购买某种产品或服务得到解决，他们便开始寻找制定购买决策所需的信息。

1. 信息来源

信息搜寻可以从内部、外部或内外部同时产生。内部信息搜寻是对记忆中原有的信息进行回忆的过程。这种信息很大程度上来自以前购买某产品的经验。例如，购买时遇到一些你曾经喝过的品牌饮料，对你的记忆进行搜寻，你可能记起它是否好喝，是否受欢迎等。因此，对于许多惯性、重复性购买来说，使用储藏在记忆里的、过去所获得的信息就足够用了。

如果内部搜寻没有产生足够的信息，消费者便会通过外部搜寻来得到另外的信息。市场营销人员最感兴趣的是，消费者所需的主要外部信息来源以及每种信息对今后的购买决策的影响。消费者外部信息来源可以分为以下四类：

(1) 个人来源：家庭、朋友、同事、熟人。

(2) 商业来源：广告、推销员、经销商、包装、展览。

(3) 公共来源：大众媒体、消费者评比机构。

(4) 经验来源：产品的操作、检查与使用。

这些信息来源的相对丰富程度与影响程度随产品类别与购买者特征的不同而各异。一般来说，消费者获得的产品信息主要来自商业来源，即市场营销人员所能控制的来源。另外，最有效的信息则来自个人来源。每类信息来源对购买决策有着不同作用的影响。商业来源一般起着告知作用，而个人来源则起着认定或评价作用。

2. 影响个人信息搜寻范围的因素

个人进行外部信息搜寻的范围依赖于以下几方面的因素：

(1) 潜在宾客对风险的预期会影响其对外部信息搜寻的范围。

人们在购买商品的时候，都会或多或少地感知到风险。一般来说，随着对购买风险预期的增加，潜在宾客会扩大搜寻范围，并考虑更多的可供选择的品牌。如果你打算出国旅游，由于价格高，所以这是一项风险较高的决策，于是你开始搜寻有关的信息，如具体价格、时间、所经景点、交通方式、住宿饭店的星级以及用餐标准等。你也可能搜寻更多的有关情况的信息，因为查找资料所需的时间和精力比即将为旅游所投入的成本要低得多。相对来说，你在作出郊游决定时就不太可能付出这样大的努力。此外，对于同一产品来说，由于消费者的个性不同，所感知到的风险也不同，因而会影响到他搜寻信息的范围与努力程度。一项关于影响消费者对通过计算机订购商品的风险预期水平的研究表明，与那些风险预期较低的人相比，那些认为风险较高的人会在信息搜寻方面付出更多的努力，并参看大量的不同类型的信息源。

(2) 潜在宾客对产品或服务的认识也会影响其对外部信息搜寻的范围。

如果消费者对潜在的购买了解很多，他就不再需要另外搜寻更多的信息，而且，他了解得越多，他搜寻的效率就越高，从而花费的搜寻时间就越少。另外，一个有自信心的消费者不仅对产品有足够的信息，而且对作出正确的决策也感到非常自信，而缺乏这种自信心的人甚至在对产品已经了解很多的时候也会继续进行信息搜寻。有先前购买某种商品经验的消费者，与没有经验的消费者相比，对风险的预期较低，因此他们会减少信息搜寻的时间。

(3) 潜在宾客对产品或服务感兴趣的程度会影响其进行外部信息搜寻的范围。

信息搜寻的范围与消费者对某产品感兴趣的程度成正相关，即对某产品更感兴趣的消费者会花费更多的时间搜寻信息与其他选择。例如，假如你是一个探险活动爱好者，为了到某地去探险，你可能更愿意向专业人士讨教，并比其他人花费更多时间和精力作出相关的准备。

(4) 情境因素也会影响产品的信息搜集。

在紧急的情况下买产品时，人们对信息的搜索是有限的。比如，车坏在半路了，司机不大可能到处打电话去找一个最便宜的地方修车。其他的变量还包括资源的稀缺性和缺乏可得到的保证等。

3. 消费者选择信息的过程

如果愿意的话，潜在宾客会搜寻到大量有关某产品或服务的信息，但不是任何情况下都是信息越多越好。而且，面对同样的情境，不同的消费者会有不同的理解，这是因为他们的个性、经验、需要等影响了他们对情境的知觉，并进而影响他们对信息的选择。通常情况下，消费者对信息选择的过程经过以下三个步骤：

(1) 选择性注意：人们日常生活中会接触众多的刺激。仅以商业广告为例，一个美国人平均每天会接触1 500多个广告，但他不可能注意到所有这些刺激，其中大部分会被过滤掉，所以问题的关键是营销人员应该弄清楚哪些因素能引起消费者的注意。研究发现，影响消费者知觉选择的因素主要有以下三个方面：首先，消费者可能比较注意与当前需要有关的刺激。比如，王先生打算去外地度假，他会更多地注意有关旅游的广告，而对于轿车降价的广告可能不会去注意。其次，消费者可能比较注意他们所期盼的刺激。比如，王先生多半会注意旅行社里的旅游手册，而不太会注意地图，因为他没有指望旅行社里会有地图。最后，消费者可能比较注意超出正常刺激规模的刺激。王先生更可能去关注减价100元的旅游广告，而不是只减价10元的旅游广告。

(2) 选择性曲解：即使是消费者注意到的刺激，也并不一定会产生预期的作用。每个人总是按自己现有的思维模式来接受信息。选择性曲解是指人们趋向于将所获得的信息与自己的意愿结合起来。旅行社可能向王先生介绍去某国旅游的优点与缺点。如果王先生已倾向于去该国旅游，他就可能不去考虑其缺点以便维护其想法。例如，他把可能遇到的语言障碍或较高的费用与一次难得的参观世界著名景观的机会相比较，来坚定自己的选择。在很多情况下，人们是按照先入为主的想法来解释信息的。

(3) 选择性记忆：人们往往会忘记大多数接触过的信息，而倾向于记住那些符合自己的态度与信念的信息。由于这种选择性记忆，王先生可能只记住了去某国度假的优点，而忘记了去别国度假的优点。他之所以能记住去该国的优点，是因为每当他考虑去哪里度假时总是盘算着这些优点。

以上这三种知觉因素的存在，意味着市场营销人员必须尽力把信息传递给消费者，同时也要求市场营销人员在向消费者传递这些信息时，要尽可能地生动并多次重复，以加深消费者的印象。

相关阅读3-4

旅游者的风险知觉

在知觉研究中，一个比较有代表性的理论就是减少风险理论。在旅游活动中，旅游者会经常遇到各种风险，为此，他们必须采取各种措施，来消除或减少所遇到的风险。

1. 风险知觉的种类

实践证明，任何旅游决策都包含着风险和不可知因素。这些风险和不可知因素常常会带来预想不到的后果，令人很不愉快。旅游者常遇到的风险有以下几种：

(1) 功能风险：

功能风险涉及旅游产品的质量和服务优劣问题，在一般情况下，当购买的旅游产品和享受的各种服务不能像预期那样满意时，就存在着功能风险。例如，飞机出了故障，不能在预定的时间起飞或不能在预定的目的地降落，或出租车半路抛锚，或房间空调失灵，或电话不通等。

(2) 资金风险：

花费较多的金钱是否会买到较好的产品和享受优质的服务。比如，住这样的宾馆是否值得花这么多的钱，或者花费双倍的车票钱乘坐的旅游列车，是否一定像人们期望的那样比普通列车要好得多。

(3) 社会风险：

购买某种旅游产品或享受某种旅游服务是否会降低旅游者的自身形象。比如，购买名牌旅游产品或住高级饭店的旅游者很可能因为名牌产品或高级饭店具有较高的社会价值。

(4) 心理风险：

心理风险是指旅游产品或服务能否增强个人的幸福感和自尊心，或者反过来说，能否引起个人的不满意和失望的情绪。人们出去旅游的主要原因之一是提高自我价值，放松自己。所以，对旅游者来说，旅游活动中提供的产品或服务能否最大限度地满足他们的心理需求，是十分重要的。

(5) 安全风险：

安全风险是指旅游者所购买的产品或服务是否危害旅游者的健康和安全的风险。旅游者在整个旅游活动中常常会注意是否存在这种风险。比如，就餐的食品是否卫生、乘坐的飞机会不会出事、某个旅游景点的设施是否安全牢固等。

(6) 时间风险：

时间风险是指在旅游活动中能否在预定时间内完成旅游活动。时间是旅游活动的一个重要因素，如何保证在计划时间内完成旅游活动是衡量旅游组织成败的标准之一。如果在计划时间内未完成旅游活动，或者全部活动完成了而时间却超出了计划，不但会引起旅游者的不满，甚至会引发纠纷，给旅行社造成名誉上或者经济上的损失。时间上的保证无论对旅游者，还是对旅行社都是重要的。

【补充阅读材料】

旅游消费风险很大

由零点调查、前进策略与东方企业家近日共同发布的《中国公众旅游服务传播指数2005年度报告》显示：我国消费者对于旅游业的信任程度仅为67分，具有随团经验的消费者信任程度更低。

据悉，此次调查涉及北京、上海、广州、武汉、成都、沈阳、西安7个城市，通过随机抽样、对近2 000名消费者采取入户访问方式进行了调查。

调查结果显示，签约容易履约难、行程和费用不透明、利益难保障、投诉效果不佳，是消费者不信任旅游业的主要原因。

在被调查者中，有68.5%的人在最近一次旅游中有不愉快体验。其中，约定的参观项目减少（38.1%）、导游擅自改变约定的行程（34.3%）、导游安排不希望的购物活动（30.3%）、付费参观项目增多（19.5%）等位居"不愉快体验"排行榜前列。

不能明明白白消费是我国出游者普遍遭遇的一大烦恼。对于费用详情告知和行程变更提前告知，受评分值分别仅为67.3分和68.2分；对于旅行社变更合同条款的慎重性、产品介绍时的真实规范性，受评分值均仅为66.8分。

调查显示，基本上所有的关于旅游的投诉都集中在"黑导游"、"黑店"、"消费不明"、"投诉无保障"等问题上。

资料来源：张建松，《旅游消费风险很大》，新华网，2006-06-04。

【分析提示】

至少在中国现阶段，旅游消费环境还是恶劣的，消费风险非常大。除了行业管理和行业内企业本身管理的水平低以外，旅游业的性质也是一个重要原因。旅游业是服务业，其产品是服务，服务的最大特点是无形性和生产与消费的同时性，旅游者消费之前难以鉴别判断服务的好坏，事后也难以保存证据，这就给不良商家以使黑的机会。

2. 风险知觉产生的原因

如前所述，旅游者在购买旅游产品时，常常会遇到风险问题。但是，旅游者对风险的知觉各不相同，这取决于很多因素。首先，旅游者个人的特点，如文化层次、智力水平、经济水平的不同，在同一情况下不同的人会知觉到不同的风险水平。此外，高风险知觉者喜欢把他们对产品和服务的选择局限在一个很小的范围内，这种人为了避免作出错误的选择，宁愿放弃一些好的选择；而低风险知觉者则倾向于在大范围内进行选择，宁肯冒做较差的选择。所以，旅游者的个人特性能影响到他们的风险知觉。其次，旅游者的风险知觉还取决于他们购买的旅游产品或服务的种类。比如，旅游者远距离旅游要比近距离旅游知觉到的风险高些；购买高档的旅游纪念品要比购买街头小贩出售的小纪念品知觉到的风险大些。

对旅游风险的知觉，会影响人们的旅游决策。这里需要指出的是，旅游者知觉到的风险并不等于实际存在的风险。实际风险再大，如果旅游者觉察不到，也不会影响他们的旅游决策。

人们常在下列情况下会感知到风险：

(1) 目标不明确。

(2) 缺乏经验。

(3) 信息不充分。

(4) 相关群体的影响。

3. 消除风险的方法

既然旅游者在决策过程中会知觉到各种风险，为了保证旅游活动更好地进行，旅游者会千方百计地采取措施来消除风险。常见的消除风险的方法有：

(1) 广泛搜集信息：

旅游者搜集到有关的信息越多，选择决策方案的自信心就越强，风险水平就会降低。有关专家的调查报告表明，知觉到高风险或中等程度风险的旅游者比知觉到低风险水平的人寻求信息的时间多1—1.5倍。与此相适应，知觉到高风险水平的人比知觉到低风险水平的人更喜欢接受他人的劝告或广告信息。

(2) 认真比较衡量：

在旅游决策中，旅游者往往要根据自己的选择标准对各种备选方案进行认真的比较衡量。旅游者知觉到的风险越大，比较衡量所花费的时间越长；旅游者知觉到的风险越小，比较衡量所花费的时间越短。

(3) 寻求高价格：

在日常消费中，许多人都相信"一分钱，一分货"这个理，在旅游活动中也是一样。由于旅游者缺乏对旅游商品和服务的实际了解，旅游者便倾向于用价格高低来衡量产品质量的好坏和服务的优劣。

(4) 购买名牌旅游产品：

为了节省时间和精力，减除知觉风险的一种普遍策略就是购买名牌旅游产品或享受优质服务。旅游者购买了旅游产品或享受到某种服务后，如果他感到满意，他就不仅可以产生重复购买的行为，而且可能把这种满意传达给他人，这样就可能建立对商标的信赖。一旦旅游者依赖或忠实于声誉高的或满意的商标时，他们知觉到的风险就大大减小。在现实生活中，人们就是依据对商标的声誉和对名牌产品的认可来作出购买决策的，而不轻易购买自己不熟悉的或从没听说过的产品，以便回避风险。

（三）方案评价

在决策过程的信息搜寻阶段中获得信息后，消费者便进入到选择评价的阶段。在这个阶段，消费者会使用记忆中存储的和从外界信息源获得的信息，并形成一套标准。这些标准将帮助消费者评估和比较各种选择。

评价标准指的是用以比较不同选择品牌的产品或服务的范围或属性。当然，所有的消费者

使用的评价过程和评估标准并不相同,甚至同一消费者在不同的购买情境下所使用的评价过程也不相同。这是因为消费者购买不同的产品是为了满足不同的需要,因而他可以从不同的产品中寻求到特定的利益。消费者将每种产品看作是能不同程度地带来所寻求的利益并进而满足某种需要的属性集。消费者感兴趣的属性随产品的不同而各异。比如,对于照相机来说,消费者感兴趣的属性主要包括照片清晰度、摄影速度、携带方便与否、价格等;而对旅馆来说,其重要的属性包括舒适、卫生、安全、便利、费用等。对于同一产品来说,不同的消费者对其不同属性的关心程度也不同。同时,评价标准可能是主观的或是客观的。例如,在购买汽车的时候,消费者使用诸如价格及节约燃料等客观属性,也可以同时使用如形象、风格等主观属性作为标准。

消费者在实际的购买过程中可采用的决策原则主要有以下几种:

1. 理想品牌原则

每个消费者心目中都有一个对某产品的理想品牌的印象,并用这种理想品牌印象同实际品牌进行比较,实际品牌越接近理想品牌就越容易被消费者所接受。例如,消费者可以先给自己心目中的理想品牌打分,然后再给实际品牌打分,最后求两者之间的差。差越大,表明实际品牌与理想品牌之间的差距就越大,消费者的不满意程度也就越大。

2. 多因素关联原则

这一原则是消费者为商品的各种属性规定了一个最低可接受水平,只有所有这些属性都达到了规定水平时,该商品才可被接受,而对于没有达到这一可接受水平的其他品牌的商品都不予考虑。运用这一原则,就排除了某些不必要的信息干扰,缩小了处理信息的规模。但是,这种决策所导致的可接受的品牌可能不止一个,因此消费者还需借助于别的方法作进一步的筛选工作。

3. 单因素分离原则

这种方法实质上是多因素关联原则的对立面。这种模式是指消费者只用一个单一的评价标准来选择商品。也就是说,消费者以一种属性去评价他所考虑的几个品牌的商品,并从中选出最符合他的评价标准的那个品牌。

4. 排除法的决策原则

排除法的核心在于逐步排除以减少备选方案。采用这种方法时,首先,要排除那些不具备所规定的评估标准的最低可接受水平的品牌;其次,如果所有考虑中的品牌都具有某一评估标准最低限度要求,那么,这一标准也要去掉。因为这种无差别的衡量对选择过程没有用处。总之,这种方法就是不断地以不同的标准加以衡量,再不断地排除下去,直到剩下最后一个为止。最后这个品牌所具有的独一无二的特征被称为"独特优势"或"关键属性"。

5. 词典编辑原则

这种方法类似于编辑词典时所采用的词条排序法,即首先将产品的一些属性按照自己认为的重要性程度,从高到低排出顺序,然后再按顺序依次选择最优品牌。也就是说,消费者根据排序中第一位最重要的属性对各种备选品牌进行比较,如果在这种比较过程中出现了两个以上的品牌,那么消费者还必须根据第二重要的属性甚至第三重要的属性、第四重要的属性等进行比较,直到剩下最后一个品牌为止。

(四) 购买决策

在购买过程的某个节点上，潜在宾客必须停止搜集信息和评价方案并作出一个购买决策。作为方案评价阶段的结果，潜在宾客可以发展出一个购买某种旅游产品的意图，但在购买意图和购买决策之间还有其他因素在起作用，比如态度、未预料到的情况等。

购买决策同真正的购买行为并不是一回事。在一般情况下，潜在宾客一旦选择买哪一个旅游产品，他就会执行这个决策并真正地购买。但在他即将采购时，也许会出现某些未预料到的情况，从而改变了他的购买意图。这时就需要作出额外的决策，比如什么时候、什么地方、花多少钱以及支付方式等。所以，有时潜在宾客在购买意图和购买行为之间常常存在时滞，尤其对于诸如出国旅游等高支出消费项目更是如此。

在这个阶段，至少还有三个因素会对最终决策产生影响：其他人的态度、预期的环境因素和预期风险的大小。

旅游者对问题解决方案的权衡

除了确定旅游目的地外，旅游决策还包含一系列购买食、住、行等旅游产品和服务的子决策。产生这些购买行为的前提是旅游消费者意识到自己需要解决特定的问题，并相信旅游企业能帮助他们解决面临的问题。在意欲购买时，旅游消费者要经历一个权衡过程（图3-3）。

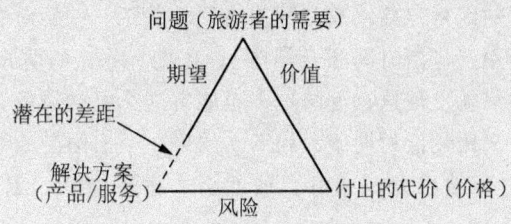

图 3-3　问题解决方案的权衡

比如说，一位商务旅游者需要睡觉、洗澡、换衣服。对于这些基本需要，无论他选择房价为30元的小旅馆，还是房价为600元的饭店，都能解决他的问题。但是，这位商务旅游者可能还需要写字台、台灯、电话、宽带上网。他希望床铺舒适、房间安静、窗景美丽。他希望获得准时的叫醒服务，并能在房间吃早餐。他希望前台能记录他的预订信息，以免在入住时遇到麻烦。他还希望在整个消费过程中受到尊重。他不想排队，不想早餐姗姗来迟，不想电话响了10声才听到服务员的声音，也不希望听到客房服务员在走廊里大声聊天。为了满足这些特定的需要，他就必须寻找解决方案，放弃某些东西或做出某种牺牲。比如，牺牲600元人民币，换取良好的睡眠休息和办公环境。旅游消费者对某种产品和服务的选择，附带着对有关性能的一组期望值。然而，由于旅游产品和服务具有较强的体验属性，旅游消费者很难在购前准确评价旅游产品和服务是否达到了其期望，而必须承担一定的绩效风险、财务风险、人身风险、社交风险等。如果消费者认为购买特定旅游服务能达到其期望,而且付出的代价与将获得的价值相符,消费者就会觉得冒这些风险是值得的。如果所选的解决方案不一定能达到消费者的期望,这种潜在的差距(体现为图3-3左边的虚线)就会增加消费者感觉中的购买风险,促使他推迟购买或另择解决方案。

一般来说,旅游消费者要解决的问题越多,他们对解决方案的期望就越高,愿意付出的代价越大,存在潜在差距的可能性也越大,承担的购买风险越大。因此,随着购买对象花费的增加,旅游消费者的决策过程也变得更为复杂。

总体而言,旅游消费者重视的是解决方案的消费价值,即他们获得的利益与他们支付的总费用(包括消费者支付的价格与他们为了消费服务而发生的其他费用)之比,并尽量降低风险。在决策过程中,他们既是冒险者,又是理性的数学家。旅游企业应该以消费者愿意接受并能支付的价格,在他们需要的时间和地点,为消费者提供他们需要的产品或服务,以便创造和留住顾客。为此,旅游企业必须识别出消费者在生理、安全、社交、尊重、自我发展等各个需要层次上的特定问题,为消费者提供可选择的差异化解决方案,引导消费者的期望。此外,旅游企业还必须分析价格因素对消费者购买决策的影响,向消费者证明它所提供的解决方案与价格相比是值得的,而且实际风险要比消费者想象中的风险小。

(五)购买后的失调

如果宾客的期望与他们实际得到的产品或服务之间的差距越大(仅指低于期望的状况),宾客购买后产生不满意的体验就越深刻。这种现象也被称作购买后的失调。

影响宾客不协调程度的因素包括绩效与期望之间的差距、差距对个人的重要性、差距能够修正的程度以及购买的费用(包括时间和金钱等)。比如,一个打算周边游的人对于周边的景点的期望值比较低,但如果他发现这么近的地方也能有这么好的风景,那么他就得到了较高的满足,因为这超出了他原来比较低的期望;相反,如果一个出国游的消费者期望得到很好的服务及特别的经历,但是实际结果并不太好,他就会非常不满意,因为这没有达到他的高期望值。

价格通常会影响不协调的程度。高的价格会提高人们的期望值。比如,国外的一项研究发现,每月较高的有线电视费用会造成大家对有线电视服务有较高的期望值。经过一段时间,由于有线频道没有达到有线电视用户的期望值,他们不再选择高收费的有线频道。

另外,如果绩效与期望之间的差距较大而这种差别又很难纠正的时候,消费者的不满意感就会很强烈,或者说产生了严重的不协调。比如,一个旅游者在国外高价购买了某商品,但这个商品与国内的同类商品相比没有什么差别,而且又不能再出国去换商品。这种不协调对旅游者来说是比较严重的。

三、影响饭店宾客消费决策的主要因素

宾客购买产品和服务的偏好是经常变化的,因此,相对于其他决策活动来说,宾客的决

策有其自身的特殊性。首先，影响宾客决策的因素非常复杂。宾客的决策虽然表现为个人的、经常性的、相对简单的活动，但却受到多方面因素的影响和制约。这些因素从大的方面来说包括个人因素、环境因素和营销因素。其次，宾客消费决策的特殊性还体现为决策内容的情景性。影响决策的各种因素不是一成不变的，而是随着时间、地点、环境的变化而不断变化的。

（一）影响宾客消费的个体与心理因素

影响宾客消费的个体因素是多方面的，主要包括以下方面：

1. 心理因素

满足自身的需要是宾客消费活动产生的根本原因，宾客的需要在一定条件下转化为消费行为的动机，才能产生消费行为。

宾客在社会生活中形成的观念和态度构成了认识问题的框架。不同的人对待同一个事物有不同的评价，这在一定程度上是由人的观念和态度决定的。观念和态度也在一定程度上决定了人们对所消费的产品和服务的选择。

宾客的人格，如气质、性格、能力等，是影响消费及购买行为的重要因素。

宾客的心理活动过程也是影响其消费行为的重要因素。人们购买、消费某类产品或服务的前提是宾客认识到这些服务能够满足其需要。宾客对饭店产品和服务的认知以及由此形成的情绪和情感就成为作出购买决策的前提之一。

2. 生理因素

生理因素是影响宾客心理从而影响其消费行为及购买行为的基础因素。一方面，人的共同生理特征决定了人的基本生理需要。另一方面，宾客生理特征和生理状态（如性别差异、年龄）的差异，也使宾客有不同的需要。

3. 资源因素

宾客拥有的资源也是制约其消费心理和购买行为的重要因素。时间资源、知识资源、经济资源对顾客购买什么，如何购买，何时购买会产生重要的影响。对饭店而言，影响宾客购买行为的经济资源既包括宾客的收入，也包括其能够支配的资源。例如，由于宾客对住宿、餐饮、娱乐的部分需要是由于从事商务或公务活动产生的，则其在饭店的购买和消费行为支出是由其能够支配而不是拥有的经济资源决定的。

 相关阅读3-6

旅游消费者的期望及其决定因素

消费者对旅游产品和服务的期望在很大程度上影响着他们的购买决策及购买后的消费体验。档次再高的旅游服务，如果不符合消费者的期望，也难以吸引消费者购买。旅游企业利用额外的服务来取悦消费者，也许能给消费者带来"惊喜"，比如，在客房提供擦鞋器、浴袍和巧克力，但这些额外服务只会增加企业的成本而非收益，因为超出消费者愿意支付的价格的额外服务往往不是消费者选择旅游企业所考虑的关键要素。企业明智的策略是深入了解消费者的期望及其决定因素，致力于解决消费者最关心的问题，并尽量满足他们的特殊需要，以促使消费者作出有利于企业的购买决策。

根据隋塞莫尔（V. Zeithamal）、贝里（L. Berry）和潘拉索拉曼（A. Parasuraman）的观点，消费者对旅游服务的期望可能表现为多种形式：① 预计期望，"如果购买该服务，我将得到什么利益和价值"；② 理想期望，"在理想的情况下，我可能从该服务中得到什么利益"；③ 应得期望，"根据我付出的代价，我应得到哪些消费价值"；④ 可容忍的最低期望，"购买该服务，我至少应得到什么利益"；⑤ 基于经验的期望，"根据我对该服务的了解，我很可能得到什么利益"；⑥ 比较期望，"根据曾消费过的类似服务，我可以从该服务中获得什么利益"，等等。

在购买和消费过程中，可能有几种形式的期望同时起作用。比如，一名旅游者走进下榻饭店开设的餐厅，他希望服务员能在3分钟内为他服务（理想期望）。然而，这位旅游者根据自己到达餐厅的时间、等待服务的顾客人数、自己在当地另一家餐厅的就餐经验（比较期望），决定等待10分钟（预计期望）。如果实际等待时间在3分钟至10分钟之内，他对餐厅的服务速度可能感到满意。但如果他等待了10分钟以上，他可能会另外寻找附近的一家餐厅。促使他继续等下去的原因可能是在下榻饭店的餐馆就餐可获得价格优惠（应得期望），或这一餐厅的食物比较可口（可容忍的最低期望）。

基于这些多样的期望，隋塞莫尔等人把消费者对旅游服务的期望分为两个不同的层次（图3-4）。① 称心的服务，指消费者希望得到的服务，反映消费者对旅游企业应该提供的服务的期望；② 合格的服务，指消费者可以容忍的服务实绩。合格的服务在一定程度上反映消费者对实际服务的期望。

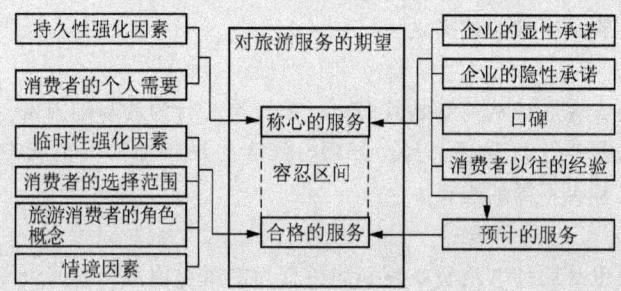

图3-4 消费者服务期望的特征和决定因素

在称心的服务与合格的服务之间存在着一种并不十分理想但在当前可以接受的情形，隋塞莫尔等人称之为"容忍区间"。消费者对称心服务与合格服务的期望因人而异，不同消费者的容忍区间不同。此外，同一消费者对不同服务的容忍区间不同，对同一旅游服务的不同属性也有不同的期望。因此，容忍区间会随着消费者的不同购买行为而波动。一般来说，旅游消费者很少降低对称心服务的期望，但可能根据消费者当时的情况提高或降低对合格服务的期望。换言之，他们对合格服务的期望更容易发生变化。旅游消费者对某种服务或对某一服务属性的容忍区间越窄，表明他越不愿意降低对该服务的要求，越重视特定的服务属性。

如图3-4所示，消费者对旅游产品和服务的期望会受以下因素的影响：

(1) 旅游消费者的个人需要。旅游消费者对称心服务的期望主要是由个人需要和欲望决定的。不同消费者有不同的生理特点、心理特点、社会地位和消费能力，他们对旅游服务必然有不同的期望。同一消费者在不同时候的需要不同，期望也会相应地发生变化。比如我们在上文中提到的那位商务游客，假定他在周末与家人到同一家饭店度假，他的基本需要仍是休息、洗澡、换衣服。但是，此时所有花费都要自己支付，他可能觉得网络和书桌不再是必需品，他曾经非常满意的餐厅现在变得太贵了，而且孩子们不爱吃那些"东西"，不如到附近的麦当劳吃快餐。他仍然不希望服务员在走廊喧哗，但他的孩子在走廊打闹尖叫却是可以忍受的。电视最好摆放在客房的角落，这样孩子们看电视时就不会打扰他。

(2) 持久性强化因素。许多因素能长期影响消费者对称心服务的期望，使他们对特定的服务更敏感。比如，旅游消费者本人也从事服务性工作，特别是正好在旅游业有过类似的工作经历，他们对服务的期望和要求往往非常高。

(3) 临时性强化因素。一些短期因素会暂时性地提高消费者的期望，这些因素通常与危机或突发事件相关。例如，在自驾车出游的路上，汽车抛锚了，旅游消费者期望修理站尽快把车修好，以免浪费宝贵的假期。要是平时发生了这种情况，消费者也许会改乘公共交通工具，而不急于把车修好。

(4) 旅游消费者的选择范围。旅游消费者可以从多少家同类企业选择服务项目，会影响消费者对合格服务的期望。在仅有一家小餐馆且时间有限的情况下，旅游消费者或许会满足于较低的服务享受。但如果旅游者到了热闹的"美食街"，他们对服务的期望值就会上升，在选择服务时就会更加挑剔。

(5) 旅游消费者的角色概念。它是指旅游消费者觉得自己对服务质量会有多大影响，自己应在服务过程中扮演怎样的角色。旅游消费者能否购得优质服务在一定程度上依赖于他们对服务人员的态度，以及他们是否准确地阐述他们的服务要求。如果消费者在购买过程中履行了自己应承担的角色的义务，他们对服务的期望就会相应地提高。反之，如果消费者知道自己未履行好自己的角色义务，他就可能会接受较低水平的服务（"这是我的过错，我应该告诉服务员要一份全熟的牛排"）。

(6) 情境因素。恶劣的天气、自然灾害、机械故障等情境因素使旅游企业无法正常地提供服务。如果旅游消费者理解这些情况超出了旅游企业的控制能力，他们就会暂时降低他们的最低服务期望。

(7) 预计的服务。即旅游消费者认为他们最可能获得的服务水准。消费者预计的服务水准较高，其可容忍的最低服务水准也会随之升高。消费者预计服务水准的能力受到他们对该项服务的购买经验和对相关知识了解程度的限制。在熟悉的环境中，消费者能较好地预测出服务的水平，但身处异地的旅游消费者较难对将获得的服务作出准确的估计。

(8) 旅游消费者以往的经验。指与准备购买的服务相关的经验。旅游消费者在本企业和竞争对手企业的消费经历，会影响他们对本企业服务质量的期望，进而影响他们的购买行为。

(9) 旅游企业的服务承诺。旅游企业的服务承诺有两种形式：显性承诺，包括企业在广告、人员推销等市场沟通活动中及销售合同等书面资料中对消费者作出的各种诺言；隐性承诺，即与服务有关的各种暗示，如通过企业的外观、有形证据、价格等因素传递的有关服务质量的信号。

旅游企业许诺提供给消费者的服务，是旅游消费者形成期望和作出购买决策的重要依据。旅游市场上许多企业希望通过作出承诺，显示自己与竞争对手的区别，以便吸引顾客。但是，其中许多承诺都是空头支票，在现实中难以兑现。因此，成熟的消费者都会对旅游企业的承诺打个折扣，不完全当真。

(10) 口碑。消费者与亲友及曾享用过这项服务的其他消费者交流，有助于他们了解服务情况。由于口碑传递的信息更能反映旅游产品和服务的体验属性，而且具有非商业性质，因而更能赢得旅游消费者的信赖。口碑与消费者对称心服务和合格服务的期望之间存在正向关系。

综上所述，虽然旅游消费者的基本需要相似，但在以上众多因素作用下，他们对旅游产品和服务形成了不同的期望，并以此作为衡量服务优劣和作出购买决策的标准。图3-5概括地描述了旅游消费者选择饭店的过程。事实上，这一过程如此复杂和隐秘，使许多消费者只能在潜意识中予以处理。旅游企业必须理解消费者在每个需要层次上相应的期望和特定的个体问题，分析消费者会在何种情况下消费本企业的产品和服务，按图索骥，针对其期望形成过程中的每一阶段采取环环相扣的营销措施，才能做好期望管理工作，影响消费者的感知，引导消费者购买本企业的产品和服务。

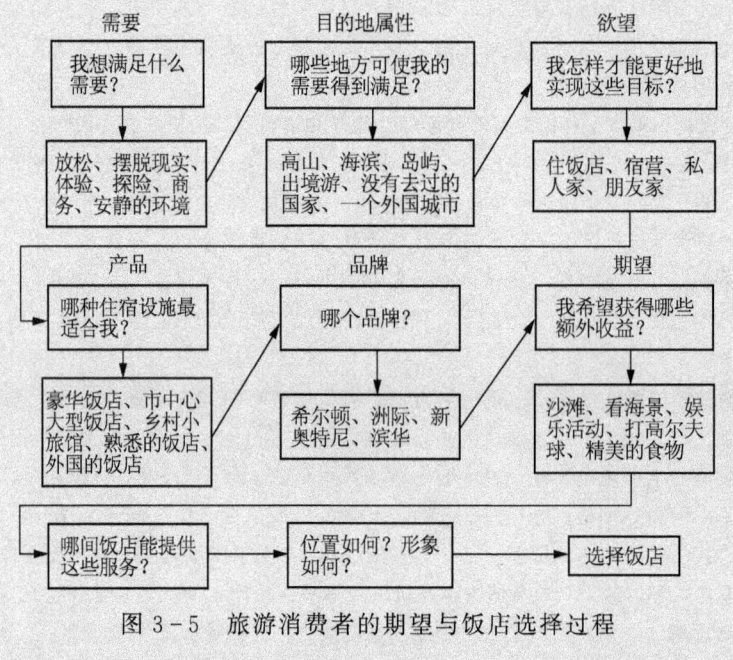

图 3-5　旅游消费者的期望与饭店选择过程

（二）影响宾客消费的外部环境因素

与个体和心理因素相仿，影响宾客消费的外部因素也是多方面的，主要包括以下几点。

1. 群体因素

宾客总是从属于一定的社会群体，他所从属的、向往的社会群体，甚至他所排斥的社会群体都会对其消费心理和行为产生一定的影响。

2. 社会文化因素

文化差异是导致消费差异的重要原因。文化的影响既是深刻的，也是全面和持续的。文化的影响几乎渗透到消费活动的各个方面。宾客对饭店提供的住、吃、娱的评价和选择都渗透着文化因素。

3. 社会阶层因素

不同的宾客在社会中总是扮演不同的角色，占据不同的社会地位，处于不同的社会阶层。社会阶层对其成员的行为方式（包括消费行为方式）有一定的规范和制约作用，这种制约成为影响宾客消费的因素。在一定条件下，这种制约力量较为强大，甚至左右宾客的选择。

4. 情境因素

情境也是影响宾客消费的一个因素。例如，在私人聚会兴高采烈的气氛下，就餐的客人往往对酒精饮料的消费量较多；而严肃、紧张的商务谈判工作午餐，对酒精饮料的消费量就较少。

5. 自然因素

自然因素，如季节、气候、地理因素等，对饭店宾客的消费与购买行为也有一定的影响。例如，不同季节人们外出旅游的次数不同，因而对饭店服务的需求量也不同。在不同的气候条件下，宾客对客房的设施，如空调、供水、预备的消费品的要求也是不同的。气候条件甚至会影响宾客的情绪状态，从而对饭店服务提出不同的要求。如在炎热的夏季，人们易于烦躁，这就要求服务员的服务更加耐心、细致。

6. 营销因素

营销活动，如饭店产品的产品策略、价格策略、地点策略、促销活动等，对宾客的消费选择有较大的影响。这里的产品既包括有形产品即实物产品，也包括无形产品即服务。

任务三　饭店宾客的消费经历

一、宾客的消费体验

体验，一直是旅游消费的核心。虽然旅游企业提供的服务在宾客消费的瞬间消逝了，但宾客经历的一系列事件却可以成为抹不去的记忆。许多旅游消费者外出旅游，不是为了旅游本身，而是为了与家庭成员或朋友共同分享难忘的经历。这些经历将成为他们日常交流的话题，并长期地留在他们的心中。为了有效地吸引旅游消费者，激励他们再次光顾，旅游企业需要不断地为他们创造值得珍视的体验。

（一）消费体验的类型

根据派恩二世（B. Joseph Pine Ⅱ）和吉尔摩（James H. Gilmore）的观点，值得消费者回味的体验可分为四大类：娱乐的体验、有教育意义的体验、审美的体验和幻想般的体验（图3-6）。

图3-6的横轴表示旅游消费者的参与程度。左端表示消费者"被动"地参与旅游活动。比如，在某个博物馆纯粹以观众的身份参观展品。横轴的右端表示消费者"主动"地参与旅游活动。这类消费者通过自己的积极参与，影响旅游活动的开展，进而影响并创造自己的体验，比如到滑雪场滑雪，消费

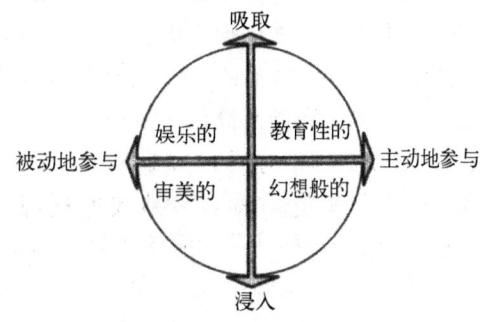

图3-6　消费体验的类型

者自己就成为了"表演者"。

"主动"消费模式和"被动"消费模式是体验这一连续统一体的两极，不同的消费模式会产生不同的消费体验。我们很难根据旅游消费者参与的活动项目，简单地把他们的消费活动划分为主动地消费还是被动地消费。比如，钓鱼看上去是一种被动的休闲活动，人们就是在河边坐几个小时等鱼儿上钩，但那些爱好钓鱼的人也可以很活跃，他们每周都骑车出去钓一次鱼。一群年轻人组成一日游旅行团，乘火车到某城市去听周杰伦演唱会。他们的出现固然对其他人的视觉和听觉产生了影响，但他们只是作为观众被动地享受，演唱会的表演者是周杰伦而不是他们，因此，他们看上去是活跃分子，但实质上他们并不完全是主动参与者。由被动模式向主动模式转化的关键因素之一是消费者的兴趣。一般来说，兴趣浓厚的旅游者更可能采取主动的消费模式，投入更多的精力和思考，甚至将旅游消费融入其生活方式；兴趣较低的旅游者更可能采用被动的消费模式，他们更注重审美和享乐。

图3-6的纵轴描述消费者和环境事件的相关性。纵轴的上方表示吸取，消费者专注于用心智汲取体验。纵轴下方表示沉浸，消费者置身其中，亲身获取体验。前者是体验"走进"消费者，后者是消费者"走进"体验。比如，旅游者站在很远的看台上看斗牛比赛，他们在专注地接收这场比赛的信息。如果旅游者站在赛场边上，眼前的景象、比赛的声音和气势就会使他们和周围的狂欢者一样兴奋和投入，全身心地沉浸在比赛中。

横轴和纵轴将消费体验分成可相互兼容的四个部分：

1. 娱乐体验

使人愉悦的体验是人类在旅游活动中最早获得的一类体验，也是当今旅游消费者普遍追求的、最为熟悉的体验。在许多娱乐性的消费中，消费者无须亲自操作，只需"被动地"通过感官接收体验，比如，听音乐、欣赏舞蹈表演等。

2. 具有教育意义的体验

旅游者在旅游消费中获得的体验不仅仅是娱乐而已，他们还可以增长知识。旅游消费的奇妙之处在于它能够很好地将娱乐与严肃的教育结合起来。如果旅游消费者积极地使用他的大脑和身体，在旅游中开阔视野，汲取知识，那么他就能获得具有教育意义的体验。美国加利福尼亚州的班布拉（Bamboola）儿童乐园专为10岁及10岁以下儿童提供有助开发智力的游戏。孩子们可以在丛林花园和沙地里挖掘化石、人类遗迹甚至包括整副恐龙骨骼，在交互式厨房中为自己准备食物，还可以攀岩、爬梯、玩游戏等。孩子们通过积极地参与这些活动，可以有效地吸收他们经历过的事件所蕴涵的知识，比如，从游戏房学到数学概念、从迷宫图学到拼图技巧、从水盆里学到物理定理，从而实现创造性地学习。反观我国的科普旅游一再受到市场冷落，其原因主要在于我们的旅游产品给消费者带来的体验过于单一、乏味，没能很好地将学习和乐趣融合起来，激励消费者积极地参与。

3. 审美体验

审美体验，也是旅游消费者普遍追求的消费体验。尽管人们的旅游动机各异，但无疑都是为了追求美好的东西。从某种意义上讲，旅游就是一种寻觅美、发现美、欣赏美的综合审美实践。在旅游审美时，旅游消费者沉浸在某一事物或环境之中，而极少影响和改变这一事物或环境。旅游中的审美体验主要包括：① 自然审美，如站在大峡谷边上极目远眺、在钱塘江畔观潮、在黄山之巅赏云等；② 人文与社会审美，如坐在充满怀旧气氛的咖啡馆里观望香榭丽舍大道；③ 文化艺术审美，如参观艺术画廊或博物馆；④ 饮食生活审美，我国八大菜系都讲究色、香、味、形、器、名、意、趣等因素的和谐，令南来北往的中外旅游消费者不仅获得生理上的满足，而且得到精神和心理上的审美愉悦。

获得审美体验的旅游者，心里总是洋溢着一种难以名状的喜悦，难以忘怀。然而，有时旅游消费者需要在旅游从业人员的引导帮助下，才能激起审美的激情，得到审美体验。这是因为审美对象是通过人们心灵才折射出美感的。自然景观的形、光、音、色造就了自然美，旅游消费者可以自发地寓情于景，观赏美妙的景色。但是，人文与社会美、文化艺术美、饮食之美却源于旅游区域的社会制度、生活习俗、历史背景和典故等，如果旅游消费者不了解个中缘由，就难以真正品味和理解其中的美感。比如，武汉的"古琴台"只是一块纪念伯牙与钟子期之间故事的石碑，从形式上说并无多少美感，但如果导游人员把"知音"的故事娓娓道出，就会使游客回味无穷。又如，中国的绘画、书法、戏剧、园林艺术等都讲求"意境"，"景愈藏、境愈大；景愈显、境愈小"。不了解中国文化传统的旅游者，很难欣赏其中的美妙之处。此时，导游人员的讲解可以引发消费者丰富的联想，帮助旅游消费者把握审美尺度，获得审美体验和情感上的升华。

4. 幻想般的体验

与愉悦的体验和具有教育意义的体验相比较，幻想般的体验更令人沉迷。旅游消费者完全沉溺在其中，积极地参与那些不会发生在他们日常生活中的事情。希望获得梦幻般体验的旅游消费者不再满足于晒太阳度假，而是投身于山地赛车、峡谷漂流、攀岩、乘筏冲浪、驾独木舟、特技飞行、远航、划旱船、极地耐寒等极限运动，或尝试扎营远足、追逐飓风、热气球飞行、观察鲸鱼、捕捉海雀、骑牛、乘破冰船、乘雪橇等新奇的活动。有些旅游消费者则在传统的博彩项目中一试身手。鉴于赌博的危害性，世界上许多国家和地区都禁赌，这使得每年前往大西洋城、拉斯维加斯、澳门等合法赌场的游客数不胜数。在这些装潢豪华、服务细致、赌博项目繁多的赌场中，游客可以忘掉他们生活中的烦恼和竞争压力，体验为更美好的生活进行一搏的感受，但他们也可能会为此付出巨大的代价。还有一些旅游消费者甚至愿意耗资3 500万美金上太空潇洒走一回，圆儿时摘星的梦想。

诚然，更多的旅游消费者希望花较少的金钱，冒较小的风险来实现梦想，逃避不完美的现实生活。因此，不少旅游企业用模拟的方式，为消费者提供梦幻般的体验。比如，美国加利福尼亚州的荒野体验公园利用人造树林和电影特技技术，让游客从动物的视角来观看这个世界，感受各种动态的视觉冲击，如向前或向后游动、在山路上颠簸、战栗、倾斜、旋转等。迪斯尼根据电影星球大战开发了"星球之旅"游戏，让游客体验银河系中英雄式的争霸战和翱翔宇宙的美妙感觉。

旅游消费者在这些活动中的体验更多地源自情感，而不是理智。在消费过程中，他们并不在意这些模拟活动是否与事实相符，而是在意亲历的体验是否符合他们的想象，能否让他们沉浸于其中。比如，旅游消费者在参观杜莎夫人蜡像馆时获得的满足感不是由于蜡像的逼真，而是源于他们对蜡像所代表的人的回忆、感觉和感情。旅游消费者想在蜡像周围走动，触摸蜡像，假装和蜡像代表的人进行交流，并通过和蜡像合影来假装同蜡像所代表的人在一起。

综上所述，旅游消费者通过感受获得娱乐体验，通过亲临现场获取审美体验，通过积极地学习和吸收信息获得有教育意义的体验，通过亲自把梦想付诸实践获得幻想般的体验。虽然令人难忘的消费体验主要集中于以上概括的某一个领域，但融合了多种元素的体验，比如寓教于娱、将审美和娱乐合而为一、在体验梦幻感觉的同时吸收新知识等，更让旅游消费者动心。

（二）给旅游者留下难忘体验的方法

旅游企业作为体验策划者，应如何给旅游者带来难忘的消费体验呢？

首先，重视对旅游消费者的感官刺激，并使总体印象达到和谐。现有的研究表明，消费体验越充满感觉（味觉、视觉、听觉、嗅觉、触觉等）就越值得回味。旅游服务项目对消费者的感官刺激越能支持和加强旅游服务的主题，该项目就越可能给旅游消费者留下难忘的印象。比如，热带雨林餐厅（Rainforest Cafe）让游客在进入餐厅时就听见哗哗哗的声音，然后看见雾气从岩石上升起，感受雾掠过皮肤时带来的丝丝凉意，游客还可以闻到空气中弥漫着热带雨林特有的清新气味。这一景象迷倒了无数游客，让他们把到该餐厅就餐的体验深深印在脑海里。

其次，使旅游消费者的体验丰富化。大多数难忘的体验不单纯是娱乐、教育、审美或梦幻体验，而是这些方面的混合体。旅游企业将多种体验要素融合到服务中去，有助于提高消费者体验的真实性，满足消费者对体验丰富性的追求。英国航空公司在20世纪末赢得了消费者良好的口碑，因为它不仅把乘客从A地送到B地，还在客运服务基础上为乘客带来了审美和娱乐体验，帮助乘客舒缓长途旅行中的紧张和忧虑。乘务员随叫随到，确保乘客得到美味的食品和舒适洁净的环境，并尽力通过与乘客的交流使乘客产生愉快的心情。乘客受到无微不至的照顾，就能充分感受飞行之美：随着飞机直冲云霄，摆脱日常生活的束缚，体会在空中飞翔的自在感，观赏翻滚的云海，鸟瞰宽广的大地、渺小的城镇、河流和田野。除了审美体验外，乘客还可娱乐一番。航班上的空中娱乐系统使乘客能在飞行途中观看电影，以增添旅途的情趣，活跃旅行气氛，消除烦闷和焦躁不安的感觉。

再次，增强旅游消费者对消费过程的控制感。根据社会心理学家的观点，增强消费者的控制感，可激活他们的消费体验，提高他们的满意程度。我们将在下文详细讨论这一问题。

最后，旅游企业应尽力消除可能破坏旅游者消费体验的因素。

无论旅游企业能为消费者提供何种体验，消费者都不喜欢等待。等待时的经历极大地影响他们的满意程度。在消费者眼中，服务前等待时间比服务中等待时间过得慢，无法预计的等待时间比事先知道的等待时间过得慢，不明原因的等待时间比可以理解的等待时间过得慢，不公平的等待时间比公平合理的等待时间过得慢。无事可做的消费者会产生厌烦和焦虑感，这将破坏整体消费体验。因此，旅游企业应从提高服务效率、为等待服务的消费者安排有趣的消遣活动、提供舒适的等待环境、保障服务公平性等方面着手，缩短消费者感觉中的等待时间，消除等待服务对消费体验的负面影响。比如，在热带雨林餐厅，店主会站在一个专用的台上对排队等待进餐的客人们宣布："史密斯那伙的，你们的历险马上开始啦！"如果宣布三次后史密斯家庭仍没有出现，店主就会告知其他客人："史密斯一家掉队不知下落，只好丢下他们。"这种幽默的方法把客人们等待服务的沮丧心情一扫而空。

过度的服务，尤其是把各项服务随意拼凑在一起，也会破坏消费体验。因此，一些宾馆通过精心设计服务操作体系，尽量避免服务人员与客人过度亲密。客人在入住和结账时无须直接与服务人员接触，也不会遇到索要小费的门童和赖在客房看电视的服务员。服务人员各司其职，让客人感觉像在家里一样自在。

此外，一些很细小的因素也能损害体验。我国不少景区让身着古装的服务人员手持麦克风，像现代人一样与游客交谈，这样做无疑会削弱体验的强度。

二、宾客在消费过程中的控制感

个体的控制感，是心理学家极为重视的一个概念。他们认为，在现代社会中，推动人们行为活动的主要动力就来源于对情境控制的需要。宾客在消费过程中的一些行为也可以用个人控制概念来解释。

（一）控制感

控制感，是指人们觉得自己有能力操控周围的环境。美国心理学家艾弗里尔（J. R. Averill）认为，控制有三种形式：行为控制、认识控制和决策控制。行为控制，是指人们通过自身的行为，影响某些引起痛苦或愉悦的刺激物，从而改变即将发生的某一事件的客观属性。认识控制，指人们获取信息，分析其周围环境，预见要害事件并对事件进行评估。决策控制，指人们改变自身的目标。在特别紧张的情况下，即使人们无法对令人厌恶的刺激物进行行为控制，人们改变自己的目的，仍然可能产生控制感。例如，在一个拥挤的购物中心，旅游消费者决定减少拟购纪念品的种类，避免令人不快的经历。三种形式的控制经常相互影响。

（二）控制感与旅游消费者

宾客的消费过程，就是旅游企业和服务人员为宾客提供服务的过程。在消费过程中，消费者必须放弃某些控制，服从服务人员和企业的服务操作程序。实际上，消费者是用金钱和控制权换取企业给予他们的消费利益。但是，消费者并不愿失去全部的控制权。不少研究结果表明：控制程度是消费者评估服务质量时考虑的一个重要因素，对消费者的满意程度也会产生重大影响。消费者不仅希望控制服务工作的起止时间，而且希望控制服务过程和服务结果。在消费过程中，消费者感觉到的控制地位越高，他们对服务的满意度也就越高。因此，控制感可以被视为了解消费者服务体验的重要线索。

消费者能否控制服务过程，是由买卖双方的权力大小决定的。因此，权力实质上是潜在的控制权。消费者的权力主要来源于以下三个方面：① 消费者有权决定是否应购买某个旅游企业的产品和服务。② 消费者有权选购竞争对手企业的服务。不满的消费者不仅有权不再购买劣质服务，还可以通过口头宣传，或向消费者协会和新闻机构揭露劣质服务，影响其他消费者的购买行为。③ 如果劣质服务造成消费者人身伤亡和财产损失，消费者有权通过法律程序，要求旅游企业赔偿。

然而，消费者并不总是拥有上述权力。比如，在供不应求的市场环境中，特别是当地只有一个旅游企业提供某类服务时，消费者不得不向旅游企业或服务人员作出妥协。有时，消费者在付款后，无法改变双方商定的购买条件，如购买优惠机票的乘客不可退票、不可改变航班，消费者的权力就比旅游企业和服务人员小得多。此外，如果消费者对服务质量要求很高，而旅游企业能够为消费者提供优质的服务，此时，消费者往往愿意作出一定的妥协。在这些情况下，在旅游者消费过程中占支配地位的是旅游企业或服务人员。

如果旅游企业在服务过程中占支配地位，企业会制定服务操作程序和规则，控制消费者和服务人员的行为，以便提高经营效率。有时，这些程序和规则还是确保安全的重要措施，如出入境证件和行李检查。但对消费者而言，这些规则和程序却是令人不愉快的繁文缛节，它们让消费者感到一种推诿拖拉的官僚作风。对服务人员来讲，这些规则和程序同样让他们感到压抑。他们没有工作自主权，即使他们知道消费者会很不愉快，他们也必须按照服务操作程序完成服务工作，而无法向消费者解释为什么不能按消费者的要求来提供服务。

如果服务人员在服务过程中占支配地位，则可能出现这样的情形：服务人员按自己的意愿提供服务，消费者对服务过程没有控制感，只好"愤恨"地听从服务人员发号施令。例如，距离目的地还有3个小时车程，卧铺列车员要求乘客们离开床位，以便他在火车到站前就能完成打扫工作。餐厅服务员以专家自居，引导顾客点厨房容易供应的菜肴。导游员把游客带到购物点，如果游客不购买"纪念品"，就不给好脸色看。由服务人员控制面对面服务，对企业的后台和服务操作程序也会带来很大压力。每位服务员都自行其是，后台必须处理由此引起的混乱。

那么，让消费者对服务过程拥有高度的控制权，是否就能确保他们获得优质服务呢？消费者觉得自己能够控制整个服务过程和服务结果，将有助于提高他们对服务的满意程度。但前提是旅游企业必须配备较多的服务人员和资源，以便及时满足消费者可能提出的各种要求。这必然会降低旅游企业的工作效率，除非消费者愿意为个性化服务多付款。在消费者拥有高度行为控制权的服务中，服务人员几乎没有控制感，只能按照消费者的要求行事。然而，完美的服务过程犹如一曲双人舞，需要消费者与服务人员相互尊重、相互配合。现有研究结果表明，服务人员要承受来自消费者的形式各异的压力，还会受到服务结果不确定性的影响。如果服务人员失去控制感，就会认为自己低人一等，产生角色卑贱感，其责任感也会降低。这样的服务人员难以提供优质的服务。

综上所述，消费者是控制的追求者。如果消费者对服务过程缺乏控制，将会破坏消费体验，导致消费者不满。消费者、服务人员和旅游企业三方对控制的需要会引起相互之间的潜在冲突（图3-7）。三方必须相互配合才能带来优质的服务和美好的体验，任何一方有过多的权力或滥用自己的权力，都可能出现消极的结果。所以，理想的服务应该尽可能使消费者对控制的需要与服务人员对控制的需要和企业对运营效率的要求达到平衡。

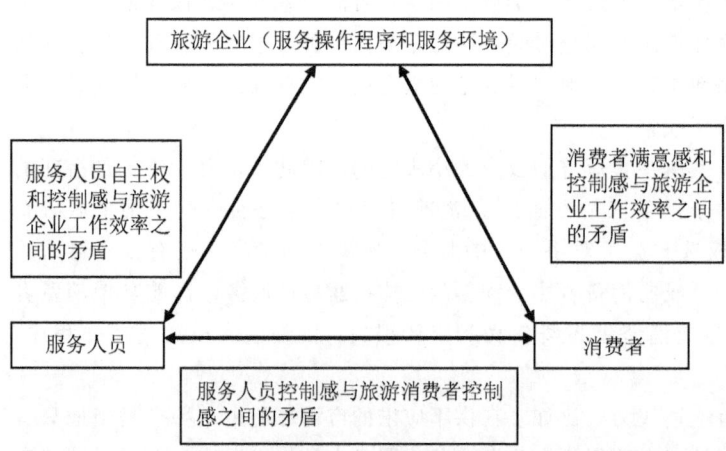

图3-7　服务过程中各方在行为控制方面的潜在冲突

(三) 满足消费者对控制的需要

为了提高消费者的满意程度，旅游企业要在兼顾经营效率和服务人员的控制感的同时，满足消费者对控制的需要。然而，如果仅从行为控制的角度出发，我们不可能协调好消费者、服务人员和企业三方的目标，因为消费者和服务人员对行为控制的需要难以达成一致。我们可以从认知控制和决策控制着手，给予消费者更多真实控制权和表面控制权，探讨兼顾三方需要的折中方案。

根据服务剧本理论，服务活动参与者的记忆中有许多不同的服务剧本，他们会根据已掌握的信息，预想自己在特定服务过程中的行为方式以及他人的互补性行为方式。旅游企业可以通过信息沟通，使消费者和服务人员都了解各自的角色，以便预见服务过程。服务过程的可预见性使消费者产生认知上的控制感，虽然他们对正在发生的事情没有多少直接控制，但他们的感觉与行为控制是一样的。相反，如果消费者不知道下一步将发生什么事情，他们就会因缺乏信息而产生焦虑和不满。例如，在登机时间之前到达机场的旅客，即使要等待很长一段时间也会耐心等待。但是，如果机场在约定时间过后仍未通知登机，在不知道要等多久的情况下，即使旅客只等了很短的一段时间，也会觉得时间过得很慢，因为他们感到事情"失去了控制"。如果机场一再要求旅客再等几分钟，而不对推迟登机做任何解释，旅客就会更加不耐烦。反之，服务人员向旅客讲明还需等待多少时间，并解释推迟起飞的原因，如安全检查工作尚未结束等，至少可使旅客了解情况，争取旅客的谅解。

另一种方法是，考虑感觉中的控制与实际控制之间的关系。旅游企业可采取各种措施，增强消费者的控制感。例如，旅行社提供不同的旅游路线，供旅客选择，可使他们觉得自己有决策控制权；旅馆提供客房供膳服务和"请勿打扰"牌，可使旅客觉得他们能控制服务人员的行为；机场使用电视屏幕，显示民航客机起飞时间和登机处，可使乘客产生认识控制感。这些措施都能增强消费者控制感。

此外，旅游企业还可以分析本企业能否分解服务组成成分，各个组成成分如何影响消费者的控制感，以便通过服务设计工作提高消费者感觉中的控制感。莱格特（E. Langeard）、贝特逊（John E. G. Bateson）、洛伍劳克（C. H. Lovelock）等营销学家发现，与传统服务方式相比较，自我服务方式能给予消费者更强的控制感。企业可以尝试在某些服务环节采用消费者自我服务的方式，来兼顾消费者对控制的需要与企业经营效率。诚然，这一做法的前提是消费者愿意并能够成为企业的"合作生产者"。

三、宾客的消费价值观

（一）消费价值的含义

比特纳（Bitner）和隋塞莫尔认为，不同的消费者对消费价值的理解不同，评估消费价值的标准也不同。一般来说，对消费价值的理解主要有以下四种：

（1）价值指价格低廉。有的消费者把价值等同于低价格，认为价格越低，价值越大。他们在衡量某项旅游服务的价值时主要考虑他们为获得此项服务所付出的货币。我国一些欠缺旅游消费经验的旅游者持这种看法，即使他们实际上只能赶鸭子式地走马观花一番，他们仍因"便宜"而感到"划算"。

（2）价值指消费者从服务中获得的全部利益。与低廉价格相比，有的消费者更重视他们从该产品或服务中所得到的利益。这一部分消费者重视他们需要的产品或服务的质量以及特点。例如，商务旅游者非常重视饭店的便利程度，他们愿意为饭店服务的便利性支付较高的价格。

（3）有的消费者认为价值是他们支付的货币和获得的质量之比。

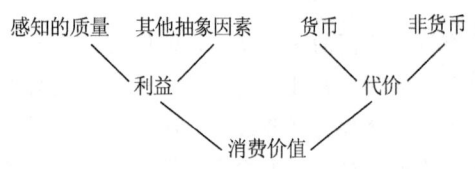

图 3-8 利益、代价和消费价值之间的关系

（4）消费价值指消费者付出的代价与获得的利益之比。这一观点是对第三种观点的补充和发展。隋塞莫尔认为，消费者对自己从产品和服务中获得的利益与自己付出的代价进行比较之后，会形成他们对消费价值的看法（图3-8）。在大多数消费者眼中，消费价值包含以下两个方面：

第一，利益（消费效果）。消费者主要根据他们在整个消费期间体验到的质量来评估他们获得的利益。许多旅游企业都会自行界定质量管理目标，比如一些饭店宣称"我们的服务是最好的"或"我们的大堂是世界上最高的大堂"。但如果消费者被大堂的吵闹声所打扰，该大堂的实际质量就会被消费者感知的质量所否定。菜单上小得无法辨认的字体、需要长时间等候的电梯、态度恶劣的前台接待员，这些因素能立即将一种"公平"的实际价格变成"不公平"的感知价格。

除质量外，与旅游服务或消费者相关的其他高层次的抽象因素也会影响消费者感觉到的价值。对餐厅顾客来说，除了餐厅的建筑和陈设、食品的色香味、服务人员的服务技能、服务及时性等质量属性外，就餐产生的幸福感、餐厅的社交气氛以及就餐所显露的地位和消费能力也是消费利益的一部分。

第二，消费者为享用旅游服务而付出的代价。这里的代价包括消费者支付的货币，他们为消费服务而付出的时间、情感、精力等非货币代价以及消费者为取得某项服务而放弃的其他利益。在现实生活中，许多消费者并不留意，不了解也不记得某项服务的实际价格，而是以他们认为有意义的方式来看待价格。换言之，他们更多考虑的是他们感觉到的货币价格。

消费者感知的消费价值，是利益水平和代价水平共同作用的结果。在消费活动中，消费者希望物有所值。换言之，利益至少与代价相等。如果消费者认为自己的投入得到了相应的回报，就会觉得这些投入是值得的。因此，服务公平性对消费者感知的消费价值有显著影响。

综上所述，旅游消费价值实质是消费者比较自己的所得与所失之后对某项旅游产品和服务的效用作出的整体评估。一般来说，旅游消费者会根据其感觉到的价值来制定购买决策，并在实际消费过程重新权衡其消费价值，而不会只追求最低的价格。根据潘拉索拉曼的观点，消费价值是一个动态概念。消费者期望从产品和服务中得到的价值不仅因人而异，而且会因时而异。随着时间变化，消费者在评判消费价值中所采用的评价标准以及具体标准所占权重会发生变化。消费者与企业之间的关系越密切，他们评价消费价值的标准就会越全面、越抽象，并越侧重于服务的结果。

(二) 创造消费价值的策略

在过去 20 年中，旅游营销学者对消费者感知的服务质量、消费价值、满意程度及购买行为之间的相互关系进行了大量的研究。他们在以下三个方面已达成共识：① 消费者感知的服务质量会直接影响他们感知的消费价值；② 消费者感知的消费价值会直接影响他们今后的购买行为；③ 消费者感知的消费价值不仅会直接影响他们的购买行为，而且会通过他们的满意感间接影响今后的购买行为。因此，旅游企业致力于从整体上提高消费者感知的消费价值，有效地争取潜在消费者，并促使他们一再消费本企业的产品和服务，或为企业进行正面的口头宣传。

根据上述对消费价值含义的分析，旅游企业可以从为消费者提供更多利益和减少消费者付出的代价两个方面着手增加消费价值，使旅游者实现其消费目的。

1. 针对旅游消费者需要解决的问题，提高旅游产品和服务整体组合的质量，为消费者提供所需的核心利益和附加利益

为消费者提供更多利益的关键是提供优质服务，提供优质服务的关键是使服务能够帮助消费者解决他们面临的问题，而不是盲目地把高档高价服务与优质服务等同起来。一家豪华宾馆接待大型会议团体。管理人员根据自己的主观想象，决定配备大批服务人员，在会议休息时间为会议代表提供最优质的饮料。但是，会议代表对宾馆服务并不满意。原来，会议代表在休息时间最主要的需要是打电话和上厕所，而该宾馆会议厅附近却没有厕所和足够的电话，根本无法满足会议代表的需要。可见，消费者只是想获得他们所需要的服务。管理人员应该针对消费者的需要，明确本企业能为消费者提供哪些核心利益和附加利益，找到为消费者提供优质服务的正确方法。

为了提供优质的核心服务，旅游企业要把全体员工培育为具备服务导向意识的"艺术表演家"，通过他们将看似平常的基本服务演绎得让消费者难以忘怀。比如，美国丽兹—卡尔顿酒店（Ritz-Carlton Hotel）的员工就自诩为"我们是在舞台上表演的演员"，"我们是淑女与绅士，为淑女与绅士服务"。这种服务意识让该酒店获得了美国国家质量奖。此外，企业还要对服务程序进行调整，使之为消费者带来更美好的体验。例如，白天鹅宾馆要求服务员在住店顾客外出时对客房及时进行小整理，使顾客返回客房时有焕然一新的感觉，这种做法大大增加了饭店的服务价值。旅游企业在帮助消费者解决用餐、开会、过夜等基本问题的过程中，让消费者在情绪、体力、智力与精神上产生美好的感觉，往往就能增加旅游消费者获得的核心利益。

在强调核心服务质量的同时，管理人员还应决定本企业应为消费者提供哪些额外的产品和服务，给予消费者额外的利益。例如，旅馆往往为旅客提供客房供膳服务、订房服务、翻译服务、代购机票服务、私人管家服务、免费报刊等额外服务。如果旅游企业能为消费者提供竞争对手无法提供的附加利益，这个企业就能取得竞争优势。但是，旅游企业必须注意，并不是罗列出种类繁多的服务项目，就能提高消费价值。因为不是所有的消费者都认为这些附加服务有价值，如果消费者要在一大堆附加服务中作出漫长而费力的选择，他们感知的消费价值反而会下降。

除了提供优质的核心服务和消费者所需的附加服务外，旅游企业还要设法满足消费者抽象的社会心理需要。比如，旅游企业可以通过与著名的节事、机构、人物建立联系，提高企业的品牌形象价值，为消费者购买本企业的服务提供信心，让他们感到在本企业消费是一件令人自豪的事。如使饭店成为颁发影视奖项的场所，成为 APEC 首脑会议的地点，成为国际名人的长

包房，这一切都有助于提升消费者光顾本饭店所获得的利益。

2. 设法减少旅游消费者付出的代价和损失

（1）减少旅游消费者的货币支出，并使价格公平合理。做到这一点的关键是旅游企业要合理地降低成本从而降低价格。如，一些低星级饭店的衣橱省去了衣橱门，这样既节约家具成本，又节约客房空间，还节约了在衣橱内使用射灯的能耗。又如，中餐筷子的摆台不用纸套，也可以节约许多费用。旅游企业还可以取消顾客不重视的个性化服务项目，或通过内部成本管理，降低成本费用。如，上海花园饭店曾经建议员工在一楼与四楼间上下，不要乘员工电梯。

（2）提高服务效率，缩短旅游消费者等待服务的时间。比如，事先准备好入住旅客的登记表，旅客进店后只需要审核一下登记表并在上面签字就可以入住客房了。又如，在餐厅客人入座后及时提供冷菜，这样客人就可以一边用冷菜一边等待上热菜，防止客人由于长时间等待而产生的烦躁情绪。

（3）减少旅游消费者的精力支出。当旅游消费者不得不重复完成同一任务或一再提供相同的信息时，就蒙受了损失。这些不得不去完成的事情浪费了消费者的精力，使他们的整体体验有所降低。丽兹—卡尔顿酒店为了避免在客人每次入住时都向他们提出相同的问题，而设计了一个"隐形"地了解客人需求的方法，即通过员工对客人的观察了解客人的个人偏好，是否对枕头敏感、是否爱好现代爵士音乐、饮用百事可乐还是可口可乐，等等。丽兹—卡尔顿酒店将这些信息存入数据库，这样就消除了在提供后续服务时对客人所造成的困扰。经常入住丽兹—卡尔顿酒店的客人无需多做解释，就能获得他所需要的产品和服务。

（4）减少消费者的心理支出。由于旅游企业所提供的是不可触摸的"高风险产品"，直到服务结束前，消费者都要承受较大的心理压力。旅游企业提供产品和服务的质量保证，可以在一定程度上减少消费者的风险感知。例如，洲际酒店集团向全世界的旅行社和会议组织者提供质量保证，承诺对消费者不满意部分重新服务或退款。这一做法能促使消费者在服务过程中信赖企业，获得更好的消费效果。

综上所述，消费者购买的不是产品和服务的各种属性和特色，而是产品和服务所能给予他们的利益和消费价值。在旅游消费者的整个消费过程中，企业不仅要满足他们的期望，还要努力减少他们的损失，给他们带来愉悦的体验，才能提高产品和服务对消费者的吸引力与消费者愿意支付的价格水平，从整体上提高他们感觉中的消费价值。

项目小结

——核心概念

饭店宾客、消费行为、购买决策、扩展型决策、有限型决策、名义型决策、风险知觉、购买后失调、消费体验、控制感、消费价值。

——重要提示

饭店最关心的是宾客的消费行为及购买行为。宾客的心理与行为具有密切的相关性。任何行为都有心理基础，心理是行为的基本原因。反之，行为，尤其是行为的结果，又会对心理产生影响。本项目通过介绍饭店宾客的心理与其消费行为的关系，力图使学生对影响消费及购买行为的因素有一个整体的把握，并使学生初步了解顾客消费过程中心理活动的发展过程。

综合能力训练

◆◆◆◆◆◆◆◆◆◆◆◆◆◆ 基本训练 ◆◆◆◆◆◆◆◆◆◆◆◆◆◆

一、复习与思考

1. 什么叫饭店宾客？饭店宾客可以分为哪些类型？
2. 什么叫消费行为？饭店宾客外显的消费行为由哪些环节构成？
3. 什么叫购买决策？饭店宾客的购买决策可以分为哪些类型？它们各自的特点是什么？
4. 简述饭店宾客购买决策过程的构成及各环节的影响因素。
5. 影响饭店宾客消费决策的主要因素有哪些？
6. 什么叫消费体验？消费体验可以分为哪些类型？如何给饭店宾客留下难忘的愉快体验？
7. 什么叫控制感？满足宾客的控制感有什么意义？如何满足宾客的控制感？
8. 什么叫消费价值？如何消费价值？

二、案例分析

看不见服务人员的酒店

看得见的服务是身边永远有人笑脸相迎。许多东南亚的酒店在这方面做得很好，从进门时的清凉饮料和香水毛巾到每一次擦身而过时的谦卑微笑，都让旅客感受到无微不至的关怀和呵护。但一些欧美酒店却别树一帜，用"看不见的服务"给旅客留下深刻的印象。它们精心设计服务系统，根据旅客预订时填写的资料，预先设定好旅客可能需要的一切，尽量让旅客不用找人来解决问题。

这次在W酒店住了几天之后，我按照朋友的推荐，搬到了位于西雅图贝尔镇（Bell Town）的佼佼者酒店（Ace Hotel）。这家只有28个房间的小酒店其貌不扬，以至于当我从出租车上下来后，张望了半天才发现它那30厘米×50厘米的招牌。这家酒店定位为"城市流浪汉"（Urban Nomad），距离城市中心市场只有几个街区，酒店附近有不少品位不错的餐厅、咖啡厅、画廊和商店，地理位置便利。酒店占据了一栋有年头的红砖建筑的一部分，该建筑依山而建，一头临街，一头望海。房间简单到不能再简单。在我预订的标准间里只有一铺床、一张桌子、一张椅子、一个柜子、一面镜子和一个洗涤槽。客房里没有床头灯，没有电视柜，没有小酒柜，没有行李架，没有衣柜。一句话，没有最基本需要之外的任何东西。如果不是大多数人不习惯，我想主人会毫不犹豫地把床都撤掉。除个别房间有洗手间和淋浴间外，旅客要到酒店走廊的另一侧共用洗手间和淋浴间。尽管设施如此简单，但并不简陋，细节之处还透露出设计者的心思：Modernica出产的玻璃纤维摇椅，枕边还放了一本迷你书。视觉上的简单利落，使房间看上去不仅不像监牢或者学生宿舍，反而显出一种傲视一切的自信。

真正让我着迷的地方，也是这家酒店最酷的地方在于，你在这里看不到别人。除了入住时我和前台工作人员见过一面（或许这还是我提前电话通知了到达时间的缘故），此后我没有见过任何人。入住手续极其简单，出示信用卡——在一个电子写字板上签名——拿钥匙，在我办完手续后两分钟，她也消失了。当我要结账离店的时候，我见前台无人就回房间取行李，再出来路

过前台时就发现我的账单奇迹般地出现在柜台！

对于一个来自人口密集都市的人，这一切还真是让人有些不习惯。不过，这种不习惯除了令人暗自称奇，更令人充满惊喜。不会有人和你同时使用洗手间或淋浴间，你可以穿着浴袍四处晃悠。有时你听到走廊里头有人喃喃低语，打开房门还是见不到人——这简直要赋予这次住宿体验一些哲学意味了：存在、空间、自我……

不同的住宿体验丰富了旅行的回忆。不论是看得见的服务，还是看不见的服务，只要让人感受到惊喜，便已足够。

问题：

请分析看不见人的酒店服务为何能给该旅游者留下深刻的消费体验？

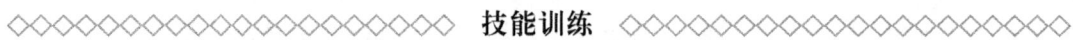

技能训练

在互联网上查找电视剧"Lie to Me"（《别对我说谎》，蒂姆·罗斯主演），学习其中对人的微表情分析技巧，并在自己的日常生活中尝试运用。

拓展学习

消费者购买决策的模式和理论

国内外许多的学者、专家对消费者购买决策模式进行了大量的研究，并且提出一些具有代表性的典型模式。

1. K.勒温模型

K.勒温在大量实验研究基础上提出的人类行为模型：

$$B=f(P, E)$$

勒温的模型表明，人类的行为是个人与环境相互作用的结果。同时，该模型还进一步阐明，人类的行为方式、指向和强度主要受两大因素的影响和制约，即个人的内在因素和外部环境因素。其中，个人内在因素包括生理因素和心理因素两类基本因素，而外部因素又包括自然环境和社会文化环境两类因素。这一观点为20世纪60年代以后的消费者心理与行为模型的研究奠定了坚实的基础。

2. 消费者购买决策的一般模式

人类行为的一般模式是 S-O-R（S-Stimulus 刺激，O-Organism 有机体，R-Response 反应）模式，即"刺激—个体生理、心理—反应"。该模式表明消费者的购买行为是由刺激所引起的，这种刺激即来自消费者身体内部的生理、心理因素和外部的环境。消费者在各种因素的刺激下，产生动机，在动机的驱使下，作出购买商品的决策，实施购买行为，购后还会对购买的商品及其相关渠道和厂家作出评价，这样就完成了一次完整的购买决策过程。

3. A.班杜拉的人类行为交互作用模型（图3-9）

20世纪60年代以后，心理学家班杜拉在勒温模型研究的基础上，提出人的行为是三元（三向）交互作用形成理论。

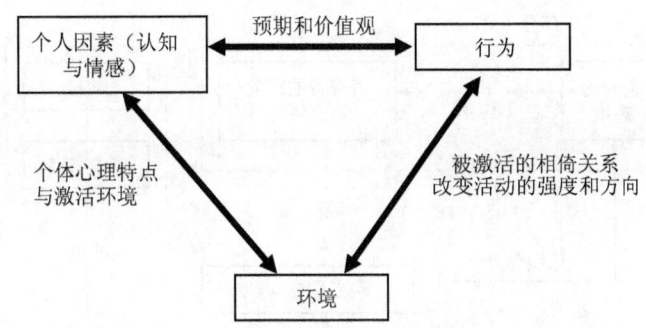

图 3-9 班杜拉行为三元交互作用理论示意图

班杜拉的人的行为交互作用模式说明：行为既不是单由内部因素决定的，也不是由外部刺激所控制的，而是由个人的行为、个人的认知、情感等内部因素与环境交互作用所决定的。

这里消费者的感知（情感）与认知是指对外部环境的事物与刺激可能在人心理上产生的反应。感知反应偏向于情感方面；认知则涉及思考和知识结构。消费者行为是指外在行为即可以直接观察到的消费者活动。环境包括各种自然的、社会的以及人与人之间交互产生的氛围，这些都对人的行为有影响。

营销策略则将营销刺激因素置于消费者的环境中，从而影响他们的感知、认知和行为。并非每个消费者都会被某个营销策略影响，因此商家要根据消费者的不同类型将市场划分才会适销对路。

4. 科特勒行为选择模型（图 3-10）

菲利普·科特勒提出一个强调社会两方面的消费行为的简单模式。

该模式说明消费者购买行为的反应不仅要受到营销的影响，还要受到外部因素影响。而不同特征的消费者会产生不同的心理活动的过程，通过消费者的决策过程，导致了一定的购买决定，最终形成了消费者对产品、品牌、经销商、购买时机、购买数量的选择。

营销刺激	外部刺激	消费者特征	消费者决策	消费者的反映
产品 价格 地点 促销	经济 技术 政治 文化	文化 社会 个人 心理	问题认识 信息收集 评估决策 购买行为	产品的选择 品牌的选择 购买时机 购买数量

图 3-10 科特勒的行为选择模式示意图

5. 尼科西亚模式（图 3-11）

尼科西亚在 1966 年在《消费者决策程序》一书中提出这一决策模式。

该模式有四大部分组成：第一部分，从信息源到消费者态度，包括企业和消费者两方面的态度；第二部分，消费者对商品进行调查和评价，并且形成购买动机的输出；第三部分，消费者采取有效的决策行为；第四部分，消费者购买行动的结果被大脑记忆、贮存起来，供消费者以后的购买参考或反馈给企业。

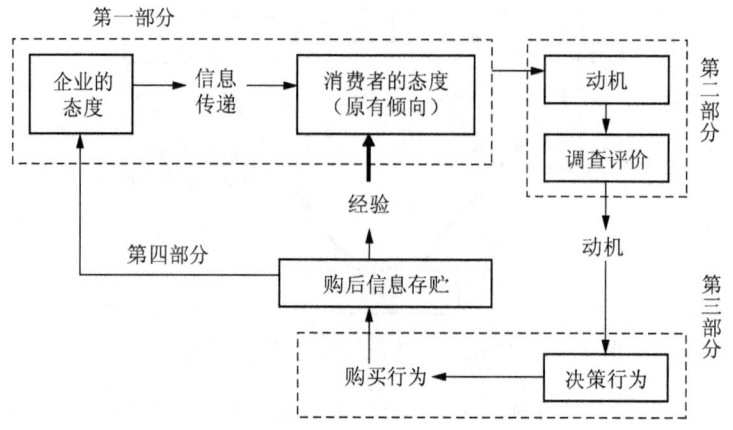

图 3-11 尼科西亚模式示意图

6. 恩格尔模式（图 3-12）

该模式又称 EBK 模式，是由恩格尔、科特拉和克莱布威尔在 1968 年提出的。其重点是从购买决策过程去分析。整个模式分为四部分：① 中枢控制系统，即消费者的心理活动过程；② 信息加工；③ 决策过程；④ 环境。

恩格尔模式认为，外界信息在有形和无形因素的作用下，输入中枢控制系统，即对大脑引起、发现、注意、理解、记忆与大脑存储的个人经验、评价标准、态度、个性等进行过滤加工，构成了信息处理程序，并在内心进行研究评估选择，对外部探索即选择评估，产生了决策方案。在整个决策研究评估选择过程，同样要受到环境因素，如收入、文化、家庭、社会阶层

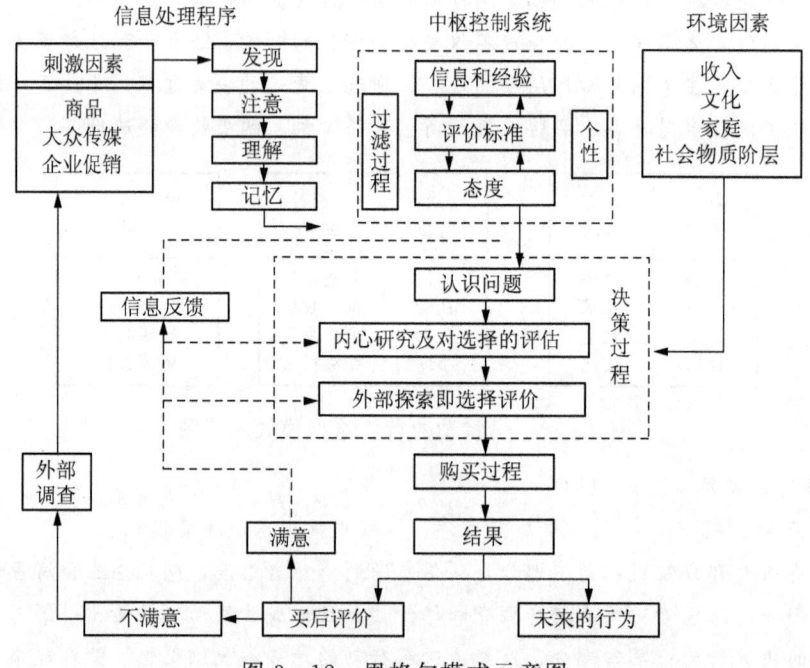

图 3-12 恩格尔模式示意图

等影响。最后产生购买过程，并对购买的商品进行消费体验，得出满意与否的结论。此结论通过反馈又进入了中枢控制系统，形成信息与经验，影响未来的购买行为。

7. 霍华德—谢思模式（图3-13）

该模式是由霍华德与谢思合作于20世纪60年代末在《购买行为理论》一书中提出的。其重点是把消费者购买行为从四大因素去考虑。① 刺激或投入因素（输入变量）；② 外在因素；③ 内在因素（内在过程）；④ 反映或者产出因素。

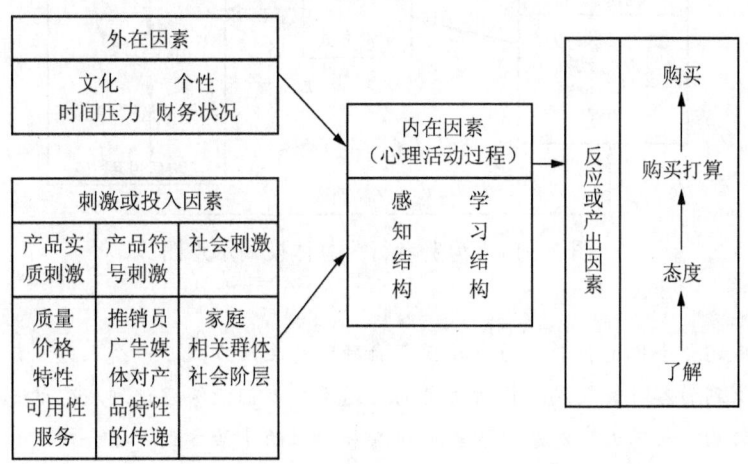

图3-13 霍得华—谢思模式示意图

霍华德—谢思模式认为投入因素和外在因素是购买的刺激物，它通过唤起和形成动机，提供各种选择方案信息，影响购买者的心理活动（内在因素）。消费者受刺激物和以往购买经验的影响，开始接受信息并产生各种动机，对可选择产品产生一系列反应，形成一系列购买决策的中介因素，如选择评价标准、意向等，在动机、购买方案和中介因素的相互作用下，便产生某种倾向和态度。这种倾向或者态度又与其他因素，如购买行为的限制因素结合后，便产生购买结果。购买结果形成的感受信息也会反馈给消费者，影响消费者的心理和下一次的购买行为。

8. D.I.霍金斯的消费者决策过程总体模式（图3-14）

美国消费心理与行为学家D.I.霍金斯在他的《消费者行为学》一书中提出了这个关于消费者心理和行为与营销策略的总体模式，它为我们描述消费者特点提供了一个基本结构与过程或概念性模式，也反映了今天人们对消费者心理与行为性质的信念和认识。

该模式认为，消费者在内外因素影响下形成自我概念（形象）和生活方式，然后消费者的自我概念和生活方式导致一致的需要与欲望产生，这些需要与欲望大部分要求以消费行为（获得产品）的满足与体验。同时这些也会影响今后的消费心理与行为，特别是对自我概念和生活方式的调节与变化作用。

关于自我概念和生活方式是近来消费心理研究的热点。一般认为，消费者在内外因素影响下首先形成自我概念或自我形象。其后自我概念又将通过生活方式反映出来。实际上，自我概念是个体关于自身的所有想法和情感的综合体。生活方式则是你如何生活。后者涉及你所使用的产品，你如何使用这些产品以及你对这些产品的评价和感觉。记住：生活方式是自

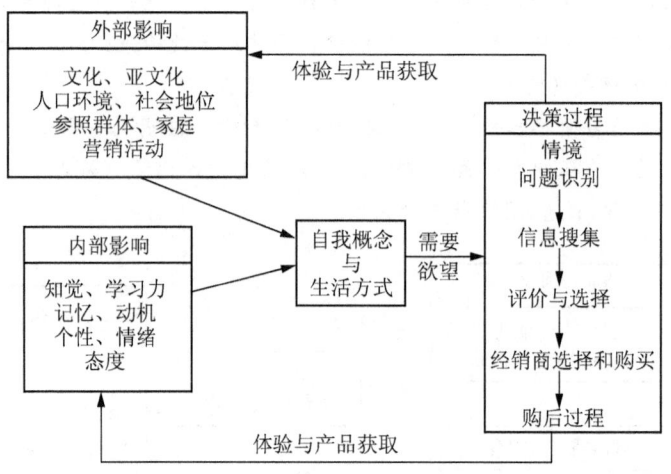

图 3-14　消费者行为总体模式示意图

我概念的折射。

无论是家庭还是个体消费者，均呈现出各自独特的生活方式。一个人的生活方式是由意识到的和没有意识到的各种决策或选择所决定的。通常，我们能够意识到我们的选择对自己生活方式所产生的影响，而不太可能意识到我们现在和欲求的生活方式，也会对我们所做的消费决策产生影响。

然而这并不意味着消费者依其生活方式而思考。在做与我们生活方式相一致的决策时，可能根本就没有考虑生活方式。大多数消费者决策，从消费者方面看，很少涉及深思熟虑的思考。这可能就是人们常说，消费者日常消费决策大多是低参与或低卷入决策的缘由吧。

9. "消费者卷入"理论

"消费者卷入"理论是20世纪60年代消费者心理学家提出的一个重要理论，它是指消费者主观上感受客观商品、商品消费过程以及商品消费环境等与自我的相关性。主观上对于这些因素的感受越深，表示对该商品的消费卷入程度越高，称为消费者的"高卷入"，该商品则为"高卷入商品"，反之则称为消费者的"低卷入"或"低卷入商品"。

比如购买一辆"小汽车"与购买一包"方便面"的决策。前者需要消费者对商品的性能、质量、价格、消费环境、使用技能等等方面进行很高程度的关注，购买决策过程比较复杂，属于高卷入商品；而消费者对后者一般不需要花费太长的时间与精力，去了解商品功能与构成、消费环境一类的问题，决策过程相对比较简单，属于低卷入商品。

消费者的卷入是购买决策中的心理活动，影响到消费者对于商品信息的搜集、对于商品性能的认识，并且最终影响到消费者对于该商品的态度。因此研究消费者的卷入现象，可以从侧面反映消费者对于商品的认知以及态度。这一原理也可以反过来解释，即从消费者的态度以及认知程度，可以反映出消费者对商品的卷入状态。

喜爱健美的消费者，可能需要定期或不定期地购买健美运动器材，如多功能健美训练器、拉力器、哑铃等；购买健美运动中所穿戴的服装，如紧身衣、健美裤等；为了了解科学的健美方法与程序，还需要经常购买一些健美书籍与杂志、经常从电视中观看健美运动的节目；为了长期维持形体健美的需要，对于自己的饮食消费还有一定的限制，日常饮食比较注意其营养成分、热能含量等方面的问题。因此这类消费者的高卷入商品包括健美运动器材、运动衣、健美饮食等，为了获得更多的健美信息，高卷入媒体有健美书籍与杂志、电视节目等。相对而言，对药品、电器等商品及相关信息的卷入程度要低一些。

项目四

认知过程的基本原理及其在饭店服务中的应用

学习目标

知识目标：1. 通过本项目的学习，了解认知过程相关组成。
2. 掌握认知过程的基本过程与基本策略。
3. 掌握提高认知过程效率与质量的基本方法。
技能目标：能够在生活和工作中运用认知过程相关知识来为宾客进行服务。
情感目标：通过本项目的学习，产生积极的兴趣加强学习认知的相关知识，提高自身认知能力。

项目导图

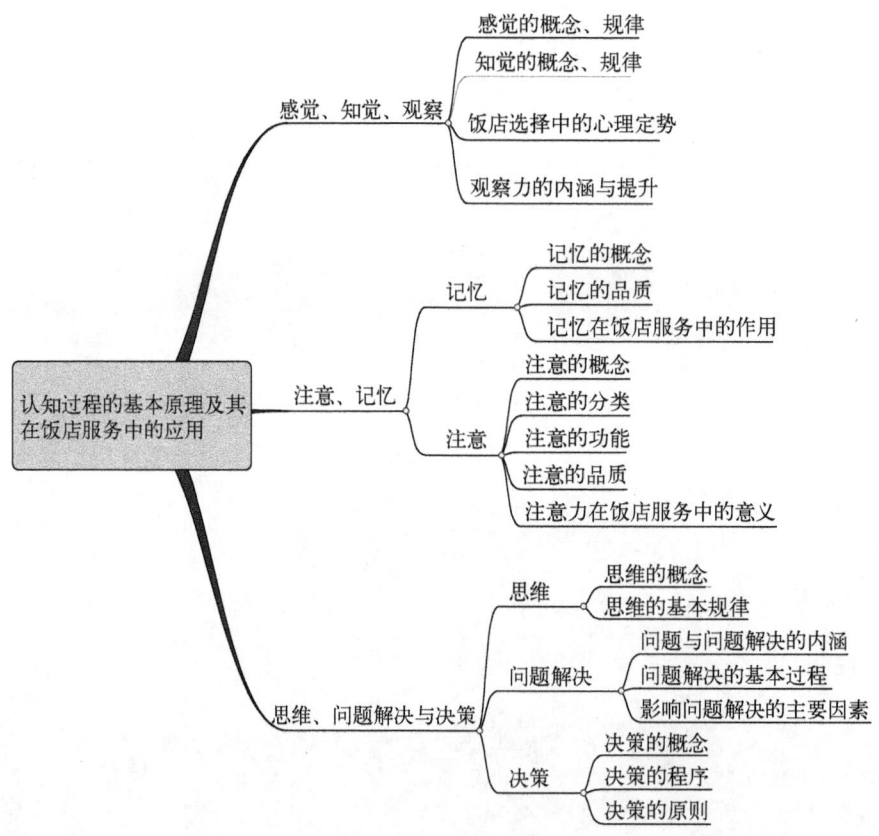

 **案例导入**

再给 5 美元的优惠

某日,一位香港常客来到某酒店总台要求住房。接待员小郑见是常客,便给他 9 折优惠。客人还是不满意,他要求酒店再打些折扣。这时正是旅游旺季,酒店的客房出租率甚高,小郑不愿意在黄金季节轻易给客人让更多的利,香港客人便提出要见经理。

其实,酒店授权给总台接待员的卖房折扣不止 9 折,小郑原可以把房价再下浮一点,但他没有马上答应客人。一则他不希望客人产生如下想法:酒店客房出租情况不妙,客人可以随便还价;二则他不希望给客人留下这样的印象:接待员原可以再多打一些折扣,但他不愿给,只是客人一再坚持后他才无可奈何地退让,这会使客人认为酒店员工处理问题不老实;三则他希望通过酒店再次让利让客人感到前厅经理对他的尊重。小郑脑中闪过这些想法后,同意到后台找经理请示。他请香港客人先在沙发上休息片刻。

数分钟后,小郑满面春风地回到总台,对客人说:"我向经理汇报了您的要求。他听说您是我店常客,尽管我们这几天出租率很高,但还是同意再给您 5 美元的优惠,并要我致意,感谢您多次光临我店。"小郑稍作停顿后又说:"这是我们经理给常客的特殊价格,不知您觉得如何?"

香港客人计算一下,优惠 5 美元相当他实际得到折扣是 8.5 折,这对于位于南京路,又处旅游旺季的三星级酒店来说,已经是给面子的了。客人连连点头,很快便递上相关证件办理入住手续了。

案例分析:

全员促销是酒店成功销售产品的重要手段。全店所有员工都有推销产品的可能和职责,但机会大小不一。一般说来,总台接待员、餐厅点菜员和歌舞厅、商场、酒吧、咖啡厅等一线部门的服务员有更多的机会。各酒店应像这个酒店的总经理那样经常向员工灌输促销意识。

然而,光有意识是远远不够的。如果一线服务员为了尽可能多地推销酒店产品,显得迫不及待或硬缠死磨,反而会弄巧成拙,到手的生意也会跑掉,因此各酒店还应在部门内加强促销技巧的培训。

本例中的接待员小郑在转入后台之前的一段思索是正确的。他有权给客人超过 9 折的优惠,但他没一下子把这个权用尽,只要有可能,他总是想为酒店多创一分利。后来客人提出再给优惠的要求,他又借口去请示经理,显得极为成熟老练。这样处理还有两点更深的含义:一是表明小郑为此已经尽了很大的努力,使客人深感酒店是把他作为重要客人来对待的;二是再给 5 美元优惠是前厅部经理的决定,如欲进一步提高折扣,其可能性将是微乎其微,这将有助于刹住客人继续要求降价的欲望。

当然,如果客人到此仍不满意,而接待员的折扣权限已经到顶,接待员还是应该向经理请示。每个上门的客人都要尽最大努力留住,尤其是常客,不能因为是旅游旺季而随便拒绝他们并不过分的要求。常客为酒店带来巨大财富,万万不可轻率地把他们推到自己的竞争对手那儿去。

 **思 考**
1. 为什么要学习认知过程?
2. 认知过程对饭店服务有什么影响?
3. 如何提高认知水平?

任务一　感知觉、观察的基本原理及其在饭店服务中的应用

人类的心理过程始于感知觉。通过感知觉，人们通过感知建立起关于客观事物的最初的印象，这些印象又可进一步加工为头脑中的记忆痕迹，再成为人们驰骋想象的素材、成为抽象思维和解决问题的前提条件。在对宾客的服务过程之中，服务人员必须要了解宾客的感知觉，从而以正确的方式为宾客服务。

一、感觉的概念与基本规律

（一）感觉的概念

所谓感觉是指人脑对当前直接作用于感觉器官的客观事物的个别属性的反映。它有两个特点：第一，感觉是客观存在的事物直接作用于感官的结果。第二，感觉只是对客观事物的个别属性的反映，也就是说，感觉只能是对事物颜色、形状、大小、声响、气味、冷热等某一个特性的认识。感觉是由感觉器官来完成的，主要包括眼、耳、鼻、舌、皮肤等。人们通常把感觉分为两大类：外部感觉和内部感觉。外部感觉主要有视觉、听觉、嗅觉、味觉、肤觉等。内部感觉的感受位于肌体内部，主要接受肌体内部的适宜刺激，反映自身的位置、运动和内脏器官的不同状态，包括运动觉（动觉）、平衡觉（静觉）和肌体觉。

（二）感觉的基本规律

感觉具有感受性、对比性、适应性、感觉后像、感觉补偿和感觉的相互作用等特性。

1. 感受性与感觉阈限

感觉器官对适宜刺激的感受能力称为感受性（sensitivity）。感受性的高低是以感觉阈限的大小来衡量的。

感觉阈限（sensation threshold）是指能引起感觉持续一定时间的刺激量，可分为绝对感觉阈限和差别感觉阈限。

绝对感觉阈限（absolute threshold）是指刚刚能引起感觉的最小刺激量。如：人的眼睛在可见光谱（400—760毫微米）范围内，有7—8个光子持续3秒以上作用于眼睛才可以产生光的感觉。

差别感觉阈限（difference threshold）是指刚刚能感觉到两个同类刺激物之间的最小差别量，也称最小可觉差。如声音的音量同时在不同环境中提高10分贝，在40分贝的音量上提高10分贝与在80分贝的音量上提高10分贝，人们对音量提高的感觉会有很大不同。

2. 感觉对比

感觉对比（sensory contrast）是指同一感受器在不同刺激作用下，感受性在强度和性质上发生变化的现象。

相关阅读4-1

色彩是有重量的

请大家不要误解，颜色自身是没有重量的，只是有的颜色使人感觉物体重，有的颜色使人感觉物体轻。例如，同等重量的白色箱子与黄色箱子相比，哪个感觉更重一点？答案是黄色箱子。此外，与黄色箱子相比，蓝色箱子看上去更重；与蓝色箱子相比，黑色箱子看上去更重。

不同的颜色使人感觉到的重量差到底有多大呢？有人通过实验对颜色与重量感进行了研究。结果表明黑色的箱子与白色的箱子相比，前者看上去要重1.8倍。此外，即使是相同的颜色，明度（色彩的明亮程度）低的颜色比明度高的颜色感觉重。例如，红色物体比粉红色物体看上去更重。彩度（色彩的鲜艳程度）低的颜色也比彩度高的颜色感觉更重。例如，同是红色系，但栗色就要比大红色感觉重。

我们冬天穿着西装时，会感觉比其他季节重。除了穿得比较多之外，也是因为冬天西装的颜色比较深，而较深的颜色也会让我们感觉重。"重"是一种主观的感觉，因而会随着周围环境以及自身状态的不同而产生差异。例如，傍晚下班时，我们虽然背着和早晨一样的皮包，却感觉格外沉重。这就是工作了一天后感觉疲惫的后果吧。如果早晨去上班就感觉皮包很沉重的话，那你可要注意休息了。为了让自己感觉更轻松，可以换颜色浅一些、鲜艳一些的皮包，比如白色皮包。

3. 感觉适应

感觉适应（sensory adaption）是指感受器在刺激物持续作用下所发生的感受性变化现象。它可以引起感受性的提高，也可以引起感受性的降低。

4. 感觉后像

在刺激停止作用后，感觉映像仍暂留一段时间的现象叫感觉后像（sensory afterimage）。感觉后像包括正后像和负后像。

正后像是指后像在性质上和原感觉的性质相同。负后像是指后像的性质同原感觉的性质相反。例如，目不转睛地注视白色荧光灯一段时间后，闭上眼睛，感觉灯还在眼前亮着，这是正后像；如果将视线转向一面白墙，就会感到有一个黑色灯的形象，这是负后像。

5. 感觉补偿

感觉补偿（sensory compensation）是指当某种感觉受损或缺失后，其他感觉的感受性提高以进行补偿的现象。例如盲人的听力很强，通过声音可以辨别很多东西，他们失去的视觉，但是其他方面的感觉却得到加强，以补偿缺失的视觉能力。

6. 感觉的相互作用

感觉的相互作用（sensory interaction）是指在一定条件下，各种不同的感觉都可能发生相互作用，从而使感受性发生变化的现象。例如，微光刺激可提高听觉的感受性，而强光刺激则会降低听觉的感受性。咬紧嘴唇或握紧拳头，会感到身体某一部分的疼痛似乎减轻了些，有实验发现，在绿光照明下会提高人的听力，红光使人听力降低。在牙科手术中，音乐和噪声的适当结合可以镇痛。一般的趋向是：对一个感受器的微弱刺激，能提高其他感受器的感受性，而

强烈的刺激作用相反。

联觉是指一种感觉引起另一种感觉的现象。联觉的形式很多，其中以颜色感觉的联觉最为突出。色觉可以引起温度觉，如红、橙、黄等有温暖感（称暖色），而蓝、青、紫则会有寒冷感（称冷色）；色觉还可以引起轻重感，如室内家具如果使用浅色系的颜色就会给人轻巧的感觉。对一个婴儿来说，妈妈的声音很可能带有美丽的颜色和温馨的香气。

二、知觉的概念与基本规律

（一）知觉的概念

人们通过感觉可以认识事物的各种不同的个别属性。如我们用视觉看到花的颜色和形状，用味觉闻到花的香气，用触觉感觉到花的凝润，这些是感觉到花的个别属性，最后，各种感觉在头脑里进行有机组合，得出这就是花中之魁——洛阳牡丹花，这就是知觉了。

知觉是指人脑对直接作用于感觉器官的客观事物整体的反映。知觉是在感觉的基础上把所有感觉到的信息加以综合整理，从而形成对事物的完整印象。

现实生活中，感觉和知觉很难截然分开。生活、工作、旅游、休闲、娱乐等活动中，感觉很少单独出现，常融合在知觉之中，二者的关系相互依靠，缺一不可。通过感觉只能认识事物的个别属性，还不能把握事物的整体；通过知觉，人可以对事物的各个不同属性、各个不同部分及其相互关系进行反映，能使人认识事物的整体，揭示事物的意义。通常感觉越丰富，越细致，则知觉就越完整，越准确。例如当我们去吃天津的"狗不理包子"时，通过视觉看到它的形状，通过嗅觉闻到它的香味，通过味觉品出它的味道，最后这些感觉有机组合在我们的头脑中反映出这是"狗不理包子"而不是开封的"灌汤包子"。

根据知觉对象的不同，可以把知觉分为空间知觉、时间知觉、运动知觉和社会知觉四大类。

空间知觉是人脑对客观事物空间属性的反映。如形状知觉、大小知觉、深度知觉、方位知觉。通过空间知觉，我们不仅可以认识事物的形状及大小，而且可以认识物体的上下、左右、前后等方位。人主要借助于视觉、听觉、触觉、动觉、平衡觉等来对物体进行方向定位。其中视觉和听觉是最主要的，辅以其他感觉。但在特殊情况下，仅仅依靠触觉和动觉也能进行方向定位。例如在黑暗的森林里用手触摸树干确定南北方向。在完全失去参照系的情况下，人是无法辨别方向的。

时间知觉是个体通过某种媒介对客观现象的延续性和顺序性的反映，媒介可以是自然界的周期现象，也可以是机体的生理状态，如人体的生物钟。视觉、听觉和触觉等感觉都参与了时间知觉，其发展受到个体的活动内容、情绪状态和态度等的影响。

运动知觉是人脑对物体空间位移和移动速度的知觉。通过运动知觉，我们可以分辨物体的静止和运动及其运动速度的快慢。运动知觉跟人们所选择的参照物有着密切的关系。坐过火车的游客都有体会，当火车还没有启动的时候，我们以窗外正在行驶的火车为参照物，就会感觉到自己所坐的火车在行驶，而作为参照物列车却没有动；如果以站台上的固定物体（如柱子、商店等）为参照物，就会立刻觉察到，是作为参照物的列车在动，而自己坐的列车还没有

行驶。

社会知觉是对社会对象的知觉。社会知觉本质上是对人的知觉,指知觉主体对社会环境中有关个体、群体和组织特征的知觉。社会知觉有时又称为社会认知。它主要包括对他人的知觉、对自我的知觉和对人际的知觉。

(二) 知觉的基本规律

知觉具有选择性、理解性、整体性、恒常性等四个基本的特性。

1. 知觉的选择性

人对外来信息进行优先选择而作出进一步加工的特性称为知觉选择性。

俗语"仁者乐山,智者乐水"就是典型的知觉选择性的运用。不同类型的宾客,其饭店需要和目的不同,在饭店选择过程中的知觉对象也就有各种差别。有人注意饭店设施,有人注意饭店价格,有人注意饭店设施的服务。

2. 知觉的理解性

人在知觉过程中根据自己的知识经验,对感知的事物进行加工处理,并用语词加以概括,赋予它确定的含义,从而标示出来的特性称为知觉的理解性。

知觉的理解性主要受个人的知识经验、言语指导、实践活动任务以及个人兴趣、爱好等多方面因素的影响。例如:当宾客看到饭店的宣传单时,宾客不仅仅看到的是饭店的介绍,还会折射出这家饭店可能的服务与价格。

在知觉时,言语指导不同,对所知觉事物的理解也会不同。

3. 知觉的整体性

知觉的整体性是指人们根据自己的知识经验把直接作用于感官的客观事物的多种属性整合为统一整体的组织加工过程。如宾客总是把饭店的基本设施、卫生条件、服务水平、服务态度等综合起来,对宾馆饭店进行认识和评价。

知觉的整体性依赖于客观刺激物本身的一些特征。格式塔学派的心理学家指出,对整体的知觉不等于并且大于个别感觉的总和。格式塔学派提出的知觉组织原则被普遍接受,也称格式塔原则,主要包括以下几条规律:

(1) 接近性 (proximity):距离上相近的物体容易被知觉组织在一起。在旅游活动中旅游者常常因为某些地区在空间上接近,而把它们视为一个整体,如苏杭。

(2) 相似性 (similarity):凡物理属性相近的物体容易被组织在一起。在旅游活动中,尽管大连、秦皇岛、青岛、三亚、北海、厦门等城市,相互之间距离较远,具有诸多不同之处,但是,它们依然常常被旅游者组合在一起,视为海滨旅游城市。

(3) 连续性 (continuity):凡具有连续性或共同运动方向的刺激容易被看成一个整体。例如在一个饭店的大厅中,如果一个团队的旅游者戴着同样颜色的太阳帽,即使他们被人群分隔在不同的地方,只要他们大致朝着一个方向前进,也会被人们视为一个旅游团的成员。

(4) 封闭性 (closure):人们倾向于将缺损的轮廓加以补充使知觉成为一个完整的封闭图形。在现实生活中,人们总会自觉或不自觉地根据以往的经验主观地增添或减少缺失的部分,使它成为一个完整的图景表现出来。当人们遇到旅游路线不完满或信息不完整时,他们就会自

觉采取行动弥补不足，实现"封闭"。否则，心中不快，有可能暂缓或停止行动。

4. 知觉的恒常性

知觉的恒常性是指当知觉条件在一定范围内改变时，知觉映像仍然保持相对不变的特性。例如，我们熟悉的一位老朋友无论换什么样的衣服走在人群中，我们总能把他认出来。知觉的恒常性受到很多因素的影响，其中主要是过去经验的作用。知觉的恒常性不是天生就有的，而是后天学习的。

三、饭店选择中的心理定势

心理定势指人在认识特定对象时的心理准备状态。这种准备状态容易使人根据以往的习惯方式来感知事物。

心理定势可以使我们在从事某些活动时能够相当熟练，甚至达到自动化程度，可以节省很多时间和精力；但同时，它使主体以特殊的整合准备去反映知觉对象，使人的知觉不自觉地沿着一定的方向进行，它影响知觉的整合、组织和选择。

在饭店选择中，一方面要注意消费者因心理定势带给我们的不利影响，一方面也要积极应用消费者的心理定势为饭店服务添光彩。

在旅游活动中，对旅游知觉产生影响的心理定势主要有以下几种。

1. 第一印象效应

第一印象效应是指人们第一次接触某事物时留下的印象，这种印象会影响以后对该事物的认识。心理学研究发现，与一个人初次会面，45秒钟内就能产生第一印象。这印象会给知觉者留下鲜明、深刻、牢固的印象，形成很难改变的心理定势，对以后的知觉会起引导作用。

实验证明，第一印象是难以改变的。我们可以利用这种效应，展示给人一种极好的形象，为以后的服务打下良好的基础。比如饭店大厅的装饰与美化可以给游客留下良好的第一印象。

2. 晕轮效应

晕轮效应是指人们对他人的认知判断首先主要是根据个人的好恶得出的，然后再从这个判断推论出认知对象的其他品质的现象。这种对他人的认知和判断往往只从局部出发而得出整体印象。

晕轮效应的形成原因，与知觉的整体性有关。我们在知觉客观事物时，并不是对知觉对象的个别属性或部分孤立地进行感知的，而总是倾向于把具有不同属性、不同部分的对象知觉为一个统一的整体。譬如，我们闭着眼睛，只闻到苹果的气味，或只摸到苹果的形状，我们头脑中就形成了有关苹果的完整印象，因为经验为我们弥补了苹果的其他特征，如颜色（绿中透红）、滋味（甜的）、触摸感（光滑的）等等。由于知觉整体性作用，我们知觉客观事物就能迅速而明了，"窥一斑而见全豹"，用不着逐一地知觉每个个别属性了。

晕轮效应既有美化的作用，也有丑化的作用。比如宾客在饭店时遇到一位态度傲慢的饭店服务人员，他就会认为该饭店的整个服务都不好。因此，从整个饭店服务来说，为了使宾客产生良好的印象，我们在提供饭店服务时，要注意防止由于晕轮效应使宾客把某些员工的劣质服务扩大到整个饭店服务中去。

在饭店服务过程中，为避免晕轮效应影响自己对宾客的认识，应注意以下两个方面。首先，不要过早地对宾客作出评价，要尽可能地与宾客进行多方面的交流，促进相互间的了解。其次，要及时注意自己是否全面地看待了他人，特别是对有突出特点的宾客。

3. 刻板印象

刻板印象也叫"定型化效应"，是指社会上部分人对某类事物或人物所持有的共同的、笼统的、固定的看法和印象。例如，一般人会认为男人刚强，女人温柔等。

刻板印象的形成，主要是由于我们在人际交往过程中，没有时间和精力去和某个群体中的每一成员都进行深入的交往，而只能与其中的一部分成员交往，因此，我们只能"由部分推知全部"，由我们所接触到的部分，去推知这个群体的"全体"。在未接触他人，只知道他人的个别信息，然后把此人归于某一群体，把此群体的一些笼统的特征看作为具体个人的特征，这也是心理定势的一种现象。

刻板印象的作用既有积极的一面，也有消极的一面。在对于具有许多共同之处的某类人在一定范围内进行判断，不用探索信息，直接按照已形成的固定看法即可得出结论，这就简化了认知过程，节省了大量时间、精力。熟话说"一方水土养一方人"，"物以类聚，人以群分"等，居住在同一地区、从事同一种职业、生活在同一文化下的人们总会有一些共同的特征，因此，刻板印象一般说来都还是有一定道理的。但是，"人心不同，各如其面"，刻板印象毕竟只是一种概括而笼统的看法，并不能代替具体的个体，因而"以偏赅全"的错误总是在所难免的。

 相关阅读4-2

刻板效应的实验

苏联社会心理学家包达列夫做过这样的实验，将一个人的照片分别给两组被试看，照片的特征是眼睛深凹，下巴外翘。向两组被试分别介绍情况，给甲组介绍情况时说"此人是个罪犯"；给乙组介绍情况时说"此人是位著名学者"，然后，请两组被试分别对此人的照片特征进行评价。

评价的结果，甲组被试认为：此人眼睛深凹表明他凶狠、狡猾，下巴外翘反映着其顽固不化的性格；乙组被试认为：此人眼睛深凹，表明他具有深邃的思想，下巴外翘反映他具有探索真理的顽强精神。

为什么两组被试对同一照片的面部特征所作出的评价竟有如此大的差异？原因很简单，是人们对社会各类的人有着一定的定型认知。把他当罪犯来看时，自然就把其眼睛、下巴的特征归类为凶狠、狡猾和顽固不化；而把他当学者来看时，便把相同的特征归为思想的深邃性和意志的坚韧性。刻板效应实际就是一种心理定势。

4. 期望效应

期望效应又叫"皮格马利翁效应"或者"罗森塔尔效应"，是指在生活中人们的真心期望会变成现实的现象。这个效应源于古希腊一个美丽的传说。相传古希腊雕刻家皮格马利翁深深地爱上了自己雕刻的美丽少女。他真挚的期望感动了爱神，爱神赋予了少女雕像以生命，最终

皮格马利翁的愿望成真。

美国心理学家罗森塔尔等人于1968年做过一个著名的期望实验。他们到一所小学，进行了"预测未来发展的测验"，然后将认为有"优异发展可能"的学生名单通知教师。其实，这个名单并不是根据测验结果确定的，而是随机抽取的。8个月后，再次智能测验的结果发现，名单上的学生的成绩普遍提高，教师也给了他们良好的品行评语。

期望效应也是一种心理定势，它之所以能产生巨大的影响，最主要的原因之一是知觉的选择性的特点。比如在饭店活动中我们期待宾客是文明的、讲道理的，那么在饭店服务中，宾客文明的、讲道理的行为就容易被我们的知觉选择，我们就容易被知觉到的现象所鼓励，产生良好态度及行为。而宾客在服务者良好的态度和行为下感觉获得了认可、尊重，获得一种积极向上的动力，并尽力达到对方的期待，形成良性互动，最后宾客也就真正成为如我们期望的那样是文明的、讲道理的了。

四、观察力的内涵与提升

（一）观察力的概念

观察力是人们在对周围事物进行有目的的、有计划的知觉过程中，全面、深入、准确、迅速地把握事物特征的才能。我们在观察事物时，不仅要用眼睛看，用耳朵听，用手去触摸，用鼻子去闻，用舌头去尝，更重要的还得用头脑去思考。因此，有人又把观察称为"思维的知觉"。观察比一般知觉具有更大的理解性，也就是说，人的思维活动在观察中有着重要的作用。

良好观察力的主要标志是观察仔细全面，不遗漏重要细节；观察准确，能发现事物之间的微小差别；观察迅速，能较快地抓住事物的主要特征；观察中有创造性，能在别人习以为常的现象中发现新问题。

（二）观察力的提升

观察力的提升主要注意以下几点：

（1）在活动中明确观察目的。观察是一种有目的有计划的知觉，明确观察的目的直接关系到观察的效果，既要明确总体任务又要明确具体任务。

（2）观察前要有必要的知识储备。在观察前，对不同文化背景、种族、民族的人的特征要有大致了解，对不同社会阶层、不同职业、不同年龄、不同性别的消费特征要有所把握，同时还要了解不同需要、不同性格、不同情绪状态、不同经验的人在同一情境中的不同反应等。

（3）在观察宾客行为的时候，注意周围环境的特点，在不同环境下，面临同一事情宾客的反应可能截然不同。

（4）在观察时，站在不同角度思考问题，以使得到的结论更接近事实。特别是在旅游服务中，对行为的观察应从三个方面来进行。一方面可以从宾客的角度，一方面可以从饭店服务人员的角度，一方面是饭店管理者角度。

任务二 注意、记忆的基本原理及其在饭店服务中的应用

一、记忆的概念

在心理学中,记忆是指人脑对过去经验的保持和提取;也有人把人脑比作计算机,那么记忆就相当于向计算机里输入、编码和储存信息的过程。记忆与感觉的不同:感知觉是人脑对当前直接作用于器官的事物的属性认知,相当于信息的输入。记忆则是对所输入信息的编码、储存和提取。

人之所以可以认识世界、改变世界,就是因为人有具有优异的思维能力和记忆能力。正是依靠记忆与思维,人才可以学习,积累和应用各种知识和经验。

二、判断人的记忆品质

如何来判断人的记忆品质及记忆的优劣呢?综合起来可以从记忆品质的敏捷性、持久性、准确性和备用性等四个方面来衡量和评价。

1. 记忆的敏捷性

记忆的敏捷性是指一个人在识记事物时的速度方面的特征。能够在较短的时间内记住较多的东西,就是记忆敏捷性良好的表现。记忆的这一品质,与人的暂时神经联系形成的速度有关:暂时联系形成得快,记忆就敏捷;暂时联系形成得慢,记忆就迟钝。在敏捷性方面,有的人可以过目不忘,有的人则久难成诵。但各人的特点不同。有的人记得快,忘得也快;而有的人记得慢,忘得也慢。记忆的敏捷性是记忆的品质之一,但它不是衡量一个人记忆好坏的唯一标准。在评价记忆敏捷性时,应与其他品质结合起来才有意义。例如,过目成诵指的就是记忆敏捷。著名科学家茅以升,小时候旁观祖父抄《东都赋》,刚抄完,他就能全文背出来,这表明他的记忆非常敏捷。

2. 记忆的持久性

记忆的持久性是指记忆内容在记忆系统中保持时间长短方面的特征。能够把知识经验长时间地保留在头脑中,甚至终身不忘,这就是记忆持久性良好的表现。记忆的这一品质,与人的暂时神经联系的牢固性有关:暂时神经联系形成得越牢固,则记忆得越长久;暂时神经联系形成得越不牢固,则记忆得越短暂。在持久性方面,有的人能把识记的东西长久地保持在头脑中,而有的人则会很快地把识记的东西遗忘。一般来讲,记忆的敏捷性与记忆的持久性之间有正相关,记得快的人,保持的时间较长。但也不尽然,有的人记得快,但保持的时间短。例如,宋相王安石的记性好远近闻名。一天,一位朋友想测试他的记忆力,就从他的书架上取出一本"积满灰尘"的书,随便翻到一页,刚报完页码,王安石就一口气背了下来,可见其记忆的持久性是惊人的。

相关阅读4-3

复习记忆的三个黄金时间

将一天学习的内容分三次重复记忆就可以变为长期记忆。那么,学习安排中,该如何合理地规划重复记忆的时间呢?

一、第一个黄金时间是即时回想

在学习后一小时之内用"想"的方式来及时复习。比如课间十分钟,不要马上跑出去玩,而是花近三分钟的时间坐在座位上,用"默想"的方式将上节课所讲内容复习一遍。这样并不会耽误你太多休息和娱乐的时间,只要你稍等一会,就可以迅速地完成这些最接近学习时间的回忆过程。虽然时间很短暂,却可以及时将新接受的知识固定下来,如果错过了及时记忆的机会,再要回忆起来所花费的时间就要长得多,也困难得多了。

二、第二个黄金时间是睡前回想

临睡前躺在床上用默想的方式将一天所学习的内容进行一次回忆,效果非常好。因为人体受"生物钟"的制约,睡前在大脑中闪过的信息会在睡眠时潜意识的加深到你的印象中。这种劳动是不知不觉地,却十分的有效。有没有发现小猫、小狗还有婴儿都非常地喜欢睡觉,一天要睡上十几个小时,这是因为初生的动物和人类都会接受很多新的信息,太多的信息要想消化掉就需要靠睡眠时间来进行。所以说,这个时机浪费掉,就等于浪费掉了几个小时的潜意识记忆时间,太可惜了。

三、第三个黄金时间是醒后回想

早上睡醒后也是一个记忆的黄金时段,不要忙着起床穿衣,花上三分钟时间回忆昨天所学过的详细内容。

经过上述三个黄金时间的复习记忆,你前一天所学到的知识,不管多么的庞杂和丰富,也都会牢牢地印在你的记忆里,想忘都忘不掉了。不信?请你试试看!

3. 记忆的准确性

记忆的准确性是指对记忆内容的识记、保持和提取时是否精确的特征。它是指记忆提取的内容与事物的本来面目相一致的程度。记忆的这一品质,与人的暂时神经联系的正确性有关:暂时神经联系越正确,记忆的准确性就越好;暂时神经联系越不正确,记忆的准确性就越差。准确性是记忆的重要品质,如果离开了准确性,敏捷性、持久性就失去了意义。例如,汉末学者蔡邕的 400 篇作品,是他被害后,女儿蔡文姬准确无误地背出来,才得以流传至今。

记忆的准确性依赖于对事物是非的辨别能力。因此,识记时要准确识别事物的本质属性。

4. 记忆的准备性

记忆的准备性是指对保持内容在提取应用时所反映出来的特征。记忆的目的在于在实际需要时,能迅速、灵活地提取信息,回忆所需的内容加以应用。记忆的这一品质,与大脑皮层神经过程灵活有关:由兴奋转入抑制或由抑制转入兴奋都比较容易、比较活,记忆的准备性的水平就高;反之,记忆的准备性的水平就很低。在准备性方面,有的人能得心应手,随时提取知

识加以应用；有人则不然。记忆的这一品质，是上述三种品质的综合体现；而上述三种品质，只有与记忆的准备性结合起来，才有价值。

三、记忆在饭店服务中的作用

1. 使宾客所需要的服务能够得到及时、准确地提供

（1）提供资信的及时服务：

在饭店服务中，宾客常常会向服务人员提出一些如饭店服务项目、服务设施、特色菜肴、烟酒茶、点心的价格特点或周边的城市交通、旅游等方面的问题，服务人员此时就要以自己平时从经验中得来的或有目的的积累为宾客一一解答，使宾客能够及时了解自己所需要的各种信息。

（2）实体性的延时服务：

宾客会有一些托付服务人员办理的事宜，在这些服务项目的提出到提供之间有一个或长或短的时间差，这时就需要服务人员能牢牢地记住宾客所需的服务，并在稍后的时间中准确地予以提供，不会使宾客所需的服务被迫延时或干脆因为被遗忘而得不到满足。

2. 使服务人员在提供服务中将服务规范运用自如，不出差错

饭店中各部门的服务工作已经形成了比较稳定和成熟的服务程序和服务规范，只有严格地履行这些服务要求，饭店服务工作才会做得完美得体。这就需要服务人员牢记相对复杂的服务规范，在这个基础上才能谈得上在服务中娴熟自如地运用。

3. 使饭店的服务资源能够得到最大程度的挖掘利用

饭店相对复杂的服务设施的分布、特色对于初来乍到的宾客来说，是比较陌生的。但作为服务人员却应当对其中的服务设施了如指掌，在宾客需要的时候，服务人员就可以如数家珍地一一加以介绍，从而使饭店的服务资源能够尽快地为宾客所知。

4. 使宾客能够得到个性化的、有针对性的周到服务

宾客是一个异常复杂的群体，他们的喜好、个性特点等是千差万别的，因此饭店对于宾客所提供的服务也是因人而异的，这就需要服务人员对宾客的情况有一定程度的了解。当一位再次光临饭店的或第二次消费同一项目的宾客到来，服务人员便可以根据自己的记忆能力迅速地把握宾客的特征，从而能够为宾客提供更有效、更有针对性的服务。

5. 使宾客能够从员工的细节记忆中感受到自己的重要性和被尊重

如果一位宾客的姓名、籍贯、职业、性格、兴趣爱好、饮食习惯等被服务人员记住，并在与宾客的交往中能够被服务人员恰当地表现出来，宾客将会感到有种受尊重、被重视感，从中感受到自己存在的意义与价值，这有助于宾客对饭店产生相当良好的印象。

四、注意的概念及基本规律

（一）注意的概念

注意是指心理活动对一定事物的指向性和集中性。指向性是指认知活动总是选择一个或几

个事物为当前的认知对象,而排除其他事物。集中性是指认知活动在进行过程中处于一定的紧张度和强度,从而保证这一活动的顺利完成。

然而关于注意的实质和特征,Moray(1969)曾经指出了6个方面:① 选择性(selectiveness),选择一部分信息;② 集中性(concentration),排除无关的刺激;③ 搜寻(search),从一些对象中寻找其一部分;④ 激活(activation),应付一切可能出现的刺激;⑤ 定势(set),对特定的刺激予以接受并作出反应;⑥ 警觉(vigilance),即保持较久的注意。但是,Moray的这些看法并未得到广泛的赞同。他列举的注意的一些维量未必能完全纳入注意范畴,如搜寻和定势。

(二)注意的基本分类

无意注意也叫不随意注意,是指预先没有目的,也不需要意志努力的注意,这种注意不依靠人的意志努力,而取决于刺激物本身的性质,具有消极被动性。

有意注意或叫随意注意,它是指有预定目的、需要一定意志努力参与的注意。个体的学习和工作更多地依赖这种注意来完成,它是一种积极主动的注意形式,是通过内部言语的形式实现对行为的调节和控制的。

有意后注意是在有意注意的基础上发展起来的,有意后注意或随意后注意是指有一定目的的,不需要意志努力的注意。有意后注意兼有无意注意和有意注意的双重特征,它一方面和自觉的目的、任务联系在一起,类似于有意注意;另一方面,它又不需要意志努力的参与,这又与无意注意相同。

(三)注意的功能

注意对人类生活的意义是十分重要的,它对人们的一切活动起着积极的维持和组织作用,使人能够根据外界环境的变化及时调整自己的心理活动以应对各种事情,其中有一些是突如其来的棘手的事情。实际上,这是有机体对外界环境的同化或顺应。

掌握知识的前提条件是注意。如果没有注意,我们的认识就无法深入。乌申斯基曾把注意形象地比喻为通向心灵的"唯一的门户",知识的阳光只有通过注意这扇门户才能照射进来。

注意又是实践活动的必要条件。不管什么活动都离不开人们注意的集中,原因是注意可以提高人们的工作效率,减少差错或事故发生概率。当然,有时人们犯错不是由于缺乏知识、没有掌握规律,而是注意不能及时地集中到需要注意的事物上去。

注意是一种复杂的心理活动,一般来说有以下三种功能:

1. 选择功能

客观世界给人们提供了大量的刺激,这些刺激有的对人很重要,有的对人不那么重要,甚至是毫无意义并会干扰当前正在进行的活动。注意使心理活动选择有意义的、符合当前需要的刺激,排除或抑制那些无意义的、干扰当前活动的刺激,从而使人的心理活动具有一定的方向性。

注意的选择功能是心理活动对一定对象的指向和集中的表现，因而是注意的基本功能。

2. 保持功能

我们从外界获得的感知信息，从记忆中提取的信息，只有加以注意才能得到保持。如果不加注意，就会很快消失，任何智力操作都无法完成。

3. 调节和监控功能

在注意状态下，人们常常把自己的行为和一定的目标进行比较，并通过反馈的信息相应地调节、监控自己的行为，使之与目标相一致；如果行为与目标不一致就进一步加以调节，直至达到目标为止。

有意注意能把活动导向于一定的目标，根据任务把注意适当分配和适时转移。人们日常生活和学习中所犯的错误和事故一般都是在注意分散或注意没有及时转移的情况下发生的。

（四）注意的品质

1. 注意范围

注意的范围又称注意的广度，是指在同一时间内，人所能清晰把握注意对象的数量多少方面的特征。知觉的对象越多，注意的范围越广；知觉的对象越少，注意的范围越小。

 相关阅读4-4

注意范围的实验研究

研究注意范围，一般利用速视器来进行实验。在实验中，以数1/10秒的时间向被试者呈现刺激时，眼睛只能注视一次，在这段时间内，意识所能把握对象的数量就是注意的范围。最早进行注意广度实验的是哈密尔顿（Hamilton, 1859）。他在地上撒一把石弹子让被试者即刻辨认，结果发现被试者很难立刻看到6个以上的石弹子，如果把石弹子以2个、3个或5个放成一堆，被试者能掌握的堆数和掌握的一个个石弹子数一样多。以后，心理学家在1/10秒的时间内呈现彼此不相联系的字母、图形或汉字进行实验。研究表明，成人注意的平均广度是：外文字母4—6个，黑色圆点8—9个，几何图形3—4个，汉字3—4个。

2. 注意稳定性

注意的稳定性又叫注意的持久性，是指人的心理活动持久地保持在一定事物或活动上的特性。这是注意在时间上的特征。注意集中的持续时间愈长，注意的稳定性愈高。

注意的稳定性并不意味着它总是指向于同一个不变的对象，而是说行动所接触的对象和行动本身可以变化，但活动的总方向保持不变。例如，学生做作业时，看参考书、写字、演算等，这些活动都服从于完成作业这一总任务，仍表现为注意的稳定性。

3. 注意分配

注意分配是指人在同时进行两种或多种活动时，能够把注意指向不同的对象；或指在从事某种活动时，同时把心理活动指向两种或几种不同的动作上去的特征。

在日常生活和活动中，经常要求人同时注意更多的事物，把注意分配到不同的对象上，所谓"眼观六路"、"耳听八方"就是形容这种状况的。谁能够把注意同时分配到较多方面，谁就能把握更多的事物，顺利地完成复杂的工作。

4. 注意转移

注意转移是根据新的活动目的和任务，主动地把注意从一个对象转移到另一个对象上去的特征。如上完一节语文课后，主动把注意转移到下一节数学课上。

注意的转移与注意的分散有着本质的区别。注意的转移是根据新任务的需要，主动地把注意转移到新的对象上，使一种活动合理地代替另一种活动，是一个人注意灵活性的表现。注意的分散是由于受到无关刺激的干扰，使自己的注意离开了需要注意的对象，而不自觉地转移到无关活动上。

（五）注意力在饭店服务中的意义

法国生物学家乔治·居维叶说过"天才，首先是注意力"。通过这句话我们应该了解到注意力是大脑进行感知觉、记忆、思维等认知活动的基本条件。注意力犹如一扇大门，门开的越大，得到的知识信息也就越多。因此，良好的注意力有利于提高服务工作的效率。

1. 注意与宾客的消费行为

（1）宾客的无意注意：

宾客对饭店的设施、服务方式经常产生无意注意。引起宾客无意注意的原因有两方面，一是饭店本身的特点，一是宾客自身的状态。

新奇的创意容易引起宾客的无意注意。例如，不少饭店的餐厅，用逼真菜肴造型和鲜活的原料陈列在橱窗里，并配以灯光，就很容易引起客人的无意注意。宾客的自身状态，主要是指宾客的需要、情感、兴趣、经验等。凡符合宾客需要的、令宾客喜欢的、感兴趣的事物，就容易引起宾客的无意注意。例如，宾客喜欢健身运动，因此，健身房的设施就容易引起他的无意注意。

（2）宾客的有意注意：

宾客有目的地了解饭店的"硬件"和"软件"，并对饭店服务作出评价，这就是宾客的有意注意。例如，宾客在点菜时认真浏览菜单，结账付款核对菜肴价格，离开饭店检查自己携带的物品等都是有意注意的表现。

2. 注意与服务工作

（1）根据宾客的注意特征做好饭店服务工作：

饭店宾客注意的指向性和集中性主要表现在环境美化、清洁卫生、文明礼貌、价格公平、设施先进等方面。

注意美化环境。饭店的环境要给人们常新的感觉。无论前厅、餐厅还是客房都要体现意境美、整体美、装饰陈设美，特别是别具一格的地方特色更会引起宾客的注意。例如，有的饭店中国庭院式建筑风格，内装修和陈设是典型的中国宫灯、古式陈设，服务员的古式服装，给人以高雅、庄重、新鲜的感觉，文化氛围浓郁，引人注目。

注意清洁卫生。宾客要求生活在一个清洁卫生的环境里，他们把清洁卫生列为住宿的首要

因素。因此，饭店宾客特别注意饭店内外环境的清洁；一切设施、一切供应的食品饮料都要清洁卫生，饭店所有工作人员也应整洁。饭店的清洁卫生工作是个重点，也是个难点，这项工作要做到位，需下一番工夫。

讲文明礼貌。宾客有自我尊重的需要，十分注意饭店服务员对自己的态度，以证明自己是否受欢迎。服务员对待宾客的态度，主要体现在是否礼貌相待。饭店工作的成功，往往取决于礼貌待客的水平。

价格公平。饭店的价格是否公平，服务是否公平，这也是宾客十分注意和敏感的问题。宾客住五星级饭店，付五星级的钱，就要享受五星级的服务。如果服务不到位，宾客就会感到不公平。宾客为争取公平待遇而进行各种各样的投诉，将使饭店服务工作陷于被动境地。

设施新颖先进。对宾客来说，新鲜的、好奇的事物很容易成为注意的对象；而刻板的、千篇一律的东西就不易引起人们的注意。如果饭店设施新颖并且现代化，就能引起宾客的极大注意，如旋转餐厅、观光电梯、智能化客房等就会吸引宾客。

（2）培养良好的注意品质：

每个人的注意力是有差别的，但经过长时间的努力和锻炼，注意力较差的人也可以提高注意品质。

要培养广泛而稳定的兴趣。兴趣和注意有密切的关系，它是培养注意力的一个重要心理条件。例如，服务员对餐厅工作很有兴趣，因此在工作中就会注意力非常集中，从而促进其注意力的形成和培养。

要努力提高注意的稳定性。首先，要明确自己的工作职责和应完成任务的意义。如果前厅收银员对自己的工作意义理解性高，在工作中就能将"注意"始终集中在工作上，从而很少出差错。其次，要排除各种干扰，培养坚强的意志力。例如，餐厅服务员给客人斟酒，如果不能排除客人谈话的干扰，酒就容易斟出酒杯。

要努力扩大注意的范围。注意范围的大小和个人知识经验有很大关系。服务员经常面临较复杂的场面，需要眼观六路、耳听八方的本领。因此，首先要熟悉工作，其次要不断积累知识和经验，在工作中锻炼自己，才能不断扩大注意的范围。

要提高注意分配能力。人们常常要同时从事几项活动。例如，餐厅服务员上菜时，要注意手中托盘和盘中菜，又要注意在座的和来往的客人，还要注意自己的表现和体态。这就需要合理的注意分配。注意分配是有条件的，首先，同时进行的活动中有一种是相当熟练的，接近自动化程度。其次，同时进行的活动应是相互联系的，不能相互排斥。

任务三 思维、问题解决与决策

一、思维的概念、分类与基本规律

（一）思维的概念

思维是人脑对客观现实的概括和间接的反映，它反映的是事物的本质和事物间共同的、内

在的、必然的规律性的联系。

虽然思维同感知觉一样都是人脑对客观现实的反映，但它们还是有着本质上的区别：作为认识过程的初级阶段，感知觉所反映的是事物的个别属性、个别事物及其外部的特征和联系，属于感性认识；而作为认识过程的高级阶段，思维所反映的是事物共同的、本质的属性和事物间内在的、必然的联系，属于理性认识。

根据这一思维的定义，间接性和概括性便是思维的两个最基本的特性。

所谓思维的间接性，是指人们借助一定的媒介和知识经验对客观事物进行间接的反映（或认识）。其表现为：① 思维能对不在眼前没有直接作用于感官的事物加以反映；② 思维能对根本不能进行感知的事物进行反映；③ 思维能在对现实事物认识的基础上作出某种预见。

所谓思维的概括性，是指在大量感性材料的基础上，把一类事物共同的特征和规律抽取出来，加以概括。表现在两个方面，第一，思维反映的是一类事物所共同的、本质的属性；第二，思维还可以反映事物的内部联系和规律。

正因为思维具有上述特征，所以它在人的生活实践中具有极为重要的意义。首先，它能不断扩大人的认识范围，不仅能认识现在，还可以回顾过去和预见未来。其次，它能不断提高人的认识深度，不仅能认识人所能接触到的一般事物及其规律，还可以把握远离人们所能直接感知的事物及其规律，使人对现实事物的认识得以无止境地深化。最后，更重要的是，它能使人由认识世界向改造世界发展，不仅能使人掌握知识、认识规律，还可以使人运用知识和规律解决问题，进行创造性活动。

（二）思维的基本规律

1. 思维的心智操作过程

思维所运用的心智操作（也叫思维过程），主要包括分析与综合、比较与分类、抽象与概括、具体化与系统化。

（1）分析与综合：

分析与综合是思维活动最基本的认知加工方式，其他的思维加工方式都是由分析与综合派生出来的。分析就是在头脑中将事物的心理表征进行分解，以把握事物的基本结构要素、属性和特征的心理操作。综合则是在头脑中把事物的各个部分、各种特征、各种属性联合起来的心智操作。分析与综合是一对辩证统一的心智操作，是同一思维不可分割的两个方面。分析与综合有三种不同的水平：① 动作思维水平上的分析与综合，如把调酒的整个操作分解为不同的动作环节，或者把各调酒的动作环节联合成完整的操作过程；② 形象思维水平上的分析与综合，如把头脑中树的形象分解成根、枝、叶，或把根、枝、叶的形象综合成一棵树；③ 抽象思维水平上的分析与综合，如把数学的方程式分解，或联立方程式。

（2）比较与分类：

比较就是在头脑中将各种事物的心理表征进行对比，以确定它们之间的相异或相同的心智操作。比较以分析为前提，只有将事物分解为各个部分、各种属性，才有可能进行事物之间的比较。同时，比较也是一个综合的过程，因为它需要确定事物间的联系。比较必须要确定一个标准，没有标准就无法比较。而在比较中"能看出异中之同，或同中之异"则是较高水平的重

要标志。分类则是在头脑中根据事物的共同点和差异点，把它们区分为不同种类的心智操作。分类也必须有一定的标准，但重要的是按事物的本质属性和内在联系进行分类，才更有科学性。

(3) 抽象与概括：

抽象与概括是更高级的分析与综合活动。抽象就是在头脑中将事物的本质属性抽取出来，舍弃事物的非本质属性的心智操作。例如对各种钟、表的抽象就是，将"能计时"这个本质属性抽取出来，而舍弃大小、形状等非本质的属性。概括是在头脑中将抽取出来的本质属性综合起来，并推广到同类事物中去的心智操作。例如把"由三条线段组成的封闭图形"叫做三角形，一个图形无论大小、形状、位置如何，只要它具有"由三条线段组成"和"封闭图形"这两个特征，就是三角形。

(4) 具体化与系统化：

具体化就是把经抽象概括形成的知识（即对事物的一般认识）应用于个别的、具体的事物上，并深化对该事物的认识程度的心智操作。在教学或实际工作中，应用一般原理来解决具体问题，就是具体化的表现。它能使我们对事物的认识得到深化和发展。系统化就是在头脑中把本质属性相同的事物，分成一定的类别并归纳到一定的类别系统中，使之发生一定的联系的心智操作。如在教学过程中，对学习材料进行分类、编写提纲、列图表等，都是系统化的工作，使我们对事物的认识更加明确、清晰和完整。

2. 思维的基本形式

思维有三种基本形式，分别为概念、判断和推理。

概念是人脑对事物的一般特征和本质特征的反映。它同时也是知识的最小单位，通常地，一个概念代表着一类事物（或特性）。判断是对事物之间关系的反映。推理是从一个判断或几个已知判断中推导出新的判断。三者是密切相关的，其中概念是基础，是思维的"细胞"。

3. 思维的品质

思维品质是指人们在思维过程中所表现出来的各自不同的特点，如敏捷性、灵活性、深刻性、独创性和批判性等。

(1) 思维的深刻性和广阔性：

思维的深刻性即思维活动的深度，是指善于透过表面现象抓住问题的本质，达到对事物的深刻理解。反之，对问题不求甚解，妄下结论，就是思维的片面性。思维的广阔性是指思路广泛，善于把握事物各方面的联系，善于全面地思考和分析问题；反之就是思维的狭隘性。思维的深刻性和广阔性是密切联系着的，有广阔性才有深刻性，才能深刻地认识事物；反之，就会作出错误的判断和结论。

(2) 思维的独立性和批判性：

思维的独立性是指善于独立思考，充分发挥个人的主观能动性，独立地提出问题、认识事物、得出自己的结论。思维的批判性是指善于冷静地思考问题，不轻信、不迷信权威，能有主见地分析评价事物，不易被偶然暗示所动摇。思维的独立性和批判性是密切联系的，是一种品质的两个方面，是创造思维的基本品质。

(3) 思维的灵活性和敏捷性：

思维的灵活性是指能够根据环境的变化，机智灵活地考虑问题，应付变化；反之，就是思维的固执和刻板。思维的敏捷性是指思路来得快，解决问题迅速，能当机立断，不优柔寡断，不轻率行事。思维的灵活性和敏捷性是建立在思维的深刻性、独立性和批判性基础上的优良思维品质。

(4) 思维的逻辑性：

思维的逻辑性是指考虑和解决问题时，思路清晰，条理分明，严格遵循逻辑规律，也就是提问明确，推理严密，有的放矢，主次分明，论据确凿，论证充分。思维的逻辑性是思维品质中的核心，是所有思维品质的集中体现。

二、问题解决的基本过程与规律

思维总是体现在一定的活动过程中，主要是问题解决的活动过程中。问题解决是思维活动的普遍形式。

（一）问题与问题解决的内涵

苏格拉底曾说过："问题是接生婆，它能帮助新思想的诞生。"

所谓问题就是事物的现状和你期望的结果之间的差距。从这一角度看，问题的解决途径是很明朗的，一个是降低自己的期望，一个是改变事物的现状。

问题发生的时机有两种，一种是开始便有问题，例如王经理的小孩从开始学英文时成绩便不佳；李主任接手工作后，便一直不能达成指标，这是开始便有问题的情况。另外一种是中途出现问题，例如徐太太的小孩转学后，成绩便一路下滑；生产班更换新的设备后质量便开始不稳定，这都是中途出现的问题。

问题可以分成三大类：

一是发生型的问题，例如血压太高，市场占有率下降，产品滞销，员工流动频繁等。

二是潜在型问题，例如父母都有糖尿病，子女便有发病的可能性；广告推出后，生产能力可能跟不上；进入WTO之后，外商进入中国，可能高薪挖走我公司员工等。

三是改善型问题，是因为自身提高目标与标准而产生的差异，例如以前交货期是3天，现在为回应客户的需求提早为1天，因而有许多问题要跟着解决，如订货流程、运输车辆的添购、人员的训练等。

心理学家们认为，问题解决（problem solving）是一个由一定的情景引起的、按照一定的目标、应用各种认知活动、技能等，经过一系列的思维操作，使问题得以解决的过程。可以认为，每个人的一生就是解决一系列问题的过程。

（二）问题解决的基本过程

从心理学研究成果来看，问题解决的过程是一个发现问题、分析问题，最后导向问题目标

与结果的过程。因此,问题解决一般包括以下几个基本步骤:

1. 发现问题

古人云:"学源于思,思源于疑。"我们生活的世界时时处处都存在着各种各样的矛盾,当某些矛盾反映到意识中时,个体才发现它是个问题,并要求设法解决它。这就是发现问题的阶段。从问题解决的阶段性看,这是第一阶段,是解决问题的前提。发现问题对学习、生活、创造发明都十分重要,是思维积极主动性的表现,对促进心理发展具有重要意义。

在这里,"观察到什么"和"意识到有问题存在"是两个密切联系的关键所在。例如,苹果熟透了会掉到地上,这是许多人都观察到的自然现象,然而,大家都似乎"视而不见"。但是牛顿却在观察到这一现象时"意识到有值得研究的问题"。

能否发现问题与人对活动的态度、兴趣以及现有的知识经验密切相关。人对活动的态度越积极,越是有兴趣,与之相联系的知识经验越丰富,就越容易发现问题,反之就不易发现问题。

2. 提出问题并界定问题

所谓提出问题,就是用文字把自己发现的问题表达出来。提出问题是解决问题的先决条件,爱因斯坦曾说过:"提出问题比解决问题更重要。"

意识到有问题的存在,并不等于提出了问题。很多人在生活和工作中,经常说"我也知道有问题,但我不知道出了什么样的问题"。同样的,知道了提出问题的重要性,也不等于就会提出问题。比如,作为学生,大家都知道在学习中应该多提问题,而实际上,很多人却只会问一个问题——为什么?

能否提出问题与人对活动的态度、兴趣以及他所拥有的知识经验密切相关,也与是否掌握提出问题的基本技巧密切相关。

界定问题,也叫"问题界定"或"问题定义",是指对于一个问题的本质特征、内涵和外延所作的确切表述。由于问题界定和问题分析解决之间并没有明确的界限和分割,往往导致人们疏忽问题的界定。但是当我们想分析和解决问题的时候,或者请求他人协助(比如到互联网的问吧去提问)的时候,问题的界定就显得至关重要了。

当问题的界定不明确、不清楚的时候,我们就无法很好地分析和解决问题。而很多时候,一旦我们对问题进行了明确的界定,原来的问题可能就迎刃而解了,或者说转化为其他的问题了。把问题界定清楚,问题也就解决了一半。

界定问题阶段的重点仍然在于弄清楚问题产生的流程,清楚了问题产生的流程和环境,就为后续的分析阶段确定影响因子奠定了基础。

可以将问题的界定整合为三大主要内容,即问题所涉及的人、产生问题的环境(空间和时间)、产生问题的过程(方法、步骤、工具、操作事物)。如果这三方面都搞清楚了,就有了一个明确的问题界定,后期就有了问题分析的切入点。

在界定问题阶段,依靠团队智慧的头脑风暴、分析问题根源的鱼骨图都是常用的方法,思维导图、流程图和概念图是经常要使用到的工具。

3. 分析问题

所谓分析问题,就是弄清有哪些矛盾、哪些矛盾方面,它们之间有什么关系,以确定所要解决的问题要达到什么结果、所必须具备的条件、其间的关系和已具有哪些条件,从而找出重

要矛盾、关键矛盾之所在。

具体地说，就是在问题界定之后，我们必须回答如下问题：

（1）是谁的问题？问题的涉众是谁？他对事物的期望是如何的？

（2）事物的现状是如何的？具体的差距是否是清楚的？

（3）导致问题产生的流程和步骤是如何的？中间使用了什么方法或工具？

（4）问题发生的环境是如何的？问题产生是否跟环境有关系？

4. 提出假设（设计方案）

在分析问题的基础上，提出解决该问题的假设，即可采用的解决方案，其中包括采取什么原则、策略和具体的途径、方法。但所有这些往往不是简单现成的，而且有多种多样的可能。但提出假设是问题解决的关键阶段，正确的假设引导问题得到顺利解决，不正确不恰当的假设则使问题的解决走入弯路或导入歧途。

5. 执行方案

一旦确认了方案，便进入执行方案的阶段。这一阶段，实际上就是在一定的策略和原则引导下，运用具体操作来改变问题的初始状态，使之逐步接近并达到目标状态的过程，所以也叫"执行策略阶段"。

6. 评价结果

执行方案的操作结束，就需要对结果进行评价，看看问题的处理是否达到目标状态，所运用的策略和操作是否适宜。

评价结果的重要内容是检验假设。一种方法是把执行方案和评价结果合起来，进行检验即实践检验；另一种方法是通过心智活动进行推理，即在思维中按假设进行推论，如果能合乎逻辑地论证预期成果，就算问题初步解决。当假设方案不能立即实施时，必须采用后一种方法检验。需要指出的是，即使后一种检验证明假设正确，问题的真正解决仍有待实践结果才能证实。不论哪种检验如果未能获得预期结果，必须重新另提假设再行检验，直至获得正确结果，问题才算解决。

在这一阶段，很多人注重的是执行结果的评价（即是否达到预期的目标），却忽略了对所运用的策略和操作的适宜性的评价——我们应该进一步反思，寻求更好的策略和操作。甚至还可以进一步反思对于问题的提出、界定和分析还可以有哪些改进。这是升华个人经验、提升智慧的重要途径。

（三）影响问题解决的主要因素

影响问题解决的因素有很多，我们可以把它们归纳为客观因素和主观因素两大类。

1. 客观因素

影响问题解决的客观因素主要包括两方面：

一是问题所包含的事物的抽象程度和复杂程度。所包含的事物越具体、越简单，问题就越容易解决；反之，所包含的事物越抽象、越复杂，问题就越难解决。

二是刺激呈现的模式（也叫知觉情境）。每一问题中所包含的事物（不论是实物或是以词语陈述的），当它们呈现在问题解决者面前时，总要涉及特定的空间位置、距离、时间的先后

（或同时）顺序，以及它们当时所表现的特定功能，所有这些具体特点及其间关系就构成特定的刺激模式。

如果刺激模式直接提供了适合于问题解决的线索，就便于找出解决问题的方向、途径与方法；如果刺激模式掩蔽或干扰了解决问题的线索，就会增加问题解决的困难，甚至导向歧途。

从另一个角度来说，刺激呈现的模式越接近个人的认知结构，就越容易选用恰当的知识、经验、策略和技能使问题得到顺利解决。

2. 主观因素

影响问题解决的主观因素，主要是指问题解决者的个人心理因素。综合已有的心理学研究成果，以下几种心理因素对问题的解决有重大的影响：

（1）动机强度：

动机虽然不直接参与人的思维活动，但会影响个体思维活动的积极性。恰当的学习动机和求知欲，不仅对发现问题有极重要的作用，而且对深入分析问题、探索各种假设和反复检验都有重要作用。

研究表明，过低的动机强度难以调动个体问题解决的积极性，不利于充分活跃个体的思维；但过高的动机强度会造成很大的心理压力，反而抑制思维活动，降低问题解决的成效。只有适中的动机强度，才最有利于问题的解决，并且这一动机强度的适中点还会随问题解决的难度而变化。一般说来，越是复杂的问题，其动机强度的适中点越低。

（2）情绪状态：

个体在怎样的情绪状态下进行问题解决的思维活动，对活动的效果有直接的影响。一般地，高度的紧张和焦虑会抑制思维活动，阻碍问题解决，而愉快、兴奋的状态则为问题解决的思维活动提供了良好的情绪背景。

（3）已掌握的有关知识：

问题解决的任何一个阶段都涉及相关知识，没有相应的知识不仅难于发现问题，而且缺乏分析问题的基础和提出假设所必需的依据，即使检验假设也必须具有相应的知识。知识对解决问题的影响，还涉及在必要时是否能及时忆起已有的有关知识，并恰当地加以综合应用。

（4）心智技能发展水平：

心智技能（intellectual skill）是影响问题解决的重要因素，因为解决问题主要是通过思维进行的，而心智技能正是思维能力在解决问题中所表现出的操作活动。心智技能又称为智慧技能或智力技能。它是一种借助于内部语言在人脑中进行的认知活动（操作）方式，如默读、心算、写作、观察和分析等。

（5）思维定势：

所谓思维定势指连续解决一系列同类型课题所产生的定型化思路。这种思路对同类的后继课题的解决是有利的；如果后继课题虽可用前法解决，但也可以采用更合理更简易的步骤时，思维定势就成为障碍，影响解题的速度与合理性。

要克服思维定势的消极作用，就应该具体情况具体分析，一旦发现自己以惯用的方式解决问题发生问题时，不要固执坚持，而应该退出旧的思路，寻求新的方法。

（6）功能固着：

功能固着（functional fixedness）是指个体在解决问题时往往只看到某种事物的通常功能，而看不到它其他方面可能有的功能。这是人们长期以来形成的对某些事物的功能或用途的固定看法。它是一种心理上的阻塞，它可以通过抑制以前同其他一些用途相联系的物体的新功能的知觉，对问题解决产生不利的影响。

这种现象在日常生活和学习中会经常发生。功能固着是思维活动刻板化的反映。我们在日常生活中经常碰到，硬币好像只有一种用途，很少想到它还能用于导电；衣服好像也只有一种用途，很少想到它可用于扑灭烈火。

（7）迁移影响：

学习迁移是指一种学习对另一种学习的影响，它广泛地存在于知识、技能、态度和行为规范的学习中。任何一种学习都要受到学习者已有知识经验、技能、态度等的影响。只要有学习，就有迁移。个体已获得的知识经验对解决新问题所产生的影响，也属于迁移。

迁移有正迁移和负迁移之分。正迁移是指已获得的知识经验对解决新问题有促进作用；负迁移是指已获得的知识经验对解决新问题有障碍或干扰作用。

根据心理学的有关研究，影响迁移的因素有很多，比如，动机、（事物、材料、情景中的）共同因素、有效的指导、个体的概括能力水平以及对自己的知识经验的概括程度、个体能否领悟事物之间的关系、个体的认知结构、认知策略和元认知水平等。

（8）原型启发：

原型启发是一种创新思维方法，是指问题解决者在捕捉到的其他事物或现象的信息中，获得一些原理性的启发，使其结合当前问题的有关知识，形成新的解决方案的现象。能给人获得解决问题启发的事物叫做原型，生活中所接触的每个事物的属性和特征在头脑中均可成为"原型"。原型之所以有启发作用，是因为原型和问题之间有某些相似之处，人借助于联想，可以较容易地找到解决问题的新方法。

"原型启发"也称作模仿思维，但简单生硬地照搬是不行的，还要有创新。例如，我们在下雨天，最讨厌雨水顺着雨衣流进鞋里。北京一个四年级小学生发明了一种充气雨衣，雨衣下面是一个气圈，充气后雨衣张开，雨水便不会灌进鞋子了。他的充气雨衣的构想，便是从芭蕾舞旋转长裙和游泳圈这两个原型得来的。这样的例子在科学发展史上屡见不鲜。

原型启发的关键是要做生活中的有心人，不断积累丰富的知识和经验，并善于发现事物或现象与当前所要解决的问题之间的某种内在联系，以从中获得有益的启迪。

（9）个性特点：

研究表明，独立性、自信心、坚韧性、精密性、敏捷性、灵活性以及兴趣等个人特点，均对解决问题的效率产生重大的影响。

三、决策的概念与基本规律

（一）决策的概念

决策的复杂性决定了很难形成统一的定义。时至今日，对决策概念的界定不下上百种，诸

多界定归纳起来，基本有以下三种理解：

一是把决策看作是一个包括提出问题、确立目标、设计和选择方案的过程。这是广义的理解。

二是把决策看作是从几种备选的行动方案中作出最终抉择，是决策者的拍板定案。这是狭义的理解。

三是认为决策是对不确定条件下发生的偶发事件所做的处理决定。这类事件既无先例，又没有可遵循的规律，作出选择要冒一定的风险。也就是说，只有冒一定的风险的选择才是决策。这是对决策概念最狭义的理解。

我们认为，决策是指组织或个人为了实现某种目标而对未来一定时期内有关活动的方向、内容及方式的选择或调整过程。主体可以是组织也可以是个人。

（二）决策的程序

1. 确定决策目标

决策目标是指在一定外部环境和内部环境条件下，在市场调查和研究的基础上所预测达到的结果。决策目标是根据所要解决的问题来确定的。因此，必须把握住所要解决问题的要害。只有明确了决策目标，才能避免决策的失误。

2. 拟定备选方案

决策目标确定以后，就应拟定达到目标的各种备选方案。拟定备选方案，第一步是分析和研究目标实现的外部因素和内部条件，积极因素和消极因素，以及决策事物未来的运动趋势和发展状况；第二步是在此基础上，将外部环境各不利因素和有利因素、内部业务活动的有利条件和不利条件等，同决策事物未来趋势和发展状况的各种估计进行排列组合，拟定出实现目标的方案；第三步是将这些方案同目标要求进行粗略的分析对比，权衡利弊，从中选择出若干个利多弊少的可行方案，供进一步评估和抉择。

3. 评价备选方案

备选方案拟定以后，随之便是对备选方案进行评价，评价标准是看哪一个方案最有利于达到决策目标。评价的方法通常有三种：经验判断法、数学分析法和试验法。

4. 选择方案

选择方案就是对各种备选方案进行总体权衡后，由决策者挑选一个最好的方案。

（三）决策的原则

1. 在决策的全过程运用的原则

（1）系统：应用系统理论进行决策，是现代科学决策必须遵守的首要原则。

（2）信息准全：为决策搜集的信息必须准确全面地反映决策对象的内在规律与外部联系。

（3）科学可行：要求决策在现有主客观条件下必须是切实可行的。

（4）外脑和经济：外脑原则是指在决策过程中必须重视利用参谋、顾问、智囊团等发挥集体智慧，防止个人专断，把决策建立在科学的基础上。经济原则是指决策全过程要节约人力、财力和物力。

(5) 目前满意：由于决策者不可能掌握全部的信息和作出百分之百准确的预测，对未来的情况也不能完全肯定。因此，决策者不可能作出"最优化"的决策，而是"目前满意"的决策。

2. 确定决策目标时运用的原则

(1) 差距：现实与需要之间要有必要的差距。

(2) 紧迫：决策目标不但是需要解决的差距性问题，并且具有紧迫性，是影响工作的主要矛盾。

(3) 力及：目标是力所能及的，主客观条件允许的，有解决的可实现性。

3. 准备备选方案时运用的原则

(1) 瞄准：方案必须瞄准决策目标。

(2) 差异：备选方案所采取的路线、途径和实施必须是互不相同的。

4. 方案选优时运用的原则

(1) 两最：利益最大、弊失最小和可靠性最大、风险最小。

(2) 预后：有应变性的预防措施，对可能出现的威胁的预测和对策。

(3) 时机：决策应该在信息充分或时机充足时作出。

5. 决策实施过程中运用的原则

(1) 跟踪：决策实施后要随时检验查证。

(2) 反馈：决策与客观情况一旦有不适应，要及时采取措施，进行必要的修改和调整。

项目小结

——核心概念

感觉、知觉、观察力、注意、记忆、思维、问题解决、决策

——重要提示

本项目主要介绍认知过程中的感知觉、观察、注意、记忆和思维的概念及其规律。研究服务人员的认知过程有利于员工提高自身的工作水平和效率。同时，通过认知过程的学习为员工自我能力的提升提供指导。

综合能力训练

基本训练

一、复习与思考

1. 什么是感、知觉？感、知觉有什么特性？
2. 什么是注意、记忆？注意、记忆有什么品质？
3. 如何看待心理定势？
4. 什么是观察力？在观察的过程中要注意哪些方面？
5. 什么叫思维？思维可以分为哪些类型？

6. 什么叫分析与综合？为什么说它们是最基本的心智操作模式？
7. 什么叫问题和问题解决？
8. 问题解决的思维活动有哪些阶段？各阶段的主要任务是什么？
9. 影响问题解决的因素主要有哪些？
10. 什么叫决策？决策可以分为哪些类型？
11. 决策的过程分为哪些阶段？
12. 决策的原则有哪些？

二、案例分析

环环相扣方保万无一失

暮秋的一天上午，总台人员和往常一样，进行着交接班工作。

8点20分，一位中年男子走到总台对服务人员说："小姐，我要退房。"说着把钥匙放到总台。总台收银员随即确认房号，电话通知服务中心查房，并办理客人的消费账单。但是客人没有停在总台而径直走向商场，商场部服务员小张面带微笑询问客人："先生，您需要什么？"客人说："要两小包'金芒果'香烟。"小张对客人说："麻烦问一下，您在海天住吗？"客人说："是的，在501房间，可挂账吧！"细心的小张刚刚看到客人把钥匙放在总台，不知客人是否要退房，如果是退房，客人就有逃账的可能。职业习惯和强烈的责任感使小张对客人说："先生，您稍等，我去总台问一下您能否挂账。"说着便走向总台，客人急切地问："能否开发票？"小张说："商场不能开，但我可以在总台为您开发票。"客人说："那算了。"

话语间客人和小张已经走到总台，小张从总台接待那里了解到客人正在结账，此时收银员小高接到服务中心电话说，501房间内两条浴巾不见了。小高看到客人从商场走过来便问道："先生，您见没见到501房间内的两条大浴巾？"客人面带不悦高声说道："昨天晚上你们根本没有给我配，我还没有投诉你们，昨天我回来得晚，还没找你们的事呢。"小高对着话筒说："客人说昨天没有配，再查查。"服务中心小徐在电话里说："可能没有配吧，让客人先走吧。"与此同时，商场部小张对客人说："总台可以为您开具发票，您是否还需要烟？"客人看上去一反常态，极不高兴而又无奈地拿出100元给了小张，小张很快为客人找零拿烟，并将消费小票给了总台，以便开发票。

这一切都被质培部人员看在眼里，便到五楼服务中心了解501情况，服务中心小徐说："昨天有一个房间里没有配毛巾，501房间里找不到大浴巾，我想可能是没有配。"这时，服务中心领班说："501房间客人住了好几天，查一下房态以及物品配备情况记录。"经过查证，501房间客人从13号入住到18号早上退房，在这5天内，每天都有配备大浴巾的记录，服务中心领班又打电话到清洁服务员家，结果是大浴巾配了。质检人员说再到房间查查，501房间除了大浴巾不在，所有物品配备齐全，因此推断，是客人拿走了大浴巾，服务中心人员打电话到总台，收银员小高告知客人已经离开。

服务员工作疏忽，给酒店造成了损失。

技能训练

根据上面的案例，进行分析和讨论，并且说出你在案例中观察到什么，发现服务人员犯下了什么问题。如果是你，你该如何帮助酒店避免损失。

拓展学习

床头柜上盛开的百合花

来自加拿大的凯特女士是位奇怪的宾客，她是一位研究中国古典文化的学者。或许是职业的原因，她性格孤僻、不苟言笑。在饭店住了四天，每天进进出出，很忙碌，但几乎从不开口，不跟人招呼，更难让人看见一丝微笑。楼层服务员都觉得这位学者架子挺大，不容易相处，任凭他们如何笑脸相迎，每次得到的都是一张冷冰冰的脸，面对别人的热情，她永远都是无动于衷。

第四天晚上，凯特打电话让服务员给她送壶热水，说完立即挂断电话。"好干脆利落。"服务员新月暗想。她丝毫不敢怠慢，马上送去。接近凯特房间时，一阵悠扬的乐声在寂静的长廊里飘荡——是她最喜欢的《梁祝》! 新月敲门进入房间。突然，凯特幽幽自语地说："多美的曲子呀!""您喜欢这曲子吗?"新月微笑着问。"当然! 它是我的至爱，百听不厌，我每晚都听，可惜没有百合花。""为什么要百合花?"新月犹豫了一下，最终还是忍不住问她。"只有百合花的高洁和清香才配得起这首曲子呀，可惜啊，这里是饭店。"说完凯特又缓缓地闭上了双眼。此时，新月从心底由衷地觉得凯特并不像她表面看起来那么冷酷。

第二天晚上，凯特忙完回到房里，打开灯，意外地看到床头柜上摆着的正是自己在心里惦念了几天的百合花! 她打电话叫来楼层服务员新月。"凯特小姐，请原谅，事先没征求您的意见。我昨晚看到您如此喜欢我们的民族音乐，很是感动。《梁祝》也是我最喜欢的曲目。对于您的《梁祝》配百合花的见解，我觉得很独特，也很优美。您每晚都听，想必都有一束百合花陪伴在左右吧。这里是《梁祝》的家乡，在它的故乡里，您的聆听又怎么能少得了百合花呢? 所以我就自作主张，在您的床头柜上摆上了这束新鲜的百合，希望它能陪您度过一个舒适的夜晚。"凯特虽然没有说什么，但紧绷的脸上有了一丝微笑，站在一旁的新月也喜上眉梢，她又一次领悟到"精诚所至，金石为开"的道理。

几个月后，凯特怀着丝丝的暖意再次来到中国，再一次选择了这家饭店。在她步入房间之前，也曾暗想这次是一突然"袭击"，饭店一定没有百合花了。哪料一开房门，床头柜上正摆着一束盛开的百合花。她用询问的眼神问新月，新月嫣然一笑，告诉她昨晚总台服务员已经带来了她入住本店的信息。"太感谢你们了!"这位"金口难开"的宾客几个月来第一次向饭店表示了发自内心的感谢。

案例中凯特女士性情孤僻，但全体服务员始终做到以礼相待，笑脸近客。一束芳香的百合彰显了饭店服务对细节的关注。案例中饭店服务的独特之处，就在于服务人员善于发掘细节，用心记住了宾客的"无心"之语，正是有了这一束花，饭店的形象才在凯特脑海中凸现起来，住店数天来饭店的种种优质服务、良好形象也就随之明朗起来，自然而然地形成了良好的情绪记忆。

服务的好坏将直接形成宾客的情绪记忆,影响一直延续到以后的选择。时刻关注宾客的情绪,恰如其分地解决问题,急宾客之急,忧宾客之忧,形成饭店个性化的服务,使宾客具备恒常性的知觉,以此形成良好的记忆,满意而归,这是当代饭店服务获得"双赢"的关键。所以饭店服务中无论是记忆、注意、知觉,还是其他的心理要素都会影响饭店的服务水平,因此学习心理学是必不可少的。

项目五
情绪、情感的基本原理及其在饭店服务中的应用

学习目标

知识目标：1. 了解情绪、情感的定义，情绪、情感的关系，了解情绪的分类及相关理论。
　　　　　2. 掌握饭店宾客情绪的特点及影响宾客情绪的因素。
技能目标：掌握识别他人情绪的基本技能，能够在工作中有意识地观察他人的情绪，根据他人的情绪状态进行有效的服务。
情感目标：对情绪的研究产生积极的兴趣，在人际交往中初步形成观察他人情绪状态的意识及根据对方不同情绪状态采取不同的人际应对的意识。

项目导图

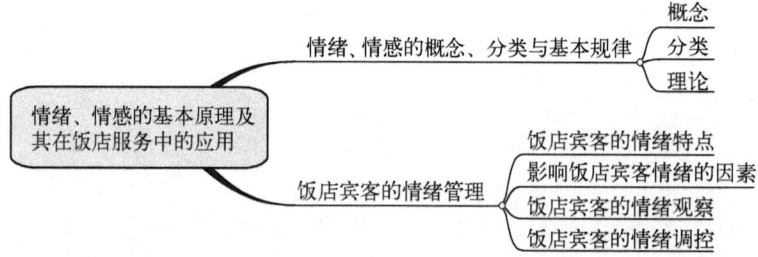

案例导入

恼人的微笑

一直以来，酒店行业都把微笑当成是最好的服务，无论是前台服务员，还是后勤部门，负责招待顾客的岗位更不用说——服务员见到顾客要微笑，要主动向顾客问好；顾客对你不满时，也要微笑；顾客骂你时，更要微笑。

5月的一天，一对夫妻拎着行李缓缓走入某某酒店，脸上挂着沉重的表情。

"服务员，麻烦你订一个双人房，我们住四天就走。"

"好的，请您稍等。您需要中档还是高档的客房？"服务员一如以往的微笑和热情。

"中档的就可以，麻烦你们快点，我们很累。"顾客一脸的不耐烦。

"好的，我们这就去办。在1007房，两位请走这边。"服务员仍是微笑着。

当这一对夫妻回到房间后不久，服务员就端着点心敲门了。

"先生，太太，你们旅途劳累，先吃些点心吧。"服务员微笑着说。

"好的,你放在这里,没事你可以出去了。如果我们没有叫你,请不要再来打扰我们。"顾客好像有点生气了。"砰"的一声,房门被重重地关上了。

当这对夫妻第二天下来客厅用早餐时,服务员立即走上前,用愉悦的声音打着招呼:"两位早上好,能为你们效劳吗?"

"我们吃早餐时想清静一下,请不要打扰我们。"

"哦,真不好意思。"

接下来一连串酒店的例行服务都被这对顾客拒绝了,弄得服务员很尴尬:不按服务规程做的话,经理会说你没尽到职责;按服务规程做的话,又怕顾客嫌烦,甚至挨骂,真是左右为难。顾客对我们的意见究竟在哪里呢?我都是时刻用微笑去服务呀!

当服务员再一次为这对夫妻收拾房间时,尽量小心翼翼,而且脸上的微笑比以前看起来更有亲和力。但那位先生终于受不住了:

"你们酒店的服务怎么这样子?只会对顾客笑,也没看到顾客心情不好,你就不能不笑,也算是安慰我们吧!你们的服务真是太差劲了,我要到消委会投诉你们酒店!"

服务员一听到投诉,满脸委屈。这时闻讯赶来的人事部经理解了围:"先生,请您先冷静一下,有什么事好好商量。"

原来,这位先生刚刚参加完母亲的丧礼从国外回来,住酒店就是为了换一个环境,缓解一下痛苦。但每次看到服务员的笑,心里就很不好受:自己还在承受丧母之痛,人家却老是对着你笑,如果换成是你,你心里会怎么样?而且我一想起母亲的时候,就看到服务员的微笑,你说烦不烦?

在服务员的赔礼道歉下,终于平息了这位先生的怒气。可这也给酒店提了个醒:没有一种万能的服务方式让所有的顾客都能满意,在服务的过程中要注意观察顾客的表情,及时掌握顾客的情绪状态,以便做好相应的服务工作。

表情在一般情况下是人心理的直接外露。及时地识别不同顾客的表情直接影响到整个服务过程的质量。

1. 在日常生活中,情绪是怎样产生的?人们常见的情绪有哪些?
2. 消费者的情绪是否会影响其消费行为?

任务一 情绪、情感的概念、分类与基本规律

一、情绪和情感的一般概念

情绪和情感是人对客观事物是否符合自己需要的态度体验。

情绪和情感不是自发的,是由刺激引起的。引起情绪的刺激多半是外在的,但有时也是内在的。就引起情绪的外在刺激而言,生活环境中的任何人、事、物的变化都会影响人的情绪。比如海天一色的风光、一望无际的草原、袅袅升起的炊烟会使人心旷神怡;喧哗的市场、忙碌

的身影、拥挤的车站会使人烦躁不安。引起情绪的内在刺激，有的是生理的，诸如腺体的分泌，器官功能的失常等都会成为内在刺激而影响情绪。另外有些内在刺激是心理性的，诸如记忆、联想、想象等心理活动。

在现实生活中，并不是所有事物都能引起我们的情绪和情感反应，只有客观事物与个人需要相联系后人们才会产生情绪和情感的反应。凡能满足需要的，就会产生积极的肯定的情绪，如满意、高兴、兴奋等情绪，不能满足需要的就会产生消极的或否定的情绪，如不满、憎恶、愤怒、恐惧等情绪。

情绪和情感是个人的主观体验，带有强烈的主观色彩，同样的刺激，对不同的人可能会产生不同的情绪体验。如同样面对股票的涨跌，可谓有人欢喜有人忧。

二、情绪和情感的关系

情绪和情感这两个概念，是有区别的，其区别可以归纳为以下三个方面：

1. 引发情绪情感的需要不同

情绪与生理需要的满足相联系，而情感与社会性需要的满足相联系。因此，情绪是低级的，是人类和动物所共有的，而情感是人类所特有的，是受社会历史条件所制约的。但必须指出：人类的情绪仍然与动物有本质区别。正如马克思在《政治经济学批判》导言中讲的："饥饿总是饥饿，但用刀叉吃熟肉来解决的饥饿不同于用手、指甲和牙齿啃生肉来解决的饥饿。"

2. 稳定性不同

情绪总是带有情境性的，常常随情境的改变而改变，一般不太稳定，持续时间不长。而情感则既具有情境性，又具有稳定性、深刻性和持久性。例如，孩子的顽皮淘气可能引起母亲的愤怒，但做母亲的不会因为孩子的一次淘气而改变对孩子的母爱。

3. 发展的先后与强度不同

在个体发展中，情绪发展在前，情感体验在后。婴儿出生后不久就会产生对身体舒适状态作反应的愉快等情绪反应。而情感则是在与社会接触过程中逐渐产生的。如婴儿对母亲的依恋就是在不断受到爱抚关怀的过程中，愉快的情绪体验持久而稳定下来，从而逐渐培养起来的。

一般情绪在强度上比情感要强一些，且常常伴随生理的变化，情感有时则不太明显。

4. 情绪情感有密切的联系

一方面，情绪是情感的基础，情感离不开情绪。情感是在情绪的稳定固着基础上发展建立起来的，情感通过情绪的形式表达出来；另一方面，情绪离不开情感，情绪是情感的具体表现。情感的深度决定着情绪表现的强度，在情绪发生的过程里往往深含着情感因素。在现实生活中，很难对二者进行严格的区分。

三、情绪的分类

关于情绪的类别，长期以来说法不一。我国古代名著《礼记》中曾提出了"七情"的分类，即将情绪分为喜、怒、哀、惧、爱、恶和欲等，所谓"七情六欲"正来源于此。美国心理

学家普拉切克（Plutchik）提出了八种基本情绪：悲痛、恐惧、惊奇、接受、狂喜、狂怒、警惕、憎恨。现代心理学家从生物进化的角度将人的情绪分为基本情绪和复合情绪。

1. 基本情绪

一般认为有四种基本情绪，即快乐、愤怒、恐惧和悲哀。

快乐是需要获得满足时的一种主观体验。快乐有强度的差异，从愉快、兴奋到狂喜，这种差异是和所追求的目的对自身的意义以及实现的难易程度有关。

愤怒是在满足需要的过程中遇到阻碍而使需要不能及时满足的一种主观体验。愤怒也有程度上的区别，一般的愿望无法实现时，只会感到不快或生气，但当遇到不合理的阻碍或恶意的破坏时，愤怒会急剧爆发。这种情绪对人的身心的伤害也是明显的。

恐惧是企图摆脱和逃避某种危险情景或摆脱不能满足需要的情境时而又无力应付而产生的情绪体验。恐惧的产生不仅仅由于危险情景的存在，还与个人排除危险的能力和应付危险的手段有关。一个初次出海的人遇到惊涛骇浪或者鲨鱼袭击会感到恐惧无比，而一个经验丰富的水手对此可能已经司空见惯，泰然自若。

悲哀是指失去了能满足自己需要的对象时的主观体验。悲哀的程度取决于失去的事物对自己的重要性和价值。悲哀时带来的紧张的释放，会导致哭泣。

人类这些最基本的情绪与动物的情绪表现有本质的不同。因为即使是人的生理性需要也打上了社会的烙印，人们不再茹毛饮血，满足吃、喝、住、穿的需要也会考虑适当的方式和现有的社会条件。

2. 复合情绪

复合情绪是由基本情绪的不同组合派生出来的。如由愤怒、厌恶和轻蔑组合起来的复合情绪可叫做敌意；由恐惧、内疚、痛苦和愤怒组合起来的复合情绪可叫做焦虑等等。

四、情绪理论

情绪理论是指心理学家对情绪所做的理论性的系统解释。在心理学研究历史中，不同的心理学流派和心理学家们对情绪的产生和理解持不同观点，从而形成了各种情绪理论。

1. 詹姆斯-兰格理论

1885年，美国心理学家詹姆斯和丹麦生理学家兰格分别提出内容相同的一种情绪理论。他们强调情绪的产生是植物性神经活动的产物。后人称它为情绪的外周理论。即情绪刺激引起身体的生理反应，而生理反应进一步导致情绪体验的产生。詹姆斯提出情绪是对身体变化的知觉。在他看来，是先有机体的生理变化，而后才有情绪。所以悲伤由哭泣引起，恐惧由战栗引起。兰格认为情绪是内脏活动的结果。他特别强调情绪与血管变化的关系。詹姆斯-兰格理论看到了情绪与机体变化的直接关系，强调了植物性神经系统在情绪产生中的作用；但是，他们片面强调植物性神经系统的作用，忽视了中枢神经系统的调节、控制作用，因而引起了很多的争议。

2. 坎农-巴德学说

坎农和巴德认为情绪的中枢不在外周神经系统，而在中枢神经系统的丘脑，并且强调大脑对丘脑抑制的解除，使植物性神经活跃起来，加强身体生理的反应，而产生情绪。外界刺激引

起感觉器官的神经冲动，传至丘脑，再由丘脑同时向大脑和植物性神经系统发出神经冲动，从而在大脑产生情绪的主观体验而由植物性神经系统产生个体的生理变化。

3. 沙赫特与辛格的情绪认知理论

美国心理学家沙赫特提出：任何一种情绪的产生，都是由外界环境刺激、机体的生理变化和对外界环境刺激的认识三者相互作用的结果，而认知过程又起着决定作用。生理的变化在情绪的发生中肯定是会出现的，但对情绪体验来说却不是决定性的，决定性的因素是对外界刺激和对身体变化的认知。

4. 汤姆金斯和伊扎德的情绪动机—分化理论

20世纪60年代，汤姆金斯和伊扎德提出，情绪并不是伴随着其他心理活动产生的一种副现象，而是一种独立的心理过程。伊扎德认为：情绪是人格系统的组成部分，是人格系统的动力核心。情绪系统与认知、行为等人格子系统建立联系，实现情绪与其他系统的相互作用。这种观点构成了情绪动机—分化理论。

任务二　饭店宾客的情绪管理

一、饭店宾客情绪的特点

（一）兴奋性高

这是宾客最明显的情绪情感特征。这种兴奋性常常表现为"解放感和紧张感两种完全相反的心理状态的同时高涨"。在饭店消费，使人们摆脱了日常单调而紧张的生活，从家庭和工作的束缚中解脱出来，使宾客产生解放感的心态。另一方面饭店消费可以使人们接触到新的人和事，对未知事物和经历的心理预期缺乏把握和控制，人们难免会产生紧张感。无论"解放感"还是"紧张感"，其共同特征都是兴奋性增强，外在表现为兴高采烈或忐忑不安。

由于宾客处于陌生的环境时，情绪体验一般比较强烈。如果个体被不良的情绪体验所感染时，极易产生偏差，导致情绪化行为。

（二）波动性大

在饭店消费过程过程中，宾客的情绪容易处于一种不稳定的波动状态。消费活动刚开始时，由于新奇情绪易处于积极肯定状态，当持续一段时间后，由激动趋向平静，兴致逐渐减退，甚者可能还会产生厌倦情绪。

（三）感染性强

饭店消费活动是一种高密度、高频率的人际交往活动，消费过程中，宾客和饭店工作人员

的情绪都能影响别人,使别人产生相同的情绪。比如,饭店工作人员表现出热情与喜悦,旅游者也会表现出兴趣、探索;如果饭店工作人员表现出无精打采,宾客也会觉得索然无味。相反宾客的兴致勃勃或刁难也会影响饭店工作人员的情绪。同时宾客与宾客之间的情绪也可以相互感染。如在餐饮消费中,如果有一位宾客对服务表示不满,并明显地表露出来,其他宾客的情绪就难免不会受到影响。所以一般服务人员与宾客产生矛盾时,首先考虑的就是尽量不要把矛盾公布于众,以免让不良情绪扩散,感染给其他消费者。

二、影响饭店宾客情绪的因素

宾客在饭店中接触到的一切,都会引起情绪和情感的变化。具体来讲,影响饭店宾客情绪的因素主要有以下几个方面:

1. 接待环境是否优越

人们的情绪很容易受环境的影响。比如整洁的环境,悦耳的背景音乐,淡淡的香气会使人心情平静愉悦;而脏乱的环境,刺耳的噪音,使人心情烦躁。因此,饭店一般都很重视大厅和门面的装修以及饭店内温度的控制、色彩的搭配、灯光的明暗、背景音乐的播放等,这样给消费者创造一种舒适、优雅、和谐的气氛。

2. 酒店服务是否到位

饭店服务是否到位直接影响宾客的情绪。饭店服务到位主要表现在服务人员的态度上。如果服务人员主动、热情、及时、耐心、周到、细致,往往会让宾客产生被接受,被尊重的积极体验,从而产生肯定的情绪。

3. 需要是否得到满足

人们到饭店消费就是为了满足某种需要。需要是情绪产生的前提条件,需要的满足决定了情绪的性质。如宾客对客房的需要主要是能休息好,因此对客房部服务的基本要求是清洁、安全和安静。

4. 消费活动是否顺利

饭店宾客通过消费活动来满足自己的各种需要。宾客的消费活动是否顺利直接影响他们的情绪。在消费活动中如果一切活动顺利,宾客就会产生愉快、满意、轻松等肯定的情绪体验;如果活动不顺利,在消费活动中遇到这样或那样的差错,宾客就会产生不愉快、紧张、焦虑等否定的情绪体验。在饭店服务中,让消费者"等待"是不可避免的现象。因此,在饭店服务中,快捷是评价服务好坏的一项重要指标。但在一些不得不需要宾客长时间等待的服务中,比如一道现做的必须花一定时间的菜肴等,告知宾客等待的原因与需等待多少时间就显得尤为必要了。

5. 宾客的身体状态与心态

宾客的身体状态也会影响到宾客的情绪。身体健康、精力旺盛是产生愉快的情绪之一。身体健康欠佳或过度疲劳与饥饿,容易产生不良情绪。因此,饭店服务人员要注意宾客的身体状态,如宾客是否出现了倦容、是否表达了身体的不适等情况,以便及时作出应对。

宾客的心态直接激发其情绪,这种情绪又影响宾客原有的心理状态,二者共同推动宾客的消费行为。一般来说,宾客的兴趣越浓、需求水平越高;性格越外向、消费动机越强、消费目

标明确，其情绪的兴奋度越高。

三、饭店宾客情绪的观察

情绪和情感是一种内部的主观体验，要了解饭店宾客情绪状态必须通过其表情来了解。当情绪和情感发生时，又总是伴随着某种外部表现。这种外部表现也就是可以观察到的某些行为特征，这些与情绪、情感有关的行为表现，叫表情。人的表情主要从三个方面表现出来：面部表情、身体姿态表情和语言声调表情。了解宾客情绪状态，我们也可以通过这三种表情来把握。

1. 面部表情

心理学家艾伯特·梅拉宾曾得出一个公式：情感表达＝7％的词语＋38％的声音＋55％的面部表情，足见人的面部表情是最能表达情绪的。

面部表情是指通过眼部肌肉、颜面肌肉和口部肌肉的变化来表现各种情绪状态。人的眼睛是最善于传情的，不同的眼神可以表达人的各种不同的情绪和情感。眼睛不仅能传达感情，而且可以交流思想。人们通过观察人的眼神可以了解他（她）的内心思想和愿望，推知他们的态度：赞成还是反对、接受还是拒绝、喜欢还是不喜欢、真诚还是虚假等。可见，眼神是一种十分重要的非言语交往手段。口部肌肉的变化也是表现情绪和情感的重要线索。例如，憎恨时"咬牙切齿"，紧张时"张口结舌"等，都是通过口部肌肉的变化来表现某种情绪的。Ekman 根据研究表明，眼睛对表达哀伤最重要；口部对表达快乐和厌恶最重要；眼睛、嘴、前额对表达愤怒情绪最重要。

当然情绪识别是一种复杂的认知过程，单靠面部表情准确度定会受影响，如果能将面部表情和姿态表情结合起来，那将更有利于准确地判断情绪状态。

2. 姿态表情

有研究表明，身体姿势甚至比面部表情更能泄露真实信息。因为人们注意去学习对面部表情的控制，而对身体的控制很少注意。

姿态表情可分成身体表情和手势表情两种。身体表情是表达情绪的方式之一。人在不同的情绪状态下，身体姿态会发生不同的变化，如高兴时"捧腹大笑"，恐惧时"紧缩双肩"，紧张时"坐立不安"等等。举手投足、两手叉腰、双腿起胯等身体姿势都可表达个人的某种情绪。手势常常是表达情绪的一种重要形式。手势通常和言语一起使用，表达赞成还是反对、接纳还是拒绝、喜欢还是厌恶等。在无法用言语沟通的条件下，单凭手势就可表达开始或停止、前进或后退、同意或反对等思想感情。

研究表明，手势表情是通过学习得来的，不仅存在个体差异，而且存在文化或地域的差异。饭店的宾客大都来自不同的文化、不同的地区，因此，饭店工作人员有必要学习了解本饭店主要客源地的相关文化及风俗习惯。

有这样一个案例：某饭店午餐时间，一位客人招呼服务员："小姐，请给我倒一杯白开水好吗？"服务员微笑回答："好的，请稍等，这就给您送过来。"服务员迅速把水送到餐桌上，这位客人看到自己要的白开水，从口袋里拿出一包药，摸了摸水杯，皱了皱眉头。服务员发现客人的细微动作后，立即主动询问客人："给您的杯里加些冰块降温好吗？"客人立即高兴地

说："好的，太谢谢了。"服务员很快给客人拿来冰块放入杯中，水温立即降下来，客人及时吃了药。客人临走时，写了表扬信，对这位服务员的服务表示感谢。

本案例中的服务员在服务中善于观察客人的体态语言，发现客人皱眉的细微动作后，就主动询问客人，并在客人要求之前满足了客人，而受到客人赞扬。酒店的服务中，有许多细枝末节的琐碎小事，然而正是这些小事才构成了酒店的服务质量。

3. 语调表情

除面部表情、姿态表情以外，语音、语调表情也是表达情绪的重要形式。谁都知道朗朗笑声表达了愉快的情绪，而呻吟表达了痛苦的情绪。言语是人们沟通思想的工具，同时，语音的高低、强弱、抑扬顿挫等也是表达说话者情绪的手段。例如，当播音员转播乒乓球的比赛实况时，他的声音尖锐、急促、声嘶力竭，表达了一种紧张而兴奋的情绪；而当他播出某位领导人逝世的公告时，语调缓慢而深沉，表达了一种悲痛的情绪。

总之，面部表情、姿态表情和语调表情等，构成了人类的非言语交往形式，心理学家和语言学家称之为体语。人们之间除了使用语言沟通达到互相了解之外，还可以通过由面部、身体姿势、手势以及语调等构成的体语，来表达个人的思想、感情和态度。在许多场合下，人们无需使用语言，只要看看脸色、手势、动作，听听语调，就能知道对方的意图和情绪（表5-1）。

表 5-1 表情和与之关系最紧密的情绪

表情	可能的情绪
脸红	羞愧、羞怯
身体接触	友爱感
紧握拳头	生气
哭泣	悲伤
皱眉	生气、挫折
笑	高兴
毛发直立	害怕、气愤
耸肩	顺从
嘘声	藐视
发抖	害怕、担心
尖叫、出汗	痛苦

四、调控宾客的情绪情感

（一）调动和维持积极消费情绪

1. 重视饭店特色，引发宾客积极情绪

在消费过程中，积极情绪可以来自自身，也可以来自外界。引起消费者积极情绪的因素大致包括合适的摆设，适宜的照明度，舒适的服务，购买心情的良好，对产品或者服务的信任度等等。因此，首先，商家应当对饭店本身的属性（包括饭店的特色、外观、品牌、口碑等）有相当的重视，以引发消费者的积极消费情绪，并尽可能避免引发消费者的负面情绪。

2. 加强感情营销，以情动人

首先要重视营销传播活动（包括广告、销售促进和公共关系等），建立品牌形象。通过这些活动吸引消费者，最终培养、维持和提高消费者的品牌忠诚度。其次，在饭店营销活动中打"感情牌"，达到以情感人、以情动人、以情促销。最后，要大力投放情感诉求广告，激发消费者的情绪情感。随着消费群体逐渐从理性世界走上感性消费时代的到来，情感更日益成为影响消费者购买动机、制约其购买行为的重要因素。在饭店广告促销宣传中，如能充分注重并善于

利用人的情感,通过极富人情味的广告诉求,努力营造出调动人们情感的氛围,就必然能打动人、感染人,就能使饭店与消费者之间形成一种亲近感,增进其对本饭店的认识和了解,缩短饭店与宾客的心理距离,削弱人们对广告的抵触情绪,接受饭店的一片诚意,最终赢得消费者的信任。实践表明,广告诉求愈具有人情味,愈具有感情色彩,就愈能赢得消费者的情感共鸣,愈能打动消费者,吸引消费者。

(二)控制宾客的不良情绪

因为情绪情感具有感染性及传递信号的功能,一旦一个宾客出现不利的情绪,会很快影响到其他游客,所以在实践中,应尽量避免宾客产生不利、消极的情绪情感,如果出现的话,应尽快设法将其控制。

1. 理智控制

用合乎原则和逻辑性的思维来调控消极的情感。当消极的情绪爆发时,人们大多会失去理智,这时,理智如同灯塔一样能将失去方向的情绪拉回正确的归途。消费过程中经常会出现一些意外事件,常见的意外事件包括两种:一是突发事件,比如雷电引发的停电;一是技术性事故,比如电脑病毒不能进行正常的办理住店手续等。这些意外事件会影响宾客消费的正常进行,从而导致宾客的不满。要避免宾客出现这些不满情绪,饭店各部门应做好各项准备工作,比如备用发电机、内部网络的维护等,以最大限度地将意外事件发生的可能性减到最小。

2. 转移调控

情绪大多具有情境性,当不利情境出现时,如果能够果断转移情境,可以及时控制宾客的情绪。比如旅游黄金周期间,饭店接待工作普遍会面临客房安排紧张的问题。要处理好这类问题,一方面饭店要正确处理退赔事项,另一方面要用加倍的服务争取宾客的谅解,将宾客的注意力从对硬件的不满转移到对服务软件的认可上。

3. 合理地宣泄情绪

当出现不利情绪时,机体内蓄积很多能量,如果能量得不到释放,会感到烦闷、难受,采用合理的方式发泄出来,个体情绪会得以改善。

宾客往往通过投诉来发泄不满的情绪。当客人投诉时,我们应当有礼貌地接待,我们要耐心地听他们把话说完。我们的耐心有时可以使本来暴跳如雷的客人很自然地平静下来。我们耐心地听其投诉,也是为了弄清事情的真相,以便恰当处理。

(三)根据宾客的情绪状态有策略地服务

1. 根据情绪的肯定性与积极性来识别宾客的情绪状态

根据宾客情绪肯定性与积极性把消费者情绪归于四类。

第一类是情绪很好,积极性很高。在这种情绪状态下的宾客,一般的表现是心情愉快,积极主动,善于近人。对这类宾客来说,意味着消费欲强烈,乐于与服务人员接触。

第二类是情绪很好,积极性不高。在这种状态下,一般的表现是沉着冷静,消极被动,礼貌适度,行动缓慢而稳重。对这类宾客来说,意味着不慌不忙,小心翼翼,无所苛求。

第三类是情绪不好，积极性不高。处于这种状态的宾客沉默寡言，冷淡，心不在焉。

第四类是情绪不好，积极性却很高。这种状态下的宾客易激动，爱找茬，凶狠，好挑衅。

2. 服务策略

在一般情况下，宾客的情绪很好，积极性很高，服务效果相对要好；当宾客的情绪好，积极性不高时，服务效果一般化；当宾客的情绪不好，积极性不高时，宾客根本就没有消费的意思，服务很难达到好的效果；当宾客的情绪不好，积极性很高时，宾客往往失去理智，在接受服务时容易导致冲突，因此，饭店服务人员在提供服务时要注意以下策略：

（1）投石问路——服务探测策略。即在对宾客还未形成印象之前，言行要谨慎，最好设法试探，然后在服务中判断其情绪状态。

（2）借风扬帆——服务心理策略。如果宾客的情绪很好，饭店服务人员应努力发挥自己的积极性，热情、周到为其服务。

（3）以退为进——劣势定位策略。如果宾客情绪不好，显得激动，想与人争吵，其言行很难预料时，服务人员应有分寸地控制自己的快乐与热情，服务言语要简洁准确，语气要平和，给宾客以安慰之感。

（4）以情感人——柔性服务策略。面对情绪不好，积极性不高的宾客时，改变他们的态度和行为是一件难事。服务人员在充分发挥自己积极性的同时，行动要谨慎，特别是推销工作要适可而止。

项目小结

——**核心概念**

情绪、情感、情绪观察、情绪管理

——**重要提示**

情绪与生活密切联系，宾客情绪的变化是衡量饭店服务质量的晴雨表，把握情绪的基本规律，了解影响宾客情绪状态的因素，掌握调控宾客不良情绪的策略以提高服务质量。

综合能力训练

◇◇◇◇◇◇◇◇◇◇◇◇ **基本训练** ◇◇◇◇◇◇◇◇◇◇◇◇

一、复习与思考

1. 在饭店消费中，宾客的情绪有什么特点？
2. 饭店服务人员如何观察消费者的情绪？
3. 饭店服务人员如何管理消费者的情绪？

二、案例分析

小龚的迷茫

服务员小龚第一天上班，被分在饭店主楼12层做值台，由于她刚经过三个月的岗位培训，

对做好这项工作充满信心,自我感觉良好。一个上午的接待工作确也颇为顺手。

午后,电梯门打开,"叮当"一声走出两位港客,小龚立刻迎上前去,微笑着说:"先生,您好!"她看过客人的住宿证,然后接过他们的行李,一边说:"欢迎入住本饭店,请跟我来。"一边领他们走进客房,随手给他们沏了两杯茶放在茶几上,说道:"先生,请用茶。"接着她又用手示意,一一介绍客房设备设施:"这是床头控制柜,这是空调开关……"这时,其中一位客人用粤语打断她的话头,说:"知道了。"但小龚仍然继续说:"这是电冰箱,桌上文件夹内有《入住须知》和《电话指南》……"未等她说完,另一位客人又掏出钱包抽出一张面值10元的外汇券不耐烦地塞给她。霎时,小龚愣住了,一片好意被拒绝甚至误解,使她感到既沮丧又委屈,她涨红着脸对客人说:"对不起,先生,我们不收小费,谢谢您!如果没有别的事,那我就告退了。"说完便退出房间回到服务台。

此刻,小龚心里乱极了,她实在想不通:自己按服务规程给客人耐心介绍客房设备设施,为什么会不受客人欢迎?

问题:
1. 模拟体验客人当时的面部表情、说话的言语方式,体验他们可能有的情绪感受。
2. 根据本项目的学习,如果你是小龚,你总结的经验是什么?

技能训练

情绪的观察训练

请在某一饭店消费场合仔细观察5—10名宾客的面部表情、姿态表情及言语表情,把观察到的表情通过文字记录下来并在相应地方写出你对该宾客情绪状态的判断。

拓展学习

瞬间看透身边人

一个人的一言一行、一举一动,甚至一个眼神,都在向他人传递着一些微妙的信息,这些信息反映着你当时的真实心情以及你真正的性格。我们都知道,很多时候,我们想要真正去了解一个人,了解他心中的真实想法,并不是一件容易的事情。或是出于防卫,或是出于欺骗,人们通常会把自己隐藏在一张无形的面具后面,不让他人轻易地知道自己的心理和想法。

一、"眉来眼去",意味深长

我们在欣赏一幅人物画像的时候,往往会先被他的眼睛所吸引。眼睛是心灵之窗,是最传神的器官,人的七情六欲尽可在眼中表露出来。在现实中也是一样,我们要想知道一个人的想法,看看他的眼睛,即可了解七八分。研究表明,眼睛是大脑在眼眶里的延伸,眼球底部有三级神经元,就像大脑皮质细胞一样,具有分析综合能力;而瞳孔的变化、眼球的活动等,又直接受脑神经的支配,所以人的感情自然就能从眼睛中反映出来。

眼神闪烁,计从心来

眼睛上扬，吸引力强
眼神炯然，代表主见
冷眼看人，疑神疑鬼
两眼无神，斗志稀缺
眼睛眨动，学问无穷
向人眨眼，展示魅力
挤眉弄眼，传递秘密
自上而下，高调看人
死盯他人，另有所思
不敢注视对方眼睛，内心自卑
初次见面先移开视线，多想处于优势地位
斜眼看人，拒绝神态
似睡非睡，老谋深算
眼帘低垂，有轻蔑意

二、手的动作暗藏深意

一般情况下，在庄重、严肃的场合宣誓时，必须要右手握拳，举至右侧齐眉高度。有时在演讲或说话时，捏紧拳头，则是向听众表示："我是有力量的。"但如果是在有矛盾的人面前攥紧拳头，则表示："我不会怕你，要不要尝尝我拳头的滋味？"由此看来，握紧拳头能给人带来力量和安全感。从另一方面来说，总是拳头紧握的人，也可能是内心缺乏安全感。

拳头紧握，内心可能缺乏安全感
十指交叉，掩饰内心真实想法
双手交叉抱于胸前，一种挑战姿势
说话时双掌摊开，表示诚实可靠
十指尖相触呈尖塔状，表示自信
两手相扭且十指交叉，表示无助
喜欢拉扯自己头发的人，大都个性鲜明
坐时常双手抱头者，是领导型的人
用指尖拨弄嘴唇、咬指甲，代表内心不安
先凝视对方再握手的人，想在心理上占优势
用力回握对方的手，乃热情的表现
握手时大力者，多为独断专行
握手时力度适中并注视对方者值得信赖

三、坐立行姿传递信息

走路双手叉腰，一种自信、果断的姿势
走路抬头挺胸，往往自视甚高
走路文气十足者，遇事沉着冷静
走路缓慢踌躇，代表软弱
走路优哉游哉者，缺乏进取心

走路蹦蹦跳跳者，性格多天真活泼
常摇头晃脑者，内心充满自信
边说边笑者，内心和善、有人情味
坐时两腿张开、姿态随意者，一般语言多于行动
坐时双腿并拢、双手交叉于大腿两侧者，比较古板
猛然坐下者，内心大多隐藏不安
深坐椅内者，自大自负
佝偻状站立，一种缺乏责任心的姿态
站立时喜欢双手插兜者，心思多缜密
站立时双臂交叉，代表挑战和攻击意识
走路快者，目标坚定
双手半插于口袋

四、谈吐之间显露心迹

每个人的声音，跟天地之间的阴阳五行之气一样，也有清浊之分，清者轻而上扬，浊者重而下坠。声音起始于丹田，在喉头发出声响，至舌头那里发生转化，在牙齿那里发生清浊之变，最后经由嘴唇发出去，这一切都与宫、商、角、徵、羽五音密切配合。识人时，听其声音，要去辨识其独具一格之处，不一定完全与五音相符，但只要听到声音就会想到这个人，这样就会闻其声而知其人，所以不一定要见到他的庐山真面目才能看出他究竟是个英才还是庸才。

说话时常清喉咙者，可能在掩饰情绪
说话像放连珠炮者，多缺乏心计
说话慢条斯理者，心中多有主见
说话音量高者，性情多粗犷
常唉声叹气，是心理脆弱的体现
喋喋不休者，多爱听奉承
口齿不清、言语迟钝者，意志往往坚定
善用幽默应对僵局者，脑筋转得快
善于自嘲者，心胸宽阔
能主动道歉者，多理性大度
打电话时声音很大者，渴望表现自我
不愿谈论自己者，大多有自卑心理
善说恭维话者，多比较圆滑
常用礼貌语者，内心多谦恭
喜讲方言者，多重感情
说话简练者，性情多豪爽
说话没逻辑者，办事缺乏条理
爱发牢骚者，多好逸恶劳
爱打听别人秘密者，心藏控制欲望

看不起领导者,多自视甚高

常在下属面前吹嘘者,大多不能适应职位

常在别人背后说三道四者,为人大都很挑剔

惯于赞美别人者,不会轻易得罪人

过分谦虚者,常常掩饰内心的真实想法

总喜欢提问者,可能是想占据主动

爱用手捂嘴巴者,多性格内向

不及时接电话者,多较自我

接电话时会动笔者,多心思细密、重感情

电话讲到一半才开始找便条的人,多能随机应变

项目六

需要、动机的基本原理及其在饭店服务中的应用

学习目标

知识目标：1. 掌握需要的概念及需要理论。
2. 掌握动机的概念及基本规律。
3. 掌握饭店宾客在消费中主要的需要、动机。

技能目标：学会从不同角度分析饭店宾客、饭店服务人员行为的需要和动机，能设计简单的激发宾客消费动机的方案。

情感目标：通过本项目的学习，树立关注饭店宾客需要动机的意识，产生加强学习需要、动机的相关知识的兴趣。

项目导图

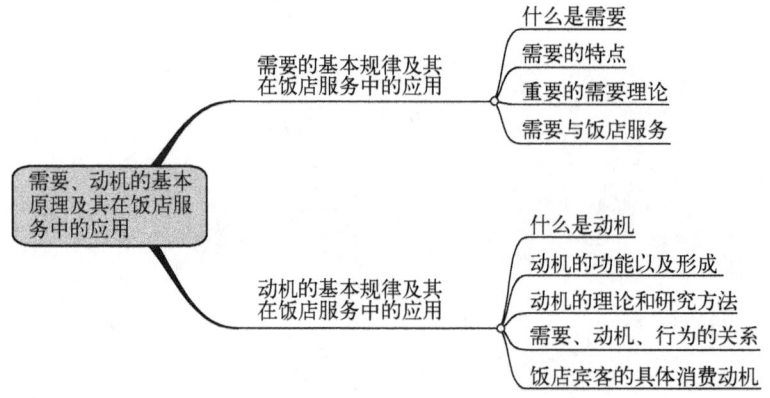

案例导入

自助餐上的香蕉

有一位美国客人入住某饭店，他个性孤僻，不喜言笑，单身。在饭店住了一周，几乎从不开口，不跟人打招呼，更难得让人看到一丝微笑。楼层服务员觉得这位客人极难伺候，任凭他们如何笑脸相待，主动招呼，所得到的总是一张铁板的脸，天天如此。

每天早上，他爱去自助餐厅吃早饭。当他吃完自己挑选的食品之后，便开始在台上寻找什么东西，他没吭一声，掉转头便走出餐厅。第二天小梅又壮起胆询问他，还是一张冷峻的脸，小梅窘得双颊发红。当这位美国客人正欲步出餐厅时，小梅又一次笑容满面地问他是否需要帮助，也许是小梅的诚意

感动了他，他终于吐出"香蕉"一词，这下小梅明白了。第三天早上，那位沉默寡言的客人同平时一样又来到自助餐厅，左侧一盘黄澄澄的香蕉吸引了他的注意力，绷紧的脸第一次有了一丝微笑，站在一旁的小梅也喜上眉梢。又一次领悟到"精诚所至，金石为开"的道理。

在接下来的几天里，饭店每天早餐都特地为他准备了香蕉。

几个月后，这位客人又来到该饭店。第二天一早他步入自助餐厅，迎面就是引入注目的一大盘香蕉。这位"金口难开"的客人看到小梅，第一次主动询问是不是特意为他准备的香蕉。小梅嫣然一笑，告诉他昨晚总台服务员已经给餐厅带来了客人入住本店的信息。

"太感谢你们了"，美国客人几个月第一次向饭店表示了发自内心的感谢。

案例分析：

饭店全心全意为客人服务，博得客人的好评，这在饭店业中极为常见。可是本案中那位沉默寡言的美国客人一个微笑、一声道谢，其含"金"量就非同一般。上述饭店的小梅等人便是用自己的真情使美国客人开启了他紧闭的嘴，"熔化"了铁铸的脸。

自助早餐准备一些香蕉，不是一件难事，重要的是去探索客人的心理，了解他们的需求。这位美国客人对香蕉情有独钟的信息不仅餐厅知道，连总台都掌握，可见该饭店极为重视有关每个客人特殊需求的档案。此外，该饭店的信息传递渠道畅通。晚上客人到达，第二天早上餐厅已经有了准备，饭店的服务效率由此可见一斑。

 **思 考**
1. 需要和动机是什么？
2. 需要理论有哪些？
3. 需要对服务的意义是什么？
4. 动机的理论有哪些？
5. 宾客的消费动机是什么？

任务一　需要的基本规律及其在饭店服务中的应用

一、什么是需要

需要是指在一定的生活条件下，个人对所缺乏的客观事物一种追求满足的状态。它是个人行为动力系统的基本结构。它既可以是生理的，又可以是心理的，当这种需要得到满足后，不平衡状态消失，但以后又会出现新的不平衡，产生新的需要。

当个人在生理或心理缺乏时，就导致生理或心理上的缺乏感，这种缺乏感会造成心理的紧张、不安或烦躁，形成一种不平衡状态，人们为了解决这种心理失衡就会根据现实条件通过行为达到心理的平衡，这就是需要产生与满足的过程。如个体在食物缺乏时，就会产生饥饿感，这种饥饿感会使人产生紧张、不安或烦躁，人们通过现实条件，比如现有的食物、经济条件、个人喜好等决定进食行为，这个过程就是进食需要的产生和满足的过程。

二、需要的特点

需要是一种复杂的心理状态，它具有以下特点：

1. 社会性和生物性

需要具有社会性、生物性的特点，其中生物性是需要的基本属性，而社会性在现代社会条件下是消费需要的主导属性，主导着消费需要的内容和满足方式。

2. 复杂性和差异性

由于社会生活的复杂多样，需要也是复杂多样的。人们的需要既有相似的一面，也有差异的一面。即使在同样的情境条件下，不同的消费者也会体现出不同的需要。

3. 发展性和周期性

需要是发展变化的。一般而言，人的需要总是从原始的基本需要到高级的社会需要不断地发展变化。在不同的生命阶段、不同的社会条件下，需要有明显的发展变化。需要不断出现，不断被满足，再出现，再被满足，呈现出周而复始的循环特征。自然性需要的周期性特征更加明显。

4. 紧张性与驱动性

当某种需要产生后，便形成一种紧张感，人为了消除这种紧张，构成寻求满足需要的驱动力，推动着人们去行动，以求得生理或心理上的平衡。

5. 伸缩性

需要具有伸缩性，需要在种类、层次、程度等方面具有一定的弹性。伸缩的原因既包括内因，也包括外因。消费需要的内因是指消费者的经济承受能力和需要的强烈程度，外因是指市场营销因素和社会及自然环境因素。

6. 可诱导性

需要不仅是由人自身的因素引起的，还受到外界环境的刺激。消费需要会随着外界环境的刺激而产生变化。亲友的意见、服务人员的演示和介绍、传媒的倡导、广告的宣传、现场的气氛都会影响消费者的需要和选择。

三、重要的需要理论

（一）马斯洛的需要层次理论

美国人本主义心理学的代表人亚伯拉罕·马斯洛于1943年提出了著名的"需要层次理论"。该理论是比较有影响、有代表性的学说，是心理学家试图解释需要规律的主要理论之一。

该理论指出人类的基本需要有五种，即生理需要、安全需要、社交需要、尊重需要、自我实现需要，按照它们上下间的依赖程度，分为五种层次。这五种需要按照其发生的先后顺序，由低级向高级呈金字塔形依次排列。当低层次需要没有得到相对满足时，它就支配着人们的动

机，只有当它得到适当满足，高层次需要才能引起人们的注意。在同一时期内，可以同时存在几种需要，但是每一时期内总有一种需要是占支配地位的，需要满足了就不再是一种激励力量了。

1. 生理需要

生理需要是个人生存的基本需要。如食物、水、氧气、休息的需要等。若不满足，则有生命危险。这就是说，它是最强烈的不可避免的最底层需要，也是推动人们行为的强大动力。当一个人存在多种需要时，例如同时缺乏食物、安全和爱情，总是缺乏食物的饥饿需要占有最大的优势，这说明当一个人被生理需要所控制时，那么其他一切需要都被推到幕后。

2. 安全需要

安全需要比生理需要高一级，当生理需要得到满足以后就要保障这种需要。包括安全、舒适、宁静和不害怕的需要等。安全的需要要求劳动安全、职业安全、生活稳定、希望免于灾难、希望未来有保障等。

3. 社交需要

社交需要也叫归属与爱的需要，是指个人渴望得到家庭、团体、朋友、同事的关怀爱护理解，是对友情、信任、温暖、爱情的需要。社会性是人的本性之一，需要友谊和群体的归属感，人际交往需要彼此同情、互助和赞许。社交的需要比生理和安全需要更细微、更难捉摸。它包括对交往、爱与情感、被一定群体所接纳等方面的需要。

4. 尊重需要

尊重的需要包括受到别人的尊重和具有内在的自尊心。尊重的需要可包括自尊心、自信心、价值感和能力感的需要等。尊重的需要很少能够得到完全的满足，但基本上的满足就可产生推动力。这种需要一旦成为推动力，就将会对人的行为产生持久的推动力。

5. 自我实现需要

自我实现需要是最高等级的需要，就是人尽其所能去做某事或才能的充分发挥。满足这种需要就要求完成与自己能力相称的工作，最充分地发挥自己的潜在能力，成为所期望的人物。

（二）激励因素、保健因素理论

激励因素、保健因素理论又叫双因素激励理论，是弗雷德里克·赫茨伯格（Fredrick Herzberg）提出来的。激励因素、保健因素理论是他最主要的成就，在工作丰富化方面，他也进行了开创性的研究。

赫茨伯格和助手们对二百名工程师、会计师进行了调查访问。访问主要围绕两个问题：在工作中，哪些事项是让他们感到满意的，并估计这种积极情绪持续多长时间；又有哪些事项是让他们感到不满意的，并估计这种消极情绪持续多长时间。赫茨伯格以对这些问题的回答为材料，着手去研究哪些事情使人们在工作中快乐和满足，哪些事情造成不愉快和不满足。结果他发现，使职工感到满意的都是属于工作本身或工作内容方面的；使职工感到不满的，都是属于工作环境或工作关系方面的。他把前者叫做激励因素，后者叫做保健因素。

所谓保健因素，就是那些造成职工不满的因素，它们的改善能够解除职工的不满，但不能使职工感到满意并激发起职工的积极性。它们主要有企业的政策、行政管理、工资发放、劳动保护、工作监督以及各种人事关系处理等。由于它们只带有预防性，只起维持工作现状的作用，也被称为"维持因素"。

所谓激励因素，就是那些使职工感到满意的因素，唯有它们的改善才能让职工感到满意，给职工以较高的激励，调动积极性，提高劳动生产效率。它们主要有工作表现机会，工作本身的乐趣，工作上的成就感，对未来发展的期望，职务上的责任感等。

双因素理论与马斯洛的需要层次理论是相吻合的，马斯洛理论中低层次的需要，相当于保健因素，而高层次的需要相似于激励因素，双因素理论是针对满足的目标而言的。保健因素是满足人的对外部条件的要求；激励因素是满足人们对工作本身的要求。前者为直接满足，可以使人受到外在激励，包括公司政策和管理、技术监督、薪水、工作条件以及人际关系等。也就是说，对工作和工作本身而言，这些因素是外在的。后者为间接满足，可以使人受到在内激励，包括工作本身、认可、成就和责任，这些因素涉及对工作的积极感情，又和工作本身的内容有关。这些积极感情和个人过去的成就，被人认可及担负过的责任有关，它们的基础在于工作环境中持久的而不是短暂的成就。因此，双因素理论认为，要调动人的积极性，就要在"满足"二字上下工夫。

（三）成就需要理论

戴维·麦克利兰（David. C. McClelland）通过对人的需求和动机进行研究，于20世纪50年代在一系列文章中提出了成就需要理论。麦克利兰把人的高层次需求归纳为对成就、权力和亲和的需求。

1. 成就需求（Need for Achievement）：争取成功，希望做得最好的需求

麦克利兰认为，具有强烈的成就需求的人渴望将事情做得更为完美，提高工作效率，获得更大的成功，他们追求的是在争取成功的过程中克服困难、解决难题、努力奋斗的乐趣，以及成功之后的个人的成就感，他们并不看重成功所带来的物质奖励。个体的成就需求与他们所处的经济、文化、社会、政府的发展程度有关，社会风气也制约着人们的成就需求。

麦克利兰发现高成就需求者有三个主要特点：

（1）高成就需求者喜欢设立具有适度挑战性的目标，不喜欢凭运气获得的成功，不喜欢接受那些在他们看来特别容易或特别困难的工作任务。他们不满足于漫无目的地随波逐流和随遇而安，而总是想有所作为。

（2）高成就需求者在选择目标时会回避过分的难度。他们喜欢中等难度的目标，既不是唾手可得没有一点成就感，也不是难得只能凭运气。

（3）高成就需求者喜欢多少能立即给予反馈的任务。目标对于他们非常重要，所以他们希望得到有关工作绩效的及时明确的反馈信息，从而了解自己是否有所进步。这就是高成就需求者往往选择专业性职业，或从事销售，或者参与经营活动的原因之一。

2. 权力需求（Need for Power）：影响或控制他人且不受他人控制的需求

权力需求是指影响和控制别人的一种愿望或驱动力。不同人对权力的渴望程度也有所不同。权力需求较高的人对影响和控制别人表现出很大的兴趣，喜欢对别人"发号施令"，注重争取地位和影响力。他们常常表现出喜欢争辩、健谈、直率和头脑冷静；善于提出问题和

要求；喜欢教训别人、并乐于演讲。他们喜欢具有竞争性和能体现较高地位的场合或情境，他们也会追求出色的成绩，但他们这样做并不像高成就需求的人那样是为了个人的成就感，而是为了获得地位和权力或与自己已具有的权力和地位相称。权力需求是管理成功的基本要素之一。

麦克利兰还将组织中管理者的权力分为两种：一是个人权力。追求个人权力的人表现出来的特征是围绕个人需求行使权力，在工作中需要及时的反馈和倾向于自己亲自操作。麦克利兰提出一个管理者，若把他的权力形式建立在个人需求的基础上，不利于他人来续位。二是职位性权力。职位性权力要求管理者与组织共同发展，自觉地接受约束，从体验行使权力的过程中得到一种满足。

3. 亲和需求（Need for Affiliation）：建立友好亲密的人际关系的需求

亲和需求就是寻求被他人喜爱和接纳的一种愿望。高亲和动机的人更倾向于与他人进行交往，至少是为他人着想，这种交往会给他带来愉快。高亲和需求者渴望亲和，喜欢合作而不是竞争的工作环境，希望彼此之间的沟通与理解，他们对环境中的人际关系更为敏感。有时，亲和需求也表现为对失去某些亲密关系的恐惧和对人际冲突的回避。亲和需求是保持社会交往和人际关系和谐的重要条件。

麦克利兰的亲和需求与马斯洛的感情上的需求、奥尔德弗的关系需求基本相同。麦克利兰指出，注重亲和需求的管理者容易因为讲究交情和义气而违背或不重视管理工作原则，从而会导致组织效率下降。

（四）幸福需要理论

该理论认为，幸福是人们内心深处最重要的需求之一。人在现实中的各种行为（各种努力、奋斗、创新、创造等），其隐含在深层的核心的需求就是幸福——得到幸福，感受幸福。个体依据自定的标准对其生活质量的整体评价，即为主观幸福感。然而，对于"幸福"的理解，却有不同的见解。例如，幸福的认知论、幸福的体验论、幸福的实现论等。我们在此仅介绍两位学者的观点。

1. 奚恺元的幸福理论

奚恺元致力于研究如何最大化人们的幸福，他把这种理论称之为"幸福学"。这个理论认为，幸福是发展经济的最终标准。除了生存以外，我们的最终目标是最大化人们的广义的幸福。幸福不仅是现在的幸福，而是现在和将来的幸福的一种总和，更多的财富不一定带来更多的幸福，财富仅是带来幸福的因素之一。传统经济学认为，增加财富，是提高人们幸福水平的有效手段。新经济学则认为，人们是否幸福，取决于很多和绝对财富无关的因素。除了绝对财富以外，主要有两个方面影响我们的幸福感：一是时间的比较和社会的比较。二是生活起伏变化。

这一理论认为，如果一个人一直过着优越的生活，而没有什么变化，他不会感到比一般人幸福。也就是说，舒适并不是幸福的重要因素。如果他的生活水平并不高，但是，他的生活时不时地有一些起伏变化，比如旅游、探险等，这些脉冲式的快乐，就能使人感到更加幸福。

2. 吴正平的幸福理论

吴正平认为顾客旅游消费的终极目标是追求幸福的体验，并且人的幸福取决于他在生活中是否具备以下三个要素：新鲜感、亲切感与自豪感。新鲜感来自于差异，亲切感来自于交流，自豪感来自于赞美。新鲜感，即新奇与鲜活。亲切感是从接触中，特别是人与人接触中，得到的一种满足感，他的主要功能是消除孤独，只有那些欢迎、关心与理解的接触才能够产生亲切感。自豪感是对自己价值的肯定，是一种对自己满足的感觉，觉得自己是个有价值的人，值得尊重的人，值得自己也值得别人爱的人（吴正平、邹统钎，1996）。

然而当日常生活不能够完全满足我们的幸福时，人们通过其他的方式来实现，如旅游。实现的途径是求补偿与求解脱。求补偿是寻求与自己的幸福标准相比，自己缺乏的东西。求解脱是与自己的幸福标准相比，自己日常生活中多余的东西。因此，一个旅游景区和饭店的使命是培养顾客的"三感（亲切感、自豪感与新鲜感）"与满足游客的"二求"（求补偿与求解脱）。

（五）单一性需要和复杂性需要理论

心理学家多年来一直在争论人们是力求在生活所有领域都保持心理的单一性，还是追求复杂性。

单一性需要观点认为人们在生活中总是寻求平衡、和谐、相同、可预见性和没有冲突。如果生活中出现非单一性，人们就会表现出紧张不安，就会寻找可预见性和单一性。比如旅游者在旅游过程中会尽量寻找可提供标准化的旅游设施和服务，会选择那些知名度高并能提供标准化服务的饭店，会选择游览北京故宫、杭州西湖、桂林漓江等非常著名的旅游景点。

复杂性需要观点认为人们有对新奇、出乎意料、变化和不可预测性事物的向往和追求。过度的单一性会让人感到厌倦，会促使人追求新鲜、刺激，以改变单一性生活带来的单调、乏味。人们之所以追求复杂性需要，是因为这些复杂性需要本身就能给人带来满足。在旅游中，旅游者希望他所经历的要与他在家里所习惯的东西和他在上次旅游中所经历的东西有所不同。所以有些人会在旅途中临时决定参观一些计划之外的景点，或者干脆舍弃为旅游大众所热衷的旅游景点，而到一些人迹罕至的地方进行探险式旅游。他们宁愿自己开车进行自助旅游，而不跟团活动；他们会选择到一些汽车旅馆或乡村酒店住宿。对于复杂性需要较强的人来说，著名的酒店、景点、旅行社、航空公司提供的服务千篇一律、可预见性强、缺乏新意，令他们感到厌倦。

从上述两个概念的解释可以看出，人们既有单一性需要又有复杂性需要。活动过程中的单一性过多，人们会产生枯燥、单调、厌倦之感，觉得了无生趣。而活动过程中的复杂性、不可预见性过多，也会使人感到紧张、不安和焦虑。所以，需要单一性需要和复杂性需要达到某种平衡，即中等强度的不确定性是诱发兴趣和维持最合适的动机状态的最合适条件。这样顾客才会既感到放心、安全、可靠、舒适，又感到新鲜、刺激、有趣、惊喜。

当然，单一性与复杂性最佳程度的平衡只是一个相对的说法。有些人所从事的工作使其生活有了太多的复杂性。因此，他们不需要用"复杂性"，而需要用"单一性"来恢复平衡。如果他们去旅游，可能只想到一个宁静的地方去过几天宁静的生活，或许只要能放下手里的工作舒舒服服地在家里呆几天就会心满意足了。两位美国学者合著的《闲暇旅行心理学》一书中指

出:"最高一级的公司行政人员是在相当不可预见的、多样复杂的环境中工作,没有哪两天的工作是完全相同的,每天都会遇到以前不曾出现过的新问题。他们总是在和不同的人打交道,他们的工作场所可以是在办公室、工厂、家中、高级饭店,或者是在飞机上,他甚至要来往于世界十几个城市之间。"企业的高级责任人可能会花钱带领全家出去旅游,但他的主要动机是出于对家庭的责任感,而不是出于使自己得以从工作中解脱出来的需要。这就意味着旅行社和其他部门要通过激发企业负责人对家庭的责任感,来促使他们在家庭旅游上花相当多的一笔钱。

四、需要与饭店服务

在了解宾客心理需要的基础上,饭店下一步的任务就是要针对客人需要来设计饭店的产品和服务,以满足客人的需要。饭店可以从以下几个方面加以考虑,以吸引消费者。

1. 舒适安静为根本

现在越来越多的人对环境的要求提高了标准,希望饭店能为自己提供一个不受外界打扰的"个人空间"。充分的休息和放松对那些长期在外的宾客来说是莫大的享受,所以在饭店的内部以及外部空间的布置上充分体现安静性、舒适性、优美性。舒适的大床、贴身的床上用品,大范围的绿化空间和装饰空间是饭店为宾客提供最好的"隔绝空间",宾客在宽敞的空间中感觉到悠闲、惬意、放松,从繁忙的工作中脱离出来,享受这难得的清静。同时在客房的装饰材料上也要下工夫,隔音板的使用,可以减少客房间不必要的干扰。另外,在客房服务中,也应充分考虑客人的生活习惯,整理房间的时候应考虑到客人的方便程度。这些人性化的做法是对客人心理需要的极大满足。

在餐厅的设计中,我们也考虑到环境的影响因素。宾客在餐厅消费的过程当中,舒适优美的环境可以调节宾客的就餐情绪,相反喧闹繁华的就餐环境会让宾客的食欲大打折扣。所以美好的环境犹如锦上添花,让客人在品尝美味佳肴时可以欣赏周围美好的景致。

2. 清洁安全为基础

清洁卫生的安全往往是决定客人选择饭店的主要因素,无论是小饭店或者是星级的大型饭店,从设施设备到环境质量,从食品原料进货途径到加工,从用具的清洁到消毒每个细节都需要严格把关,并且要加强饭店工作人员个人卫生到环境卫生的培训。只有一个清洁卫生的环境才能让宾客在住店期间放松休息和品尝美食,给宾客一种基本的安全感。

饭店的大堂是饭店的一个公共区域也是饭店的一个门面,出入的人员形形色色非常多,所以管理前厅的服务人员就应该来回巡视,及时清洁。休息区的烟缸内烟头不得超过两个,客人坐过的沙发,看过的书报要及时整理,保持大堂的整洁。有时宾客从洗手间的卫生情况来判定饭店卫生的好坏,因此清洁人员就要认真地进行刷洗、消毒,保证客人使用时安全卫生。餐饮部也是饭店卫生检查的最重要的一个部门,从食品材料的进货渠道,到加工制作过程的卫生问题都至关重要。目前许多的餐厅在制作的过程中为了让宾客看得清楚,吃得放心,将菜肴的制作过程全程"直播"给宾客观看,使宾客放心。

另外,饭店从业人员的清洁卫生状况是一面镜子,直接映射出饭店的基本卫生状况。服务员仪容仪表要服饰庄重,整洁挺括,打扮得体,淡妆素抹,统一着工装,而且保持清洁,常换

常洗，不得有油污等不洁之处；服务人员要勤洗头、洗澡、勤剪指甲、保持面部和手部及口腔的清洁卫生，上班前不吃有异味的食物。在进行服务的过程中，注意操作的清洁卫生。比如不得将撤换下来的床上用品用来抹洗卫生间的地面、浴缸等；客用杯具一定要严格认真地消毒，不得随便冲洗几下便放入印有消毒标志的包装袋。新员工办理健康证，老员工定期到医院进行体检，拒绝有传染疾病的人员从事服务工作。

3. 高效快捷为基准

时间就是金钱，在这个生活节奏加快的时代，时间异常宝贵。饭店服务的速度跟效率往往是宾客下次是否选择本饭店的原因之一。没有哪位宾客希望自己在等待中度过，无论是等待上菜或者是结账。所以在一定的时间内如何提高服务速度和效率，办理手续或提供宾客所需的产品或者服务时缩短时间，提高宾客满意度。无线wifi、自助入住、IPAD点餐等智能化设备的引进，为饭店服务效率的提升提供了技术保证。在宾客等待结账时，我们可以附送上调查表或者是介绍宣传单给宾客阅览，这样可以减少宾客等待的漫长感，为宾客节约时间，也为饭店节约时间。

4. 热情微笑为重点

热情细心地服务、耐心周到地照顾，从而让客人感受到极大的欢迎和尊重，是每个饭店力争做到的服务水准。服务人员必须有服务意识，对每位前来饭店的宾客都应发自内心地微笑，欢迎声和感谢声随时想起。无论宾客走到哪个部门，服务人员都应热情欢迎，主动问候，为宾客提供周到的服务，缩小宾客与服务人员之间的距离。但是并不是越"热情"就越能显示你的服务周到，服务员必须把握热情的"尺度"，在适当的时机，为宾客提供适当的服务。过度的热情，有时会使宾客反感。提供服务时要在宾客能够接受、愿意接受的范围之内，仔细观察宾客的表情，决不能忽视客人的主观感受。如跨越了这个尺度，往往会让宾客产生不满甚至投诉。当出现此类现象时，就应该采取补救措施，来消除客人心理上的不悦。服务人员要学会善于观察客人的一言一行，从中判断客人的需要，提供周到的服务。

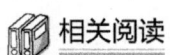

相关阅读

服务员打翻饮料

夏日中午，饭店宴会大厅正在举行欢迎记者午宴，百余名客人在互相交谈，舒缓的背景音乐响起。

这时，一位男侍应生手托饮料盘向客人走来，一不小心，托盘上的饮料翻倒，全部洒在邻近的一位小姐身上，小姐被这突如其来的事情吓得发出了一声尖叫："啊呀！"

响声惊动了百余名客人，大家目光一齐投向这位小姐。

这样的场合发生这样的事情，年轻的小姐显得无比尴尬。那位服务员手足无措，脸色煞白。

这时，公关部沈经理和杨小姐一前一后从宴会大厅不同的方向向客人走来。

沈经理对站立在一边的服务员说道："请尽快把翻倒在地毯上的饮料和杯子收拾干净。"

同时对客人说："小姐，请先随我来。"说着与小杨一起一前一后用身体为女记者遮挡着走出了宴会厅。

> 沈经理对客人说:"小姐,对不起,发生这样的事是我们服务上的失误,请多多原谅。"
>
> 客人从尴尬到气愤,抱怨不停:"你们是怎么搞的,我的衣服被弄湿了,叫我还怎么出去啊?"
>
> 又道:"我第一次到你们饭店来就碰上这样的事,真倒霉。"
>
> 沈经理一面安慰客人,一面把客人带到一间空客房内:"小姐,你请先洗个澡,告诉我们你的内衣尺寸,我们马上派人去取。"
>
> 小姐走进浴室,沈经理到客房部借了一套干净的酒店制服,小杨把客人的衣服送到洗衣房快洗。
>
> 很快,衣服取来了,客人换上了饭店的衣服,沈经理对客人说:"您的衣服我们送去快洗了,很快就会取来,我们先去用餐吧!"说着陪同客人一起到一楼餐厅单独用餐。
>
> 客人渐渐平静了,一面用餐一面与沈经理闲聊起来。
>
> 得知这件事的总经理也特意赶到一楼餐厅,对正在用餐的客人道歉:"小姐,我代表饭店向你道歉,我们的服务质量不高……"
>
> 客人被总经理的诚意打动了,笑道:"你看,我都成了您饭店的员工了。"说着指指身上的饭店制服。
>
> 用完餐,客人回到客房,看到自己的衣服已经洗净熨好送来了,换上自己的衣服后,她满面笑容地对沈经理道谢:"谢谢你们。虽然碰到不愉快的事,但你们入微的关怀,快捷利落的措施,妥善的安排却令人愉快,你们的真情和诚意更令人难忘。"
>
> **分析:**
>
> 当饭店服务发生过失而给客人带来不快时,饭店在向客人道歉的同时,更应采取有效的措施使客人的利益得到补偿,各部门相互配合做好善后处理工作,处理得当,可以将事件的消极影响减少到最低限度。

任务二 动机的基本规律及其在饭店服务中的应用

一、什么是动机

所谓动机,是指引起个人行为、维持该行为并将此行为导向某一目标(个人需要的满足)的过程。动机的产生需要两个必要条件:其一是人的需要,需要构成了动机产生的内在条件。其二是诱因,它是指那些能够吸引个人采取行动,追求需要满足的外部刺激。如果说需要是个体活动的基本动力和源泉,那么动机就是需要的具体表现或内在动力体现。事实上,任何一个处于正常状态下的个体,其行为都是由一定的动机引起的。

二、动机的功能以及形成

动机是在目标或对象的引导下,激发和维持个体活动的内在心理过程或内部动力。动机是一种内部心理过程,不能直接观察,但是可以通过任务选择、努力程度、活动的坚持性和言语

表示等行为进行推断。动机必须有目标,目标引导个体行为的方向,并且提供原动力。动机要求活动,活动促使个体达到他们的目标。

动机具有激活、指向、维持和调整功能。动机是个体能动性的一个主要方面,它具有发动行为的作用,能推动个体产生某种活动,使个体从静止状态转向活动状态。同时它还能将行为指向一定的对象或目标,当个体活动由于动机激发而产生后,能否坚持活动,同样受到动机的调节和支配。

动机作为推动个体行为的内在动力,只有在一定的条件下才能被激发而产生。概括来说,动机的产生源自两个方面的原因,即主观的需要和客观的刺激。

三、动机的理论和研究方法

1. 动机的理论

在现代心理学中关于动机问题,有各种各样的理论在不断地演变。主要的动机理论有:精神分析论、内驱力理论和认知论。

(1) 精神分析的动机理论:弗洛伊德认为,人有两大类本能,一种是生的本能,他称之为里比多(libido),并用里比多这个词来概括一系列行为和动机现象,像饮食、性、自爱、他爱等个人所从事的任何愉快的活动,都是生的本能。另一种是死的本能,他称之为萨那托斯(thanatos,即希腊神话中的死神),像仇恨、侵犯和自杀等都是死的本能。由于这两种本能在现实生活中都不能自由发展,常常受到压抑而进入无意识领域,并在无意识中并立共存,驱使我们的行动。人的每一种动机都是无意识的生的本能和死的本能的混合物。他把心理比做冰山,露出水面的小部分为意识领域,水下的大部分为无意识领域。这个无意识的大部分是冲动、被压抑的愿望和情感。因此要了解人类行为背后潜藏的动机,如果只分析意识领域是不充分的,也是不恰当的。于是,弗洛伊德采用自由联想、释梦等方法来揭示无意识的动机过程。

弗洛伊德的精神分析理论,后由阿德勒(A. Adler. 1870—1937),荣格(C. G. Jung, 1875—1961)和霍妮(R. Homey. 1885—1952)等加以修正和发展。尽管他们的观点各不相同,但认为人类最基本的动机是无意识的,这一点却是相同的。

(2) 内驱力理论:美国心理学家赫尔(C. L. Hull. 1884—1952)是内驱力理论的主要代表。他认为,机体的需要产生内驱力,内驱力驱动有机体的行为。内驱力是一种中间变量,其力量大小可以根据剥夺时间的长短或引起行为的强度或能量消耗,从经验上加以确定。但他认为,剥夺的持续时间是一个相当不完善的指标,因而强调用行为的力量来衡量。在赫尔的理论中,内驱力是一种中间变量,其力量大小可以根据剥夺时间的长短或引起行为的强度或能量消耗,从经验上加以确定。原始性内驱力同生物性需要状态相伴随,并与有机体的生存有密切的联系。这些内驱力产生于机体组织的需要状态,如饥、渴、空气、体温调节、睡眠、活动、回避痛苦等。

赫尔认为,要形成学习行为,必须降低需要或由需要而产生的内驱力。为了使被强化的习惯产生行动,必须要有与之相适应的诱因,而且必须引起内驱力。因此,产生某种行为的反应潜能(sER)等于内驱力(D),诱因(K)和习惯强度(sHR)的乘积。这样,赫尔的理论体

系可用下列公式来表示：

$$sER = D \times K \times sHR$$

这个公式表明，反应潜能是由内驱力、诱因、习惯强度的多元的乘积决定的。如果 $D=0$ 或 $K=0$，则 sER 也等于零而不发生反应。同时，不论驱力水平有多高，驱力水平低，反应潜能也低。由此可以看出，赫尔的动机理论主要有两点：一是有机体的活动在于降低或消除内驱力。二是内驱力降低的同时，活动受到强化，因而是促使提高学习概率的基本条件。赫尔的动机理论也称为内驱力降低理论。

（3）认知论的动机理论：认知论的动机理论认为，人类的动机行为是以一系列的预期、判断、选择，并朝向目标的认知为基础的。主张认知论的早期代表人物是托尔曼（E. C. Tolman，1886—1959）和勒温。托尔曼通过对动物的实验提出行为的目的性，即行为的动机是期望得到某些喜欢的东西，或企图避开某些讨厌的东西，这就是期望理论的原始形态。期望理论必须解决动机的两个问题：期望什么，即实现目的的可能性有多大，以及目的的价值如何？弗罗姆（V. H. Vroom，1964）为了解决这两个问题，用效价（valence，简写为 V）、期望（expectancy，简写为 E）和力（force，简写为 F）构成人类的动机作用模式。

费洛姆所说的效价是指个人对特定结果的情绪指向，即对特定结果的爱好强度。效价有正负之分。个人对于各种结果，具有喜欢其所得到的为正效价；如果个人漠视其结果，则为零值；如果不喜欢其可得的结果，则为负效价。弗洛姆曾举出用各种方法来测定结果的效价。例如，可以根据行为的选择方向进行推测，假如个人可以自由地选择 X 结果和 Y 结果的任一个时，在相等的条件，如果选择 X，即表示 X 比 Y 具有正效价；如果选择 Y，则表示 Y 比 X 具有正效价。也可以根据观察到的需求完成行为来推测。例如，吃喝的数量可以表明需求完成的情况，如果吃得多、吃得快，说明食品具有正效价。效价值（V）可以在从最喜爱的+1，经过漠视的 0，到最不喜爱的-1 之间。

弗洛姆所说的期望是指个人预测特定行为在达到特定结果时的主观认知，而不是客观实在的。期望值（E）就是如果进行某种行为定会达到某种结果的主观概率，其最大值为+1，最小值为 0。行为的努力强度是由效价和期望相结合所决定的。其数值以由+1 到-1 来表示。由于效价与主观期望概率成反比，因此，主观期望概率等于 0.5 是最优的。一个成就动机高的人，往往就采取难度适中的目标。

期望理论可以解释个人为什么这样做而不那样做，那么期望又是如何形成的呢？归因理论对此做出了解释。海德（F. Heider，1958）认为，人们日常生活中的因果概念并不是来自逻辑推理，而是来自对复杂现象简单化、笼统化的常识理解。例如，一个人工作成功了，他可能归因于自己的努力或能力，失败了则归因于工作难度或运气。因此，归因的控制点可分为内部的（如能力和努力）和外部的（如工作难度和运气）。内外部归因，还可以分为稳定的与不稳定的两种。同为内部的，能力属于稳定的归因，而努力则属于不稳定的归因。例如，一个人把失败归因于不努力，另一个人归因于能力，这样就会形成两种结果不同的动机。归因于不努力的便会振奋起来挽回失败，归因于能力的便不愿再努力了。这里也有个别差异。高成就动机者倾向于把成功和失败都归因于自己的努力与不努力。低成就动机者则倾向于把成功归因于自己的努力，而把失败归因于工作难度和运气。所以，归因不一定是真正的原因，只是主观上认为成功

或失败的原因,它规定着人们对工作的期望。

人类的动机是很复杂的,心理学家对动机的理论探索也是多侧面的。上述各种动机理论都有一定的合理性,但又不能解释所有的动机现象,而都有其局限性。现代动机的理论研究已不再醉心于解释各种动机现象的大理论,而侧重于探索各种活动领域中的动机作用规律,根据观察实验材料,建立各种小型的动机理论。例如,弗洛姆的效价—期望理论就是一种工作动机的理论。

2. 动机的研究方法

由于心理学家对动机的理解不同,研究动机的侧面不同,因而所采用的研究方法也不同。对于动机的研究,最常用的有以下几种:

(1)访谈法:用访谈法了解人的行为动机,可分为两种形式,即直接询问和深度访问。直接询问就像我们经常提到的一些上级找下级谈话、老师找学生谈话等。这种询问动机所获得的资料往往是真假难定,无法置信。因为在一般情况下,人只愿意讲述对自己有力或社会所喜欢的动机,而隐瞒对自己不利或者社会不喜欢的动机,行为的内心动机不可能毫无阻碍地表露出来。用谈话法了解被测试的动机,实际上是让其回忆过去的行为动机,然而回忆往往是不准确的。人的行为动机具有不同的意识水平,人对自己的行为动机可能没有意识到,所以直接询问法是难以让人信服的。

为了避免上述的缺陷,可采用深度访问来研究人的行为动机。所谓深度访问就是访谈时间较长,不是照本宣科地问问题,而是自由提出与行为动机有关的各种问题,被测试者可以天南海北地畅谈。通过多次的访问,观察被访问者的非语言行为,并且与语言回答相对应就可能对人的行为动机有较为准确的了解。

(2)投射法:由于行为动机可以是无意识的或有意压抑的,直接询问所获得的结果可能是不真实的。投射法的目的是让个人在情境中不知不觉地把内心的动机显露出来。投射法没有向被测试者直接进行提问,隐蔽了所要研究的问题,从被测试者自然流露出来的内心感情来推测行为动机,避免了访谈法固有的缺点。但是,要使用好投射法,研究者必须要经过专门的训练,有较高的心理修养,避免解释的主观性。

(3)试验法:用实验法研究行为动机,是一种比较有效的方法。根据课题的性质做好实验设计,可以用实验室实验法或自然实验法来研究动机的强度或者性质等问题。

用实验法来研究行为动机也有一定的局限性,因为试验通常是以被测试的客观行为来推断其动机的。然而,行为与动机之间的关系又不是单一的。不同的动机可以表现为不同的行为或者是同一的行为,一种行为也可以由一种或者几种动机驱使。因此,目前动机的各种研究方法都有一定的适用性,但同时也具有一定的局限性。只有将其有效地结合在一起,进行有效的分析,才能比较准确地了解行为动机。

四、需要、动机、行为的关系

人们由于受到生理与心理的刺激,感受到对某种事物的缺乏引起了心理的紧张不安而产生想要满足的状态,这种状态就是需要。怎样满足?人们根据自身条件与外在条件寻找满足需要的途径及目标定向。如一个人产生了对食物的需要,他要根据自己条件(如经济条件、对食物

的偏好、以往进餐的经验等）及外在条件（如餐厅的位置、餐厅的装饰及其他宣传、朋友的影响等）确定消费目标，进行消费行为。而消费行为结果也许会得到满足，也许没有得到满足，这在消费者的记忆里形成一次消费体验与评价，这种经验将会影响下次满足食物需要目标的选择（图6-1）。

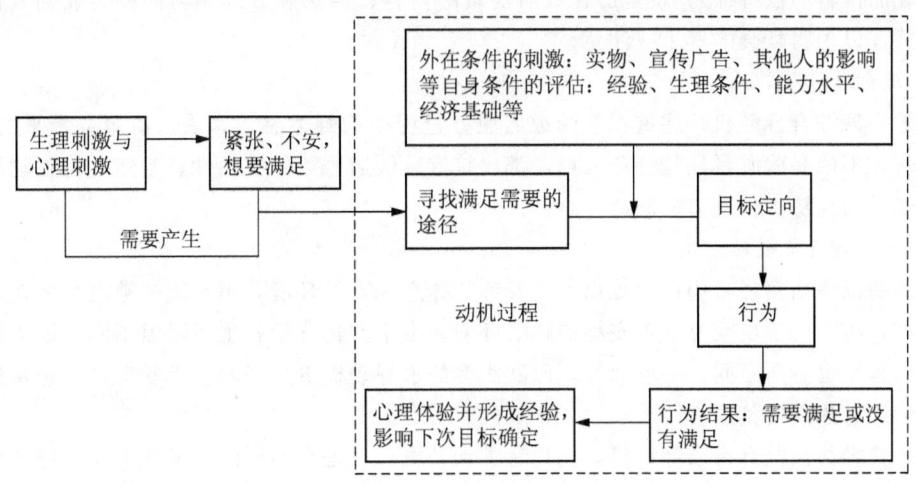

图6-1 需要、动机与行为模式

五、饭店宾客的具体消费动机

1. 求实动机

求实动机是指宾客在消费活动中，以追求饭店服务的实用价值为主要目的的动机。这种动机比较重视饭店服务的性价比，而不注重新颖和时尚，是饭店宾客的具体消费动机之一。

2. 求便动机

这种动机主要追求饭店服务的方便性，如预订方便、交通方便、入住方便、服务方便等。在生活节奏越来越快的现代社会，时间成本越来越昂贵，因此，求便动机也是饭店宾客的具体消费动机之一。

3. 安全动机

这种动机追求饭店服务具有高度的安全保障，包括生命健康、财产安全、隐私安全。公务客人和商业客人还追求商业秘密安全。对客房清洁和食品卫生的要求，也属于安全动机。显然，安全动机是一种基础性的服务要求，如果饭店不能提供足够的安全保障，其他方面的优势再明显，也难以吸引宾客。

4. 求廉动机

这种动机表现为注重饭店服务的价格，而将方便性、舒适性等要求放在相对次要的位置上。其实，多数饭店宾客都会考虑服务价格因素。换句话说，求廉动机是一种普遍存在的动机。由于经济条件、消费观、时间压力以及出游目的的差异，宾客对价格的重视程度不一样。

5. 表现动机

表现动机（炫耀动机）与求实动机被有些学者认为是饭店宾客消费的两大基本动机之一。表现动机是指宾客在消费过程中，特别注意别人对自己的看法和评价，试图通过自己的消费选择，或吸引别人的注意，或体现自己的独特个性，或表现自己的优势（如社会地位、经济状况、文化品位、职业特征），将自己在饭店消费的内容、档次和方式作为向社会或别人传递信息的方式，以求得社会的尊重或注意。

6. 享受动机与舒适动机

这是一种综合性动机，注重在接受饭店服务过程中的舒适感，享受饭店服务带来的体验。一般而言，不论是旅游者还是公务人员，都比较看重饭店服务的舒适性。当然，这种动机的强烈程度还受到经济支付能力的制约。

7. 求静动机与求动动机

求静动机是指宾客希望饭店提供一个安静的休息和享受环境，不希望被噪声和无谓事件打扰，例如，宾客希望夜晚有一个安静的睡眠环境。由于文化背景和生活习惯不同，饭店宾客求静动机的程度也有所不同。一般而言，西欧宾客的求静动机更加强烈。求动动机则正相反，宾客希望饭店有热闹的氛围。

一个宾客往往既具有求静动机，也具有求动动机，只是在不同的心境状态和环境条件下的表现强度不同，并可以相互转化。求静动机往往表现为追求稳定与和谐，求动动机往往表现为追求变化和出乎意料。

8. 好奇动机

这种动机表现为对新奇的、新颖的服务项目的追求。人都是有好奇心的，这种好奇心有时也会体现在对饭店服务的要求上。因此，饭店服务的创新和特色也是吸引宾客的重要因素之一。

9. 求名动机

这种动机是对饭店品牌和档次的要求。这种动机的原因较复杂，既有表现和炫耀心理，也有追求质量、减少风险、简化决策、节省时间等因素。

10. 求质动机

这种动机是宾客对饭店服务质量的要求。求质动机是现代社会最普遍的动机，饭店宾客当然也不例外，其实质是宾客对饭店服务满足自身需要的要求。

11. 从众动机

这种动机是指宾客在消费方式上与多数人保持一致的心理。在一定条件下，宾客往往会以自己所处的社会阶层、相关群体的消费方式来约束自己的消费行为，与周围的人保持协调一致。

除此之外，饭店宾客还有求美动机、怀旧动机、逆反动机、习惯动机等。

在具体的消费行为中，饭店宾客的动机不是单一的，而是具有复合性的特征，即多种动机并存，形成一个复杂的动机体系，共同决定购买和消费行为。一般而言，不同动机的强度和作用是不一致的，总有一种或者两三种动机是主导动机，是宾客购买和消费行为的主要决定因素，其他动机则成为辅助决定因素。

因此，发现并满足饭店宾客的主导动机是饭店营销和服务工作中应当重视的问题。同时需

要注意的是，由于同档次的饭店在服务方面具有一定程度的相似性，都能够满足宾客的主导动机，在这种情况下，能够满足宾客辅助动机的服务要素就成为吸引宾客的关键因素。

项目小结

——核心概念

　　需要　动机

——重要提示

　　需要是个体活动的基本动力和源泉，动机就是需要的具体表现或内在动力体现。宾客的需要和动机是其消费行为的基本原因。要实现人性化、个性化的优质服务，就必须洞察宾客的需要与动机。本项目通过介绍需要、动机的概念与理论，力图使学生对饭店宾客的需要和动机有一个整体的把握，为将来的服务工作奠定基础。

综合能力训练

◆◆◆◆◆◆◆◆ 基本训练 ◆◆◆◆◆◆◆◆

一、复习与思考

1. 需求与动机的基本定义是什么？
2. 简述马斯洛需求层次理论的具体内容？
3. 简述如何在饭店中针对宾客的需要提供全面服务？
4. 案例题：北京某公司的高管赴上海出差，原来预计抵店时间为下午两点，可到了晚上7点客人才出现在前台，作为前台服务员，在与客户交谈中应该注意哪些方面？

二、案例分析

几声道歉几多缺憾

华中地区某大城市的一家中型宾馆里，住进一个才20来人的旅游团队。他们来自南美洲，成员都是退休了的蓝领阶层。

他们白天游览几个著名景点之后，回到宾馆已是下午5点钟，各自进房梳洗一番，因为离晚餐还有半个小时，于是结伴一起来到商场。

宾馆商场的面积不大，但布置十分豪华，颇具欧洲风格。商品种类不少，且大多有着精美的外包装。南美客人一个个柜台浏览过去，站在柜台内的4名服务员，从他们快速移动脚步这一点判断出：他们没有发现可买的商品。

客人很快便走遍了商场，朝门口走去时，一位口齿伶俐的服务员用英语询问客人是否需要帮助。一位略胖的太太说他们想带几套有关当地名胜的明信片回去，但走遍了商场却没有找到。

"很对不起，"服务员坦诚地告诉客人，"商场里没有明信片出售。"

另一位头发已经花白、颇具绅士风度的客人告诉服务员，他想买几件具有浓郁地方特色的

玩具送给孙子、孙女。服务员听后又是一副无可奈何的神色:"十分抱歉,我们商场主要出售南方出产的玩具,还有一些香港产的电动玩具……"。

"听说这儿木雕工艺水平很高,可是我在商场没有找到,是不是……"这是一位高个子太太提的问题。

"对不起,我们工艺品柜台供应油画、国画以及苏州的刺绣、无锡的泥娃娃、贵州的蜡染服务等。"服务员感到阵阵内疚。

南美客人怀着满肚子的无奈,离开了商场。

请从需要的角度,分析案例中的饭店服务与管理中存在的问题,并提出改进建议。

技能训练

马斯洛需要层次理论中的五种基本需要	饭店宾客需要的具体表现	饭店服务人员需要的具体表现	饭店管理者需要的具体表现

拓展学习

饭店工作人员的需要与动机

目前,我国饭店业普遍存在着人员队伍不稳定,服务质量难如人意等诸多问题。其中缺乏对饭店员工的人文关怀是导致这些问题的主要原因。要提高饭店服务质量,就需要有处于"满意状态的员工",只有有了满意的员工才能有满意的顾客。而对于饭店的管理者来说,要有满意的员工,就必须在了解他们的需要与动机的基础上,采取适当的措施满足员工的合理需要,最大限度地激励他们的工作积极性。

一、饭店工作人员的需要

根据马斯洛的需要层次理论,可将饭店员工的需要具体做如下分析(表6-1)。

表6-1 饭店员工需要的具体内容

需要层次	饭店员工需要的具体内容
生理的需要	基本工资、休息时间、各种福利
安全的需要	职位的保障、意外的防止
归属与爱的需要	企业的接纳、良好的人际关系
尊重的需要	公平、尊重、地位、责任、权力
自我实现的需要	能发展个体特长的组织环境、具有挑战性的工作、工作的成就

马斯洛需要层次理论认为，首先低层次的需要相对满足后，高层次需要才有可能成为行为的重要决定因素。因此，饭店管理者应当把关心员工的低层次需要放在一个较为重要的位置上，使员工物质生活有一个基本保障。

其次马斯洛认为，高层次的需要比低层次需要更有价值，高层次需要能使人孜孜以求，奋斗终生，因此，饭店管理者要重视员工的高层次需要。

再次马斯洛认为，人的需要结构是发展变化的。在同一时期，不同的人的需要有很大差异；对同一个人，不同时期的需要也有很大差异。因此要调动员工的工作积极性，就必须了解不同员工在不同时期的需要是什么。

在饭店管理活动中，要根据员工的需要，找出相应的激励因素并按照需要的规律（对象性、社会性、驱动型、多样性、发展变化性）采取相应的组织措施。

二、工作动机的激励模式

员工工作动机的激励，可以参考图6-2的模式。

人们往往通过工作来满足生活中的各种需要。工作目标定向（选择什么样的工作，将在工作中怎样表现，对工作行为结果的预期等）是由工作者个人条件（对生活的态度、理想、人生观、兴趣、能力、教育水平等）与客观条件（用人单位的发展前景、对员工的待遇、文化及机遇等）所决定的。

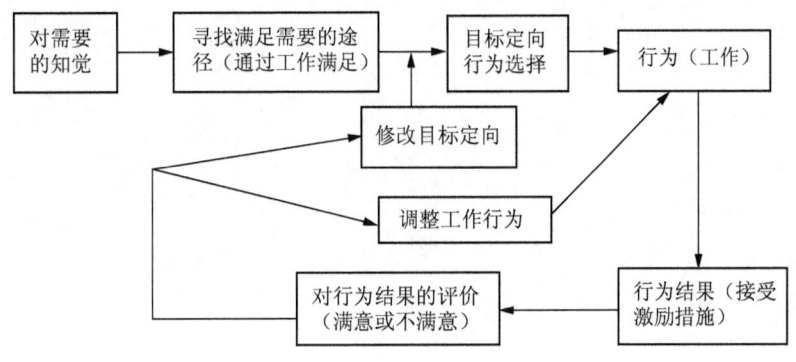

图6-2　员工工作动机

在工作阶段，人们为了达到一定的期望目标而开始行为。例如，有的为了加工资或升职努力工作，有的想得到更多的报酬又不愿意付出劳动而采取不正当手段等。企业根据员工的行为给予激励。员工接受到各种激励措施后产生满意或不满意的体验，如果觉得满意，他就会在工作岗位上继续以前的行为或者设定新的更高的目标继续工作。如果觉得不满意，他可能会修改他的工作目标或调整他的工作行为，比如原以为努力工作后会得到加薪500元，但只得到了200元，他可能会重新评估自己的工作价值，调整期望。他也有可能调整自己的工作行为，降低工作效率或者寻找新的工作。

三、对饭店员工实施激励

首先要了解饭店员工的需要。员工处于不同的人生阶段、不同的岗位，其关注的需要是不一样的。管理者应时刻关注员工，用各种有效的方式方法来了解他们的需要。

其次要合理分配工作岗位，使工作与其能力、兴趣相匹配。

再次要设置合理的工作目标及信息的及时反馈机制。目标是组织希望达到的努力方向，合理的目标能激发人们的工作动机，指引人们的行为方向。及时进行信息反馈，可以使员工随时知道自己的行为活动结果，可以针对问题，分析原因及时改进。

最后，要有因人而异的激励措施满足不同的需要。要调动员工的积极性，使每个员工保持良好的状态进行服务，不仅要按照心理活动规律，承认需要，满足需要以激发他们的工作动机而且还要提供因人而异、因群而异的激励措施。由于每个员工对生活的态度、理想、人生观、兴趣、能力、教育水平等主客观条件和家庭背景不同，他们的需要和工作动机就千差万别，因此要深入了解员工的需要现状，进行有针对性的因人而异的激励。

激发员工的工作动机，调动员工工作积极性是一个复杂的问题，既可以采用目标激励、奖金激励、强化激励，也可以采用情感激励、好榜样激励、反馈激励等。在激励的过程中也要注意因人因事因社会的发展所处的状态不同，其方法也应有所不同。

项目七
个性的基本原理及其在饭店服务中的应用

学习目标

知识目标：1. 了解个性的概念、特征及个性的相关理论。
2. 了解宾客个性分类的方法，掌握不同个性的基本特点。
3. 了解宾客人格结构对消费决策的影响。

技能目标：通过观察能对他人人格特点作出基本判断，并能有相应的应对服务。

情感目标：对个性的研究产生积极的兴趣，能够有意识地了解自己个性的发展及特点，在生活和工作中有意识地对不同人格类型的人进行人际应对。

项目导图

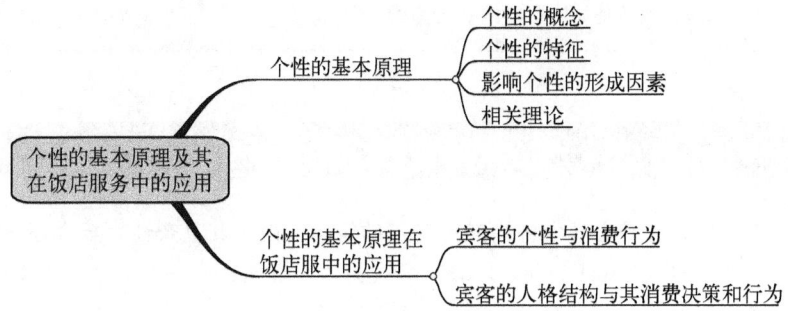

案例导入

使用新的床单

张先生是一个有着过分洁癖的人，对于身边的一切事物，他都要求一尘不染，绝对干净。对他而言，不干净的环境会使他感到极为不适。但由于工作的需要，他经常要到不同的地方工作，入住各地的酒店，而这就使他十分苦恼。因为酒店里的用品人人可用，在他看来都是极不干净的，所以每到一处酒店，他总会对"恶劣"的卫生条件而大动肝火。

这次，他代表公司参加在重庆举行的一个研讨会。刚下飞机的张先生已疲惫不堪，在办完入住手续后就立刻上客房休息，养精蓄锐后查起卫生来了。客房看起来非常整洁，舒适。干净的地板，整齐的摆设等都使他感觉很称心。但当他走近床铺仔细一看，问题就发生了。张先生对于床铺要求一向特别严格，细心的他发现床单是旧的，先前所有的好感顿时一扫而空。这样的床单对他来说是绝对不能容忍的，他越想越气，马上打电话到客房部要求更换一张新的床单。

没过多久，一位服务员前来了解情况。他刚进门，张先生就气愤地向其投诉说："你们酒店房间里的床铺怎么会这样不卫生？床单是旧的！这床单肯定没清洗干净！这叫我如何休息呢？你现在赶快给我换一张新的！"那位服务员听后耐心地解释说："对不起先生，给您带来了这么多的麻烦。但是我们酒店的所有客房用品是绝对保证干净的，请您放心。"可是这时候的张先生已经什么话也听不进去了，他坚决地回答道："无论如何你也要给我换一张新的床单！你知道吗，这样不卫生的床单会严重影响我的休息，甚至我的工作！这样的后果你能担当得起吗？"张先生越说越激动。而这时服务员已开始意识到张先生情绪激动，他安抚着说："既然如此，那我们一定会尽量满足您的需要，我立刻给您更换一张新的床单，请您稍等一下。"说罢，他即前往客房部报告情况并领取所需床单……

案例分析：

案例中张先生是一个爱干净的人，对于身边的一切物品要求一尘不染，要求绝对卫生。这样的顾客敏感，情绪体验深刻，行为受情绪的影响；因此他对酒店的环境卫生要求比较高，并且比较苛刻。顾客自认为不干净的环境，使他感到极为不适，如果不及时改进以求得顾客的认可，顾客很难对酒店的服务感到满意。酒店服务人员应该观察了解顾客的性格心理特征，针对顾客的性格心理特征提供服务，才能使顾客满意。

1. 个性是什么？它是怎么形成的？
2. 个性是如何影响消费行为的？

任务一　个性的基本原理

个性也称为人格，它是心理学中内涵最丰富的概念，由于其复杂性，至今还没有一个统一的定义。美国学者吉尔（I. A. Hjelle, 1981）等人在《人格理论》一书中，通过文献分析发现，根据大多数人格概念的基本要点来分，可以把已有的人格概念分成三大类：

（1）把人格假定为一种内在的结构与组织。这种观点影响最大。

（2）强调个别差异的重要性，人格就是人的特色。

（3）从生活发展史方面界定人格，强调内外环境、遗传、社会影响等因素的作用。

人格的概念和个性概念有密切的联系，又有一定的区别。这种区别反映了心理学家对人格概念理解上的差异。苏联心理学界常用个性这个概念，它强调个体之间的差异，认为个性是一个人不同于他人的心理特点的综合。西方心理学界常用人格这个概念，把人格不仅看作是个人差异，而且认为它还是一种心理动力和内在的结构和组织。本书在介绍人格理论的应用的时候基本上综合了以上两种观点。

一、个性的概念

个性，也称人格，来源于拉丁语 persona，是指演员舞台上戴的面具，代表剧中人的身

份。以后被心理学引用,以表示在人生大舞台上每个人扮演的不同角色以及表现出来的相应行为。

心理学上的个性是指一个人与他人相区别的、比较稳定的心理特征的总和。个性是以个体遗传素质为基础,以社会环境为条件,通过社会实践活动逐渐形成和发展起来的。每个人由于在生理上遗传特性的差异和所处的时代、环境及受到的教育不同,所形成的心理过程和个性特征也就不一样。个性所表现的是一个人的基本精神面貌。人与人之间之所以在心理活动和社会行为方式上有不同表现,正是个性不同所导致的结果。

二、个性的特征

1. 个性的差异性

每个人所具备的先天素质、所处的社会条件以及社会交往都是不同的,因此造成了个体独特的风格、独特的心理活动和独特的行为活动。这种差异性对消费决策的影响表现尤为突出,如在旅游目的地和旅游项目的选择上,追新猎奇型旅游者更喜欢新开发的旅游地,选择充满刺激的游乐项目;安乐小康型的旅游者更倾向于选择安静的旅游度假地和传统的旅游项目。

2. 个性的稳定性

个性不是一时表现的心理现象,而是指人在较长时期的社会实践中,由于适应或改变客观世界经常表现出来的个性心理,因而个性心理都是比较稳定的。如,一个安乐小康型的旅游者可能在朋友的影响下参加过山车等刺激项目,这不能说明他的个性是冒险和外向的。由于个性的稳定性,经营者可将具有相同或相似个性的旅游者归为一类,划分成若干独特的旅游消费者市场,通过把握群体特征进行产品定位。

3. 个性的可塑性

个性在形成过程中受到社会历史条件等的影响,因此,随着环境的变化、年龄的增长和实践活动的改变,旅游者的个性会发生不同程度的变化。另外,重大事件以及环境的突变都可能对一个人的个性改变产生影响。

三、影响个性的形成因素

人的个性是在遗传素质的基础上和一定社会环境中,通过实践活动逐渐形成的。

1. 遗传因素是个性形成的基础

人类的遗传基因是各不相同的,每个人的生理特征、身体状况、精神活动都有各自的特点,这些特点会使人们形成不同的个性。但遗传因素不是个性形成的决定因素,因为人与人之间个性差异的原因除了遗传基因之外,还与人的生理、体态以及神经系统的协调等因素有关。

2. 社会因素是个性形成的主要原因

遗传因素只是个性形成的前提和基础,不是决定因素。事实上,有相似遗传素质的人可以形成不同个性,而不同心理条件的人在相同的环境中也可以形成相似的个性,这其中的主要原因是社会因素的影响。社会因素主要包括家庭、学校和社会文化等因素。

家庭是儿童生活的最主要环境和场所。在家庭生活中,父母是儿童模仿的对象和学习的榜

样。父母的一言一行，直接影响着孩子的个性形成与发展。学校是青少年接受系统教育的地方，长时间的学校生活对青少年个性形成和发展有着极为深刻的影响。学校通过各种行之有效的教育手段和丰富多彩的学习活动，使学生较系统地掌握一定的文化科学知识，认识自然，了解社会，接受一定的道德标准和处世原则。这一切影响着青少年个性的形成和发展。社会文化的内容包罗万象，如政治形态、经济制度、宗教信仰、学校教育、民族风俗习惯以及人们的生活方式等，在一般情况下，具有同一文化背景的人们，在个性特征上具有许多共同点，如共同的价值观、信仰等。相反，不同社会文化背景的人们，其个性特征就具有相当大的差异性，所以社会文化也影响着个性的形成和发展。

3. 社会实践是个性形成的根本途径

个性是人们在认识世界和改造世界的社会实践过程中逐渐形成和发展的。人们从社会环境中所获取的各种各样的知识只有通过自己的社会实践才能转化为个人的品质。青少年踏入社会之后，就要不断调整自己的行为方式和对人对事的态度，以适应自己在社会上所担当的角色，从而形成并改变着自己的性格特征，否则就不能在社会中找到自己的最佳位置，也不能实现自我价值。另外，个性特征的形成也与人们长期从事某种活动有密切联系，如果一个人长期从事某种特定的职业，其个性行为必然会受到潜移默化的影响。所以要培养自己优良的个性，应积极投身到社会实践活动中去。社会实践是个性形成的必经途径。

四、人格理论简介

心理学家们从各自的生活经验和实验研究出发，对人格问题提出了各自的见解，形成了不同的理论学派。其中最有影响的理论是：特质论、精神分析论、学习论和自我论。

1. 人格的特质论

人格特质论主张人各有其性格上的特质，而此等特质是不因情境不同而有所改变的。例如，一个具有"谦虚"特质的人，对不同的情境会作出相类似的反应（表 7-1）。奥尔波特和卡特尔是人格特质论的主要代表。

表 7-1　同一种人格特质的人对不同的情景中的类似反应

刺激	特质	反应
与领导一起工作	谦虚	留意、小心、顺从
访友		文雅、克制、依从
遇见陌生人		笨拙、尴尬、害羞
与父母共进晚餐		热情迎合
同伴给予赞扬		不露面、不愿为人注意

（1）奥尔波特的人格特质理论：

1937 年，奥尔波特（G. W. Allport）指出，特质是人格的基本结构单位，是一种神经心理结构，除了能对刺激产生行为外，还能主动引导行为，能对不同的刺激产生相类似的行为。他将人的各种特质分为三种：首要特质、核心特质和次要特质。

首要特质（cardinal trait）是指足以代表个人最独特个性的特质。它影响一个人如何组织生活，人们的一切行动都受到这种特质的影响。比如对于葛朗台来说，首要特质就是吝啬。但并不是所有的人都会发展出这样明显的首要特质。

核心特质（central trait）是代表个人性格的几方面的特征。每个人的核心特质有5—7个。平常描述某人时所用的勤奋的、乐观的、诚实的、善良的等形容词就是他的核心特质。

次要特质（secondary trait）是指代表个人只有在某些情境下表现出的性格特征。有些人虽然喜欢高谈阔论，但在陌生人面前则沉默寡言。单从陌生情境看他的特质，就只能说沉默寡言是他的次要特质。

（2）卡特尔的人格因素论：

卡特尔采用因素分析的方法，经过两重程序，从实得的资料中分析归类，最后求得两类特质：表面特质和根源特质。表面特质（surface trait）是指经常发生的，从外部可以直接观察的行为表现。根源特质是内涵的，是根据表面特质推理设定的。它是构成人格的基本特质。

卡特尔根据自己的研究，确定人格包含16种根源特质。他把16种因素在某些情况下可能产生的表现编成16组，每组包括十几个问题，每个问题有3个答案的试卷，供被试者选做，然后根据被试者的得分进行统计处理，找出被试者的人格特质。这就是卡特尔的"十六种人格因素测验"，简称"16PF"。

卡特尔的十六种人格因素特质是：

（A）乐群性，（B）聪慧性，（C）情绪稳定性，（E）好强性，（F）兴奋性，（G）有恒性，

（H）敢为性，（I）敏感性，（L）怀疑性，

（M）幻想性，（N）世故性，（O）忧虑性，

（Q1）激进性，（Q2）独立性，（Q3）自律性，（Q4）紧张性。

2．人格的精神分析论

在所有的人格理论中，内容最复杂影响最大的是弗洛伊德创立的精神分析理论。弗洛伊德的人格理论的理念主要包括两大主题：人格结构和人格发展。

（1）弗洛伊德的人格结构：

在弗洛伊德看来，人格是一个整体，这整体包括三个部分，分别为本我、自我与超我。这三个部分，彼此交互影响，在不同时间内，对个体行为产生不同的内动支配作用。

本我是人格结构中最原始部分，是遗传下来的本能。具有非理性、无意识的特征，它的主要作用是释放能量，按快乐原则操作。

自我是个体与环境的接触中由本我发展而来的人格部分，介于本我和现实需要之间的一种协调机制。它的主要作用是人能在其外在环境和内在的本我冲动之间维持平衡，并受现实原则的支配。

超我是人格结构中居于管制地位的最高部分，是由于个体在生活中，接受社会文化道德规范的教养而逐渐养成的，是自我的进一步超越。它在人格中担当着道德和教化的职责，追求尽善尽美的理想，对自我的唯实和本我的快乐时刻进行着道德上的监视和控制。

弗洛伊德将人格结构分为意识和潜意识两个意识境界。自我与超我居于意识境界，而本我居于潜意识境界。本我、自我、超我三者彼此交互调节，和谐运作，就会形成一个发展正常、适应良好的人。如果三者失衡，或彼此长期冲突，就难免导致个体生活适应困难，甚至演变成心理异常。

(2) 弗洛伊德人格发展：

按弗洛伊德的理论，一生人格的发展，是以 6 岁之前三个时期为基础的。而在此三个时期中，基本需求中性欲力是否满足，又是以后发展顺利与否的关键。正因弗洛伊德如此强调幼年性心理需求的重要性，故其理论被称为泛性论。他把人格的发展分为五个时期：

① 口腔期（0—1 岁）：原始欲力的满足主要靠口腔部位的吸吮、咀嚼、吞咽等活动获得满足。如果在此时期口腔活动受到限制，可能会形成"口腔性格"，在行为上表现为贪吃、酗酒、吸烟、咬指甲等，在性格上容易表现为悲观、依赖、退缩、洁癖等。

② 肛门期（1—3 岁）：原始欲力的满足主要靠大小便排泄时所产生的刺激快感获得满足。此时期的卫生习惯的训练，对幼儿是重要的关键。如管制过严，有可能形成"肛门性格"。在行为上表现为冷酷无情、顽固、吝啬等性格特征。

③ 性器期（3—6 岁）：幼儿在这一时期已能辨识男女性别，这阶段的心理主题是弄明白男孩和女孩意味着什么，对于大多数孩子来说，最好的，最明显的榜样就是他们的父母。女孩模仿她的母亲，男孩模仿他的父亲。这意味着要同化父母的许多态度、价值观以及对待异性的方式。在这阶段相关的主题还有爱、性、恐惧以及嫉妒。

④ 潜伏期（7 岁至青春期）：7 岁以后的儿童，兴趣扩大，由对自己身体和父母的感情，转变到周围环境的事物。在这一时期的男女儿童之间，在情感上较前疏远，团体活动呈男女分离趋势。

⑤ 两性期（青春期以后）：此时期个体性器官逐渐成熟，生理与心理上所显示的特征，两性差异开始显著。开始对异性产生兴趣，喜欢参加两性组成的活动，而且在心理上逐渐发展并有了与性别有关的生涯规划与婚姻理想等。

3. 人格的学习论

人格学习论者认为，个体的人格是受环境因素影响而逐渐形成的。班杜拉的人格社会学习论是人格学习理论中的主要代表之一。

班杜拉认为个体的任何人格特质，都是在生活的社会环境中，经过耳濡目染，自己向别人模仿学习而成的。在经由社会学习而形成人格过程中，个体向他所喜欢的楷模人物去模仿，模仿后自己的表现如受到社会赞许而获得满足，于是就产生了社会增强作用，以后在类似情境中，即使楷模不在现场，他所模仿学来的行为仍有出现的可能。班杜拉的经由社会学习历程以养成人格的观念与教育上视身教重于言教的观念不谋而合。

4. 人格的自我论

自我论是 20 世纪 50 年代以来发展起来的一种人格理论。自我是指个体对自己心理现象的全部经验。自我论的主要代表有罗杰斯和马斯洛。

马斯洛的人格理论主要是讨论自我实现者的人格特征。自我实现是马斯洛人格理论的核心。所谓自我实现是指个体在成长中，其身心各方面的潜力获得充分发展的历程与结果，亦即个体本身生而具有但潜藏未露的良好品质，得以在现实生活环境中充分展现出来。个体之所以存在，之所以有生命意义，就是为了自我实现。马斯洛列举了世界史上 38 名最成功的名人，归纳出 16 点人格特征，并认为，此等人格特征，可以视为使得这些名人自我实现的主观条件。

自我实现者的人格特征：

(1) 了解并认识现实，持有较为实际的人生观。

(2) 悦纳自己、他人及周围的世界。
(3) 在情绪与思想表达上较为自然。
(4) 有较广的视野，就事论事，较少考虑个人利害。
(5) 能享受自己的私人生活。
(6) 有独立自主的生活。
(7) 对平凡事物不觉厌烦，对日常生活永感新鲜。
(8) 在生命中曾有过引起心灵震动的高峰体验。
(9) 爱人类并认同自己为全人类的一员。
(10) 有至深的知交，有亲密的家人。
(11) 具民主的风范，尊重别人的意见。
(12) 有伦理观念，能区别手段与目的，绝不为达目的而不择手段。
(13) 带有哲学气质，有幽默感。
(14) 有创见，不墨守成规。
(15) 对世俗和而不同。
(16) 对生活环境有时时改进的意愿与能力。

任务二　个性的基本原理在饭店服务中的应用

一、宾客的个性与消费行为

个性类型是人们根据不同的个性特征而进行的分类。个性类型的划分方法很多，下面介绍几种比较普遍的分类，并结合饭店的特点说明个性与消费行为的关系。

（一）以气质为分类依据的个性类型

1. 气质的生理基础

气质是人格的组成部分之一，它指的是个体稳定的心理活动的动力特征。心理活动的动力特征主要指心理过程的强度、心理过程的速度和稳定性以及心理活动的指向性等方面的特点。它主要体现在情感活动的速度、强度、变化幅度等方面，也能通过人的言语和行动的动态特点表现出来。日常生活中人们所说的"性情、脾气"等都是气质的通俗说法。

关于气质的生理基础有许多种说法，最早的有古希腊著名医生希波克拉底的体液说，有日本学者的血型说，有德国精神病学家克雷奇默（E. Kretschmer）的体型说，美国心理学家谢尔登（W. H. Sheldon）则认为，形成体型的基本成分——胚叶与人的气质关系密切。而我国普遍认同近代俄国的生理学家巴甫洛夫提出的高级神经活动类型说。巴甫洛夫认为人的高级神经活动类型就是气质的生理基础。他发现神经活动在活动过程中有三种基本特性，即兴奋和抑制有强度、平衡性和灵活性三种。按三种特性的不同结合，可以把神经活动类型分为四种类型，具有这四种类型的人所表现的气质特征正好和希波克拉底所划分的四类气质表现特征相吻合。详情参见表7-2高级神经活动类型与气质类型对照表。

表7-2 高级神经活动类型与气质类型对照表

高级神经活动类型			气质类型
强型	不平衡型（不可遏制型）兴奋型		胆汁质
	平衡型	灵活性高——活泼性	多血质
		灵活性低——安静型	黏液质
弱型	抑郁型		抑郁质

资料来源：张京鹏. 旅游心理学. 北京：科学出版社，2005

2. 不同气质类型的表现

气质类型一般可分为胆汁质、多血质、黏液质和抑郁质四种类型。某一气质类型的典型代表总是少数，多数是以一种气质类型为主的综合类型。现将倾向于某一种气质类型的人们在消费互动中的行为表现分述如下：

（1）胆汁质：他们对人热情，感情外露，讲话速度较快，动作迅速，行为有力。自制性较差，不善于克制自己，容易兴奋，易发火动怒，并且一旦发生就难于平静。急躁型的宾客喜欢显示自己的优点，好胜心强，自信心强，比较固执，好认死理，一般不轻易改变自己的决定。他们精力充沛，办事果断干脆，但有时又显得缺乏耐心，在候车、排队、登记、进餐、结账时显得心急火燎，做事毛手毛脚，经常丢三落四，显得很粗心。

接待时，应注意尽可能避免与他们讨论有争议的事，避免与他们发生争执，一旦出现问题，应避其锋芒，采取冷处理，息事宁人，待对方平静下来后再作必要的解释。服务工作要尽量做到迅速及时，并不时提醒他们不要遗忘物品。

（2）多血质：他们活泼大方，表情丰富，爱说爱笑，显得聪明伶俐。他们反应迅速，理解能力强，喜欢刺激性和多变的生活，喜欢与人交往，善于随机应变，对一切都表现出极大兴趣，但兴趣不稳定，情绪易变化，耐不住寂寞。多数情况下，这类宾客都显得非常乐观，并且富于同情心。

接待这类宾客，应主动接近他们，以满足他们爱与人交往的特点，不要对他们不理不睬，但又要避免与其交谈得过于"投机"。可多向他们介绍一些丰富多彩的娱乐项目，提供服务时速度要快，避免啰唆呆板。

（3）黏液质：他们不苟言笑，不爱与服务员攀谈，情感深沉、稳定，喜欢清静优雅的环境，有"恋旧"的情绪，不喜欢多变的、没有规律的生活。他们自制力强，有忍耐力，注意力稳定，兴趣持久，面部表情不明显，常给人一种摸不透、难以接近的感觉。言行谨慎，动作缓慢，对新事物不太感兴趣，喜欢旧地重游。

接待这类宾客应照顾他们喜欢清静的心理特点，安排房间、座位时尽量选择较为僻静的环境，不要过多地去打扰他们，交谈时应简单明了，谈话速度稍慢，必要时作适当的重复。在作出消费决定时要允许他们有较长时间的思考，尊重他们的选择，不要催促，不能过于心急。

（4）抑郁质：孤僻、行动迟缓、情绪体验深刻，善于细心觉察别人不易觉察的事物和人际关系，敏感，多疑。他们在生理上难以忍受或大或小的神经紧张，厌恶那些强烈的刺激，他们感情细腻，常为区区小事引起情绪波动。他们情绪体验的方式较少，也极少外露自己的情感，但内心体验却相当强烈，心里有话宁愿自己品味，不愿向别人诉说，常生闷气，与人交往时显得腼腆、扭捏，在陌生人面前很拘束，喜欢一人独处。他们爱好不广，有孤僻的表现。但如果在一个团结友爱的群体中，可能是一个极易相处的人，尤其善于周到领会别人的意图，觉察到别人不易觉察的细小事物和微弱变化。对力所能及的活动也乐于参加。遇事三思而行，求稳不求快，因此显得迟缓和刻板。在消费过程中，常比别人更感疲倦，在困难的局面下常表现出怯懦、自卑和优柔寡断。

（二）以性格为分类依据的个性类型

瑞士著名心理学家卡尔·荣格的个性理论为人们提供了一个观察人的个性的简单方法。他认为，生命力流动的方向决定着人的个性类型，生命力内流占优势的人属于内倾型，生命力外流占优势的人属于外倾型。内倾型的人，在正常情况下重视自己和自己的主观世界。常沉浸在自我欣赏和幻想之中。他们一般比较沉静，富于想象、爱思考、退缩、害羞、敏感、防御性强；外倾型的人在正常情况下常关注他人和外在的客观世界，他们爱交往、好外出、坦率、随和、轻信、易于适应环境。内倾与外倾实际上是个连续体，而不是各自独立的两个极端，大多数人处于这一连续体中的某一位置，绝对内倾或外倾的人并不多见。

根据荣格的理论，我们比较容易分辨出宾客的内外倾程度。典型的外倾者一般的特征是：善交往，朋友多；粗心大意，做事冲动，不计后果；喜欢运动和变化；不易控制感情。这类人容易被广告所吸引，往往凭一时冲动作出决策，在消费中是活跃分子。典型内倾型的人一般的特征是：喜欢安静、独处，不喜欢与人交往，朋友少；做事深思熟虑，极少冲动，能够控制自己的情感；忍耐性强，很少发脾气。这类人在消费中遵纪守法；在作消费决策时反复考虑，常犹豫不决；遇到问题自己解决。

（三）斯坦利·C. 普洛格的个性类型

美国学者斯坦利·C. 普洛格在个性类型与旅游行为之间的关系研究上作出了较大的贡献。他把个性分为心理中心型和他人中心型两类（表7-3）。心理中心型的人是那些内心体验深刻、考虑自己比较多、性情压抑、不爱冒险的人；他人中心的人则是那些自信、探索欲强、外向、喜欢冒险、乐于接受新事物的人。通过对比这两种人的旅游行为，得出心理中心的人和他人中心的人在旅游行为的许多方面存在着明显的区别。

心理中心的人要求生活中的一切都具有可测性。他在出游前，就会准备好行李，安排好全部行程，对一切可能出现的问题都进行了认真的思考和准备，以备不测。他最强烈的动机是休息和松弛。因此，他会选择一个比较熟悉的、风险较少的旅游目的地，一个阳光充足的海滨、设备齐全的旅馆，达到放松和休息的目的就可以了。而他人中心的人则期望生活具有变动性。他一般愿意去那些比较偏僻的、不为人知的地方去旅游，对新奇的事物有着强烈的渴望。他喜欢乘飞机和到国外旅游。对不同文化背景的人感兴趣。他理想的假期是能得到一份出乎意料的惊喜，对那些千篇一律、缺少特色的旅游产品不感兴趣。

表 7-3　心理中心型和他人中心型旅游者的个性特征

心理中心型	他人中心型
选择熟悉的旅游目的地	选择未开发旅游地
喜欢旅游地的一般性活动	喜欢获得新鲜刺激和享受新的喜悦
选择晒日光浴和游乐场所，包括无拘无束的休息	喜欢新奇不同寻常的旅游场所
低活动量	高活动量
喜欢能驱车前往的旅游景点	喜欢乘飞机去旅游目的地
喜欢正规的旅游设施	旅途中能满足基本需求就行，不一定要现代化的旅游设施
喜欢家庭的气氛，熟悉的娱乐活动，不喜欢外国的气氛	愿意接触差异性的文化和风俗习惯
全部行程要事先安排好，准备好齐全的旅行袋	旅游的安排只包括最基本的项目，留有较大的余地和灵活性

二、宾客的人格结构与其消费决策和行为

1964年，加拿大临床心理医生埃里克·伯恩博士在专著《人们玩的游戏》中，提出一种新的人格结构理论，即相互作用分析理论。该理论把个性分为三个部分，分别是儿童自我状态、父母自我状态和成人自我状态。这三种状态大致与弗洛伊德的超我、自我和本我相对应。在任何情境里人们的行为都会受到个性的三种组成部分或其中之一部分自我状态的支配。但这些状态只是人们的一种心理现象，并不是真的担当有关的角色。

1. 儿童自我状态

一个人最初形成的自我状态就是儿童自我状态，是指人们完全不受压制的、表面可笑的行为，天真烂漫的行为以及自然的言行。人们的需要和欲望大部分由儿童自我掌管，主管情感和情绪。

一个人个性中感受到的挫折、不适应、无依无靠、欢乐等情感就是儿童自我状态的一部分，另外，儿童自我状态也是好奇心、创造性、想象力的源泉。一个人以他的儿童自我状态行动时，他或者想怎么干就怎么干，这叫做自然儿童自我状态；当他按照小时候所受的训练来行动，这就叫做顺应儿童自我状态。

2. 成人自我状态

成人自我状态是个性中支配着理性思维和信息处理的部分。成人自我状态检验父母自我状态的信息是否真实、适用，也检验儿童自我状态的信息是否适合具体情况。成人自我状态支配理性的、非感情用事的、较客观的个性行为。当一个人成人自我状态起主导作用时，他比较冷静，处事谨慎，尊重别人。

3. 父母自我状态

父母自我状态是人们通过模仿自己的父母或在其心目中具有父母一样的权威人物而获得的态度和行为方式。提供一个人有关观点、是非、怎么办等方面的信息。父母自我支配着人们有关批评、教育及道德方面的行为，告诉人们应该怎么样，也帮助人们分清功过是非。父母自我状态具有两面性，一方面是慈母式的，如同情、安慰；另一方面是严父式的，如批评、命令。

4. 三种自我状态相互协调，共同支配行动

在一个心理健康的人身上，这三种自我状态处在协调、平衡的关系中，三者都在发挥。在

不同的情境中，有时是他的儿童自我状态起主导作用，有时是他的成人自我状态起主导作用，有时是他的父母自我状态在支配着他的行为。如果一个人行为长期由某一种自我状态支配，那么他的人格就出现问题了，也就是他是个心理不健康者。

人格的三种自我状态必须是相互平衡的、协调的，当它们共同负担起支配行动的职责时，这个人才是正常健康的。当然，如日常生活中有的人虽然以某一种自我状态占优势，也是正常的。有的人较理性，有的人更具责任感，有的人更浪漫些。

5. 自我状态与宾客的消费决策及行为

人的三种自我状态在一个人的个性中是相互独立的，相互制约的，它们对宾客的消费决策及行为各有其作用(表7-4)。下面我们以宾客的旅游决策为例进行分析。当一个人在考虑是否旅游、到哪里去旅游、花多少钱、旅游多久、乘坐什么交通工具、住什么饭店等问题时，个性的每一个自我状态都会提出不同的看法。只有当这三种自我状态达成一致意见时，旅游活动才能进行。

在一般情况下，人们的消费动机主要存在于儿童自我状态中，因为儿童的自我最容易被诱发，儿童的自我掌管着人的情感，旅游活动很容易打动儿童的自我，旅游广告广阔的大海、绿色的草原、豪华的飞机、舒适的酒店、新奇的旅游设施等，都能激发起他们的快乐情感，从而提出旅游的要求。父母的自我是个人基本知识、见解、是非感的主要来源，对个人的行为起着保护和批判作用，所以对儿童自我状态所提出的要求和愿望常持保留态度或提出一系列质疑。尤其是父母自我状态对儿童自我状态想外出旅游的欲望持有很大的怀疑态度。在此情况下，旅游工作者要激发父母自我状态中的一些旅游动机，就必须提供一些具有教育价值，并能联络感情、消除疲劳、提高威望等方面的旅游活动项目。只有促成父母自我状态的旅游动机，才能最终实现儿童自我状态的旅游需求。成人自我状态是父母自我状态和儿童自我状态的仲裁者。它一方面设法取悦儿童自我状态的要求，另一方面又设法排解父母自我状态的疑惑，促成旅游决定。

表7-4 个性的三种自我状态

	语言表现	语调	非语言表现
儿童自我状态	孩子的口吻： 我想要，我不知道，我不管，我猜，当我长大了，好得多	激动 热情 尖声嚷嚷 欢乐 愤怒 悲哀 恐惧	喜悦 笑声 可爱的表情 眼泪 发脾气 耸肩 垂头丧气的眼神 咬指甲
父母自我状态	按理，应该，绝不，永远不，总是，不对，让我告诉你怎么做 评价的语言： 真讨厌，真可笑，淘气，太不像话了，别再这样做了，我跟你说过多少遍了，可怜的小家伙	高声：批评 低声：抚慰	皱眉头 指手画脚 摇头 惊愕的表情 跺脚 搓手 叹气
成人自我状态	为什么，什么，哪里，什么时候，谁，怎么样，我认为，我明白了	不假思索	直截了当的表情 舒适自如 不热情

在旅游促销中，首先要做到"打动"，即打动儿童的自我，激发旅游者的欲望、情感；然后要"合理化"，即对其成人的自我进行理性说服，让他得出"可以"、"合适"等结论；最后要做到"意义化"，即提出一个高尚的或有意义的理由，以满足其父母自我的一些原则性需要，比如这样做既合乎身份，又有利于工作等理由。只有全面满足自我状态的三方面要求，才能最终使旅游消费者采取行动。

项目小结

——核心概念

个性、气质、性格、个性类型、人格结构

——重要提示

宾客的个性特征与消费行为之间的关系紧密相关，从某种意义上来看，任何人的消费行为都是他的个性与环境相互作用的产物。通过对宾客类型和人格结构的分析，有助于饭店工作者更好地预测和引导宾客的行为。同时饭店服务者通过对个性学习也有助于了解自己的人格特点，以便在工作中不断完善自己的人格特征，取长补短，提供高质量的服务。

综合能力训练

◇◇◇◇◇◇◇◇◇◇◇◇ **基本训练** ◇◇◇◇◇◇◇◇◇◇◇◇

一、复习与思考

1. 请根据影响个性形成的因素，分析自己个性的形成。
2. 请根据某一个性的分类，说明每一类型个性的特点。
3. 请根据人格结构理论描述宾客消费决策的产生。

二、案例分析

衣服被谁动过了

郑氏夫妇新婚燕尔，郑先生就因商务的缘故被迫出差到广州，郑夫人也随之来到了广州。他们入住到广州的寰宇大酒店，已经三天了。在这三天里面，酒店里的服务人员为了迎合郑夫人爱干净的要求，做了很大努力，但是她仍然盼望早点回家。第四天，郑先生一早就去商谈业务，郑夫人便一时高兴起了出外游玩的念头。她在酒店服务人员的热情帮助下，尽兴地游玩了该地的有名景点，这让她渴望回家的心情得到了缓解。

但当她回到房间时，她发现自己今早换下的睡衣被人折叠起来放在了床尾。究竟是谁乱动了自己的衣服呢!? 刚才游玩时的好心情顿时一扫而空，她只感到无比的愤怒。

她立即拿起床头的电话拨到了客房部。

"喂，我是213房的郑太太，请你们的经理立刻来一下，我有事要问他。"郑夫人怒气冲冲地说。

"哦，好的。请您稍等一下，我们经理马上就到。"接到电话的服务员不敢怠慢这位有严重洁癖的挑剔顾客，她立即转告了客房部经理。她预料到一定有事发生了。

两分钟后，客房部经理很快就赶到了213房。

"夫人，请问我有什么能帮助您的呢？"经理诚恳地说。

"你先看一下床上的衣服再说吧。瞧瞧你们做的好事！"

郑夫人指着床上的衣服对经理说。

望着那套折叠得整整齐齐放在床上的衣服，经理真的是一时摸不清头脑了。

"请问这些衣服有什么不妥吗？"经理忍不住问。

"我这些衣服是今天早上换下的，我明明是把它们摆在床上的，为什么现在竟然被人折叠起来了？！我最讨厌别人乱动我的东西了！"郑夫人想起来就一把火，"我不管那么多，你现在就把今天为我收拾房间的服务员给我找来。我要亲自问一下她为什么要乱动我的东西。"

"请您息怒，我现在就帮您把那个服务员叫来。请您稍等一下。"经理说。

他拿起电话拨到了客房服务中心。

不久，服务员小赵就赶到了房间。

"经理，您找我来有什么事吗？"小赵感到有点奇怪。

"你就是今天收拾我房间的服务员吗？谁让你乱动我的东西的？"郑夫人劈头就问。

"的确是我负责收拾的。我今天见到您的衣服弄乱了，就想帮您收拾一下……"

"谁说我衣服乱了？就算乱了你也没有资格乱动我的东西！我讨厌别人乱动我的东西！"郑夫人打断了小赵说。

"夫人，给您造成了这么大的困扰，我们真的感到很抱歉。不知道我们可以为您做点什么来弥补我们的过失呢？我们会努力满足您的要求的。"经理诚恳地对郑夫人说。

"我才不在乎你们对我补偿，何况任何补偿也无法让我的衣服重现原形了。我只有一个要求，就是请你们别再随便乱动我的东西了，我不希望同样的事情再次发生！"郑夫人的怒气消了一些。

"这一点我可以向您保证，未经您的同意我们的服务员绝不会再乱动您的东西，请您放心！请允许我们为您把弄脏了的衣服洗干净吧，另外我们再为您换上全新的床单。不知您意下如何？"经理再次诚恳地询问。

"这样才像话嘛。好吧，我暂时相信你的保证。希望你们不会令我失望。"郑夫人说。

问题：
1. 请从气质类型上分析郑夫人的人格类型特点。
2. 如何做好此类气质类型客人的服务，在服务过程中应注意什么？

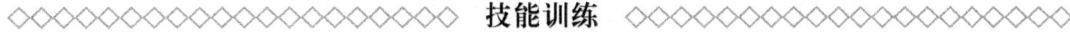 **技能训练**

个性观察分析

请观察你周围的人群，分别找出具有其他典型气质类型的人，并说出他们的特点。举例说明如何针对不同气质类型的消费者进行个性化服务。

拓展学习

了解自己的性格（DISC 性格测试）

背景说明

20 世纪 20 年代，美国心理学家威廉·莫尔顿·马斯顿创建了一个理论来解释人的情绪反应，在此之前，这种工作主要局限在对于精神病患者或精神失常人群的研究，而马斯顿博士则希望扩大这个研究范围，以运用于心理健康的普通人群，因此，马斯顿博士将他的理论构建为一个体系，即 The Emotions of Normal People "正常人的情绪"。

为了检验他的理论，马斯顿博士需要采用某种心理测评的方式来衡量人群的情绪反应——"人格特征"，因此，他采用了四个他认为是非常典型的人格特质因子，即 Dominance——支配，Influence——影响，Steadiness——稳健，以及 Compliance——服从。而 DISC，正是代表了这四个英文单词的首字母。在 1928 年，马斯顿博士正是在他的《正常人的情绪》一书中，提出了 DISC 测评，以及理论说明。

目前，DISC 理论已被广泛应用于世界 500 强企业的人才招聘，历史悠久、专业性强、权威性高。

提示语：

在每一个大标题中的四个选项中只选择一个最符合你自己的，并在英文字母后面做记号。一共 40 题。不能遗漏。

注意：请按第一印象最快选择，如果不能确定，可回忆童年时的情况，或者以你最熟悉的人对你的评价来从中选择。

测试题：

一、1. 富于冒险：愿意面对新事物并敢于下决心掌握的人；D
　　2. 适应力强：轻松自如适应任何环境；S
　　3. 生动：充满活力，表情生动，多手势；I
　　4. 善于分析：喜欢研究各部分之间的逻辑和正确的关系。C

二、1. 坚持不懈：要完成现有的事才能做新的事情；C
　　2. 喜好娱乐：开心充满乐趣与幽默感；I
　　3. 善于说服：用逻辑和事实而不用威严和权力服人；D
　　4. 平和：在冲突中不受干扰，保持平静。S

三、1. 顺服：易接受他人的观点和喜好，不坚持己见；S
　　2. 自我牺牲：为他人利益愿意放弃个人意见；C
　　3. 善于社交：认为与人相处是好玩，而不是挑战或者商业机会；I
　　4. 意志坚定：决心以自己的方式做事。D

四、1. 使人认同：因人格魅力或性格使人认同；I
　　2. 体贴：关心别人的感受与需要；C
　　3. 竞争性：把一切当作竞赛，总是有强烈的赢的欲望；D

4. 自控性：控制自己的情感，极少流露。S

五、1. 使人振作：给他人清新振奋的刺激；I
2. 尊重他人：对人诚实尊重；C
3. 善于应变：对任何情况都能作出有效的反应；D
4. 含蓄：自我约束情绪与热忱。S

六、1. 生机勃勃：充满生命力与兴奋；I
2. 满足：容易接受任何情况与环境；S
3. 敏感：对周围的人事过分关心；C
4. 自立：独立性强，只依靠自己的能力、判断与才智。D

七、1. 计划者：先做详尽的计划，并严格按计划进行，不想改动；C
2. 耐性：不因延误而懊恼，冷静且能容忍；S
3. 积极：相信自己有转危为安的能力；D
4. 推动者：动用性格魅力或鼓励别人参与。I

八、1. 肯定：自信，极少犹豫或者动摇；D
2. 无拘无束：不喜欢预先计划，或者被计划牵制；I
3. 羞涩：安静，不善于交谈；S
4. 有时间性：生活处事依靠时间表，不喜欢计划被人干扰。C

九、1. 迁就：改变自己以与他人协调，短时间内按他人要求行事；S
2. 井井有条：有系统、有条理安排事情的人；C
3. 坦率：毫无保留，坦率发言；I
4. 乐观：令他人和自己相信任何事情都会好转。D

十、1. 强迫性：发号施令，强迫他人听从；D
2. 忠诚：一贯可靠，忠心不移，有时毫无根据地奉献；C
3. 有趣：风趣，幽默，把任何事物都能变成精彩的故事；I
4. 友善：不主动交谈，不爱争论。S

十一、1. 勇敢：敢于冒险，无所畏惧；D
2. 体贴：待人得体，有耐心；S
3. 注意细节：观察入微，做事情有条不紊；C
4. 可爱：开心，与他人相处充满乐趣。I

十二、1. 令人开心：充满活力，并将快乐传于他人；I
2. 文化修养：对艺术学术特别爱好，如戏剧、交响乐；C
3. 自信：确信自己个人能力与成功；D
4. 贯彻始终：情绪平稳，做事情坚持不懈。S

十三、1. 理想主义：以自己完美的标准来设想衡量新事物；C
2. 独立：自给自足，独立自信，不需要他人帮忙；D
3. 无攻击性：不说或者做可能引起别人不满和反对的事情；S
4. 富有激励：鼓励别人参与、加入，并把每件事情变得有趣。I

十四、1. 感情外露：从不掩饰情感、喜好，交谈时常身不由己接触他人；I

2. 深沉：深刻并常常内省，对肤浅的交谈、消遣会厌恶；C

3. 果断：有很快作出判断与结论的能力；D

4. 幽默：语气平和而有冷静的幽默。S

十五、1. 调解者：经常居中调节不同的意见，以避免双方的冲突；S

2. 音乐性：爱好参与并有较深的鉴赏能力，因音乐的艺术性，而不是因为表演的乐趣；C

3. 发起人：高效率的推动者，是他人的领导者，闲不住；D

4. 喜交朋友：喜欢周旋聚会中，善交新朋友，不把任何人当陌生人。I

十六、1. 考虑周到：善解人意，帮助别人，记住特别的日子；C

2. 执着：不达目的，誓不罢休；D

3. 多言：不断的说话、讲笑话以娱乐他人，觉得应该避免沉默而带来的尴尬；I

4. 容忍：易接受别人的想法和看法，不需要反对或改变他人。S

十七、1. 聆听者：愿意听别人倾诉；S

2. 忠心：对自己的理想、朋友、工作都绝对忠实，有时甚至不需要理由；C

3. 领导者：天生的领导，不相信别人的能力能比上自己；D

4. 活力充沛：充满活力，精力充沛。I

十八、1. 知足：满足自己拥有的，很少羡慕别人；S

2. 首领：要求领导地位及别人跟随；D

3. 制图者：用图表数字来组织生活，解决问题；C

4. 惹人喜爱：人们注意的中心，令人喜欢。I

十九、1. 完美主义者：对自己、对别人都高标准，一切事物有秩序；C

2. 和气：易相处，易说话，易让人接近；S

3. 勤劳：不停的工作，完成任务，不愿意休息；D

4. 受欢迎：聚会时的灵魂人物，受欢迎的宾客。I

二十、1. 跳跃性：充满活力和生气勃勃；I

2. 无畏：大胆前进，不怕冒险；D

3. 规范性：时时坚持自己的举止合乎认同的道德规范；C

4. 平衡：稳定，走中间路线。S

二十一、1. 乏味：死气沉沉，缺乏生气；S

2. 忸怩：躲避别人的注意力，在众人注意下不自然；C

3. 露骨：好表现，华而不实，声音大；I

4. 专横：喜命令支配，有时略显傲慢。D

二十二、1. 散漫：生活任性无秩序；I

2. 无同情心：不易理解别人的问题和麻烦；D

3. 缺乏热情：不易兴奋，经常感到好事难做；S

4. 不宽恕：不易宽恕和忘记别人对自己的伤害，易嫉妒。C

二十三、1. 保留：不愿意参与，尤其是当事情复杂时；S

2. 怨恨：把实际或者自己想象的别人的冒犯经常放在心中；C

3. 逆反：抗拒或者拒不接受别人的方法，固执己见；D

4. 唠叨：重复讲同一件事情或故事，忘记已经重复多次，总是不断找话题说话。I

二十四、1. 挑剔：坚持琐事细节，总喜欢挑不足；C

2. 胆小：经常感到强烈的担心焦虑、悲戚；S

3. 健忘：缺乏自我约束，导致健忘，不愿意回忆无趣的事情；I

4. 率直：直言不讳，直接表达自己的看法。D

二十五、1. 没耐性：难以忍受等待别人；D

2. 无安全感：感到担心且无自信心；S

3. 优柔寡断：很难下决定；C

4. 好插嘴：一个滔滔不绝的发言人，不是好听众，不注意别人的说话。I

二十六、1. 不受欢迎：由于强烈要求完美，而拒人千里；C

2. 不参与：不愿意加入，不参与，对别人生活不感兴趣；S

3. 难预测：时而兴奋，时而低落，或总是不兑现诺言；I

4. 缺同情心：很难当众表达对弱者或者受难者的情感。D

二十七、1. 固执：坚持照自己的意见行事，不听不同意见；D

2. 随兴：做事情没有一贯性，随意做事情；I

3. 难于取悦：因为要求太高而使别人很难取悦；C

4. 行动迟缓：迟迟才行动，不易参与或者行动总是慢半拍。S

二十八、1. 平淡：平实淡漠，中间路线，无高低之分，很少表露情感；S

2. 悲观：尽管期待最好但往往首先看到事物不利之处；C

3. 自负：自我评价高，认为自己是最好的人选；D

4. 放任：许别人做他喜欢做的事情，为的是讨好别人，令别人鼓吹自己。I

二十九、1. 易怒：善变，孩子性格，易激动，过后马上就忘了；I

2. 无目标：不喜欢目标，也无意订目标；S

3. 好争论：易与人争吵，不管对何事都觉得自己是对的；D

4. 孤芳自赏：容易感到被疏离，经常没有安全感或担心别人不喜欢和自己相处。C

三十、1. 天真：孩子般的单纯，不理解生命的真谛；I

2. 消极：往往看到事物的消极面、阴暗面，而少有积极的态度；C

3. 鲁莽：充满自信有胆识，但总是不恰当；D

4. 冷漠：漠不关心，得过且过。S

三十一、1. 担忧：时时感到不确定、焦虑、心烦；S

2. 不善交际：总喜欢挑人毛病，不被人喜欢；C

3. 工作狂：为了回报或者说成就感，而不是为了完美，因而设立雄伟目标不断工作，耻于休息。D

4. 喜获认同：需要旁人认同赞赏，像演员。I

三十二、1. 过分敏感：对事物过分反应，被人误解时感到被冒犯；C
2. 不圆滑老练：经常用冒犯或考虑不周的方式表达自己；D
3. 胆怯：遇到困难退缩；S
4. 喋喋不休：难以自控，滔滔不绝，不能倾听别人。I

三十三、1. 腼腆：事事不确定，对所做的事情缺乏信心；S
2. 生活紊乱：缺乏安排生活的能力；I
3. 跋扈：冲动的控制事物和别人，指挥他人；D
4. 抑郁：常常情绪低落。C

三十四、1. 缺乏毅力：反复无常，互相矛盾，情绪与行动不合逻辑；I
2. 内向：活在自己的世界里，思想和兴趣放在心里；C
3. 不容忍：不能忍受他人的观点、态度和做事的方式；D
4. 无异议：对很多事情漠不关心。S

三十五、1. 杂乱无章：生活环境无秩序，经常找不到东西；I
2. 情绪化：情绪不易高涨，感到不被欣赏时很容易低落；C
3. 喃喃自语：低声说话，不在乎说不清楚；S
4. 喜操纵：精明处事，操纵事情，使对自己有利。D

三十六、1. 缓慢：行动思想均比较慢，过分麻烦；S
2. 顽固：决心依自己的意愿行事，不易被说服；D
3. 好表现：要吸引人，需要自己成为被人注意的中心；I
4. 有戒心：不易相信，对语言背后的真正的动机存在疑问。C

三十七、1. 孤僻：需要大量的时间独处，避开人群；C
2. 统治欲：毫不犹豫地表示自己的正确或控制能力；D
3. 懒惰：总是先估量事情要耗费多少精力，能不做最好；S
4. 大嗓门：说话声和笑声总盖过他人。I

三十八、1. 拖延：凡事起步慢，需要推动力；S
2. 多疑：凡事怀疑，不相信别人；C
3. 易怒：对行动不快或不能完成指定工作时易烦躁和发怒；D
4. 不专注：无法专心致志或者集中精力。I

三十九、1. 报复性：记恨并惩罚冒犯自己的人；C
2. 烦躁：喜新厌旧，不喜欢长时间做相同的事情；I
3. 勉强：不愿意参与或者说投入；S
4. 轻率：因没有耐心，不经思考，草率行动。D

四十、1. 妥协：为避免矛盾即使自己是对的也不惜放弃自己的立场；S
2. 好批评：不断地衡量和下判断，经常考虑提出反对意见；C
3. 狡猾：精明，总是有办法达到目的；D
4. 善变：像孩子般注意力短暂，需要各种变化，怕无聊。I

计分：
将以上的选择做一个统计，并记在括号内。
D—（ ） I—（ ） S—（ ） C—（ ）

测试结果的使用说明：
计算你的各项得分，超过 10 分称为显性因子，可以作为性格测评的判断依据。低于 10 分称为隐性因子，对性格测评没有实际指导意义，可以忽略。如果有两项及以上得分超过 10，说明你同时具备那两项特征。

1. Dominance——支配型/控制者
高 D 型特质的人可以称为是"天生的领袖"。

在情感方面，D 型人是一个坚定果敢的人，酷好变化，喜欢控制，干劲十足，独立自主，超级自信。可是，由于比较不会顾及别人的感受，所以显得粗鲁、霸道、没有耐心、穷追不舍、不会放松。D 型人不习惯与别人进行感情上的交流，不会恭维人，不喜欢眼泪，匮乏同情心。

在工作方面，D 型人是一个务实和讲究效率的人，目标明确，眼光全面，组织力强，行动迅速，解决问题不过夜，果敢，坚持到底，在反对声中成长。但是，因为过于强调结果，D 型人往往容易忽视细节，处理问题不够细致。爱管人、喜欢支使他人的特点使得 D 型人能够带动团队进步，但也容易激起同事的反感。

在人际关系方面，D 型人喜欢为别人做主，虽然这样能够帮助别人作出选择，但也容易让人有强迫感。由于关注自己的目标，D 型人在乎的是别人的可利用价值。喜欢控制别人，不会说对不起。

描述性词语：
积极进取、争强好胜、强势、爱追根究底、直截了当、主动的开拓者、坚持意见、自信、直率

2. Influence——活泼型/社交者
高 I 型的人通常是较为活泼的团队活动组织者。

I 型人是一个情感丰富而外露的人，由于性格活跃，爱说，爱讲故事，幽默，彩色记忆，能抓住听众，你常常是聚会的中心人物。是一个天才的演员，天真无邪，热情诚挚，喜欢送礼和接受礼物，看重人缘。情绪化的特点使得你容易兴奋，喜欢吹牛、说大话，天真，永远长不大，富有喜剧色彩。但是，似乎也很容易生气，爱抱怨，大嗓门，不成熟。

在工作方面，I 型人是一个热情的推动者，总有新主意，色彩丰富，说干就干，能够鼓励和带领他人一起积极投入工作。可是，I 型人似乎总是情绪决定一切，想哪儿说哪儿，而且说得多干得少，遇到困难容易失去信心，杂乱无章，做事不彻底，爱走神儿，爱找借口。喜欢轻松友好的环境，非常害怕被拒绝。

在人际关系方面，I 型人容易交上朋友，朋友也多。关爱朋友，也被朋友称赞。爱当主角，爱受欢迎，喜欢控制谈话内容。可是，喜欢即兴表演的特点使得 I 型人常常不能仔细理解别

人，而且健忘多变。

描述性词语：

有影响力、有说服力、友好、善于言辞、健谈、乐观积极、善于交际

3. Steadiness——稳定型/支持者

高S型的人通常较为平和，知足常乐，不愿意主动前进。

在情感方面，S型人是一个温和主义者，悠闲，平和，有耐心，感情内藏，待人和蔼，乐于倾听，遇事冷静，随遇而安。S型喜欢使用一句口头禅："不过如此。"这个特点使得S型总是缺乏热情，不愿改变。

在工作方面，S型能够按部就班地管理事务，胜任工作并能够持之以恒。奉行中庸之道，平和可亲，一方面习惯于避免冲突，另一方面也能处变不惊。但是，S型似乎总是慢吞吞的，很难被鼓动，懒惰，马虎，得过且过。由于害怕承担风险和责任，宁愿站在一边旁观。很多时候，S型总是焉有主意，有话不说，或折衷处理。

在人际关系方面，S型是一个容易相处的人，喜欢观察人、琢磨人，乐于倾听，愿意支持。可是，由于不以为然，S型也可能显得漠不关心，或者嘲讽别人。

描述性词语：

可靠、深思熟虑、亲切友好、有毅力、坚持不懈、善倾听者、全面周到、自制力强

4. Compliance——完美型/服从者

高C型的人通常是喜欢追求完美的专业型人才。

在情感方面，C型人是一个性格深沉的人，严肃认真，目的性强，善于分析，愿意思考人生与工作的意义，喜欢美丽，对他人敏感，理想主义。但是，C型人总是习惯于记住负面的东西，容易情绪低落，过分自我反省，自我贬低，离群索居，有忧郁症倾向。

在工作方面，C型人是一个完美主义者，高标准，计划性强，注重细节，讲究条理，整洁，能够发现问题并制定解决问题的办法，喜欢图表和清单，坚持己见，善始善终。但是，C型人也很可能是一个优柔寡断的人，习惯于收集信息资料和做分析，却很难投入到实际运作的工作中来。容易自我否定，因此需要别人的认同。同时，也习惯于挑剔别人，不能忍受别人的工作做不好。

对待人际关系方面，C型人一方面在寻找理想伙伴，另一方面却交友谨慎。能够深切地关怀他人，善于倾听抱怨，帮助别人解决困难。但是，C型人似乎始终有一种不安全感，以至于感情内向，退缩，怀疑别人，喜欢批评人事，却不喜欢别人的反对。

描述性词语：

遵从、仔细、有条不紊、严谨、准确、完美主义者、逻辑性强

项目八
饭店前厅部服务心理

学习目标

知识目标：通过本项目的学习，对宾客在饭店前厅部的心理和行为特点有基本的了解和把握，并学会引导、适应和满足宾客的心理需要。

技能目标：初步能从不同角度观察分析饭店宾客的行为，并能根据宾客的需要安排个性化服务。

情感目标：正确认识前厅服务的重要性，树立学好前厅服务工作技能的态度。

项目导图

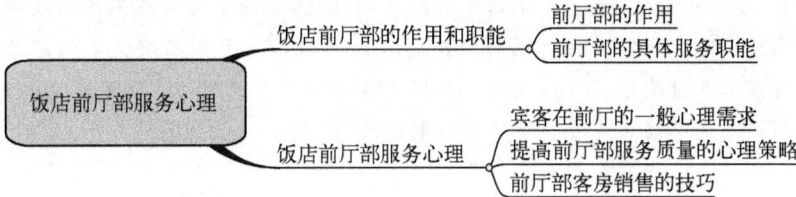

案例导入

客人住到了别家酒店

北京某饭店的前台问讯处，几名年轻的员工正在忙于接待办理入住和离店手续的客人。此时，只见大门入口处走进两位西装革履的中年人，提着一个看上去有点重量的箱子径直往问讯处走来。

"您好，需要我效劳吗？"刚放下电话的小马很有礼貌地主动问道。

"有件事想麻烦一下。"其中一位戴眼镜的中年人说话有点腼腆，他似乎不知从何说起，稍许停顿一下后，目光对着地上的那只箱子。

"我们一定尽力而为，请您说吧。"小马真心实意地鼓励他。

"我们是海南光明工贸公司的驻京代表，这里是一箱资料，要尽快交给我公司总经理，他定于今天下午3点到达这里，我们下午不能来迎接，所以想把箱子先放在酒店里，待总经理一到请你们交给他本人。"

"请放心，我们一定办到。"小马再三保证。

下午3时已到，海南那家公司的总经理还未抵达，小马打电话到机场，获知飞机没有误点。但因那两位中年人没有留下电话和地址，所以小马别无选择，只能再等下去。又是两个小时过去了，那位总经理仍然没有来，小马不得不作好交接箱子的思想准备。就在这一瞬间，电话铃声响了。

"问讯处吗？今早我们留在前台的那只资料箱本是想交给我们总经理的。刚才接到总经理的电话，说他被一位住在××饭店的朋友邀去，决定就住在那儿了，而那箱资料是他急用的……"还是戴眼镜的驻京代表的声音。

"您不用着急,我会设法把箱子立刻送到××饭店的。"

小马放下电话立即安排一位员工办理此事,半小时后,那位驻京代表又打来电话,但小马已经下班了。"请转达小马,箱子已经送到,十二分地感谢。我们的总经理改变主意住到了别家饭店,你们不但没有计较,还为我们服务得那么好,真不知如何表达我们的感激。总经理说,下回一定要住你们的饭店。"对方诚恳地说道。

案例分析:

这家饭店前台问讯处曾荣获 1993 年度"首都旅游紫禁杯先进集体"的称号,用员工们的话来说,荣誉是靠汗水和优秀的服务换来的。本例中的小马及问讯处其他员工对待工作极端负责的精神雄辩地证明了这一点。

为住客人寄存行李或贵重物品是酒店的常规服务内容,但该饭店前台问讯处主动承接未到客人的物品,这是一种超常规服务。海南光明工贸公司并未为总经理预订客房,小马在客人没有肯定入住本店的前提下答应为客人保存资料箱子,这是难能可贵的。不仅如此,小马还主动与机场联系,了解班机飞行情况,下班时又能主动交接,体现了优秀员工的高度责任心。

最令人感动的是,当客人住到别的酒店时,饭店问讯处不但不恼火,仍满足他的需求,这样的服务可谓真正做到了家。饭店的优质服务牢牢印进了这几位客人的脑海中,他们理所当然地成了该酒店的潜在客人和"义务宣传员"。

1. 饭店前厅部的作用和职能分别有哪些?
2. 宾客在饭店前厅的一般心理需求有哪些?
3. 如何根据宾客的需求做好前厅部的服务工作?

任务一 饭店前厅部的作用和职能

一、饭店前厅部的作用

前厅部是整个饭店业务活动的中心,因其主要服务部门总服务台通常位于饭店最前部的大堂,因而称为前厅部。前厅部是饭店销售产品、组织接待工作、调度业务以及为宾客提供一系列前厅服务的综合性服务机构。前厅部接触面广、政策性强、业务复杂,在饭店中具有举足轻重的地位。

1. 前厅部是饭店的门面

饭店前厅部是主要的服务机构,通常都设在客人来往最为频繁的大堂。毋庸置疑,前厅部是赢得宾客好感的重要阵地。在客人的心目中,前厅便是饭店。作为饭店的门面,前厅的环境气氛、服务质量水平在宾客心目中代表着饭店的总体水平及形象,这不仅包括大堂的建筑设

计、陈设布置，也包括前厅部员工的精神面貌、仪容仪表、服务态度、服务技巧、服务效率及组织纪律等。而且，在大堂汇集的大量人流中，除住店客人外，还有许多前来就餐、开会、购物、参观游览、会客、检查指导等其他客人。前厅的管理水平和服务水准，往往直接反映整个饭店的管理水平、服务质量和服务风格。前厅是饭店工作的"窗口"，代表着饭店的对外形象。

2．前厅部是饭店的业务中心

前厅的主要任务是通过预订、接待住店宾客、推销客房及其他服务设施，达到销售的目的。作为饭店业务活动的中心，前厅部直接面对市场，面对客人，是饭店中最敏感的部门。每天都能接触到大量的信息，如有关客源市场、产品销售、营业收入、客人意见等。因此，前厅部应当充分利用这些信息，将统计分析工作制度化和日常化，及时将有关信息整理后向饭店的管理机构汇报，与饭店有关部门沟通，以便其采取对策，适应经营管理上的需要。

3．前厅部是饭店的销售窗口

前厅部是饭店的销售窗口，它左右着饭店商品的出售，管理控制着饭店收入的焦点与核心。据统计，目前国际上客房收入一般占饭店总营业收入的50%左右，而在我国客房收入还要高于这个比例。

4．前厅部是建立良好宾客关系的重要环节

前厅部工作贯穿宾客消费周期全过程，从宾客的入住到宾客结账离店，前厅部是任何部门都取代不了的，同时也是和宾客建立良好宾客关系的重要环节。根据希尔顿饭店手册，在与宾客的关系中，每一位员工都是"希尔顿"，在宾客面前都是希尔顿大使，与宾客建立良好的关系，而建立良好的宾客关系正是提高宾客满意程度的重要因素。同时，前厅部还是饭店的"外交官"，可以通过有效地开展预订服务，与各个旅行社和旅游单位保持良好的合作关系，以提高饭店的知名度。

二、饭店前厅部的具体服务职能

前厅部在饭店运行中起着推销、沟通、协调等重要作用，是饭店的"神经中枢"，具有下列八项功能。

1．销售客房

前厅部的首要功能是销售客房。客房是饭店最主要的产品，其收入是饭店营业收入的主要来源。前厅客房销售的任务由以下四个方面的工作组成。

（1）订房推销：前厅部总台设有专门的客房预订部，其主要工作就是预售客房和做好与之有关的售前服务工作。预订员必须熟练掌握饭店房况、房价政策，能积极主动地与客人达成订房协议。因此，成功的订房推销是饭店客房销售的重要组成部分。

（2）接待无预订客人。这是向那些未经预订而直接抵店的临时客人销售客房。总台接待员在接待时要表现出良好的推销能力，推销客房及其他饭店产品与服务。对于饭店客房销售来讲，这种接待推销是十分重要的。

（3）办理入住登记。所有客人住店都必须经过总台办理入住登记手续。接待员在办理入住手续时，也需表现出推销功能。而对于未预订的散客来讲，正如前面所述，总台接待员从一开始就要进行一个完整的推销工作。

(4) 排房、确定房价。客房营业收入的高低取决于销售客房的数量和价格。前厅的接待员应当清楚地认识合理安排客房和正确定价对于饭店营业收入是十分重要的，这也是前厅部销售客房的重要一环。不仅要注意销售客房的数量和价格，还要将合适的房间安排给客人。正确的排房有利于提高客房的使用率和客人的满意程度，使他们感到物有所值。

总之，客房销售是前厅部首要的功能。客房营业收入是考核前厅部管理及运转好坏的重要依据之一。

2. 提供信息

除了发挥销售客房的功能外，前厅还应成为提供信息的中心。饭店显眼地段的前厅部的总台是服务人员与客人的主要接触点，前厅服务人员应随时准备向客人提供他感兴趣的资料，起到促进销售的作用。

前厅部的服务人员应始终做好准备，充分掌握和及时更新各种固定的与变动的信息，以亲切的态度，对答如流的技能，给客人提供正确无误的信息。

3. 协调对客服务

为了能使客人享受到区别于其他地方的高水准的服务，前厅部服务人员应以优质服务来衔接饭店前、后台之间及管理部门与客人之间的沟通联络工作。例如：客人投诉房内热水不足，前台服务人员应及时向工程部反映，并给客人满意的答复。

4. 控制客房状况

控制客房状况是前厅部又一重要功能。这项功能主要由两方面的工作组成：一是协调客房销售与客房管理，二是在任何时候都正确地反映饭店客房的销售状态。前厅部和客房部双方都必须抱着理解与合作的态度，努力为每一位客人提供准备好的房间，最大限度地将客房销售出去。

5. 提供各种前厅服务

作为对客服务的集中场所，前厅部还是一个直接向住店客人提供各类相关服务的前台服务部门，如电话、商务、行李、接受投诉、邮件、票务代办、钥匙收发、迎宾接站、物品转交、留言问讯等服务。这些众多工作内容构成了其直接对客服务的功能，前厅部的管理人员要在积极推销饭店产品的同时将自身所提供的各种服务的质量抓好，以圆满实现其服务功能。

6. 建立客账

目前大多数饭店为了方便客人，促进消费，都已经向客人提供了统一结账服务。客人经过必要的信用证明，查验证件后，可在饭店营业点（商场部除外）签单赊账。前台收款处不断累计客人的消费额，直至客人离店或其消费额达到饭店政策所规定的最高欠款额时，才要求客人付款。要做好这项工作，必须注意建立客人账户、对客人消费及时认真地登记和监督检查客人信用状况这三个环节。前厅部的职责是区别每位客人的情况，建立正确的客账。

7. 结账离店

客人离店前，应核查其账单。客人要办理离店手续时，应将账单交给客人，请客人检查。离店手续办理完毕，前台应按程序与有关部门进行及时的沟通。让客人心满意足地离去是饭店的目标，满意而归的客人很可能成为饭店的回头客。饭店的良好声誉很大程度上取决于常客的间接宣传。

8. 建立客史档案

由于前厅部为客人提供入住及离店服务，因而自然就成为饭店对客服务的调度中心及资料档案中心。大部分饭店为住店一次以上的零星散客建立客史档案，按客人姓名字母顺序排列的客史档案记录了饭店所需要的有关客人的主要资料。这些资料是饭店给客人提供周到的、具有针对性服务的依据，同时也是饭店寻找客源、研究市场营销的信息来源，所以必须坚持规范建档和保存制度化两项原则。

从上面介绍的八项功能中可以看出，前厅部是饭店的营业中心、协调中心和信息中心，它在饭店经营中起着销售、沟通、控制、协调服务和参与决策的作用。前厅部管理的好坏与上述八项功能是否正常发挥作用密切相关，特别是与首要功能——销售客房有关，也就是与饭店的经营效益有关。因此，在日常的运转与管理中，前厅部必须重视以上八方面功能的正常发挥。

任务二 饭店前厅部服务心理

一、宾客在前厅的一般心理需求

宾客经历了一段时间的旅行到达旅游目的地或中转地后，迫切需要解决食和住的问题，饭店要为他们提供相应的服务。宾客对饭店的住宿和餐饮服务有怎样的生理和心理需要？饭店的经营、管理、服务等从业人员如何才能为宾客提供最佳的服务？这些问题都是现代饭店业需要研究和解决的。它们作为饭店经营策略和服务措施制定的重要依据，关系到饭店业经营的成败。现代饭店要获得成功，必须以服务质量求生存。而服务质量的高低常以服务人员提供服务时的行为、态度及宾客在享用服务时获得的感受和满意程度来衡量。

1. 宾客求服务质量的需求

客人要求服务人员有良好的感知能力和热情的服务态度，但是服务人员也必须有熟练的服务技能。前台的主要工作包括预订、登记、接待、问询、总机、行李接送与寄存、收款结账、建立与保管客人档案的工作。工作的多样性对服务人员的服务质量提出了更高的要求。迅速、准确、高效地完成，才能保证客人的顺利活动和休息。所以，前厅部的工作人员必须熟练掌握各种服务程序和服务标准。

2. 宾客求尊重的需求

宾客来到饭店，希望自己是受欢迎的人；希望见到前台人员的笑脸；希望服务人员能尊重自己的人格、生活习俗、宗教信仰；希望服务人员能够认真地解答自己所提出的问题，耐心听取自己所提出的建议；希望服务人员尊重自己对房间的使用权等。总之，宾客希望自己能在一个友好、愉快的氛围中享受饭店的服务。

3. 宾客求方便快捷的需求

任何宾客都希望他入住的宾馆饭店为他们提供方便。宾客到达饭店往往已经处于疲惫状态，希望办理入住手续能准确、快速，服务效率高（而且，随着IT技术系统的不断提升，人们的耐性越来越少，阅读已经碎片化，要求服务快速的要求更为突出）。并且希望到达饭店后，迎送员能够主动开门，有行李员帮忙搬运行李。能在前厅咨询到他们所需的信息，或办理外币兑换等指导性的服务。

4. 宾客求知的需求

有些初来乍到的宾客，他们有着强烈的求知心理。他们需要知道饭店的其他服务项目、价格、特点、规模；需要知道最近的名胜古迹、风土人情、购物中心等状况；需要了解交通信息，航班、铁路的时刻表信息。所以前台要对这些信息了如指掌，以满足宾客的求知需要。

5. 宾客求环境优雅、设备齐全的需求

客人一进饭店，首先是用各种感官去感知周围的事物，他们对饭店的外表、门厅、总台以及周围的环境布置、装饰特别重视，而且对饭店内其他部门的硬件设施也较为重视。这些都会给客人"先入为主"的印象。客人要求饭店的环境具有意境美和整体美，他们希望饭店是高雅的，舒适的，也是洁净的。只有在饭店的硬件设施具备的情况下才能去谈饭店的软件设施，只有软件和硬件设施都具备的情况下才能招揽更多的客人。

6. 宾客求服务人员素质的需求

服务人员的个人素质，是对宾客形成良好印象的重要条件。饭店作为高级消费场所在接待服务过程中十分重视工作人员的仪容仪表，特别是对前台服务人员的要求更高。华贵庄重、从容镇静、举止大方、风度翩翩能为宾客展示良好的服务素质。不只外在美，宾客同样需要内在美，服务人员的谈吐优雅，语言流畅，更能满足宾客的需求。

相关阅读8-1

酒店服务人员如何区分顾客类型

一个酒店从业人员，尤其身为接待员，每天处理例行工作外，所接待的客人真不知道有多少。而且，其中包括了全世界各种形形色色的人士。因酒店是以服务为业务的事业，对于客人的类型了如指掌，才能给所有的客人以满意的服务，使服务达到最佳境地。下面将客人的类型分述如下：

1. 常顾客型

对于常住店的老顾客，服务人员要态度恳切微笑地接待，但在服务时也不能与之表示过分的亲切而冷落了其他顾客。

2. 吊儿郎当型

这种顾客没有主见，对于任何事情的决定都很难下决心。当我们服务到这种客人时，应该和蔼可亲地为客人说明产品或服务并提出建议，引导他作决定，如此就可以节省时间，又可增加顾客的信心。

3. 妄自尊大型

这种客人有种自大感，认为自己是世界上最伟大的人，让人觉得有点目中无人之感，总认为自己所做的都是对的，故当我们服务这种客人时，最好是顺从其意见，遵照他的话去做，千万不要与他争论。

4. 老马识途型

对于这类型的客人的服务，最好是多听他说话，不批评他所讲的内容，他要点什么我们就给他什么，就没有什么问题了。

5. 浪费型

这种客人喜欢交际,用钱没有节制,更爱吹牛,故对这种类型的客人服务时,应保持距离,不可太接近,以免发生事故而将责任推到服务员身上。

6. 啰唆型

这种客人应尽量避免和他长谈,一谈上就没有完,而影响了工作,在点菜时应柔和地将要点简明扼要地说明,让他便于接受,最忌辩论。

7. 健忘型

此类顾客对于服务员告诉他的菜肴名称等有关事情,很容易忘记,必须要说好几遍,并必须要他确认(如在消费单据上签字),否则当他自己所作所为时,会将责任转嫁于他人。

8. 寡言型

此类顾客平常很少说话,所以当他向服务员交代事项时,应专心倾听其意见,并提出简明扼要的建议,以确保餐饮服务的完整性。

9. 多嘴型

此类客人喜欢说话,一说就不停,服务人员为他服务时,最好是尽快诱其进入正题,以免耽误服务别人的时间。

10. 慢吞型

此类顾客喜欢东张西望,动作滞笨,说话吞吞吐吐,需要一段很长的时间才能下决定,所以服务人员在为他服务时,最好能帮助他迅速下判断。

11. 急性型

这类顾客个性急躁,任何事情都希望快速解决,所以服务员为他服务时,必须动作迅速,与他交谈应单刀直入,简单明了,否则此种客人很容易发脾气。

12. 水性杨花型

这类顾客对于处理事情始终犹豫不决,即使已经下了决定,又想变更,总认为别人选择的比自己的好,因此服务员在为他服务时,应引导其选择的正确性,并鼓励他接受自己决定的服务。

13. 健谈型

此类顾客很喜欢聊天,一谈就没完没了,故对这种客人服务时,应以适当的方法暗示他,还要为别桌客人服务,以便结束服务。

14. 情人型

此种顾客比较喜欢安静的地方,服务人员为他服务后就不要再去打扰他。

15. 家庭型

这类客人到餐厅用餐时,服务人员应特别照顾他的小孩,他就会感觉很愉快而满足了。

16. VIP型

此类客人为他服务时,应把他视为国王样的去服侍他。

17. 吃豆腐型

这类客人喜欢吃服务员的豆腐,尤其是女性服务员为他服务时,如果他有过分的行为,我们只要回答不知道或报告上司即可。

18. 无理取闹型

服务人员为这类顾客点菜或服务时,就特别注意自己讲话的口气是否礼貌,切记不要与他辩论,如无法应付时,报告上司处理。

19. 夫人型

在欧美国家，是以女权至上的，故对来自这些国家的女性顾客应殷勤接待，以便她们替本店义务宣传。

20. 酒醉型

这类顾客每天必喝酒，每饮必醉，当他喝醉时，最好避免注意他，不要与他谈话，只要他不吵闹就可以了，如果醉倒了应安排他到休息室休息。

21. 开放型

这类顾客对任何事情都是毫不保留地表现于言行之间，而且不轻易听别人的劝告，所以服务这种客人时，为免伤感情，应等待其情绪安定后，再说服他，并为他服务。

22. 沉着型

虽然这类客人个性沉着，但不容易轻易下决定，服务人员为他服务或点菜时必须对答如流，使其听了深信不疑。

23. 温柔型

此类客人个性温和，对事情较难下决定，服务人员在服务时，只要加强他的自信心，设法协助他下决心即可。

24. 固执型

这类顾客的自我观念很重，虽然处理事情果断，但因欠思考，往往无法与我们的意思相同，只要以温和的态度，礼貌地引导他向着我们的主张即可。

25. 社交型

此类顾客会说话、善交际，但并不好应付，当为他服务时应注意言行，以免发生意外，而遭到他的抱怨。

26. 排他型

这类顾客不轻易与人交往，感情特别敏感，最好尽量避免与其不必要的闲谈，如要与他说话，也必须找出合适的话题，使对方敞开胸襟。

二、提高前厅部服务质量的心理策略

（一）努力给宾客留下美好的"第一印象"与"最后印象"

任何客人一进店，都会对大堂的环境艺术、装饰布置、设备设施和前厅部员工的仪容仪表、服务质量、工作效率等产生深刻的"第一印象"。宾客总是带着第一印象来评价饭店的服务质量，而最后印象在宾客的脑海里停留时间最长，留下的记忆最为深刻。因此，各饭店都应十分重视前厅服务中的"第一印象"与"最后印象"所具有的特殊意义和产生的巨大心理效应，注意运用"晕轮效应"树立饭店在旅游者心目中的良好形象。

具体地，可以从前厅的环境美（如布局、意境、装饰陈列、标识等），员工的仪表美、态度美、语言美等角度来实现塑造宾客良好印象的策略。

（二）以热情的态度和具体周到的服务赢得宾客的信任

员工为赢得客人的信任所应具备的知识能力和良好的服务态度包括员工完成各项服务所需的业务技能、对客人的礼貌和尊重、同客人之间的有效沟通以及对客人利益的关心等。

饭店前厅部各岗位员工的业务知识、业务技能和接待客人亲如一家的周到热情的服务态度，所有这些都能够带给客人宾至如归的心理感受，使客人对饭店前厅部各项服务的质量形成一个良好的印象，进而建立起对饭店的信心和信任，所以各岗位员工应以自己熟练的业务技能，热情的服务态度，高效率地为客人提供客房预订、入住登记、问询、查询、行李搬运、商务等各项前厅服务，达到或超过客人预期的结果，最终赢得客人的信任。为此，要注意以下几点：

1. 服务的规范性、可靠性

服务的规范性、可靠性，即准确、可靠、按时、保质、保量、规范地向客人提供所承诺服务的能力。这一能力更多地来自饭店及其部门的规章制度、服务规范和服务程序。完善的程序和制度可以规范员工的服务行为，保证服务质量的规范和统一。例如，前厅接待程序中规定了接待员办理客人入住登记手续时所应遵循的标准、规范化与服务语言标准化、服务步骤及标准化服务时间，这样就确保了员工能够遵循服务程序向客人提供高质量标准化的服务。

2. 服务的主动性

服务的主动性是指员工为客人提供优质服务的主观意愿和主动态度。在员工具有高度主动性的情况下，即使完成服务的客观能力存在不足，仍然能够使客人对服务过程产生美好的印象。具体到饭店前厅部工作中常常会发现这样一个现象：缺乏熟练业务技能和服务经验，但笑容满面、主动热情的员工，比业务技能熟练，但对客人冷若冰霜的员工更受欢迎，这一现象很好地说明：有为客人提供优质服务的主观意愿对客人对服务质量的感知有着很大的影响。

3. 情感投入

情感投入是指员工在对客服务过程中所表露出的对客人的关心和重视，如对客人亲切、友好的态度，对客人需求的敏感和关心，对客人感受的理解等，前厅员工应从客人的角度出发想方设法解决客人的难题，满足客人的需求，这样才能使客人享受到高质量的服务。对前厅部的管理者和员工来说，只有将客人当成自己的亲人，对客人真情相待，才能及时准确地发现客人的需要，合理有效地解决客人的难题，让客人把饭店当成另一个家。

4. 服务的具体性

服务的具体性也就是服务过程中具体可见的人员、设施、设备环境等诸多因素。在服务过程中，影响服务质量的要素大多数是客人无法直接认知的抽象因素。也就是说，一个初次住宿饭店的客人在决定消费之前，无法直接感知和体会到饭店服务的可靠性，只有通过服务过程中服务人员的服务意愿、业务技能和对客人的感情投入的具体表现来感知饭店的服务，对饭店树立信心。

5. 周到的服务

周到的服务不仅要求服务人员具备娴熟的服务技能，能够营造和谐的气氛，而且还要善于察言观色，即能够从宾客的表情、神态中了解其需要，满足宾客的心理需求。同时饭店应充分

运用现代技术，不断改善前厅的服务设施，如增加计算机、电报、电传、复印打字、电子信箱等服务项目，满足宾客的各种需要，充分体现前厅服务的主动周到。此外，现代饭店通常在大厅里安排公关员协调各方面关系，处理宾客的投诉。这一有效措施体现了饭店对宾客的尊重与关心，无形中提升了饭店的形象。

相关阅读8-2

微笑是给顾客的小费

法国酒店业认为：客人花钱消费购买的是服务员的服务，服务员出售的商品就是自己的服务；反过来可以说服务员用自己的服务来购买客人消费这种商品，客人同样出售了自己的消费（只不过在此服务员是用自己的服务来买客人消费的单）。所以客人和服务员的关系是平等的，消费和服务是单纯的商品关系，即服务商品化。

在此客人可以付小费以肯定服务员的服务质量；同样服务员也应对客人的言谈文明、举止高雅及出手阔绰等来支付小费，而这种小费最好的载体就是——微笑。

推而广之，微笑被定位为服务员除正常服务以外付给客人的小费。

评析：

从上文中不难看出，法国酒店业对待服务的认识。联想到我们酒店业对待服务的认识，可以看出我们在意识上的差距有多大。过去旧社会那种跑堂儿的、店小二、下九流的思想仍然根深蒂固，就像老舍先生曾讥讽的"穿惯长衫的人是不会穿短褂的"。服务员和客人之间的关系被人为地定位在两个层面，甚至连人格都失去了平等。所以我们的服务总是被动的，不情愿的，如此怎可能有那种发自内心的微笑。

随着我国入世，旅游饭店业将会受到更大的挑战。现代酒店业的竞争是全方位的，而软件的竞争更是重中之重。如何及时转变观念、在竞争中立于不败之地，我想对我们而言的当务之急就是树立现代服务意识，将微笑融入到职业规范中去，让微笑成为付给客人的小费。

三、前厅部客房销售的技巧

1. 把握不同客人的不同需要

不同的宾客具有不同的特点，对饭店也有不同的要求。比如，商务客人通常是因公出差，对房价不太计较，但要求客房安静、光线明亮、办公桌宽大，服务周到，饭店及客房内办公设备齐全；旅游客人要求房间景色优美、干净卫生，但预算有限，比较在乎房间价格；度蜜月的情侣喜欢安静、不受干扰且配有一张大双人床；高薪阶层及带小孩的父母喜欢套房等。因此，前厅服务员在接待客人时，应根据客人的类型与特点，不失时机地、有针对性地推销客房。应向客人多做正面介绍，多提建议，必要时可引领客人实地参观客房，或给客人看客房的彩色照片，做好有针对性的销售。

2. 准确描述客房的特点

前厅服务员的主要任务是销售客房，所以必须首先了解所有客房的特点，在接待客人时，适当地描述客房的特点，以减弱客房价格的分量，突出客房能够满足客人需要的特点。另外，也可以带客人参观客房，并有专人讲解客房的特点。

3. 判断客人可能接受的价格范围

前厅服务员在接待客人时，首先确定客人可接受的价格范围（可根据客人的身份、来访目的等特点判断），在这个范围内，由高到低报价。根据消费心理，客人常常会接受首先推荐的房间。如果客人嫌贵，可降低一个档次，向客人推荐价格次高者。这样就可将客人所能接受的最高房价的客房销售给客人，达到成功的销售。

4. 选择适当的报价方式

服务员报价时，不能只说金额，而不介绍房间的特点。报房价与说明其价值的先后顺序以及适应哪种类型的房间推销也是值得注意的。

 相关阅读8-3

前厅部的客房报价

服务员报价时，不能只说金额，而不介绍房间的特点。报房价与说明其价值的先后顺序以及适应哪种类型的房间推销也是值得注意的。根据不同的房间类型，客房报价有三种方式。

（1）"冲击式"报价

即先报价格，再提出房间所提供的服务设施与项目等，这种报价方式比较适合价格较低的房间，主要针对消费水平较低的客人。

（2）"鱼尾式"报价

即先介绍房间所提供的设施与项目以及房间的特点，最后报出价格。这种报价方式适合中档客房，主要针对中等消费水平的客人。

（3）"夹心式"报价

又称"三明治"式报价，即将房价放在推销服务中间报出，能起到减弱价格分量的作用，这种报价方式适合于中、高档客房，也可以针对消费水平高、有一定地位和声望的客人。

5. 讲究语言的艺术性

前厅服务员在接待客人、推销客房时，态度应诚恳，说话不仅要有礼貌，而且要讲究艺术性。否则，虽没有恶意，也可能会得罪客人。比如应该说："您运气真好，我们恰好还有一间漂亮的单人间。"而不能说："单人间就剩这一间了，您要不要？"这样会使客人感到没有选择的余地，而产生排斥的心理。要封闭推销，多提建议。客人犹豫不决时，是前厅服务员销售客房能否成功的关键时候，正确分析客人的心理活动，千方百计地去消除他们的疑虑，多提建议，不要轻易放过任何一位可能住店的客人。另外，前厅服务员要善于利益诱导，有些客人虽说已经做了预订，但预订的房间价格较为低廉。住宿登记时，前厅服务员便可使用利益诱导的方法对他们进行二次推销，即告诉客人，只要在原价格基础上稍微提高一些，便可得到更多的好处或优惠。

相关阅读8-4

巧妙推销豪华套房

某天，南京金陵饭店前厅部的客房预订员小王接到一位美国客人从上海打来的长途电话，想预订两间每天收费在120美元左右的标准双人客房，三天以后开始住店。

小王马上翻阅了一下订房记录表，回答客人说由于三天以后饭店要接待一个大型国际会议的多名代表，标准间客房已经全部订满了。小王讲到这里并未就此把电话挂断，而是继续用关心的口吻说："您是否可以推迟两天来，要不然请您直接打电话与南京××饭店去联系询问如何？"

美国客人说："我们对南京来说是人生地不熟，你们饭店比较有名气，还是希望你给想想办法。"

小王暗自思量以后，感到应该尽量不让客人失望，于是接着用商量的口气说："感谢您对我们饭店的信任，我们非常希望能够接待像你们这些尊敬的客人，请不要着急，我很乐意为您效劳。我建议您和您的朋友准时前来南京，先住两天我们饭店内的豪华套房，每套每天也不过收费280美元，在套房内可以眺望紫金山的优美景色，室内有红木家具和古玩摆饰，提供的服务也是上乘的，相信你们住了以后会满意的。"

小王讲到这里故意停顿一下，以便等客人回话，对方沉默了会，似乎在犹豫不决，小王于是开口说："我料想您并不会单纯计较房金的高低，而是在考虑这种套房是否物有所值，请问您什么时候乘哪班火车来南京？我们可以派车到车站来接，到店以后我一定陪您和您的朋友一行亲眼去参观一下套房，再决定不迟。"

美国客人听小王这么讲，倒有些感到情面难却了，最后终于答应先预订两天豪华套房后挂上了电话。

分析：

前厅客房预订员在平时的岗位促销时，一方面要通过热情的服务来体现，另一方面则有赖于主动、积极的促销，这只有掌握销售心理和语言技巧才能奏效。

案例中的小王在促销时确已掌握所谓的"利益诱导原则"，即使客人的注意力集中于他付钱租了房后能享受哪些服务，也就是将客人的思路引导到这个房间是否值得甚至超过他所付出的。小王之所以能干，在于他不引导客人去考虑转店或盲从，而是用比较婉转的方式报价，以减少对客人的直接冲击力，避免使客人难于接受而陷于尴尬。小王的一番话使客人感觉自己受到尊重并且小王的建议是中肯、合乎情理的，在这种情况下，反而很难加以否定回答说个"不"字，终于实现了饭店积极主动促销的正面效果。

项目小结

前厅是饭店的门面与窗口，是客人与饭店最初接触与最后告别的部门；前厅服务贯穿于客人在饭店内活动的全过程，是饭店服务的源头和终点；前厅的管理水平和服务水准，往往直接反映整个饭店的管理水平、服务质量和服务风格。本项目的学习，我们应该了解前厅部在饭店业务中的地位与作用，侧重掌握宾客在前厅的一般心理需求和提高前厅部服务质量的心理策略。

综合能力训练

◇◇◇◇◇◇◇◇◇◇ 基本训练 ◇◇◇◇◇◇◇◇◇◇

一、复习与思考

1. 简述前厅在饭店中的地位和作用。
2. 宾客在前厅服务中的一般心理需求有哪些?
3. 概述宾客在前厅的服务中需要什么样的服务。
4. 提高前厅部服务质量的心理策略有哪些?

二、案例分析

一位女士来到前台对你说,住在你们饭店的某客人是她丈夫,现她丈夫出外办事,希望你帮忙查询及告知房号,同时让她进房间。作为前厅服务人员,你应怎样处理该女士的要求?

◇◇◇◇◇◇◇◇◇◇ 技能训练 ◇◇◇◇◇◇◇◇◇◇

1. 全班分为若干个小组,分组研讨,画出饭店宾客入住的行为流程图及前厅服务流程图。并派小组代表向全班简介小组同学的讨论结果(图8-1)。

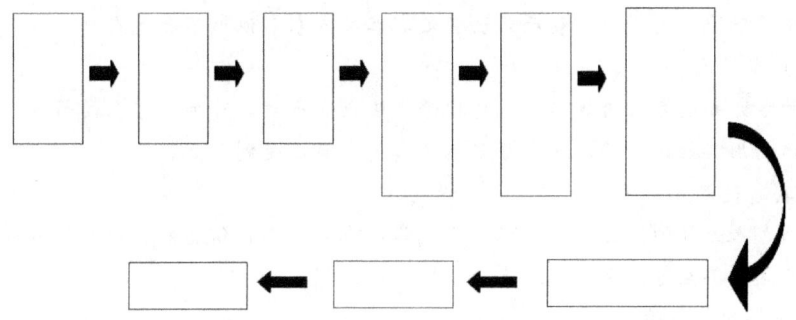

图8-1 宾客入住行为流程图

2. 分组进行房间销售的情景模拟训练,设置房间类型、价格、基本情况,客人的人数、关系(不公开)、从事行业特点等。一组出服务员,另一组出客人,各组轮流进行,每次模拟训练后,各小组互相分析并评分,最后由老师进行点评。

拓展学习

饭店前厅待客服务的十条黄金准则

1. 整洁的仪容仪表

专业的服务从员工的仪表开始。整洁的服饰、仪表,这正表示我们重视宾客,能提供专业化的服务。

2. 给宾客直接的关注

在某种情况下，你可能不能立即接待宾客，但绝对不要对客人不理不睬，因为这会令客人感觉其不受重视。在这种情况下，可以通过打招呼、眼神或者其他方式让客人知道你暂时不能接待他。这样可以消除客人因为等待而产生的不愉快。

3. 良好的精神面貌

不用展示缺乏信心的精神面貌，这会直接影响到其他员工的精神面貌，同样，这也会令宾客感觉你并不尊敬他，而导致宾客认为饭店的服务水准并不专业。所以，良好的精神面貌在工作中对饭店员工和宾客都起着很大的作用。

4. 给客人真挚和微笑的问候

给客人真挚和微笑的问候，这正取决于你的面部表情和眼睛。向宾客问候时，有动作但却一言不发，会令宾客感到不自在或者认为你根本不重视他；若无面部表情，则更可能会令宾客感到自己不受欢迎。相反的，若能做到给宾客一个真挚和微笑的问候，可以让宾客感觉到温馨和周到。

5. 仔细聆听

在和宾客交谈的过程中，仔细地聆听，这不但可以使你准确地明白客人的意思，更能够了解客人的心情，从而提供更加优质的服务。

6. 保持眼神接触

在和宾客交谈的过程中，保持和宾客的眼神接触，这不但有助于沟通，更能够使客人感觉到你诚心地想帮助他，这样即使最后无法满足宾客的要求，他也不会太在意。

7. 使用宾客姓氏

通过各种方式知道客人的姓名后，再称呼先生或女士时，可加上客人的姓氏。因为宾客总是乐意接受你使用其姓氏称呼，这样可以使宾客感觉自己受到关注。

8. 保护宾客隐私

在未得到客人允许的情况下，是绝对不允许透露宾客各种信息的。因为这可能给客人带来各种各样的麻烦，甚至可能会间接或直接导致客人的损失。

9. 总是提供额外帮助

在满足宾客的需求后，总是询问是否还需要其他帮助。这更能使客人感觉你很乐意为其服务。

10. 总是设法满足宾客要求

当宾客提出饭店无法满足的要求（不触犯法律或涉及各种道德问题并存在满足的可能性）时，不要直接拒绝宾客，应先尽可能地帮助客人。即使最终（因为任何原因）无法满足客人，也可让宾客感受到饭店已在尽力帮助他了。

项目九
饭店客房部服务心理

 **学习目标**

知识目标：1. 了解饭店客房部的作用、职能和客房服务的特点。
　　　　　2. 掌握客人对饭店客房的期望与核心需求。
技能目标：1. 掌握做好客房服务的基本要求。
　　　　　2. 能够根据客人的心理做好客房服务工作。
情感目标：初步树立注重细节的服务意识和"100－1＝0"的服务理念。

项目导图

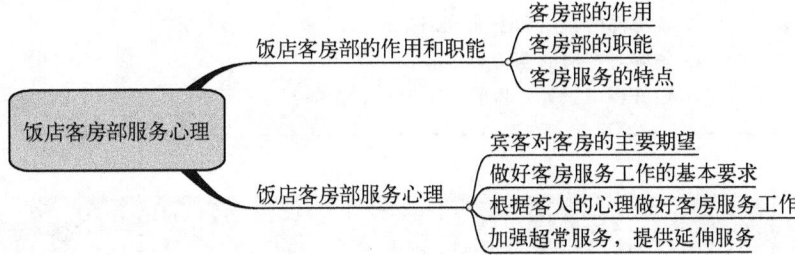

 **案例导入**

野田圣子的故事

这是个真实的故事，发生在日本。

故事主角，是一个利用假期到东京帝国饭店打工的女大学生。

女大学生在这个五星级饭店里所分配到的工作是洗厕所。

当她第一天伸手进马桶刷洗时，差点当场呕吐。

勉强撑过几日后，实在难以为继，决定辞职。

但就在此关键时刻，大学生发现，和她一起工作的一位老清洁工，居然在清洗工作完成后，从马桶里舀了一杯水喝下去。

大学生看得目瞪口呆，但老清洁工却自豪自在地表示，经他清理过的马桶，是干净得连里面的水都可以喝下去的！

这个举动给大学生很大的启发，令她了解到所谓的敬业精神，就是任何工作，不论性质如何，都有理想、境界，与更高的品质可以追寻；而工作的意义和价值，不在其高低贵贱如何，却在于从事工作的人，能否把重点放在工作本身，去挖掘或创造其中的乐趣和积极性。

于是，此后，再进入厕所时，大学生不再引以为苦，却视为自我磨练与提升的道场，每清洗完马桶，也总清晰自问：

"我可以从这里面舀一杯水喝下去吗？"

假期结束，当经理验收考核成果，女大学生在所有人面前，从她清洗过的马桶里舀了一杯水喝下去！

这个举动同样震惊了在场所有人，尤让经理认为这名工读生是绝对必须延揽的人才！

毕业后，大学生果然顺利地进入帝国饭店工作。

而凭着这简直匪夷所思的敬业精神，三十七岁以前，她是日本帝国饭店最出色的员工和晋升最快的人。

三十七岁以后，她步入政坛，得到小泉首相赏识，成为当时日本内阁的邮政大臣。她一直以在帝国饭店时的工作为荣，在对外进行自我介绍时，总是说："我是最敬业的厕所清洁工，和最忠于职守的内阁大臣！……"

这位女大学生的名字叫野田圣子。

1. 客房部的作用和职能分别是什么？
2. 宾客对客房的期望有哪些？
3. 做好客房服务工作的基本要求有哪些？

任务一 饭店客房部的作用和职能

饭店客房是饭店最基本的物质基础，是宾客留住饭店时的主要活动场所，其服务活动也是饭店服务活动的主体。现代饭店服务功能的增加都是在满足宾客住宿需要这一最根本、最重要功能基础上的延伸。客房部负责管理全店的客房事务，负责客房、公共区域的清洁和保养，供应日常生活用品，为宾客提供礼貌、亲切、迅速、周到的服务，努力为宾客造就第二个"家"。

一、客房部的地位和作用

1. 客房部的地位

客房管理是饭店有效经营的基础。没有客房管理服务，任何一家饭店或旅馆都无法生存下去。客房部和其他部门之间保持紧密的工作关系是至关重要的，不过有时也是非常复杂的。客房管理的额定工时通常受其他部门的制约。例如，安排在不同地点的会议可能在早晨也可能在下午举行；同一天晚上在同一地点还要有一个婚礼庆典。由于客房部要为所有部门服务，就人员配备和维持质量标准而言可能是非常困难的，它需要全体员工受到过良好的培训。

客房部工作安排的复杂性和难以预测性，使该部门的经理与全体员工进行沟通成为必不可少的环节，而员工之间的合作和变通性对有效地完成工作也是非常重要的。服务态度好及良好的合作与协调能解决许多问题。如果饭店的管理层想留住那些高素质、有天赋的职员，就必须

强化这些素质。饭店业巨头柯蒂斯·卡尔森认为，如果员工有一种满足感并勤奋工作，那么公司就会成功。相反，如果他们不这样做，那么公司注定会垮掉。图9-1说明了某一完全服务型饭店客房部门的组织结构。客房部员工包括行政管家、助理管家、检查员、勤杂工、洗衣工、客房服务员、管理员、夜间督导和服务员。

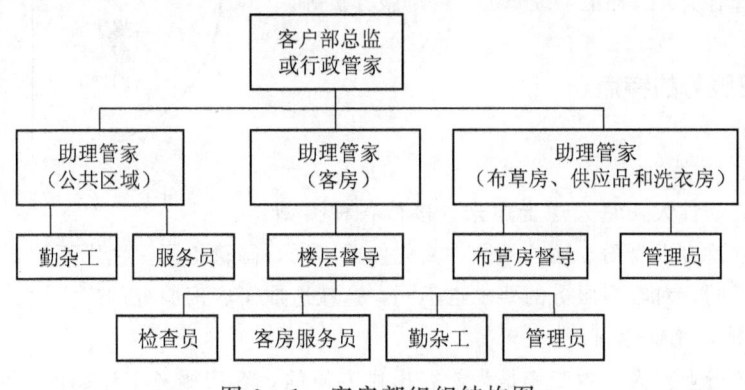

图9-1　客房部组织结构图

2. 客房部的作用

饭店客房部在饭店管理中的作用，主要有以下三个方面：

（1）饭店客房收入是饭店经济收入的主要来源。饭店客房是饭店出售的最主要的产品。它耐用性强，创利率较高，是饭店收入中最稳定的部分。在我国，不少饭店客房销售收入占整个饭店收入的70%左右。以客房作为基础设施的饭店，只有保持较高的住房率才能带动其他设施充分发挥效益。

（2）饭店客房服务质量是饭店服务质量的重要标准。饭店客房服务质量对饭店来说具有重大意义。因为客房是宾客在饭店中停留时间最长的地方，所需各种服务要求也最多。宾客对客房服务的好坏，感受最敏捷、印象最深刻。宾客对服务项目、服务态度的感受是"价"与"值"是否相符的主要依据。

客房部对饭店环境、设施的维护及保养的效果直接影响到饭店的服务质量及饭店的外观和形象。

（3）饭店客房部的管理直接影响到整个饭店的运行和管理。客房部的工作为饭店其他部门的正常运行创造了良好的环境和物质条件。客房部占有饭店建筑总面积和固定资产中的绝大部分，客房部员工在全店员工中所占比例也很大。因此，客房部的管理与饭店全局有直接关系，是饭店管理中的关键部位。

二、客房部的职能

客房部主要是保证客房和公共场所的卫生，给客人提供舒适满意的客房设备。客房收入的高低是饭店经营成败的关键。当客人进入明亮清洁的房间时，便觉得快意，产生一种宾至如归的感觉。许多客人住进饭店，不一定经常在饭店就餐，但会天天使用客房；如果客房不整洁，或服务欠佳，客人便会一去不复返。

客房部的工作分为四个方面，如图9-2所示。

这四个方面的有机结合，便形成了客房部工作的整体。

客房部人员包括经理、主管、领班、服务员、杂务工、被巾管理员、清洁工、织补工、维修工、夜班服务员等。

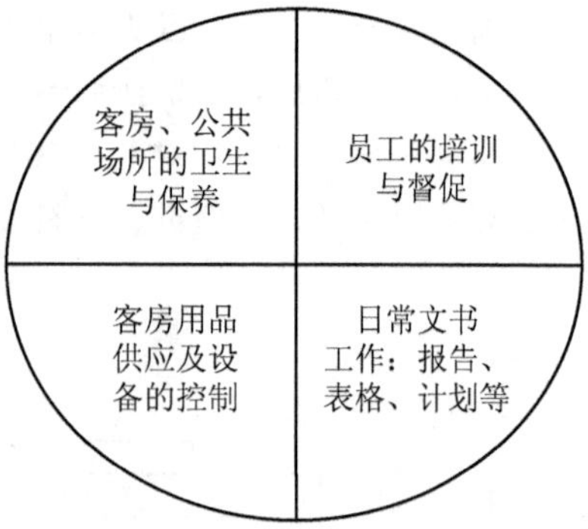

三、客房服务的特点

1. 服务的广泛性

客房客人流动性大，每天送走迎来，接待各种类型、层次的客人，这些客人身份、地位不同，文化修养不同，国籍不同，性别不同，生活习惯及爱好不同，语言不同，对客房服务的要求也不同，这就造成了客房服务的广泛性。

图9-2 客房部工作图

2. 工作繁琐，随机性强

饭店是服务行业，大多数工作是为旅客提供方便的，客房服务工作的内容更是零星琐碎，从上述的服务程序中我们可以看出客房部的服务相当广泛。在各种情况下都有可能提出一些服务要求，而且有些服务要求是事先难以预料的，这就使客房服务有很强的随机性，它需要客房部员工既要主动、热情、耐心，又要善于揣摩客人心理，提供灵活服务，随时随地满足客人的一切正当要求。

3. "背后"服务为主

直接与客人打交道的服务为"面对面"的服务，客房作为客人的私人领域，宾客们不愿让别人干扰自己的私生活。客人住店期间，喜欢按自己的习惯起居，所以客房主要以"背后"式的服务为主。

相关阅读9-1

五分钟调换房间

日本东京大仓饭店，1994年夏，两位中国客人晚上回来，却发现房间清洁不好、物品不齐，便告之总台。不到两分钟值班人员赶来，先鞠躬，接着连声不迭地说"对不起"。"这么晚了，还给两位增添那么多的麻烦，敬请原谅，我马上请人给两位先生的房间重新清扫整理，并配齐所有物品……"说到这儿他停顿一下，看看客人有什么反应。看到客人没有表态又继续说："或者立即另安排一个房间，不知二位意下如何？"

中国客人接受了第二种补救措施。值班员又深深地鞠了一躬，感谢客人的谅解。他很快重开了个客房，亲自帮客人提行李，送进房间。整个过程不到5分钟。

分析：

从这个事例我们看到日本饭店服务的几个突出之处，首先就是非常讲究、注重礼貌、礼节，而且能让人感受到其中的真诚，其中的人情味。在出现问题时，不推诿、不辩解，尊重客人的感情、权利，处理措施充分考虑到客人的利益。这样，客人的要求自己还没有说出来，却先由饭店工作人员说出，让人真的无话可说；另一个亮点就是处理事情的效率，高效率需要的是技能、经验、态度和服务意识。

任务二　饭店客房部服务心理

一、宾客对客房的主要期望

1. 舒适

舒适程度是客人评价和选择客房的主要标准之一。如果不考虑价格因素，舒适将和整洁一起构成评定客房的最重要尺度。旅游者外出旅游的动机虽然不尽相同，但都存在一个具有共性的心理需求，那就是追求快乐。当然快乐的获得有时需要体力和精力的付出，所以，在旅途劳累或游览活动之后，人们迫切需要有个舒适的休息场所来达到恢复体力、养精蓄锐的目的。因此，客房就应该是旅游者的活动基地。此外，舒适快乐也是旅游者外出旅游时的一个目的。现代饭店除了满足客人的生理需要以外，也要满足客人的心理需要。客房服务不仅要让客人感到像在家里一样舒适，而且应该让客人感到比家里还要舒适；不能使客人产生舒适感，就是客房服务的失败。要达到这个目的，需要两个方面的条件：一是客房服务人员的服务水平和质量，另一方面还应有相应的硬件设施，比如床上用品、室内生活设施的配备（如电视、冰箱）等。

2. 整洁

对客房清洁卫生的要求是客人普遍的心理状态。客房是客人在饭店停留时间最长的地方，也是其真正拥有的空间。因而，他们对客房的要求比较高，尤其在整洁方面。不同类型、不同层次的客人对饭店要求的侧重点不一样，但对饭店的卫生要求却是高度一致的。

宾客来到客房要使用各种各样的设备。饭店客房的各种用具是千人使万人用的，这当中可能有的宾客患有传染病，客人希望饭店客房的用具是清洁卫生的，特别是容易传播疾病的用具，如茶杯、马桶等，他们都希望能严格消毒，保证干净卫生。宾客对直接与自己身体皮肤接触的各种用具特别敏感，如浴缸、洗脸盆、床铺等。他们不希望外出旅行期间在异国他乡染上疾病，希望整个旅途都身心愉快，身体健康。美国康乃尔大学饭店管理学院的学生曾花了一年时间，调查了三万名宾客，其中60％的人把"清洁卫生"列为选择饭店的第一考虑因素。

整洁的标准应该是使客人产生信赖感、舒服感、安全感，使客人能够放心使用。清洁卫生是反映饭店服务质量的一项重要内容，是饭店档次、等级的一个重要标志。

3. 安静

客房的最主要功能是用于客人休息，客房环境的宁静是保证这一目的的实现的重要因素。由于现代都市生活的丰富性，一些客人可能喜欢过夜生活，而在白天睡觉，所以饭店客房对宁静

的要求不是单纯指夜间这一段时间。即使没有客人休息的情况下，客房环境也要保持宁静。这会给人舒服、高雅的感觉。保持宁静的环境是客房服务的一项重要工作，是衡量服务质量的一个标准。

4. 安全

旅游者最担心自己携带的钱物丢失，他们希望饭店前台提供有贵重物品保管服务或客房有保险柜，能保障他们的财产安全。饭店客房保安严密，能保障他的人身安全。他们不希望自己的钱财丢失、被盗，不希望自己的一些秘密被泄露出去，不希望发生火灾、地震等意外事故。万一出现火灾则希望服务人员能及时采取措施将他们带到安全的地方。客人还希望在喝醉酒、有病或出现危险情况时，服务人员能及时采取措施，保障他们的人身安全不出现意外。

5. 尊重

旅游者住进客房不仅希望服务人员的热情欢迎，而且希望服务人员能尊重自己的人格、对客房的使用权、个人生活习惯、到访的客人等。

6. 方便

旅游者外出旅游，饭店的客房就是他们临时的"家"，他们希望客房能提供像"家"一样的方便服务，要求饭店设备齐全，服务项目完善，如备有常用的生活、文化用具，代客洗衣、缝补、代熬中药等。有什么问题或需要什么，只需打个电话就能及时解决。

7. 网络

随着时代的发展、科技的进步，互联网的应用已经成为饭店客房必不可少的硬件之一。如今，无论何种类型的客人，对网络，尤其是对 Wifi 的需求已经成为他们选择酒店的一个必要条件（据网络调查，网络服务在客户的需求中已经提升到第二位，仅次于舒适）。随着智能手机和平板电脑的普及，想象一下，一个刚洗完澡的客人，还必须坐在桌边才能使用电脑浏览网页或是玩游戏，这样的情形，宾客可能满意吗？将客房的互联网连接升级为有线、无线同时存在的"双网覆盖"模式已经成为现代饭店的一个潮流。

二、做好客房服务工作的基本要求

要做好客房服务工作，良好的态度是做好客房服务工作的第一步，良好的态度主要体现在以下方面：

1. 主动热情

主动的服务态度是指服务要发生于客人提出要求之前。因此，服务人员要主动为客人排忧解难，主动迎送、引路，主动介绍服务项目，主动为患病的客人求医送药。热情服务就是帮助客人消除陌生感、拘谨感和紧张感，使其心理上得到满足和放松。客房服务人员在服务过程中要精神饱满，面带微笑，语言亲切，态度和蔼。热情是体现服务态度的本质表现，是取悦客人的关键。

2. 微笑服务

旅游服务离不开微笑，微笑要贯穿服务过程的始终。微笑是一种特殊的情绪语言，它可以起到有声语言所起不到的作用。微笑也是一种世界语言，它能直接沟通人们的心灵，架起友谊的桥梁，给人们以美好的享受。微笑可以传递愉悦、友好、善意的信息，也可表达歉意、谅解。微笑赋予旅游服务以生命力。著名的希尔顿酒店集团董事长康纳·希尔顿说:"如果缺少服务员的美好微笑,好比春日的花园里失去了阳光和春风。假如我是顾客,我宁愿走进那虽然只有残旧的地毯,却处处见到微笑的旅馆,而不愿走进拥有一流的设备而见不到微笑的饭店。"他经常问下属的一句话就是:"你今天微笑了没有?"国外一些成功的企业家在谈到他们的经营理念时,把"顾客是皇帝"(The customer is king)放在第一位,微笑(smile)就占据了第二的位置。由此可见微笑服务对旅游业的重要性。有人从实践中总结出一句话:诚招天下客,客从笑中来。笑脸增友谊,微笑出效益。

3. 文明礼貌

客房服务的服务方式要注意文明礼貌。客房服务通过讲文明礼貌体现出对客人的尊重、理解和善意。如与客人讲话时要轻声细语,注意礼貌用语;为客人服务时要聚精会神,彬彬有礼;操作时要轻盈利落,避免干扰客人。文明礼貌是人际交往的基本规范,在客房服务过程中更应该做到这一点。

4. 耐心细致

饭店服务人员在服务过程中,即使工作繁忙,也应对客人有耐心,不急躁,对客人的询问要做到百问不厌,有问必答。对客人的意见要耐心听取,对客人的表扬要不骄不躁。另外,要细心了解客人的不同需要,主动服务。如果有的客人有特殊生活习惯,比如不吃某种食物或有某些方面的禁忌,服务员要能及时了解,尊重客人并尽量给予满足。服务员还要细心观察客人,了解他们的现实需求和潜在需求,如果能做到超前服务,会使客人更满意。细致的服务还反映在注意服务的分寸、注意如何使客人分心、增强客人的信任感上。如客人放在房间中的各种物品,服务人员在进行房间整理和清扫时,尽量不要随意挪动;如服务员在清理桌面合上客人打开的书时,最好在打开的书页处夹上个小纸条,就会使客人很满意。可见,细致周到的服务是赢得客人好感的有效方式。

三、 根据客人的心理做好客房服务工作

1. 满足宾客求休息好的心理

心理学家研究发现,如果剥夺人的睡眠权利就会导致人烦躁不安,记忆力降低,甚至会导致死亡。人在特殊情况下,一个月不吃食物,生命还可继续保持,但是如果不睡觉,人连一周半的时间也坚持不下来。睡眠不好的人特别容易发脾气,导致不良的心境。中国有句俗话"人困则多怒",所以我们要注意满足宾客的这一心理需求。当客人到达前台时,服务人员应准确、高效地为他们办好入住手续,让客人尽快回房休息。要保证客房有一个安静的环境,让他们休息好。保持客房宁静也就是要防止和消除噪音,这要从两方面着手。必须做到硬件本身不产生噪音,饭店选择设备的一个标准就是它产生的噪音要小;另外,在硬件上要保证隔音性,能阻隔噪音的传入和传导。在软件上也要不产生噪音,特别在夜间值班时,服务员一定要做到三轻(走路轻、说话轻、操作轻),不发出任何噪声影响宾客休息。"三轻"不仅能减少噪音,而且能使客人产生文雅感和亲切感。服务员要经常检查房间设备的完好情况,坏了要及时通知有关部门修理,保证宾客休息时有舒适的床铺、被褥,有温度适宜、空气流通的安静环境。还要经常注意消灭客房中的老鼠、蚊虫、蟑螂,不让它们干扰宾客的休息。

2. 满足宾客求干净的心理

为满足客人求干净的心理，服务员要切实搞好前台和客房的清洁卫生。国外一流的饭店都十分注重搞好卫生。据说我国有一个旅游代表团到国外考察，住在一间现代化的高级饭店里。代表团的一位成员想检查一下客房卫生工作是否真的彻底，在外出之前，特意在墙角上放了一根火柴棍，在浴缸边上放了一根头发。等他外出回来一看，火柴棍和头发都不见了，可见他们卫生工作的踏实认真程度。我们也应当有这种一丝不苟的精神，严格按照饭店客房卫生操作规程，认真搞好客房的卫生。

服务人员清理客房应该遵循一定的程序，一般情况下，清理客房要在客人不在时进行。如果客人有特殊要求，可以随机处理。客人一般不喜欢服务人员在面前转来转去忙个不停，在清洁整理过程中所带来的忙乱或弄起的灰尘也会让客人感到厌烦。

整理客房时，首先要观看门栓上的标志，在无特殊标志情况下按常规次序打扫房间。服务员进门前要先按门铃或敲门，绝不能贸然闯入房间。进房后，无论客人是否在房间，都不要将门关严。如果客人在房间，要立刻向客人讲明身份和缘由，请求是否需要整理房间。清理时，要将正在清扫的标志放在门栓上，整个清扫过程中门始终要开着。

另外，服务人员可以采取一些措施来增加客人心理上的卫生感和安全感。比如，客人接触的水杯、洗脸盆、抽水马桶等，在清理及严格消毒后贴上"已消毒，请放心使用"的标志，在茶具上蒙上塑料袋等，这些措施能起到一定的心理效果。但一定要实事求是，切不能欺骗客人。

3. 满足宾客求方便的心理

为满足客人求方便的心理，服务员工作要做到热情、主动、周到，在可能的情况下，要尽量满足客人提出的要求，不要怕麻烦。如有的客人可能会提出代煎中药、送餐进房、擦皮鞋、代邮寄物品、代购机票等请求，我们都应设法满足。要使宾客有"宾至如归"的感受，就应当让他们感到在这里一切都很方便、顺心，没有什么办不到的事情。如在卫生间里备有各种生活用品（如牙刷、牙膏、洗发液、洗浴液、刮胡须刀等），在房间的书桌上还备有住客专用信笺、信封以及介绍饭店各部门情况的资料，抽屉里备有针线包，使人感到十分方便。客人在办理手续时，行李员要帮助客人照看行李，防止被人提走。

4. 满足宾客求安全的心理

为满足客人求安全的心理，不少饭店提供贵重物品的保管服务。广州白天鹅宾馆、中国大饭店等五星级的饭店还在客房中设有供住客使用的私人保险箱。服务员应当提高警惕，要配合保安人员防止不法分子进入客房偷窃客人的物品。在收拾房间时不能乱动客人的物品，除丢在废纸篓里边的东西外，不能随便扔掉客人的东西，以免引起误会。在发现客人喝醉酒时，一定要采取合理措施，不能将他关进房间里了事，否则若客人在不太清醒的状态下躺到了盛满水的浴缸里，就有可能出现生命危险。当发现有人生病时，一定不要随便自作主张给客人吃药，应和饭店医务室的医生联系，或请示上级，送客人到附近医院治疗。在发生火灾、地震等突发事件时，一定要先为客人着想，想办法转移客人到安全地方，保证客人生命安全。为满足客人求安全的心理，饭店人员不应随便向外人泄露住客的情况，以免发生意外。如我国总理访问英国期间曾住在伦敦的克拉里奇斯饭店，当记者问及饭店经理我国总理早、午、晚餐吃些什么东西、起居生活如何时，饭店经理很抱歉地对他说："对不起,凡是客人的事情,我们都不能向外人说。"

5. 满足宾客求尊重的心理

为满足客人求尊重的心理，要注意以下几个问题。

(1) 对客人要使用尊称，使用礼貌语言。

对客人要称呼"先生"、"太太"、"小姐"；对知道学位、军衔、职位的客人要在先生之前冠以职衔，如"博士先生"、"上校先生"、"经理先生"、"船长先生"、"团长先生"等；对大使或政府部长等官员，在官衔之后往往还加上"阁下"二字，以满足他们的自尊需求。当客人从前台到客房时，服务员应在楼层电梯口迎接，并微笑地问好，表示欢迎。这样做既可以满足客人求尊重的需求，也可以满足他们希望被接纳、受欢迎的社会交际需求。一般客人对服务人员的热情欢迎都会十分高兴。同样，在迎面碰到客人时，应当主动向客人问好并让道；当客人要乘坐电梯时，服务员帮忙按电梯，也可以表示对客人的尊敬之意。

(2) 要记住客人的名字，并随时用名字去称呼他们。

我们都有这样的体会，一个人被别人经常叫名字的地方多数是在家中、在学校里、在工作单位，也就是在自己熟悉的环境之中。如果在异国他乡，陌生的环境，能听到别人称呼自己的名字会倍感亲切，使人产生如同和家人、老朋友或老同事在一起的感觉。所以，服务人员要努力记住每个客人的名字，经常用客人的名字去称呼他，客人会非常高兴。这也是尊重他们的一种表现。世界上的一流饭店一般都要求每位服务人员努力记住客人的名字，并随时称呼。如在美国的斯坦福饭店里，当一位游客踏进饭店，迎送员立即上前去问好，并热情地询问他的名字。在得知宾客叫"布朗"后，迎送员立即说："布朗先生，欢迎您到我们饭店，我领您去办理入住手续"然后把客人介绍给前台服务员，前台服务员马上热情地说："欢迎您布朗先生，请填写这张单子。"接着前台服务员把客人介绍给行李员，"请带布朗先生去房间吧。"行李员有礼貌地说："布朗先生，请允许我帮您提箱子。"服务员多次亲切地称呼布朗的名字，使布朗先生初来乍到的陌生感一扫而光，好像依旧生活在亲友之间。许多游客说："没有比听到别人称呼自己的名字更觉亲切的了。"

(3) 尊重客人对房间的使用权。

宾客一般都这样认为，房间是我花钱订的，在我入住期间，我对房间有使用权。我是房间的主人，房间就是我的家，如果谁要进房间，都应当得到我的允许。但是一些服务人员没有重视客人这方面的心理需求，他们认为自己是工作人员，是管理这些房间的，要进房间搞卫生或做什么事，用不着谁允许，开门进去就是了。所以有些服务人员没有打任何招呼就推门进房做事，这是客人最恼火的。在北京建国饭店开业后，英国《金融时报》刊登了一篇报道，赞扬当时建国饭店的服务员尊重客人对房间的使用权，深受客人的欢迎。同时还尖锐地指出，中国的一些饭店的客房服务员经常在最不适宜的时刻不打招呼就闯进客人的房间，他们认为这样是"荒唐的做法"。可见，尊重客人对房间的使用权是十分重要的。服务员无论进房间要做什么事，都应当轻轻用手指在门上敲三下，两次敲门之间至少要隔五秒钟。如果门半掩着，千万不要从门缝往里瞅，这是不尊重客人的极不礼貌的举动。

(4) 尊重客人的喜好、生活习惯和习俗。

宾客中各种民族、职业、年龄、身份的人都有，他们的生活习惯各异。我们应当尊重他们的生活习惯，如夫妻同来的客人安排"夫妇房"；新婚宾客安排少干扰、安静的"蜜月房"；与家属或朋友一起来的宾客安排连房或对面房；团体客人安排同一楼层房间；不吸烟的客人安排

"无烟楼层";"老弱病残"客人,安排低层、安静客房;有身份地位的宾客安排高级套房;妇女安排布置漂亮的客房;若遇两个敌对国家的宾客或商业竞争对手,要安排不同楼层的房间;如有的客人睡得很晚,起床也很晚,我们不能因为要打扫卫生而去吵醒他们。

（5）尊重有生理缺陷的客人。

有的服务员见到一些有生理缺陷的客人,往往喜欢评头论足,这是不应该的。一般有生理缺陷的人会有很强的自卑感,感到自己矮人一截,抬不起头,怕被人看不起。这种自卑感实际上是人的尊重需要长期得不到满足而形成心理挫折的表现。他们对嘲弄自己的人十分反感,甚至会采取报复行为。如果服务人员十分尊重他们,细心照顾他们,处处为其提供方便,他们一定会十分感激。残疾人士特别需要别人的尊重和帮助,我们能做好这方面的工作,就恰好满足了他们的需要,肯定性的情感就必然会产生。

（6）尊重有过失的客人。

客人有时会不小心损坏房间的设备,如弄坏了电视机。抽烟烧坏了床单、被褥、茶几,客人带来的小孩将窗帘扯坏了,等等。我们在向主管汇报后,需要索赔的应当礼貌地向客人提出。有一些宾客首次住某间宾馆、旅店,对印有宾馆标志的毛巾、水杯、茶杯、烟灰缸等物品喜欢顺手拿走,作为纪念。在国外的一些饭店是允许客人这样做的,但我国的宾馆、饭店一般是不允许的。碰到这种情况,服务员应当婉转而有礼貌地提出来,注意不要伤害他们的自尊心。可以这样说:"××先生,您房间里的烟灰缸我找不到了,您有没有放到别的地方,请告诉我吧。""××先生,您收拾行李时,有没有放错一条毛巾,麻烦您自己看一下。"在客人交还物品时应当向客人说:"给您添麻烦了,谢谢"或"打扰您了,真对不起"。

（7）尊重来访问宾客的客人。

不少外籍华人华侨、港澳台同胞回国或回内地探亲住在饭店期间,有很多亲友到饭店探望。有时会来男女老少一大批人,还会有不少是从农村专程赶来的亲友,我们对他们应当热情招呼,礼貌地要求他们办好来访手续。一般应征得住客本人同意,才能带他们进入住客的房间。在来访的客人进入房间后,应当及时给来访者送茶,并适当增加椅子,以示热情欢迎。如果我们对来访的客人不尊重,住客也会反感,会认为这是看不起他们。

 相关阅读9-2

小马的尴尬

故事发生在北方某城市,在一家三星级饭店里,客房部女服务员小马,是一名毕业三年的初中毕业生,刚上岗不到半个月,没有经过饭店专业培训,在到房间清洁卫生的时候,窥视了客人的房间,当时就被客人投诉,影响了饭店的形象。

那是2007年的6月17日上午,小马推着放满客房物品的工作车,到房间清洁客房,看到房间门上既没有挂"请勿打扰"的牌子,叩了两次六下门,房间里也没有传出"请进"的声音,她就用房间的钥匙打开房锁,把门开了一道小缝,趴在门上往里面窥视,想看看里边有没有人,如果没有人,才能进去清洁房间卫生。

房间里住着一位时髦女客人，女客人正在专心致志看电视剧，且音量较大，两次六下的敲门声都没有听到，但房门突然被打开一道缝，还看到一对窥视的眼睛，吓了一跳，就轻轻地拉开了房门，发现她穿的是客房服务员的工装，佩带的是客房服务的统一工牌，面前放着工作车，于是女客人很不乐意地问她："你为什么不敲门就进来了？还隔着门缝偷看，我还以为遇到了一个男流氓呢？"说完，就打电话投诉了小马，小马很尴尬，也很委屈，但无可奈何，就把客人的投诉，当作一次警钟，写进了日记。

她在接受客务部经理的批评之后，采取了向客人当面道歉的方法，得到了客人的原谅。

分析：

服务员小马虽然很委屈，但确实是因为她没有按照饭店的规范操作程序去做。她把在家乡养成的坏习惯带进了饭店，且没有认真考虑后果。在老家的时候，她从外边回来，想知道家里是否有人，就先把门推一个缝隙，用眼睛窥视一下再进去。但她没有想到，这不是在自己的家，是在星级饭店的工作岗位。

小马的教训，应该引起饭店有关部门的思考：

凡是上岗的员工，如果没有经过正规学校的专业学习，一定要对其进行专门培训之后，才能上岗，尤其是星级饭店，决不能忽视这一点。

四、加强超常服务，提供延伸服务

宾客对客房的一般功能性服务往往反应不热烈，他们认为这是饭店客房应该提供的最基本的服务。但是，他们对服务人员提供的超常服务及延伸服务却十分看重。超常、延伸服务建立在核心服务（如清洁、宁静、安全的客房）和支持核心服务的促进性服务的基础上，是饭店提供的一种额外超值服务。它超出了一般饭店客房功能服务的范畴，增加了核心服务的价值，使一个饭店的服务产品区别于其他饭店，其形式新颖独特，给宾客带来超值的心理感受。超常、延伸服务种类繁多，如客房用餐服务，客房小酒吧服务，洗衣、擦皮鞋服务，儿童及宠物照看服务，商务秘书服务，客房健身服务等。此外，还包括前面提到的服务人员主动、热情、亲切、耐心的情感服务，细致、周到的微笑服务（如准确传达留言，按时叫醒客人，提供针线包、信笺、墨水、笔、电话号码、电视节目单，寝前开灯，掀床角，雨天设有"借伞处"，发鞋套等）。这些看似微不足道的小事却在细微之中见真情，真正体现了服务至上、宾客第一的服务理念。现代客房服务的范围不断扩大，从满足客人的基本需求发展到满足客人的多种需求，特别是心理需求。

此外，延伸服务（附加性服务）的另一方面来源于"静态接待服务"。客房"接待产品"，如摆在床头的小块巧克力，还有矿泉水、多泡浴液、小块肥皂、洗发液、牙膏、擦鞋器（巾）、小盒火柴、茶叶、淋浴帽等客人日常生活必需的一些用品。这些"接待产品"增加了客房的舒适度，也为客人生活居住提供了方便，甚至可能冲淡和弥补客房服务某些项目的不足。

如果饭店的经营管理者也能重视加强超值服务，提供延伸服务的作用，则超值、延伸服务能取得更为良好的成效。例如，世界最豪华的法国巴黎花园饭店，每位客人入住时都会收到一瓶香槟、一束鲜花、一封问候欢迎信，饭店的经理还会亲自来客房看望客人。这一超常的服务方式满足了客人的心理需要，使这个房价每小时145英镑的饭店天天宾客盈门。

相关阅读9-3

如何做酒店顾客需求分析

客房是宾客的家外之家，也是酒店利润的重要来源。打造温馨舒适的客房既是宾客的需求，也是酒店追求的目标。酒店在做好日常服务的同时，可根据住客类型的不同，深挖服务潜力，打造更有魅力的酒店客房服务。那么该如何发掘不同类型顾客的消费需求呢？这就要求服务员有敏锐的观察力和针对性，本文介绍了一些如何发掘不同类型顾客的消费需求的技巧，供参考。

一、学会如何解读宾客需求

宾客的需求分为说出口的需求和未说出口的需求。对于宾客说出口的需求，如果是酒店分内的事情，酒店应按程序办理，超出酒店服务范围的酒店也应尽力去做，完成了宾客会满意，做不了，宾客也会谅解。

考验一家酒店服务水平的高低，要看满足宾客未说出口的需求的程度。做好此类服务，离不开员工良好的服务意识和敏锐的观察能力，更需要酒店管理制度方面的保障。

1. 根据宾客消费习惯，提供针对性服务

员工在清扫房间时，房间遗留下的许多痕迹会让员工捕捉宾客的一些消费习惯，员工可以根据这些习惯，开展针对性服务。如，为把浴巾当成枕头的宾客提供荞麦硬枕头；为喜欢在床上上网的宾客提供床用的小电脑桌；为使用客房酒吧较多的客人，根据前一天消费的酒水种类多配备几瓶同样的酒水；为客房内办公的宾客，多提供些信纸和一些办公用品等；当发现宾客房间有自带的水果时，应主动清洗干净，并配备洗手盅、水果刀和餐巾纸；当发现宾客携带有较多衣物时，应主动添加衣架等等。

更为重要的是，员工应将宾客消费习惯的记录及时补充到宾客的客户档案中，并在部门内部强化培训，做到服务的持续性。

2. 捕捉信息，创造惊喜服务

有些宾客住店期间会产生酒店分外的服务需求，员工应及时把握，创造惊喜服务。比如，发现客房内摆放有药片，应给客人倒好凉开水，并用暖瓶打好热水，留下字条告知客人将热水兑好凉开水就可以服药了，并祝愿宾客早日康复。或者，可根据宾客生病的大体类型，做一些个性化服务，如为感冒的客人送上一杯姜汁；为嗓子不好的客人送上一杯精心熬制的梨汁，一包金嗓子喉宝；为胃不好的客人送上暖水袋等。这些服务案例虽然"貌不惊人"，但都能体现酒店真正塑造"家外之家"的服务理念，将本来不属于酒店服务的分外事主动做好，便会让宾客惊喜，对酒店印象深刻。

二、对不同客人提供不同服务

1. 对初次入住宾客的服务

初次入住酒店的宾客不熟悉酒店情况，酒店也不熟悉宾客的情况，宾客对酒店既有新鲜感也有陌生感。对于这种初次入住酒店的宾客，服务的第一印象十分关键。

针对初次入住的宾客，客房部要做好信息的收集，利用和宾客的接触，比如行李服务、用餐、公共区域等各环节，捕捉宾客服务需求，并将相关信息传递到责任部门，积极提供各种细微服务，进一步加深和提高客人对酒店的良好印象。

2. 对回头客的服务

回头客对酒店情况、服务比较熟悉，与部分酒店人员也十分熟识。酒店回头客既认可酒店的产品和服务，同时又具有喜新厌旧的特点。因此，做好回头客的服务工作，既简单又有挑战性。

做好回头客服务首先要建立回头客档案。详细的档案可使每一个新老服务人员都能有章可循，使所提供的服务始终如一。在收集宾客档案时，不要将宾客临时的要求错认为他的习惯，继而提供多余的服务，令服务多此一举，甚至让客人啼笑皆非。此外，在为回头客提供细微服务时，还应根据实际情况灵活变化，给宾客新鲜感甚至惊喜，避免重复无新意的服务，让客人感觉呆板。

把握时机，为回头客提供方便。比如在酒店房间紧张时也应满足其住房需求；能为回头客提供快速入住和快速退房服务；在客人外出用餐时，及时进房整理，送上客人喜欢看的报刊等。

3. 对儿童客人的服务

儿童客人虽然在酒店中的比例不高，但服务好、关注好儿童宾客，对提升宾客满意度和回避风险会产生积极作用。安全、卫生、舒适是让他们满意的重要标准。

儿童宾客根据年龄可以分为婴儿、幼儿和儿童，酒店服务的重点也有所不同。比如婴儿入住，酒店可以增加浴盆、消毒器、奶瓶及奶瓶保温器等，并做好床铺、沙发的保护措施，避免便溺污染。幼儿和儿童入住，都要特别关注安全，可用安全防碰条做好桌面、家具边缘的防护工作，以免碰伤他们；用安全插头插入他们容易触到的电源插座，防止触电；多与家长交流，提醒设施设备存在的安全风险，共同做好防护措施。除安全外，客房内还需配备一些生活用品，比如儿童用的小马桶、儿童玩具、儿童洗漱用品等。为防止儿童涂鸦污染墙壁和家具，可配入小黑板或多配备一些纸张。

4. 对女宾客的服务

女宾客由于性别原因与男宾客在消费习惯上存在一些不同，在服务上应该差别对待，比如女士入住客房，要撤出剃须刀等非女士用品，适当添加化妆棉、擦手纸、毛巾等物品；根据头发的长短，决定是否添加梳子、扎头绳；根据宾客衣服的多少，适当增加衣架数量；卫生间云台上准备一个小盘子放置客人的化妆品；明显位置可放置温馨天气提示，提供穿衣指数。发现女性生理周期时，可配备红糖、大枣、暖水袋等。

总之，服务无止境，以上建议，仅供业者参考。酒店客房服务永无止境，酒店管理者要与宾客的需求赛跑，想宾客之所想，急宾客之所急，做到宾客开口之前，打造温馨客房的目标才能实现。

项目小结

客房是宾客的家外之家，也是酒店利润的重要来源。打造温馨舒适的客房既是宾客的需求，也是酒店追求的目标。本项目的学习，我们重点是了解客房服务的特点和客人对酒店客房的主要期望，掌握做好客房服务工作的基本要求以及根据客人心理做好客房服务的工作的建议。

综合能力训练

◆◆◆ 基本训练 ◆◆◆

一、复习与思考

1. 宾客对客房的主要期望有哪些？
2. 作为服务人员，如何为宾客提供优良的客房服务？

二、案例分析

7月10日15：40给客人送零钱时，8302的常客陈小姐讲：她从上个礼拜六入住到现在已有五天时间，昨天她告诉楼层服务员今天把被罩换成新的，但回来后发现被罩未换，喝水的杯子未刷，地毯上有卫生纸屑等杂物，且饮水机上纯净水只有一指高，洗手盅内没有水不说，里面还有风干的果肉，引起陈小姐的不满，当班人员连忙向陈小姐道歉，并答应陈小姐处理好此事。

分析：

我们经常讲要给客人提供优质服务，并且一再强调用心做事，给客人一个惊喜，但我们还要明白，我们所倡导的个性化、亲情化服务是建立在日常工作的基础上的，基础不牢，地动山摇，连顾客最基本的需要（并且是顾客已经提出来的）都满足不了，再去谈用心做事无异于空中楼阁，用心做事要的是锦上添花的效果，并不是用来弥补我们工作的失误。况且我们本来应该在客人开口之前完成我们的本职工作的，连我们应该干的工作，都让客人来开口要求我们，我们拿什么讲给客人以方便，想在客人之前呢。还有就是我们最不能容忍的是忽视顾客，对于VIP客人我们都有详细的服务要求，如果我们从心里把客人当成VIP接待的话，我想，我们肯定能满足顾客需求，并在客人开口之前。换一个位置考虑问题，如果我们是客人，看到以上的场景，我们会是什么感觉，客人是亲人，是家人，我们怎么忍心这样来对待我们的朋友、亲人、家人呢？

◆◆◆ 技能训练 ◆◆◆

组织全班同学，每个人来讲野田圣子喝马桶水的故事，从中提高同学们的语言表达能力和细节观察能力，并体会故事主人公的敬业精神。

拓展学习

酒店顾客50条客房活动规律总结

美国中央情报局有一份研究报告显示，客人在酒店客房里有一些基本的活动规律，共有50条。这些活动规律在一定程度上反映了客人在酒店客房里的一些习惯和需求。美国中央情报局的这个研究结果主要为其了解犯人更快破案提供服务的，不过这对酒店来说也有很重要的意义，因为酒店可以据此更好地了解客人在客房里的偏好和需求，从而提供更有针对性、更加人性化的服务。由于美国和中国的国情不同，客人的需求也有一定的差异，比如美国客人更喜欢选择靠墙的床睡觉，而中国人更多愿意选择靠窗户的床睡觉等。但个人认为，这50条活动规律对于很多酒店改进客房服务还是有一定的借鉴和参考作用的，所以转于此与同行分享。

1. 选择靠墙一边床睡觉。
2. 躺着看电视。
3. 如果叫送餐到房间，90%客人有问题困扰。
4. 进门后一定会查看冰箱。
5. 喜欢把钱财藏在席梦思下面，而非保险柜。
6. 如果知道隔壁是位女士，会靠墙侧耳倾听。
7. 会拿起电话听一下，再放下。
8. 如果马桶盖覆盖，会掀起来看，但不一定会立即使用。
9. 会打开水龙头放水。
10. 会在房间望着天花板发呆一会。
11. 客人一般穿条小裤裤进卫生间洗浴，但光着身子出来进卧室。
12. 客人不喜欢光着身子量体重，喜欢光着身子照镜子。
13. 客人不喜欢开着电视谈情，但喜欢开着电视巫山云雨。
14. 喝了酒的客人不看电视，却发几个小时的短信。
15. 客人舒服度激发客人的异性渴望。
16. 客人可能会认为天花板上的烟感探头是隐秘摄像头。
17. 刚进房的客人最不愿意这个时候有人敲门。
18. 刚进房的客人这个时候电话铃响会吓一跳。
19. 如果客房隔音效果不好，过道传来女性的声音，客人会屏息静听。
20. 客人进房打开电视，只会不停地翻转频道，不会观看。
21. 高危人群喜欢在卫生间关闭灯关闭门待一会，但洗浴时要打开卫生间门。
22. 贵重小提包一定放在床头靠墙里面。
23. 如果没有服务员帮助，客人几乎不会填写洗衣单。
24. 客人永远不自己动手熨烫衣服。
25. 客人越来越找不到客房总开关。
26. 客人越来越打不开电视机。
27. 客人几乎弄不懂空调控制器。
28. 客人总是在寻找遥控器，虽然一分钟前还在手上。
29. 客人永远找不到藏在抽屉里的吹风机。
30. 客人会把满满烟灰缸倒进马桶里，不会倒进垃圾桶。
31. 在新鲜感的客房，会让长期无性生活的夫妇激起欲望。
32. 就算英文特好，但不属于酒店人士，仍然不懂housekeeping的意思。
33. 客人有事会找总台或总机，很少找房务中心。
34. 女客人出门会弄整齐床上被褥，男人永远不会。

35. 客人不明白为何要免费送安全套，而不送口香糖。
36. 客人会觉得男服务员在房间更尴尬，行李生除外。
37. 许多客人不知妇女专用洗涤器为何物，猜测后只好用来冲洗脚。
38. 客人很想把盥洗台上的小镜子取下，然后躺在床上欣赏自己。
39. 许多客人把挂着的地巾用来擦干头发。
40. 很多客人不相信直接饮用水，宁愿喝瓶装矿泉水。
41. 年轻靓丽的女服务员在客房让客人不自在。
42. 文笔很好的女客人在客房会写一份情书，但很少寄出。
43. 高端客人会认为客房的电话反而不安全。
44. 客人希望客房备有大裤衩和汗衫，而非浴袍。
45. 客人报复不合理的高房价是开着热水睡到天亮。
46. 客人对廊道对面客房的警惕性高于隔壁房间。
47. 不得已，客人是不会去行政酒廊的，那里的狭小空间更不方便。
48. 现在的隐蔽式喷淋消防让客人认为是楼上报废的小水管接口。
49. 下榻三天以内的客人几乎不会坐到写字桌前。
50. 有不安全感的客人会开着全部灯和电视睡到天亮。

项目十
饭店餐饮部服务心理

学习目标

知识目标：1. 了解餐饮部的地位与作用。
　　　　　2. 了解餐饮服务的特点。
　　　　　3. 了解餐饮服务质量的特点。
　　　　　4. 掌握客人对饭店餐饮服务的心理需求。
技能目标：掌握提高餐饮服务质量的心理策略，能够为宾客提供优质的餐饮服务。
情感目标：正确认识餐饮服务的重要性，初步树立重视餐饮服务质量的意识和使客人"吃出文化"的理念。

项目导图

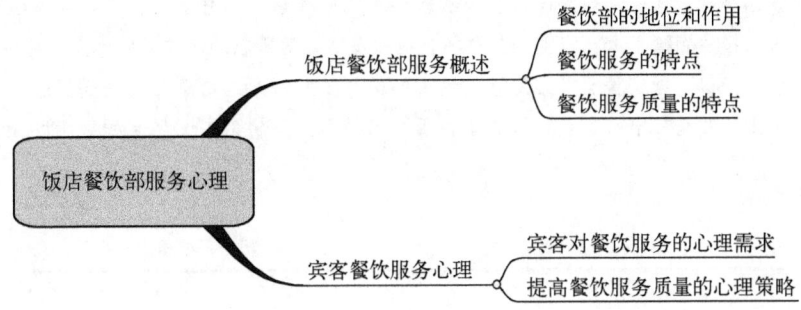

案例导入

宴请照旧进行

某酒店 906 单间标准客房，美籍华人钟先生焦虑不安地来回踱步。钟先生的太太着衣下床欲行，但右脚几乎无法点地，表情痛苦。"疼痛加剧了？"钟先生问道。钟夫人点了点头，见此情景，钟先生脑海里出现了几组画面：

1. 某设计院计算站，钟先生与中国同行紧张而愉快地合作。
2. 在欢送钟先生夫妇的宴会上，钟先生向中国同行发出邀请：已在下榻酒店的宴会厅预订了一桌酒席，作为本次离华前的答谢。
3. 昨晚与太太外出散步，为避让一辆自行车，钟太太踝关节处扭伤。医生叮咛："无大碍，但肿胀会加剧，多休息，会痊愈。"

钟先生坐到沙发上对妻子说："我每次离开中国时，都想设宴答谢这里的同事，但每次都行色匆匆。我们的基础设计已圆满结束，又适逢这次你来，正是我们设宴答谢的最好时机。唉，你这脚……"

钟先生征询了太太的意见后，挂通了酒店大堂服务总台的电话。

总台被告知：906房间客人意欲将原订在18楼宴会厅的酒席，照菜单不变，改为"客房服务"。如906房间太小设宴有困难，愿更换毗邻最近的套房，但仍实行送餐服务。

总台旋即电告餐饮部经理。经理觉得蹊跷，是否客人对18楼宴会厅有所禁忌，抑或另有原因？但在单间标准客房布台设宴会安排十余人就餐，这在本酒店无先例呀！

餐饮部经理为此敲响了906房间。

面对钟太太的脚伤和钟先生道出的原委，餐饮部经理思忖了一会说道："依我看，906房间太小，布台设宴，服务员上菜、斟酒、换骨碟等，没有回旋的余地；如果按先生的要求，换一间套房当然可以做到，我想这样一会增加不必要的费用——当然这对钟先生来说不是什么问题，二来只解决了宴请的场所，换套房总还有走动，钟太太不是仍然不便吗？""如果你们不介意的话，我们可以用轮椅车送夫人去18楼宴会厅，你们意下如何？"餐饮部经理又补充说道。

钟先生夫妇大喜过望，连忙首肯。

于是，餐饮部经理与有关部门联系，找出了一辆尘封已久的轮椅车，让人擦拭一新。

当晚6时整，钟太太面带微笑安坐于轮椅车上，手捧一束酒店送的鲜花，由餐饮部经理推送至18楼宴会厅。舒适的环境，优质的服务，色、香、味、形具佳的珍馐美馔，令人赏心悦目，精神倍爽。经理首先为大家敬酒，表示祝愿。钟太太的身旁还多了一位专司服务的小姐。

席间，餐饮部经理在远处注意到钟太太坐的轮椅车比座椅矮，搬来一把椅子，让两位服务小姐小心翼翼地把钟太太搀扶到椅子上。宾主频频举杯，畅叙友情，对酒店的优质服务也交口称好。

次日，酒店大门口，酒店管理人员为钟先生夫妇送行。大堂副理特意在商品部买来一把雕饰精美的手杖赠予钟太太，并祝其早日康复。钟先生告诉大家，不久还将来中国做工程施工图设计，一定再次光临。

思考

1. 餐饮部的地位和作用是什么？
2. 餐饮服务的特点有哪些？
3. 餐饮服务质量的特点是什么？
4. 宾客对饭店餐饮服务的心理需求有哪些？
5. 提高餐饮服务质量的心理策略有哪些？

任务一 饭店餐饮部服务概述

尽管世界上存在不同的民族，有着不同的肤色和语言，但对维持人类生存和发展的饮食的需求是基本一致的，只不过世界上各民族因为食品原料、烹调方法、饮食传统和习惯的不同而有所差异。世界各地的客人在饭店的餐厅不仅可以品尝具有异国风味的美酒佳肴，还可以领略异国情调的饮食文化，这不仅能使客人得到必要的营养补充，也能从中感受到艺术感染，从而得到精神上的享受和满足。

一、餐饮部的地位和作用

1. 餐饮部的地位

餐饮部是饭店的一个主要服务部门（图10-1），饭店餐饮部的收入仅次于客房部。高星级饭店一般都设有餐厅以方便住宿者进餐。当然，宾客可以任意选择他认为合适的餐厅用餐，也可以不选择住宿饭店的餐厅。

高星级饭店餐饮部的管理范围包括各类餐厅、酒吧等传统的餐饮设施，有些饭店的餐饮部还管理歌厅、舞厅、茶座等娱乐设施，一些饭店的餐饮部甚至管理各种会议设施。所有这些设施均是客人经常活动的场所，是饭店功能的重要组成部分。

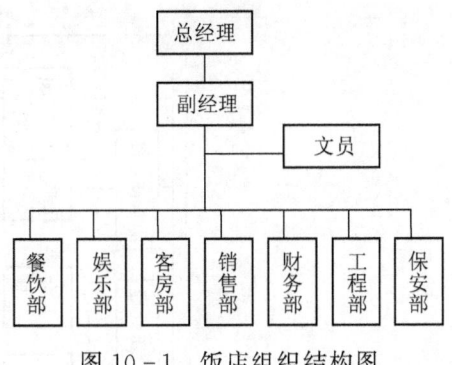

图10-1 饭店组织结构图

餐饮部的员工最多，工作最集中（图10-2），部门内的工作细分和协助需要员工具备良好的职业素养和敬业精神。

2. 餐饮部的作用

餐饮部的作用主要体现在以下几个方面：

（1）餐饮服务直接影响饭店声誉。

餐饮部工作人员，特别是餐厅服务人员为客人提供面对面的服务，其一举一动、一言一行都会在客人的心目中留下深刻的印象。客人可以根据餐饮部为他们提供的餐饮产品的种类、质量以及服务态度等来判断饭店服务质量的优劣，管理水平的高低。餐饮服务的好坏不仅直接影响餐饮部的经济效益，更会直接影响饭店的形象和声誉。

（2）餐饮部为饭店创造可观的经济效益。

我国旅游饭店的餐饮收入约占饭店收入的1/3，少数餐饮经营有特色的分散饭店，其餐饮收入甚至超过客房收入。因此，通过扩大宣传，推出有特色的餐饮产品，增加服务项目，严格控制餐饮成本和费用、增收节支等，可以为饭店创造可观的经济效益。

（3）餐饮部的工种多、用工量大。

餐饮部的业务环节多而复杂，从餐饮原料的采购、验收、储存、发放，到厨房的初步加工、切配、烹调，再到餐厅的各项服务活动，需要许多员工共同配合才能做好。因此，餐饮部的多工种和用工量大的特点为社会创造了众多的就业机会。

（4）餐饮服务是一种重要的旅游资源。

饭店产品由有形的实体物品和无形的服务组成，是两者有机结合的一个整体，餐饮产品则是最典型地体现了饭店产品这一特性。餐饮不但是旅游得以进行的手段，而且成为旅游的目的之一，具有既属于旅游设施类又属于旅游资源类的双重性质。美食旅游、减肥旅游、食疗旅游在各地逐渐成为一种时尚。饭店如能不失时机地恢复、开发名菜名点和设计特种餐饮，必然可以丰富餐饮服务内容，吸引更多的宾客。

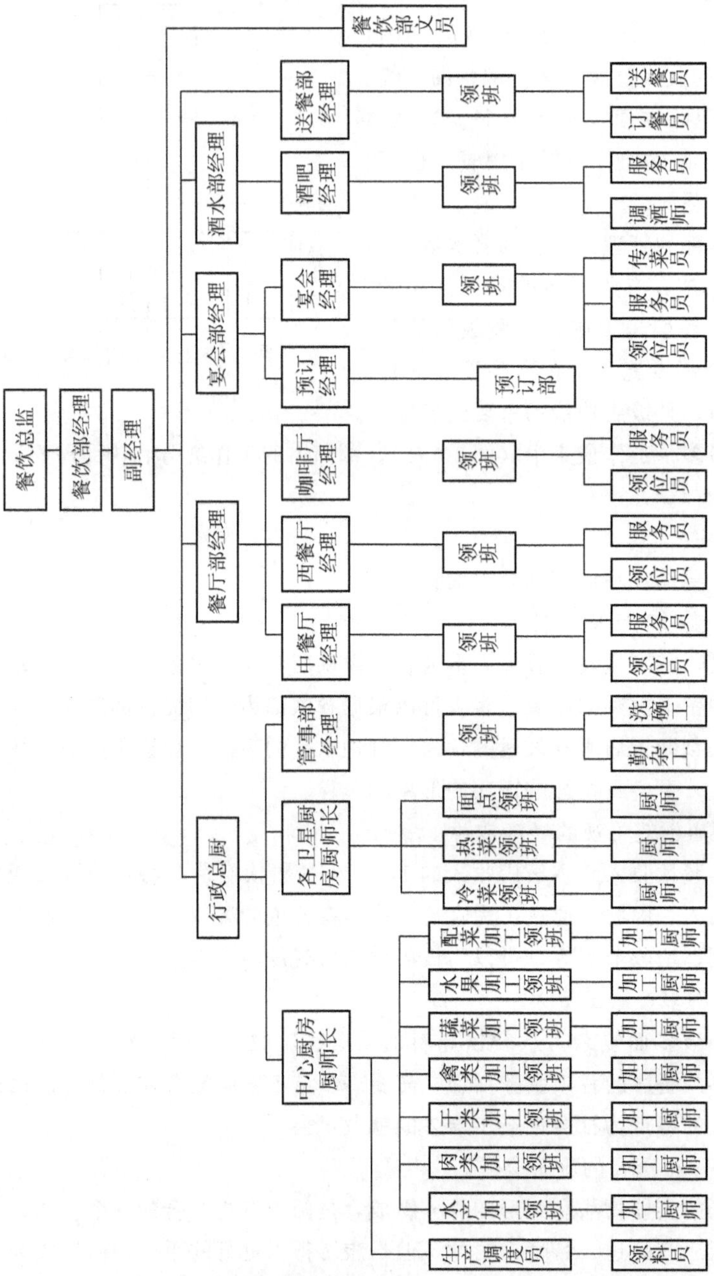

图10-2 饭店餐饮部组织结构示意图

二、餐饮服务的特点

餐饮服务是餐饮服务员为就餐客人提供食品、饮料等一系列行为的总和。它包括与客人面对面的各式餐厅、包席、团体等的前台服务,和客人视线所不能到达的厨房、洗涤、采购、储藏、财务等处的后台服务,两者的工作相辅相成。可以设想一下,菜肴做得很好,但服务不周,甚至冷言冷语,客人对餐厅的服务不会作出好的评价。相反,服务周到、热情,但菜肴质量差、价高,客人也不会作出好的评价。由此可见,后台服务是前台服务的物质基础,与前台周到的服务相结合,才会受到客人的欢迎。概括起来,餐饭服务具有以下特点:

1. 无形性

餐饮服务是餐饮产品的重要组成部分之一,但却有它的特殊性,即它在服务效用上的无形性。它不同于水果、蔬菜等有形产品,仅从色泽、大小、形状等就能判别其质量好坏。餐饮服务只能通过就餐客人购买、消费、享受服务之后所得到的亲身感受来评价其好坏。因此,餐饮服务效用上的无形性加大了餐饮产品的销售困难。餐饮部门要增加销售额,就要不断追求高标准的服务质量,特别是提高厨师和餐厅服务人员的制作水平和服务水平,使就餐者愿意购买有形产品和享受无形服务。

2. 一次性

餐饮服务只能一次使用,当场享受。这就是说只有当客人进入餐厅后服务才能进行,当客人离店时,服务也就自然终止。正如饭店的客房当天不能出售就会给饭店收入带来很大损失一样,餐厅没有客源同样也是经济损失。所以,餐饮服务的"一次性"特点要求餐饮部门要接待好每一位客人。当客人在精神和物质方面的需求得到满足后,他们就会去而复返,多次光临,并能起到宣传作用。

3. 直接性

一般的工农业产品生产出来后,大都要经过多个流通环节,才能到达消费者手中。如果产品在出厂前质量检验不合格,可以返工,在商店里你认为不满意的商品可以不去问津,而餐饮产品则不同。它的生产、销售、消费几乎是同步进行的,因而生产者与消费者之间是当面服务,当面消费的。服务得好坏,立即受到客人的当场检验。这种面对面的直接服务和消费特点,对餐饮部门的物质条件、设备、工艺技术、人员的素质及服务质量等提出了更高、更直接的要求。

4. 差异性

餐饮服务的差异性一方面是指餐饮服务是由餐饮部门工作人员通过手工劳动来完成的,而每位工作人员由于年龄、性别、性格和文化程度等方面的不同,他们为客人提供的餐饮服务也不尽相同。另一方面,同一服务员在不同的场合,不同的时间,或面对不同的客人,其服务态度和服务方式也会有一定的差异。为了缩小这种差异,餐饮部门一定要制定餐饮服务质量标准,经常对员工进行职业道德教育和业务培训,使他们做到服务方式规范化,服务质量标准化,服务过程程序化。

三、餐饮服务质量的特点

餐饮服务从整体上讲是有形的服务活动，服务活动在一定时空条件下构成一个集合体。由于餐饮在经营上的特殊性，餐饮的服务质量有以下几个特点：

1. 综合性

餐饮服务是一个精细复杂的过程，而服务质量则是餐饮管理水平的综合反映。餐饮服务质量有赖于各种餐饮计划、业务控制与保养、物资供应和人员素质等方面的保证与协同。

2. 即时性

餐饮服务中的大部分产品是现生产、现消费，生产与消费同时进行。短暂的时间限制对餐饮管理以及餐饮工作人员的素质是一个考验，能否在短时间内完成一系列工作任务，也是对服务质量的检验。

3. 关联性

从餐饮生产的后台服务到为宾客提供餐饮产品的前台服务有许多环节，这就要求每个环节的工作人员要通力合作、协调配合，并且充分发挥大家的才智与力量，以保证实现优质的服务。

4. 顾客满意的随机性

所谓众口难调，餐饮服务的满意度受客人主观影响较大，很多时候餐厅的各服务环节均做到位，可是换来的却是宾客"一般"的评价。反之也有好酒不怕巷子深的古老传承。

任务二　宾客餐饮服务心理

饮食是一种社会文化现象，一个地区的资源、特点、处世哲学首先是通过烹饪具体表现出来的。地方菜系是美食学的方言，地方菜系的菜谱同习俗、服饰、古迹、方言等历史见证一样，属于文化遗产。宾客可以在饭店的餐厅中感受到当地的这一文化遗产。但是，美食的主体是人，即人的状况影响到美食的效果。餐厅的菜品再考究，装潢再华美，若没有一种好客的气氛，也不会令宾客感到满意。不论什么样的餐厅，只有营造氛围才能吸引旅游者前来用餐。在法国某地区进行的一项调查中，有60%的顾客认为去餐厅本身的目的是寻求欢乐。因此，餐厅的服务人员不仅要向旅游者提供优质的饭菜，还要向宾客提供优质的服务，让餐厅始终洋溢着一种欢快、好客的气氛。此外，宾客在餐厅中所能获得生理、心理的满足，还与餐厅的外观、招牌、装潢、桌椅摆设、员工素质等很多因素有关。

一、宾客对餐饮服务的心理需求

1. 清洁卫生

就餐客人对就餐环境的卫生要求非常高，这也是客人对安全需要的一种反映，同时，对客人情绪的好坏产生直接影响。只有当客人处在清洁卫生的就餐环境中，才能产生安全感和舒适感。客人对餐厅卫生的要求体现在环境、餐具和食品几方面，其中，食品的卫生应该是最重要的。餐厅提供新鲜、卫生的食品是防止病从口入的重要环节。因此，不论餐厅的档次高低，就餐的客人都有一个共同的心态：能吃到新鲜卫生的食品。

2. 快速

客人到餐厅就餐时，一般都希望餐厅能提供快速的服务而不愿长久等待。其原因有以下几个方面：

（1）习惯，因为现代生活的高节奏使人们形成了一种对时间的紧迫感，养成了快速的心理节律定势，过慢的节奏使人不舒服，也不适应。

（2）一些客人就餐后还有很多事情要做，所以他们要求提供快速的餐饮服务。

（3）心理学的研究表明，期待目标出现前的一段时间使人体验到一种无聊甚至痛苦。从时间知觉上看，对期待目标物出现之前的那段时间，人们会在心理上产生放大现象，觉得时间过得慢，时间变得更长。

（4）客人饥肠辘辘时，如果餐厅上菜时间过长，更会使客人难以忍受。当人处于饥饿时，由于血糖下降，容易发怒。

3. 公平

公平合理也是客人对餐厅服务的基本要求。只有当客人认为在接待上、价格上是公平合理的，才会产生心理上的平衡，感到没有受到歧视和欺骗。

按照亚当·斯密的公平理论，人们的公平感是通过比较而产生的，因而是相对的。客人在用餐过程中的这种比较，既存在于不同的餐厅之间，也存在于同一餐厅的不同客人之间。同样类型、同等档次的餐厅，价格上、数量上以及接待上的不同都会引起客人的比较。如果客人在就餐的过程中，并没有因为外表、财势或消费金额上的不同而受到不同的接待，在价格上没有吃亏受骗的感觉，他就会觉得公平合理，就会感到满意。因此，餐厅在指定价格、接待规格上都要注意尽量客观，做到质价相称，公平合理。

4. 尊重

宾客对尊重的需要在整个住店过程中都会有所体现，在餐厅中表现得尤为显著。常言道："宁可喝顺心的稀粥，决不吃受气的鱼肉。"若宾客在餐厅中未得到尊重，再好的美味佳肴也会食之无味。如果服务上有不慎或怠慢，使宾客不仅没吃好饭，还破坏了心情，餐厅的其他努力都是无效的。

5. 美感

在物质生活相当丰富的现代社会，对宾客而言，满足于粗茶淡饭、充饥果腹已不是当今时代的主要特点，品尝美味佳肴已成为人们体验生活幸福的一部分，追求美已成为一种时尚。宾客在餐厅用餐是一项综合性的审美活动。客人对餐饮中美感的要求体现在环境、食品、餐具和服务等方面。

6. 求知、求新、求奇的心理

宾客在品尝美味佳肴及当地传统的特色食品的同时，通常也希望了解其中蕴含的文化，体现了求知的心理特点。心理学研究表明，凡是新奇的事物总是引人注目，能够激起人的兴趣，引发人的求知欲。因而，求知、求新、求奇是宾客到饭店餐厅进餐的心理需求之一。

二、提高餐饮服务质量的心理策略

（一）做好环境、食品、餐具及服务的卫生工作

宾客在餐厅就餐十分注意饮食卫生。基于宾客对卫生的需要，必须做好环境、食品、餐具及服务的卫生工作。

1. 环境卫生

前面提到餐厅环境卫生、整洁的视觉美，可使人联想到餐厅产品的卫生，卫生感又可为宾客带来舒适感和安全感。餐厅应随时注意环境卫生，保持地面清洁无污垢、杂物，走廊、墙壁、门窗、服务台、桌椅应光洁，灯光明亮，灯罩、灯泡无尘土，物品井然有序，空气清新，无蚊蝇等害虫。客人用餐后应及时清桌、翻台，以保证客人用餐环境的卫生。

2. 产品卫生

这是防止病从口入的重要环节。餐厅提供的产品不论生食、熟食，都应是卫生安全的。特别是凉拌菜要用专用的消毒处理工具制作，防止生、熟、荤、素菜间的交叉污染。有条件的餐厅可设冷拼间、专用冰箱，并配有紫外线消毒设备，以确保客人进食产品的卫生。

3. 餐具的卫生

餐厅是公共用餐的场所。客人来自四面八方，客人用过的共用餐具、酒具难免会污染上病毒或细菌。因此，餐厅必须有相应的专门消毒设备和足够周转使用的餐具，以保证餐具件件消毒，或使用对环境无污染的一次性餐具，以满足客人的卫生需求，放心用餐。

4. 按卫生操作规范提供服务

餐厅人员在餐台布置、餐桌准备和餐中的上菜、配菜、倒酒等方面，都应按卫生的操作规范提供服务。如上菜时手指切忌触碰食物，不然容易引起客人的不卫生感，甚至产生厌恶感，降低食欲。

（二）满足宾客要求快速服务的心理

为了满足客人要求快速服务的心理，可采取如下的一些服务策略：

（1）备有快餐食品为那些急于就餐者提供迅速的服务。

（2）客人坐定后，先上茶水以安顿客人，使他们在等待上菜过程中不会感到太无聊或觉得上菜太慢。另外，也可以根据客人的消费金额免费提供一些小菜，供客人食用，这一方面使客人体验到赠送的愉快，另一方面也消除了宾客等待的无聊感。

（3）反应迅速。客人一进餐厅，服务员要及时安排好客人的座位并递上菜单，让客人点菜。

（4）结账及时。客人用餐结束，账单要及时送到，不能让客人等待付账。

(三) 满足宾客的尊重需要

为满足客人在餐厅中要求得到尊重的强烈心理需求，在餐厅服务中可采用如下心理策略。

1. 微笑迎送客人

到餐厅就餐的客人，服务人员首先要给予热情的接待，这是餐厅服务的良好开端。心理学研究告诉我们，饥饿的人容易激动，血液中的血糖含量降低时，人容易发怒。所以，客人一进餐厅，服务员就应把客人的情绪导向愉快。服务人员的应接服务应该让每一个客人都感到受到尊重，不能顾此失彼，有所遗漏。俗话说："宁落一群，不落一人。"只要有一个人感到不快，就是矛盾产生的火星。

2. 领座恰当

客人到餐厅就餐，服务人员要主动上前领座，而不能让客人自己找座位，以免客人产生被冷落感。在领座过程中，要征询客人的意见，由客人决定坐在什么位置。

3. 尊重习俗

服务人员在介绍菜单、帮助上菜、倒酒和派菜等服务上，除了应该注意服务技巧以外，还要注意尊重客人的风俗习惯、生活习惯。这需要在服务过程中细心观察，主动征询，以及服务人员对有关常识的熟悉和了解。

4. "请"字不离口

在餐厅服务工作中多用"请"字，往往使客人感觉受到尊重。例如，服务人员在顾客临门时主动说"请进，欢迎光临用餐"，引领客人入位时说"请坐""请点菜"，上菜前说"请用茶"，菜上桌时说"请用餐""菜马上上齐"。若有顾客感到菜的味道偏淡或要加辣味时，服务人员应立即取来调料，并说"请您适量添加"。

相关阅读10-1

在餐厅服务中经常有这样的场景出现，服务员在向客人推介酒水和菜品时，通常是先介绍那些价格高的，按照从高到低的顺序进行。对此怎样看？

答：首先，客人的心理准备状态不一样，有的可能准备花多的钱，有的可能想尽量少花钱，而有的客人可能对花多少钱无所谓。所以这种推介方式不可能被所有客人接受。其次，先积极推介价格高的产品，容易使人产生"宰人、欺人"的感觉，导致客人的反感。另外，这种推介方式人们马上就会意识到这完全是站在店家的角度，对客人没有什么关照和尊重可言，所以不会得到客人的认同。

(四) 从多方面塑造餐饮中的美，满足宾客的审美需要

1. 注意餐厅形象

心理学的研究证明，人对外界的认识是从感知觉开始的。为了给就餐的客人创造一个良好

的第一印象，餐厅应十分重视环境的美化，要为就餐客人创造一个优美舒适的环境。

（1）美好的视觉形象。

餐厅的门面要醒目，要有独特的建筑外形和醒目的标志，餐厅内部装饰与陈设布局要整齐和谐，清洁明亮，要给人以美观大方、高雅舒适的感觉。餐厅的整个设计要有一个主题思想，或高贵、或典雅、或自然、或中式、或西式、或古典、或现代。色彩也要依据餐厅设计的主题思想来选定。在选择色彩时，要了解不同的色彩所产生的心理效果。餐厅的光线要适宜，使客人心情舒畅。而且，餐厅的光线也要与餐厅的主题相协调：宴会餐厅要光线明亮、柔和，呈金黄色；酒吧光线要幽静、闪烁，显示迷人情调；正餐厅呈橙色、水红；快餐厅呈乳白色、黄色。另外，餐厅光线还要与季节相吻合，如夏天以冷色为主，冬天则以暖色为主。

（2）愉快的听觉形象。

美好动听的音乐对人的心理有调节、愉悦的作用，而噪音却会给人的生理和心理带来不良的影响，如烦躁、痛苦。在公共餐厅，由于就餐人数较多，噪音较大，为了不影响客人的食欲和情绪，餐厅要尽量减少噪音的存在。因此，在餐厅装修中，要注意选用那些有吸音和消音功能的材料，尽量减少硬装修，因为硬装修对噪音起到一种扩大作用。另外一个办法就是加大餐桌之间的距离，减少客人之间的相互影响。餐厅中使用背景音乐，也可以掩盖和冲淡噪音。但背景音乐的选择要慎重，如果使用不当，会适得其反，使餐厅中的声音更加混乱。

（3）良好的嗅觉环境。

在餐厅中，由于各种菜肴的大量存在，会散发出各种气味，加之各种酒味和烟草味，多种气味混合在一起，给人的感觉是不愉快的。所以，餐厅要注意通风，保持空气清新。同时要注意不能让厨房的油烟以及各种气味散发到餐厅中来。

2. 良好的食品形象

中餐素以色、香、味、形、名、器俱佳著称于世。就餐的客人不但注重食物的内在质量，也越来越注重食品的外在形式。因此，餐厅提供的食品，既要重视品质，也要重视形式的美感。要做到这一点，可以从以下几方面着手。

（1）美好的色泽。

这是客人鉴赏食品时最先反应的对象。在人们的生活经验中，食物的色泽与其内在的品质有着固定的联系。良好的色泽会使客人产生质量上乘的感觉，同时，激发客人的食欲。当然，在客人中，由于种族与文化背景的差异，在颜色的偏好上存在着一定差别，这就要求餐厅服务人员要了解客人的特殊要求，针对不同的服务对象，作出相应的调整，以满足不同客人的需要。

（2）优美的造型。

食品不但有食用价值，而且还是艺术作品。通过烹饪大师的切、雕、摆、制、烹等技艺，给人们提供一道道造型优美的美味佳肴，给人们带来艺术上的享受。如鸳鸯戏水、二龙戏珠等菜点，造型雅致，妙趣横生，使客人一见则喜，一见则奇，一食则悦，百吃不厌。

（3）可口的风味。

味道是菜肴的本质特征之一，也是一种菜的主要特色的体现。味道好坏，常常是客人判断菜肴的第一标准，而品味也常常是客人就餐的主要动机。因此，餐厅要根据客人的饮食习惯及求新求异的饮食特点，制作味道各异的食品，使客人在口味体验上得到最佳效果。

3. 重视餐厅人员的形象美

餐厅不同于一般的旅游服务部门，饮食直接关系到人们的身体健康，餐厅服务人员除了要具备一般服务人员应具有的仪表美、心灵美外，还应特别注意整洁卫生。塑造餐厅服务人员的形象美，可以从以下三方面入手：

（1）身体健康、容貌端庄、精神饱满，发式规范整洁，注意手部的卫生与美观。

（2）服饰清爽、美观、素雅，给人以淡雅明快之感，通常以白色为主色调，体现洁净之美，饰品应少。

（3）服务操作规范得体、热情有礼，注意姿态优美，讲究技巧。

4. 注重餐具的形象美

古人云："美食不如美器。"可见，餐具的形象可影响就餐客人的心理。例如，一外宾在餐厅用餐，在看到两盘菜端上来时就摇头叹息。服务人员在询问后得知，他一看到盛菜的盘子有缺口心里就不舒服，菜的味道也觉得差了很多。美酒、美菜配美观的酒具、菜盘方能相映成辉。各种不同材质、形状、色彩、花纹的精美餐具可把食品衬托得更加美观、诱人，就如同牡丹花再好也要绿叶相衬一样。当然，还应注意精美的器皿与食物相协调，如果食物量小，器皿不宜过大。

（五）满足宾客求知的需要，实现"吃出文化"的理念

1. 创立餐厅的地方特色食品、名菜、名点

餐厅的经营应在特色上下工夫，创建本地、本餐厅的特色食品和名菜、名点，引导宾客慕名而来，食之有趣、有味，满意而归。如南京的板鸭，北京全聚德的烤鸭，新疆吐鲁番宾馆餐厅的维吾尔风味的抓饭、拔丝哈密瓜等。

2. 主动介绍食谱，提供艺术菜肴的图片

服务人员在出示食谱和介绍食谱时，应将食谱中最能刺激宾客就餐欲望的食品，言简意赅、绘声绘色地表达出来，满足宾客求知的欲望，促使宾客产生浓厚的兴趣和对食物进行选择。食谱的设计上除有食品的名称和价格外，还可配上主要菜肴的图案照片。中国菜可谓是世界烹饪艺术园地上的一支奇葩，那灵秀精巧的艺术拼盘，精雕细刻的造型工艺，色、香、味、形、器、名浑然一体的和谐美，充分展现了东方饮食文化艺术的魅力。菜肴摆上宴席，常令海外宾客惊叹不已，既供食用而又具有很高的观赏价值，令人不忍心马上食入腹中，希望摄影留念。为满足客人的这种心理需要，对名菜、名点、特色菜的优美造型图案，餐厅应备好有关图片或代为拍照留念，以满足客人求知、求新、求奇的需要。

3. 介绍菜肴的相关知识与典故

宾客来餐厅品尝美味佳肴、风味特产，通常希望了解相关的知识。因此，服务员上菜时应报出名称，然后根据客人的需要说明其寓意、典故、传说，介绍一些菜肴的营养价值、特色用途，对感兴趣的宾客，甚至可以介绍一些菜肴的用料及烹饪方法，使宾客不仅食之有获，而且满足其求知的心理欲望。

相关阅读10-2

菜肴的典故

东坡肉的由来

东坡肉是以我国北宋时期著名的文学家苏东坡的名字命名的。

苏东坡在杭州做太守的时候，因西湖已被葑草淹没了大半，便组织民工除葑田，疏通了湖港，筑堤建桥，使西湖重新恢复了容貌，并增加景色。老百姓很感激他做的这件好事，听说他平时喜欢吃红烧肉，老百姓把猪肉送给他，苏东坡收到许多猪肉后，让家人将肉切成方块，用他的烹调方法煨制成红烧肉，分送给参加疏通西湖的民工吃，大家吃后，觉得此肉酥香味美，肥而不腻，一致称赞，称它为东坡肉。此后它就成为著名的传统名菜，一直盛传至今。

响油鳝糊的由来

我国古代将鳝立为鱼中上品。它有补五脏、疗虚损的功效，历来名医用它来补身。在汉朝、南北朝和唐宋时制成炒鳝段、糊、片之佳肴。早在上海制作红烧鳝段，称为鳝大烤。清朝后期，就出现了清炒鳝糊，由于清炒鳝糊或竹笋鳝糊烹制时常在鳝糊出锅时，放上葱花，浇上热油，上桌时还滚煎葱花，吱吱地响，故又称为响油鳝糊。

西湖醋鱼的由来

相传宋朝时，在西湖有一个姓宋的青年，平日以打鱼为生。有一次生病，因家中困难没好的食物吃，他嫂嫂亲手在西湖捉了一条鱼，加醋加糖烧成菜给青年吃，把病治好了。因这菜取用西湖鱼和糖醋调味制成，故称它为西湖醋鱼。

项目小结

餐饮部是饭店的一个主要服务部门，饭店餐饮部的收入仅次于客房部。餐饮服务直接影响饭店声誉。卫生质量和饮食文化是饭店餐饮部差异化竞争的基本。本项目的学习，我们应该了解餐饮部在饭店业务中的地位与作用、餐饮服务及其质量的特点，侧重掌握宾客对餐饮服务的一般心理需求和提高餐饮服务质量的心理策略。

综合能力训练

基本训练

一、复习与思考

1. 餐饮服务及其质量的特点分别是什么？
2. 宾客对餐饮服务的一般心理需求有哪些？
3. 如何提高饭店餐饮服务的质量？
4. 作为服务人员如何满足宾客的卫生心理需求？

二、案例分析

指 鹿 为 马

北京梅地亚宾馆粤菜餐厅，一大公司经理张先生宴请客人，服务员小孔给客人上花雕酒。她先给张先生酒杯中放一颗话梅，不料张先生伸手挡住酒杯说："小姐，您的操作方法不对，喝话梅泡黄酒，应该先倒酒，后放话梅。"小孔一愣，明知客人的说法不对，但还是按照客人的说法做了。

上的第一道菜是滑炒虾仁，张先生尝了一口，眉头一皱说："这虾仁味道太淡了。"小孔说道："是吗？哦，这样吧，我马上拿到厨房去请师傅加工一下。"小孔向餐厅经理汇报了此事，餐厅经理和厨师长品尝后认为咸淡合适。餐厅经理联系前后发生的事，认为这位客人好面子，爱自我表现，应该尽量满足其自尊心，妥善处理好此事，遂让厨师长放了点盐回炒了一下，然后让小孔把菜重新端回餐桌，并对张先生说："先生，对不起，刚才确实淡了点，现在加了盐，请品尝。"张先生尝了一口，笑着点头说："这还差不多。"小孔松了一口气。

过了一会儿，最高档的菜——鱼翅上来了，张先生照例邀大家趁热品尝，他刚尝了一口，果然又"发难"了，对小孔说："这鱼翅有问题。"小孔大吃一惊，这时早在远处留心观察的餐厅经理马上走了过来，和气地说："我是餐厅经理，欢迎您对这道鱼翅多提宝贵意见。"张先生一口咬定鱼翅有问题，餐厅经理毫不犹豫地说道："那就取消。""取消"就是白送，这时在座的其他客人有些看不下去了，纷纷劝解。张先生一点也没想到店方会主动提出取消，在众人的劝说下也觉得过意不去，便说："取消就不必了。"餐厅经理见形势缓和下来了，就退一步说："那就打8折。"这时，张先生颇有点不好意思，又显得洋洋得意。

从此后，张先生和他的公司属员便成了梅地亚宾馆的常客。

分析提示：

"客人是上帝"，"客人总是对的"，说起来容易，做起来难。无论客人的意见对还是错，即使客人指鹿为马，店方也要把"对"和"赢"留给客人，给客人面子，让客人满足。主动退让，虽然蒙受眼前的损失，但能"取悦于人"，取信于人，给人以通情达理、顾全大局，真正把客人放在第一位的好印象。客人真正感受到：你是开店的，你知道自己的角色。不要把客人变成失败者，这是服务业的信条。要知道：每次当我们得意地宣称自己战胜了消费者时，我们都将会遭到"上帝"更大的报复。双赢是服务业的唯一最佳选择，任何一方的失败，结果只能是两败俱伤。

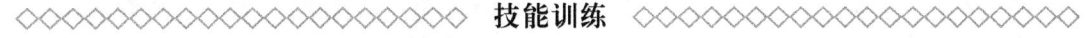 技能训练

全班分组进行餐饮点菜的情景模拟训练，设置简单菜谱、价格、餐厅基本情况、客人的人数、关系（不公开）、从事行业特点等。一组出服务员，另一组出客人，各组轮流进行，每次模拟训练后，各小组互相分析并评分，最后由老师进行点评。

拓展学习

点菜师如何区分餐饮顾客类型

要做好点菜服务，把握顾客类型十分重要。下面为大家介绍点菜师如何把握顾客类型，供参考。

（一）顾客类型

不同类型顾客有不同需求，对顾客进行分类可使点菜师有效把握不同需求的特征。

1. 按年龄划分：老年顾客、中年顾客、青年顾客。（25—55岁）
2. 按知识划分：高知阶层、中知阶层、普通阶层。
3. 按阶层划分：上流社会、中产阶级、工薪阶层。（其中明细化）
4. 按性别划分：男性顾客、女性顾客、男女混合。
5. 按关系划分：同事关系、恋人关系、家人关系、公务关系、商务关系。

了解顾客类型的目的是正确把握各种人群的心理，为他们创造适宜的就餐环境，提供符合他们不同需要的食品，并采取不同的服务方法。

（二）消费动机

1. 公务宴请：洽谈公务、吃是手段、讲究等级、讲究豪华。（权钱交易、零打扰、最高满意）
2. 商务宴请：洽谈商务、讲究礼仪、讲究等级、讲究时效。（经营的一部分）
3. 请托宴请：求人办事、注重交谈、神态奉承、事成为好。
4. 集体用餐：人数较多、气氛热烈、注重交谈、有时嬉闹。
5. 喜庆婚宴：人数众多、气氛热烈、场面热闹、消费铺张。（卡拉OK注意选曲、控制、不能有失误）
6. 生日寿宴：人数适中、气氛热烈、礼貌祝福、消费铺张。（寿则不问年龄）
7. 朋友聚餐：气氛融洽、注重交谈、时间较长、喝酒较多。
8. 恋人小聚：男女相聚、亲密交流、互敬互爱、享受美食。
9. 随机就餐：以吃为主、讲究时效、吃的理性、吃的简约。
10. 小型家宴：人数较少、家庭感强、吃是目的、享受美食。

不同的就餐动机使顾客有不同的需求、不同的态度、不同的氛围、不同的消费，点菜师应学会区别对待。

（三）消费心理

人的包含心理与人的行为方式、心理特征、气质类型有很大关系。了解人的饮食心理是完成点菜服务的前提，对正确掌握与顾客交往的方式有很大帮助。

1. 就餐动因

所谓动因是指人们的行为最深层次的原因，就餐动因包括：

（1）生理需要。是本能的、正常的需要，与人体热量消耗成正比。
（2）保健需要。饮食有保健的作用，因而饮食讲究卫生和营养。（勿张扬）
（3）文化形象。就餐是一种文化现象，不同阶层就餐行为不同。（员工餐）

（4）身份地位。就餐已不只体现生理需求，而且体现地位的象征。（排位）

2. 包含心理

（1）盲目性。大多数顾客不能科学饮食，有的暴食暴饮、有的时间不规律，造成人体营养失衡。

（2）习惯性。出于地域原因，人们在饮食上形成了不同的习惯，这种习惯大多是终身性的或对终生有影响。（河南人难分，分清何地人）

（3）目的性。饮食的目的性是变化的，人们不但注意吃饱，更注重口味、色泽、器具、氛围等因素。

（4）选择性。包含消费中人们运用外国人点一样的菜与经验，对食物有目的进行选择是人类饮食消费心理的特征。

（四）消费规律

1. 收入结构规律：收入高时用于餐饮消费的比例逐渐递减。
2. 衡定需求规律：无论何种情况，战争、天突异，人必须吃。
3. 大宴小酌互补：不可能全是大餐，也不可能全是小餐。
4. 高中低档互补：单餐中互补、相互搭配，点菜时注意心态、表情。
5. 感知记忆思维：对菜式、环境、服务的回忆，让客人记住好的。企业最忌没有缺点也没有特点。
6. 情感意志心理：苦、怒、哀、乐、爱、恶、惧。
7. 消费心理变化：广告、推销、特种推销（嘴对耳的广告）。
8. 消费个性表现：追求品位、性格、特色（个性和差异）。
9. 顾客满意要素：菜品的口味、菜品的附加值（故事、器具）、合理价格定位。
10. 消费需求四性：层次性、多样性、伸缩性、诱导性。

项目十一
饭店销售及售后服务心理

学习目标

知识目标：1. 了解饭店产品的概念、特点及发展趋势。
2. 掌握饭店产品设计的基本策略。
3. 了解饭店销售渠道种类及选择销售渠道的原则。
4. 掌握饭店产品的网络营销、服务营销和全员营销的概念。
5. 了解饭店宾客购买行为的过程及其心理变化。
6. 了解饭店宾客购后行为的定义。
7. 了解饭店服务质量与宾客购买行为关系。
8. 了解宾客投诉时的心理特点。
9. 掌握建立和维护宾客忠诚度的基本策略。

技能目标：1. 掌握提高饭店产品销售绩效的"SMILE"模式。
2. 掌握应对不同类型宾客的销售技巧。
3. 掌握引导宾客导向积极购后行为的方法。
4. 掌握顾客投诉的原因分析及处理技巧。

情感目标：1. 初步形成重视饭店产品设计和营销的意识。
2. 初步形成正确对待饭店宾客投诉的态度。
3. 进一步强化饭店服务质量的意识。

项目导图

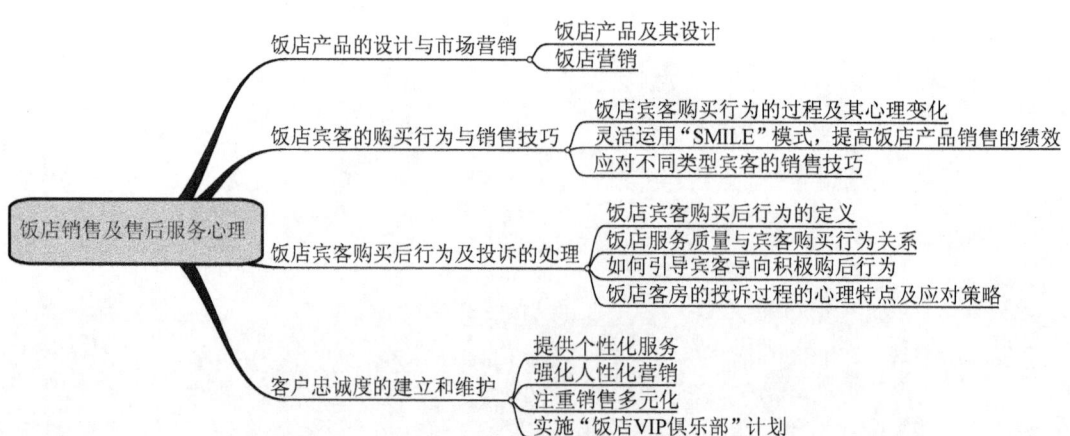

 案例导入

可口可乐的营销策略

美国可口可乐公司自1886年问世以来已有一百多年的历史。可口可乐至今在世界各地畅销不衰，一个重要原因是该公司营销策略的成功。公司始终认为：可口可乐中99.7%是糖和水，如果不把广告做好，可能就没人喝了。因此，1911年可口可乐的广告费就高达100万美元。1941年为开发国际市场增至1 000万美元，1958年达到4 000万美元，目前每年的广告费超过亿元。

第二次世界大战以后，公司当时的董事长伍德鲁夫在可口可乐畅销全球时，感到人们"喝上了瘾"，销路不成问题，但关键是如何才能保证供应。如果要公司出人出钱，保证像在美国国内一样，"不分时间、点，人人都能喝上可口可乐，那是做不到的。要想投资小、利润高，有人建议把可口可乐的制造权卖给当地人，让他们自行出资建厂生产。当时跨国企业还处在萌芽阶段，饮料产品转让技术和出卖制造权也没有先例。伍德鲁夫经过精心策划，提出所谓的"当地主义"，即在当地设立公司，所有的员工都用当地人，资金由当地企业自己筹措，可口可乐公司供应浓缩原浆。生产的设备、瓶子、运输和销售均由当地企业自行负责，销售方针、生产技术、人员培训由总公司统一负责。当时公司的董事们纷纷反对和抵制，认为那些当地产的可口可乐的质量如果与正宗的可口可乐不同，将毁掉公司几十年树立的品牌。伍德鲁夫说："技术和质量控制完全由我们交给当地人，只要他们掌握了就没有问题，重要的是我们必须这样办。外国人对美国的崇拜不会一成不变，对美国货也不会永远迷信。他们的爱国之心会逐渐加强，像饮料这样的消费品，如果不借助当地人的力量，很难在海外长期立足。只有搞"当地主义"让当地人掌握生产和销售，才能永久立于不败之地。"为此，在开拓国际市场的策划中，伍德鲁夫又增加了一条，即所有的广告宣传由总公司统一负责制作，这一点延续至今。世界各地的可口可乐广告、商标，甚至销售可口可乐的红色冰箱都是美国生产的。

可口可乐公司利用了当时人们对美国产品的盲目崇拜心理，没花总公司的一元资本就开拓了海外市场。并且要求设立可口可乐制造企业的外国人必须先交一笔保证金，这是对可口可乐的质量保证，也是对经营信誉的保证，总公司由此又收了一大笔钱。可口可乐公司靠批发仅占饮料重量0.31%的原浆，每年的经营收入高达数10亿元。

 思 考

1. 饭店产品的发展趋势和设计策略分别有哪些？
2. 如何选择饭店产品的销售渠道？
3. 如何针对不同类型的饭店宾客进行有效的销售？
4. 如何引导饭店宾客的购买后行为？
5. 如何处理饭店宾客的投诉？
6. 如何建立和维护饭店宾客的忠诚度？

任务一 饭店产品的设计与市场营销

一、饭店产品及其设计

（一）饭店产品的概述

1. 饭店产品的概念

饭店产品是指饭店经营者为了满足饭店消费者在饭店活动中的各种需求，而向饭店市场提供各种物质产品、精神产品和饭店服务的组合，即向客人出售或出租有形的可计量的商品和无形的或不便计量的商品结合起来共同构成饭店的产品。饭店产品通常由饭店资源、饭店设施、饭店服务和饭店商品等多种要素组合而成。具体的饭店产品包括：楼房（如客房、餐厅、酒吧等）的建造结构和舒适的起居设备、时间、空间、风景、环境以及各种服务（如接待、礼貌及气氛等）。

因此饭店顾客的消费是直接的，它不同于其他消费。其他消费形式是花钱购物，然后才消费，而饭店消费则是创造一种优美舒适方便的环境，顾客置身于这样的环境中消费，饭店为顾客提供各种直接和间接的服务。

 相关阅读11-1

> **关于饭店产品本质的两种观点**
>
> 饭店产品的本质是什么？对此，有两种不同的观点。
>
> 第一种观点认为，饭店是服务业，因此，饭店的主要产品是服务。（在我国，传统上将饭店业归属于服务行业，所以很多人都认同这一观点）
>
> 第二种观点认为，饭店是租赁业，因此，饭店的核心产品是空间的短期租赁。执此观点的人认为，现代市场营销学上对产品是用一组概念来定义的，即产品＝核心产品（核心利益、最主要的需求）＋基本产品＋期望产品、附属（加）产品＋延伸（或潜在）产品。从饭店来说，客人通过临时租用客房来满足休息、休整的核心需求。换言之，饭店就是通过客房这个有形的基本产品来满足客人的休息、休整这一"核心需求、核心利益"的。饭店的核心产品打造好了，就能满足客人的核心利益和需求；服务是依附于核心产品之外的附属产品，如果附属产品做得好，就能提高核心产品的附加值。但不能因为附属产品有这种增加附加值的作用而忽视核心产品的存在，或把附加产品错当作核心产品。饭店的客房犹如珠宝，服务犹如装珠宝的盒子，盒子再精美，我们也不能重演买椟还珠的笑话。饭店客房和服务的关系也犹如皮和毛的关系。皮之不存，毛将焉附？
>
> 要正确打造饭店优质产品，就必须正确处理主次关系。首先就必须从饭店筹建（规划、设计、开业筹备等）开始，尽可能地满足目标客户群的核心需求和主要需求；其次才是要抓软件、抓服务。

只有这样才能吸引客人、抓住客人、留住客人、让客人满意。张润钢先生也认为:"饭店品质是优生优育与专业化运营的和谐组合"。优生优育包括有备而来、精挑细选服务项目、依照投资量入为出、专业设计和施工高质量;运营包括规范、服务、特色、保障四个方面。

2. 饭店产品的主要特点

饭店产品是服务市场上的特殊商品,既有与其他产品相同的属性,也有其突出的特点。只有认识其特点,才便于制定特有的经营策略和管理方法。饭店产品的特点主要有以下几方面:

(1) 综合性:

饭店产品的存在形式很复杂,宾客购买之后,同时享受饭店的有形产品和无形服务,享受饭店的外观、设施、气氛、服务等一套复合型的整体产品,从而达到购必需求的满足。饭店产品是物质与精神的综合,软件与硬件的综合,享受、知识、艺术、信息、智能等多方面的综合。

(2) 不可储存性:

饭店里的客房、娱乐设施等一天不出租,就不能创造价值,它们作为饭店产品的组合部分是不能像工业品那样储存起来,日后再卖。客人在购买产品之后,只是买到了产品的时间性很强的使用权,若不及时消费,其价值也就立即消失,无法携带和储存。比如,一家饭店的一件标准客房每天可以售价 400 元,如果今天该客房没有销售出去,那么其今天的价值就损失掉了,不可能储存到明天去卖,因为明天还有明天的价值。

(3) 不可转移性:

饭店产品不是物质产品,无法运输,虽然它的销售有时也需要经过中间环节,但它的商流和物流是分离的。产品交换后,客人得到的不是具体的物品,而只是一种感受或经历。客人在饭店住宿,只是购买饭店客房和其他设施的使用权。所以饭店产品不同于物质商品可以在运输和交换之后发生所有权的转移。

(4) 生产、销售和消费的同时性:

饭店服务的生产过程、销售过程、消费过程同时或几乎是同时进行的,即当场生产、当场销售、客人当场消费。这是服务产品与有形产品最核心的区别。这种特殊性决定了饭店生产经营必然受到区域的限制,市场范围受到一定的局限。因为这一特点,增加了饭店质量控制的难度。

(5) 非专利性:

饭店产品同其他旅游产品的组成部分一样,通常具有非专利性。非专利性是指一家饭店不可为自己设计的客房装饰、菜肴、服务方式等申请专利。饭店只能为自己的标记和名称申请专利。正是因为饭店产品的非专利性,当某一家饭店创新出某一新产品,如新的服务形式或新的菜肴等,当这种新产品为饭店带来很好的经济收益时,其他饭店就会很快效仿。

(6) 品牌忠诚度低:

如前所述,饭店产品具有非专利性的特点,也就是说当一家饭店提供一种产品时,很快另外一些饭店都可以提供相同的产品,这种非专利性导致饭店可以相互模仿,提供的产品也就基

本相同。所以对于一般客人来说，只认一个品牌的意义不大，何况消费者都有追求新鲜感的心理需求，换一个新的饭店，新的环境，新的消费感受，这样品牌忠诚度低也就不可避免了。

（7）服务的无形性：

饭店产品是有形产品和无形服务的结合。饭店服务是看不见、摸不到、非物化、非量化的。饭店服务的无形性，致使饭店企业很难向客人描述、展示服务项目，而客人也不可能在购买某一项服务前对其进行检验或试用，因此造成饭店产品推销上的困难。客人在选择饭店和餐厅时，往往只凭他所知道的该饭店的声誉为选择标准，而不像在购买其他商品时，有产品说明书和产品规格作为依据。

（8）服务的差异性：

饭店的服务包括大量的人工劳动，缺少生产的统一标准和控制。由于工作人员的工作方式方法、工作态度、技能技巧各不相同，因此各饭店之间、同一家饭店不同的服务人员之间，甚至同一位服务员在不同的时间对待不同的客人都会有所差异。

饭店产品除上述几个特点外，还有季节性特点，在旺季需求旺盛，淡季需求疲软。此外，饭店产品经常直接受到饭店业无法控制的外部因素的影响，如国家政策、经济发展、汇率变动、签证方式、自然灾害、社会治安等，而导致饭店产品具有脆弱性。

3. 饭店产品质量的标准

由于饭店产品由有形的要素和无形的要素共同组成，因此，在制定饭店产品质量的标准时，必须同时关注以下两个方面：

首先，饭店产品的有形要素（如设备设施）要达到一定的标准。

其次，饭店产品的另一个主要部分——无形服务必须达到一定的要求。饭店服务的质量标准主要是看其服务效率及服务效果。服务效率是使无形服务有形化，是提供优质服务的保证条件。服务效果是无形服务质量标准的最终要求，在其他因素同等的情况下，服务效果是赢得宾客满意的根本因素。

（二）饭店产品的发展趋势

1. 网络智能化

技术创新引领商业模式的升级。现代饭店业从客人知晓饭店，了解饭店，预订饭店，接受服务到饭店内部管理。所有过程均离不开网络和智能化的支持，现代饭店业的发展已经无法离开网络和电脑，尤其是随着智能手机的普及，移动互联网和WIFI已经成为现代饭店产品和服务的核心标准之一。

2. 主题化

我国的主题型饭店大都是由星级饭店转变而来的，而成功经营的主题饭店也挂上了星级，这说明主题鲜明的饭店是未来星级饭店发展的一大趋势。

3. 人性化

我们经常喊着"以人为本"，但什么是"以人为本"呢？"以人为本"首先就要考虑人性化，人性化与个性化是不同的，它与家居化紧密相关，因此要从技术层面和服务层面进行必要的提升和创新，使饭店更能贴近和融合家居式的人性化。

4. 时尚化

Fashion这个词语我们经常看到，它就是时尚。人们的生活进入小康社会，生活走向了时尚化，饭店设计当然也不甘居人后。所谓饭店时尚化，就是在饭店设计中融入了现代艺术的元素。一般来说，从色彩、线条、材质、光线、装饰品等几个方面来凸现设计的前卫理念，再加上曲线优美的家具、粗石材和大平面玻璃的运用，配以简洁的客房用品和艺术缀饰，客房的沉闷气息就会一扫而空，让你的客户流连忘返。

5. 亲情化

要给客人以亲近感，那么对服务语言就不应设置"界限"和"禁区"，不是自己认为什么语言能说，什么语言不能说；而是要站在客人的立场上考虑——什么话使客人满意、高兴，就说什么话。最好能够让顾客有进了饭店就像是回到了自己的家，而不是奔波在外的感觉。

6. 家居化

如今，人民生活水平提高了，星级饭店在百姓心目中的"偶像"地位消失。面对这种形势，饭店装潢已到了必须逆向思考的时候了——如何使饭店的居住环境能跟上国内家庭环境的前卫步伐。因此，家居化的设计就要适度张扬个性，运用多种形式和手段创造出使客人舒心悦目、独具艺术魅力和技术强度的客房新作品。

7. 经济化

说起经济化，很多人可能都会想到市场经济，都会想到以盈利为目的，饭店要盈利这是必然的，但我们这里所说的经济化主要是指一种经营的理念，一种适应越演越烈的竞争形势的运作方式。首先是人工的经济化，其次是客房用品的经济化，最后是饭店资源的经济化。

8. 简约化

简约化就是要饭店在硬件上抹去花里胡哨、珠光宝气，在软件上删去繁文缛节、迭床加屋，让饭店回归清丽的风格、高雅的气质。当然，这并不是说饭店要简单，只是不要过于奢华。

9. 精细化

中国人勤劳、智慧，我们最缺的是做细节的精神。"细节决定成败"！这是大家都知道的，可是我们中国饭店现在最缺的就是这个。

（三）饭店产品设计的基本策略

饭店产品一般可以分解为饭店环境与氛围、设施与实物产品、饭店服务三个维度。因此，饭店产品的设计可以从以下几个层面进行：

1. 明确饭店的类型定位，从饭店设计环节抓好饭店产品的设计

根据饭店定位和消费主体的不同，我们可以把饭店分为以下八种类型：

(1) 商务型饭店：主要以接待从事商务活动的客人为主，是为商务活动服务的。这类客人对饭店的地理位置要求较高，要求饭店靠近城区或商业中心区。其客流量一般不受季节的影响而产生大的变化。商务性饭店的设施设备齐全、服务功能较为完善。

(2) 度假型饭店：以接待休假的客人为主，多兴建在海滨、温泉、风景区附近。其经营的季节性较强。度假性饭店要求有较完善的娱乐设备。饭店业是旅游业发展的三大支柱之一，度假饭店更是与旅游密切相关的一种饭店形式。

（3）长住型饭店：为租居者提供较长时间的食宿服务。此类饭店客房多采取家庭式结构，以套房为主，房间大者可供一个家庭使用，小者为仅供一人使用的单人房间。它既提供一般饭店的服务，又提供一般家庭的服务。

（4）会议型饭店：以接待会议旅客为主的饭店，除食宿娱乐外还为会议代表提供接送站、会议资料打印、录像摄像、旅游等服务。要求有较为完善的会议服务设施（大小会议室、多功能厅、同声传译设备、投影仪等）和功能齐全的娱乐设施。

（5）观光型饭店：主要为观光旅游者服务，多建造在旅游点，经营特点不仅要满足旅游者食住的需要，还要求有公共服务设施，以满足旅游者休息、娱乐、购物的综合需要，使旅游生活丰富多彩，得到精神上和物质上的享受。

（6）经济型饭店：经济型饭店多为旅游出差者预备，其价格低廉，服务方便快捷，功能简化。特点可说是快来快去，总体节奏较快，实现住宿者和商家互利的模式。例如各种快捷饭店、连锁饭店等。

（7）公寓式饭店：饭店式公寓吸引懒人和忙人饭店式服务公寓。在饭店式公寓既能享受饭店提供的殷勤服务，又能享受居家的快乐。住户不仅有独立的卧室、客厅、卫浴间、衣帽间等，还可以在厨房里自己烹饪美味的家肴。

（8）个性化饭店：针对某些特殊的消费群体，这类饭店大多设计装饰大胆、手法新奇，如各种主题饭店、艺术饭店、设计饭店等。

2. 谨慎选址，为饭店产品提供良好的外部环境和氛围

在为饭店选址时，要注意以下原则：

（1）地区经济。饮食消费是在人们有足够的资金满足日常衣、食、住、行等基本需要之后的可自由支配资金的支付。一个地区人们的收入水平、物价水平都会影响到人们可供消费的金钱数量和他们必须支付的价格。一般地说，当人们的收入增加时，人们愿意支付更高价值的产品和服务，尤其在餐饮消费的质量和档次上会有所提高，因此，餐厅企业一般应选择在经济繁荣、经济发展速度较快的地区。

（2）区域规划。在确定地址之前，必须要向当地有关部门咨询潜在地点的区域建筑规划，了解和掌握哪些地区被分别规划分为商业区、文化区、旅游区、交通中心、居民区、工业区等资料。因为区域规划往往会涉及建筑物的拆迁和重建，如果未经了解，盲目的选定地址，在成本收回之前就遇到拆迁，会使企业蒙受巨大的经济损失，或者失去原有的地理优势。同时，掌握区域规划后便于我们根据不同的区域类型，确定不同的经营形式和经营规格等。

（3）文化环境。文化教育、民族习惯、宗教信仰、社会风尚、社会价值观念和文化氛围等因素构成了一个地区的社会文化环境。这些因素影响了人们的消费行为和消费方式，决定了人们收入的分配方向。一般而言，文化素质高的人，对消费的环境、档次的要求比文化素质低的人要高。文化环境的不同，影响饭店经营的规格和规模。

（4）消费时尚。一段时期的流行时尚，往往能在很大程度上影响消费者的消费方式和方向。随着人们消费水平的提高、卫生观念的增强，人们在餐饮消费上越来越注意就餐的环境卫生，这样外表装修美观、舒适、洁净的饭店就越来越为人们所接受。

（5）竞争状况。一个地区饭店行业的竞争状况可以分成两个不同的部分来考虑。一是直接竞争的评估，即提供同种经营项目，同样规格、档次的饭店企业可能会导致的竞争，这对饭店

企业来说,是消极的。二是非直接竞争,包括不同的经营内容和品种,或同样品种、不同规格或档次的饭店企业,这类竞争有时起互补作用,对饭店企业是有利的。在选择饭店经营区域时,如果无任何一种形式的竞争,将具有垄断地位;如果有任何一种形式的竞争,都是值得饭店经营集团在投资前认真研究和考虑的。竞争既是一种威胁,又是一种潜在的有利条件,只要把竞争对手作为一面镜子认真分析其优势或劣势,就便于我们在竞争中掌握主动。

(6) 地点特征。地点特征是指与饭店经营活动相关的位置特征。如饭店企业经营所在的区域,如政治中心、购物中心、商业中心、旅游中心以及饮食服务区的距离和方向。饭店所处的地点直接影响饭店经营的项目和服务内容。

(7) 街道形式。这个因素主要考虑到街道和交通的形式是否会吸引人们到这个地方来,还是他们因旅游而使人口发生移动。

(8) 交通状况。关于目标地点的街道交通状况信息可以从公路系统和当地政府机关获得。如果交通的数据还没有被统计出来,那么可以选取一天中最有意义的样本数据作为参考。交通状况往往意味着客源,获得本地区车辆流动的数据以及行人的分析资料,以保证饭店建成以后,有充足的客源。

(9) 规模和外观。饭店位置的地面形状以长方形、方形为好,必须有足够大的空间容纳建筑物、停车场和其他必要设施。三角形或多边形的地面,除非它非常大,否则都是不足取的。同时,在对地点的规模和外观进行评估时也要考虑到未来消费的可能。

(10) 饭店的可见度和形象特征。饭店的可见度是指饭店位置的明显程度,也就是说,无论顾客从哪个角度看,都可以获得对饭店的感知。饭店可见度是由从各地往来的车辆和徒步旅行的人员的视角来进行评估的,饭店的可见度往往会影响到饭店的吸引力。同时,饭店企业无论从经营内容、方式、菜品质量、服务、装潢等方面,还是在所选地址上都应具有明显的突出的形象特征。这点对坐落在拥挤的商业中心的饭店尤为重要,形象特征会增加整个饭店企业集团的吸引力。

3. 充分利用饭店的外部环境、设施和设备,结合有特色的服务项目,进行饭店产品的营销组合设计

饭店产品组合是指饭店提供给市场的各种不同功能的产品的搭配。参与功能搭配的既可以是饭店有形的产品,如各种客房、餐厅、康体娱乐设施,也可以是饭店的形象、logo 设计、服务水准和产品价格等无形内容。

产品组合一般由饭店产品的广度、长度、深度决定:

(1) 饭店产品的广度:指饭店能提供多少项分类服务,如餐厅、客房、商务中心、康体娱乐、旅游等。

(2) 饭店产品长度:每一类的产品可以提供多少种不同的服务项目,如饭店客房,可以分成标准间、豪华间、单人间、三人间以及套房等,餐厅可以分为中餐厅、西餐厅、日式餐厅、韩式餐厅等。

(3) 饭店产品深度:指每一项服务中又能提供多少品种,如饭店套房中又可以分为总统套房、豪华套房和一般商务套房等,饭店中餐厅能提供多少种不同菜系口味的菜肴,多少种酒水饮料。

拓宽产品线的广度,可以完善饭店的功能,提高整个饭店的整体综合实力,加长产品线长

度，可以满足更多不同层次需求的顾客。值得注意的是一定要考虑产品线与产品线之间的关联程度，关联度太高会造成经营浪费，需要整合；关联度太低，饭店投入的人财物力会分散，增加了成本和管理的难度。

在饭店的运营中，应根据饭店的销售要求，针对宾客的不同需要开发各种受宾客欢迎的组合产品来吸引客源。目前常见的饭店组合产品设计包括：

（1）公务客人组合产品：针对公务客人的特殊服务，为公务客人提供优惠。如免费在客房供应一篮水果，免费提供欢迎饮料，免费使用康乐中心的设施和器材，免费参加酒吧，歌舞娱乐活动。

（2）会议组合产品：包括使用会议厅，会议休息时间供应点心咖啡，会议期间工作餐，按每人一个包价优惠提供。

（3）家庭住宿组合产品：形式如双人房供全家住宿，小孩与父母同住免费加床，提供看管小孩服务，小孩免费使用康乐设施，餐厅提供儿童菜单。

（4）蜜月度假产品：只向新婚夫妇提供，一般需要漂亮而宁静的客房以及一些特殊的服务，如一间布置漂亮的洞房，免费床前美式早餐，免费奉赠香槟酒，客房里供应鲜花、水果篮。

（5）婚礼组合产品：主要针对当地居民市场，结合婚礼消费的形式，适应消费者的心理，强调喜庆的气氛，吸引消费。该产品组合内容有豪华级京式或广式筵席，免费提供全场软饮料，四层精美婚礼蛋糕一座，以鲜花和双喜横幅隆重地布置婚宴厅，根据具体要求制造婚宴气氛，播放婚礼进行曲，洞房花烛夜免费提供新婚套房、鲜花、水果和香槟酒，免费美式早餐送到客房。

（6）周末组合产品：可吸引客人在一周工作之余，来休息和娱乐一下，因而需策划组织一些娱乐体育活动。如举办周末晚会、周末杂技演出等，将娱乐性活动加上饭店的食宿服务组合成价格便宜的包价产品。

（7）淡季度假产品：在营业淡季时以一周、十天住宿加膳食以包价提供给客人。同时，为了吸引宾客，还要策划组织宾客免费享受娱乐活动。

（8）特殊活动组合产品：这类组合产品的开发需要营销人员具有创造性及事实思维，设计出既新颖又在经济和销售上可行的产品，可利用现有的设施和服务组织，如乒乓球、网球、保龄球赛等活动，提高饭店的声誉及形象。

相关阅读11-2

7天酒店产品创新案例（一）

7天连锁酒店集团于2005年注册成立，2008年11月注册会员已近500万，2009年01月7天网站在经济型连锁酒店网站排名第一，成为全球第一酒店网站。作为中国连锁酒店行业的领先品牌，秉承让客人"天天睡好觉"的愿景，集团自成立以来，一直从关注客户的核心需求出发，在产品及服务流程的设计上不断整合创新，致力于向客人提供环保、健康、便捷的专业酒店服务；致力于向超过1 300万"7天会"会员提供更具人性化的优质会员服务。7天酒店是拥有业内最大忠诚度会员体系的连锁酒店，也是保持业内最快规模发展速度的连锁酒店，它缔造了酒店业内第一电子商务平台的连锁酒店。

不同饭店相对的目标顾客不同，决定开发的新产品也具有不同的情况，这就要求饭店应根据自身的实际情况选择适当的开发程序。7天是典型的经济型酒店，它的顾客群体主要是商务旅游和出差的客人。该酒店产品创新全过程主要包括：

1. 通过详细的市场调研，识别顾客的体验需求，根据商务型顾客的需求和酒店自身的资源体验确定7天经营主题——"天天睡好觉"（7天酒店的创始人郑南雁指出，"7天的核心理念是做'加减法'，减去一些不必要的服务，围绕'天天睡好觉'这个核心理念做增值服务。"）对该主题进行策划和设计，然后制定企业切实可行的顾客体验设计方案，为酒店下一步具体实施做好准备。

2. 分别进行有形产品、服务和环境的体验设计，按照饭店体验产品设计的原则和经营主题的要求，综合运用多种手段和方法，突出、强化主题，力求为顾客提供一种积极的难忘的体验。入住7天的客人会发现，这个经济型酒店的确看上去够节俭：狭窄的大堂除了前台外，经常还承担着一个简易餐厅的功能，大堂不设报刊架和饮水机的理由是，其前台的高效率根本无需客人等待（按规定，前台办理入住手续的时间不超过3分钟，办理退房的时间控制在一分半钟内）。

7天连锁酒店提倡的"天天睡好觉"这一朴素的品牌理念，为了让广大的消费者能够真正体验和感动到，不仅仅提供有助睡眠的热牛奶，还提供10秒速热，恒温恒压淋浴，以及1.8米大床，在全国多个乡村分店已启用了宝洁、高露洁等高端品牌，并供给了包罗具有3项安康舒睡设想并有凹凸软硬可供客挑选的荞麦枕头，更为此投入巨资提供更加促进睡眠的床垫。

3. 体验设计的饭店产品，必须接受市场的考验，对于饭店体验产品而言，采用体验营销的策略将其推向市场，更有利于顾客接受和消费产品（7天酒店试图满足的是客人对客房的最基本最重要的需求：干净、舒适。为此，7天酒店在每一个城市都设立布草管理中心，将所有的床上用品分类送至洗衣厂，不允许任何污渍或锈迹，并必须达到一定的柔软度。7天酒店还对洗衣厂规定了所用洗涤剂的用量和品牌，并配置人工进行抽检，而非机器）。

4. 企业必须建立体验性产品设计的支持系统，保证饭店产品体验设计的顺利进行。在其中，设计的控制系统尤为重要，它可以了解顾客消费过程中的感受，并发现顾客的潜在需求，通过对反馈信息的处理，发现体验性饭店产品存在的不足，并知道企业对饭店产品的设计进行修改，以适应顾客的体验需求，获取高的经济价值（7天酒店在其官网上设置了专为会员服务的"我的7天"和"7天会"，建立良好的服务回馈系统，时刻了解顾客的真实感受，进一步提高服务质量）。

另外，在市场化的进程中，构建体验性饭店产品的品牌，用品牌凝聚和传递体验，可使企业获得更多的竞争优势，并有利于顾客的忠诚。而品牌的建立，要靠全方面的品牌管理，全员的参与，始终围绕品牌定位做系统的产品研发、服务、管理、运营、推广，让品牌体现在各个方面，让消费者感觉得到、闻得到、听得到、甚至是吃得到。为了让品牌价值更深入人心，感动到每一位住店消费者，7天连锁酒店进行了全方位的设计和规划，满足了众多出门在外睡不好觉的商旅人士的根本需要，并为此在网站上开通论坛，倾听消费者心声，2010年8月会员点评量超过12万份，不仅赢得了会员的喜爱，更赢得了会员的钟爱。

7天连锁酒店一系列产品创新，告诉我们企业发展要根据市场定位和潜在消费者，找到最需要或者未被满足的顾客需求，进行品牌定位与诉求，并对此进行全方面的推进和管理。不但让消费者感觉到、联想到，并注意消费者反馈和意见进行修正。持续精进、持续改善、不偏离、不游离、不放弃，那么就能获得丰厚的回报，将企业品牌成为消费者离不开的，日常生活不可替代的帮手和朋友，成为基业常青的强势品牌。

二、饭店营销

饭店最好的营销是口碑营销,顾客最好的营销是体验营销,体验营销的核心是良好互动。

(一)饭店销售渠道的种类及选择

美国市场营销学权威菲利普·科特勒指出,"营销渠道是指某种货物或劳务从生产者向消费者移动时,取得这种货物或劳务所有权或帮助转移其所有权的所有企业或个人。简单地说,营销渠道就是商品和服务从生产者向消费者转移过程的具体通道或路径。"

销售渠道是饭店实施营销策略最直接的策略,它能够使饭店的各种设施和服务更方便地销售给目标客户,消除饭店产品和服务提供者和消费者之间信息和渠道的不对称,将饭店产品和服务尽可能地推销给消费者,实现饭店增长销售收入的目的。销售渠道策略是饭店加盟市场营销组合中的一个重要因素。

1. 饭店销售渠道的种类

根据渠道参与者成员的多少,可将销售渠道分为直接销售渠道和间接销售渠道两种。

(1)直接销售渠道:又称零层渠道,是饭店产品和服务在流向消费者的过程中不经过任何中间环节的销售渠道。如消费者直接未经预订直接入住饭店或直接通过饭店预订系统亲自预订房间。又如连锁饭店销售人员在机场、车站等处直接向消费者宣传自己的产品和服务。

(2)间接销售渠道:是指饭店产品经过两层或两层以上的中间环节,如通过旅行社、旅游组织商、航空公司等中间媒介,最后转移到宾客手中。间接渠道根据介入的中间商层次的多少不同,又可分为短渠道和长渠道两种。

2. 饭店销售渠道的选择

饭店销售渠道的选择包括销售渠道模式的选择和销售渠道中间商的选择。

(1)销售渠道模式的选择:饭店一般都更愿意通过直接销售渠道将自己的产品销售到目标市场,但这种销售方式产品覆盖面太窄。间接销售渠道虽能够扩大销售服务的覆盖面,但存在销售环节过多、销售成本过高、产品销售期过长等问题。为适应消费市场的需求,达到饭店营销目标,现代饭店在销售饭店产品时,通常直接销售和间接销售并用。

(2)饭店中间商的选择:间接销售渠道成员很多,常见的有中间代理商、饭店协会、旅行社、互联网、航空公司、会议组织者等。渠道成员的选择也应根据饭店目标市场的不同来进行。如地处旅游景区附近的饭店,远离客源,就要重视间接销售渠道,与旅行社、旅游组织机构联系,争取从他们那里得到更多的客人;商务团体市场,可利用网络商务公司、会议组织机构等;散客市场可利用网络渠道,通过网络将饭店最新资料和促销信息发布出去,触及全球客源市场和更多的销售渠道,引导和培养更多的潜在消费群体。

总之,饭店在营销过程中要根据自身和市场的具体情况,采取相应的渠道策略,达到产品销售,实现饭店最终目标。

> **相关阅读11-3**
>
> **各国酒店的营销渠道**
>
> 美国人一般通过旅行代理商购买国际酒店产品，而在购买国内酒店时却很少通过代理商。日本人喜欢依赖有完全组团能力和国外分销网络的大旅游经营商。
>
> 与欧洲相比，美国旅游代理商较为独立，规模也较小。欧洲集团式的旅游代理商联号比较常见，而且每个代理商拥有很多旅行顾问。
>
> 日本旅游业由10家旅游批发商控制，其中5家也是10大旅游代理商。日本人购买一次旅行可能经过4家批发商，而美国平均为1.6家。
>
> 日本旅游代理商一般经营完整的包价酒店产品。

（二）网络营销平台——饭店营销的重要发展趋势

我国互联网发展四个新动向，一是从应用领域看，我国互联网正从信息传播和娱乐消费为主向商务服务领域延伸；二是从服务模式看，互联网正从提供信息服务向提供平台服务延伸；三是从传播手段看，传统互联网正在向移动互联网延伸。四是从信息传播看，正从单向传递向随时互动转变。饭店的网络营销以直销为主。饭店开始重视优化网站和网站推广方法。饭店集团信息化必须瞄准中央化的趋势。手机APP，从B2C向O2O的转变正在悄无声息的上演。

1. 饭店互联网营销平台

资深饭店业人士表示，网络营销已成为中国经济型连锁饭店发展的新动力及新一轮竞争的核心点。可以预见，未来一段时间，网络互动服务将成为消费者最关注的饭店服务内容之一，而自主预订也将成为市场主流。

目前，大批盲目进入的经济型饭店正遭遇电子商务模式所带来的新门槛，适应网络时代消费特征的新型"鼠标＋水泥"经营模式正成为饭店预订市场的主流。在自主预订热潮的面前，如果不革新营销模式，或许在新一轮"洗牌"中，他们将面临被淘汰的命运。

网络营销固然能创造利润，比如携程、艺龙等订房公司固然能带来客源，但它15%以上的佣金也是让广大中小饭店"又爱又恨"，如何让有限的营销成本发挥出更大的作用，网络分销渠道的选择也很重要！

相关阅读11-4

饭店新式销售渠道——全球预定系统

一、预定系统的类型

1. 专门从事饭店订房及销售的企业和组织；
2. 联号饭店的预定系统；
3. 电脑联网预定系统；
4. 航空预定系统；
5. 其他旅游预定系统。

二、酒店销售渠道列举

1. DMS（Destination Marketing System）

（1）DMS 的中文意思是：旅游目的地营销系统。2000 年以后世界旅游组织（WTO）大力推荐。

（2）DMS 的概念和系统得到迅速发展，在世界范围内已被广泛采用。它不仅是目前最先进的旅游营销模式，也是高档次的配套服务体系，标志着旅游目的地全新的服务水平。

（3）按照世界旅游组织的定义，DMS 系统包含"游、购、行、吃、住、娱"六大旅游要素。它是一个采用开放式的体系架构，集旅游信息服务、互联网电子商务、旅游行业管理于一体，通过互联网、呼叫中心、旅游咨询中心等渠道直接为游客服务。

DMS 在提升旅游目的地知名度、满足消费者资讯需求、增加游客访问量、方便旅游交易、提供旅游服务等方面起了重要作用，同时也广泛支持目的地旅游企业发展。

2. GDS（Global Distribution System）

（1）GDS 即"全球分销系统"，是应用于民用航空运输及整个旅游业的大型计算机信息服务系统。

（2）通过 GDS，遍及全球的旅游销售机构可以及时地从航空公司、旅馆、租车公司、旅游公司获取大量的与旅游相关的信息，从而为顾客提供快捷、便利、可靠的服务。

3. CRS（Central Reservation System）中央预定系统

CRS 主要是指酒店集团所采用的，由集团成员共用的预定网络。它使酒店集团利用中央资料库管理旗下酒店的房源、房价、促销等信息，并通过同其他各旅游分销系统，如：GDS（全球分销系统）、IDS（互联网分销商）与 PDS（酒店官方网站预定引擎）连接，使成员酒店能在全球范围实现即时预订。

一套完整的 CRS 系统同时还应具备与酒店的 PMS（前台预定界面）即时更新的房间库存资料，使酒店的所有销售需求统一在集团的销售资料库内做管理，真正实施三网合一（① internet 互联网；② intranet 企业内部网络；③ extranet 企业外部网络）的中央资料库统一库存。CRS 同时为酒店集团其他营销及管理活动提供资料平台，如：常客计划、动态促销、企业销售、电子营销等。目前，在国际酒店业中，电子分销已成为酒店分销的主流渠道。

2. 分销渠道

首先，饭店自建网站，花费几千元、上万元不等，通过搜索引擎等推广手段让客人知晓。

所以，饭店要根据自身实力和需求来建立自己的网络营销预订系统。

其次，和知名的网络营销平台合作，通过成为会员，扩大宣传和知名度。在这些平台上注册了信息，就会有很多的会员去浏览。潜在的客人可以清楚地了解会员饭店的设施、房价、地理位置、交通地标，非常方便地为他们选择饭店提供指引。

再次，和一系列的生活咨询搜索平台，如酷迅、口牌、火车时刻等合作，通过会员点评，给客人提供人性化的服务信息，吸引客人注意，并且很多营销功能都是免费的。

最后，在一系列的论坛和社区发文合作，比如天涯社区、地方论坛等，吸引眼球，吸引广大散客的注意，这也为饭店的营销提供了便利。

可见，通过IT技术的整合，使得饭店营销管理系统化，有效降低了成本，提高管理效率，同时也节约了人力成本。其次，网络营销系统24小时不间断运作，客户可以通过网络及时直观地了解饭店详情，极为便利，饭店服务做到了人性化。另外，饭店通过网络营销一方面树立了形象，另一方面也延伸了对客人的服务，增加了饭店服务的附加值。

总之，更为便捷和人性化的网络营销不仅给消费者最佳的服务体验，更培育了良好的饭店网络消费市场，使每一家会员饭店都得到了更为充分的展示与推广。

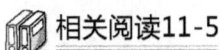
相关阅读11-5

7天酒店产品创新案例（二）

在7天连锁酒店的官网首页上，每天都有不同的促销活动，而让7天酒店为大众所知的产品就是"77元抢住大床房"的宣传活动，只要在指定时间内成为7天酒店网站会员，即享受77元入住7天分店大床房一晚机会。该活动在7天酒店的各大分店均可实行，这一消息一经传出，不管是商务旅客还是普通游客都予以高度关注，特别是在北京上海广州等地，如果能以77元入住一家经济型酒店，绝对是超值享受，这一策略推出之后，7天酒店的知名度迅速提高，网站会员注册量节节攀升。

1. 77元活动范围

（1）2006年12月31日前成为7天会员，但未曾在7天连锁酒店消费的会员（有效期至2009年6月30日）。

（2）2007年1月1日至2008年12月31日期间新加入的会员（有效期至2009年6月30日）。

（3）2009年新加入的并升级为银卡的会员（使用期自升级日起半年内有效）。

2. 活动规则

（1）77元特惠房只对个人会员开放，符合上述"活动范围"条件的会员可享有一次入住77元特惠房一晚的机会，不限是否第一次入住时使用。

（2）77元特惠房仅限会员本人入住（入住人须与会员资料吻合）。

（3）77元特惠房为7天连锁酒店指定分店的大床房，具体的分店清单以网站预订信息为准。

（4）77元特惠房须通过7天网站提前一天以上预订并在网上预付房费，不接受客服中心和分店前台等其他渠道预订。

（5）77元特惠房预订后不能取消，也不能修改入住日期和入住分店。取消订单或者逾期未到，不再保留今后77元特惠房的权利，也不退还预付的房费。

（6）77元特惠房不参与积分累积，不适用抵用券。

（7）"睡前牛奶"等会员待遇一律照常。

在"77元大床房促销"策略推出并取得收效显著之后，7天酒店又陆续推出"88元新店大床体验""99元限时特惠大床抢购"等一系列营销活动，并且在官网上设置了专为会员服务的"我的7天"和"7天会"，建立良好的服务回馈系统，时刻了解顾客的真实感受，进一步提高服务质量。

（三）饭店产品的服务营销

"服务营销"是一种通过关注顾客，进而提供服务，最终实现有利的交换的营销手段（或活动）。如果说市场营销的观念是以市场为导向，企业的营销活动是围绕市场需求来做。那么，服务营销的观念则是以服务为导向，企业营销的是服务，关心的不仅是产品是否成功售出，更注重用户在享受企业所提供的服务的全过程感受。

要实施服务营销，首先企业必须坚定不移地树立服务客户的思想。其次，必须明确服务对象，即"谁是顾客"。像饮料行业的顾客分为两个层次：分销商和消费者。第三，必须提高"顾客关注"的水平和质量。

 相关阅读11-6

"顾客关注"的九项原则

1. 获得一个新顾客比留住一个已有的顾客花费更大。

企业在拓展市场、扩大市场份额的时候，往往会把更多精力放在发展新顾客上，但发展新的顾客和保留已有的顾客相比花费将更大。此外，根据国外调查资料显示，新顾客的期望值普遍高于老顾客，这使发展新顾客的成功率大受影响。不可否认，新顾客代表新的市场，不能忽视，但我们必须找到一个平衡点，而这个平衡点需要每家企业不断地摸索。

2. 除非你能很快弥补损失，否则失去的顾客将永远失去。

每个企业对于各自的顾客群都有这样那样的划分，各客户因而享受不同的客户政策。但企业必须清楚地认识到一点，即每个顾客都是我们的衣食父母，不管他们为公司所做的贡献是大或小，我们应该避免出现客户歧视政策，所以不要轻言放弃客户，退出市场。

3. 不满意的顾客比满意的顾客拥有更多的"朋友"。

竞争对手会利用顾客不满情绪，逐步蚕食其忠诚度，同时在你的顾客群中扩大不良影响。这就是为什么不满意的顾客比满意的顾客拥有更多的"朋友"。

4. 畅通沟通渠道，欢迎投诉。

有投诉才有对工作改进的动力，及时处理投诉能提高顾客的满意度，避免顾客忠诚度的下降。畅通沟通渠道，便于企业收集各方反馈信息，有利于市场营销工作的开展。

5. 顾客不总是对的，但怎样告诉他们是错的会产生不同的结果。

"顾客永远是对的"是留给顾客的，而不是企业的。企业必须及时发现并清楚了解顾客与自身所处立场有差异的原因，告知并引导他们。当然这要求一定的营销艺术和技巧，不同的方法会产生不同的结果。

6. 顾客有充分的选择权利。

不论什么行业和什么产品，即使是专卖，我们也不能忽略顾客的选择权。市场是需求的体现，顾客是需求的源泉。

7. 你必须倾听顾客的意见以了解他们的需求。

为客户服务不能是盲目的，要有针对性。企业必须倾听顾客意见，了解他们的需求，并在此基础上为顾客服务，这样才能做到事半功倍，提高客户忠诚度。

8. 如果你不愿意相信，你怎么能希望你的顾客愿意相信？

企业在向顾客推荐新产品或是要求顾客配合进行一项合作时，必须站在顾客的角度，设身处地考虑。如果自己觉得不合理，就绝对不要轻易尝试。你的强迫永远和顾客的抵触在一起。

9. 如果你不去照顾你的顾客，那么别人就会去照顾。

市场竞争是激烈的，竞争对手对彼此的顾客都时刻关注。企业必须对自己的顾客定期沟通了解，解决顾客提出的问题。忽视你的顾客等于拱手将顾客送给竞争对手。

（四）饭店产品的全员营销

全员营销是指把营销工作涵盖于饭店的每一个部门，贯穿于每一道工作过程，落实到每一个人，所有的工作都紧紧围绕着"营销"二字进行，以全面优质管理作基本保证，使企业中每一个直接接触顾客的员工都具备强烈的营销意识，在企业内形成一种人人关心、处处支持营销的工作氛围。应从以下几方面来促进全员营销的落实：首先，应树立"做好本职工作即是营销"的理念。其次，员工应该了解饭店产品的信息。第三，高度关注饭店宾客的需求。第四，每一个员工都应充分利用工作机会向客人推荐酒店产品（不只是推销本部门的产品）。通过全体员工的共同努力，树立企业形象，扩大企业知名度，使更多的顾客前来消费，大幅提高饭店的经济效益。

任务二　饭店宾客的购买行为与销售技巧

一、饭店宾客购买行为的过程及其心理变化

需要是饭店宾客产生购买行为的基础，它影响饭店宾客购买行为的全过程。饭店宾客的整个购买过程分为六个阶段，在每一阶段中都存在一个引导饭店宾客向下一个阶段发展的密码。

1. 知晓（Know）阶段

这是饭店宾客个人发现自己真实需要的产品的存在，在这个阶段，一个真实的、能够满足其需要的产品是关键。企业在作广告宣传时，要真诚地向潜在宾客传播真实的有效的饭店产品信息，以引起潜在宾客的注意。

2. 了解（Realize）阶段

这是宾客个人了解产品效用的阶段，宾客购买饭店产品的目的是使用，以满足自己的需要。为此，他要切实了解产品的效用。在这个阶段，企业或通过图文并茂的宣传材料，或通过声情并茂富于感染力的视频，或通过销售人员的熟练演示，让宾客了解产品的使用过程及产品对宾客的实际效用。这时候，产品的效用是吸引宾客的核心因素。

3. 喜欢（Like）阶段

这是宾客个人对产品产生良好印象。要使产品在宾客心目中有一个良好的印象，产品的外形、性能、效用等必须引起宾客足够的重视，最起码与别的产品相比，它具有独特的、引人注目的地方，使人心存喜欢。

4. 偏好（Partial）阶段

这是宾客个人对产品的良好印象已扩大到其他方面。这是一个"爱屋及乌"的心理变化过程，是宾客由前面的对产品的知晓、了解、喜欢而产生的，也是他对销售人员前阶段的热情、真诚的表现所产生的一种肯定态度。

5. 确信（Certitude）阶段

由于宾客对产品或销售人员有了"偏好"这个基础，进而产生购买愿望，他认为购买是明智的选择，并且不断地强化这个观念。

6. 购买（Action）阶段

宾客把自己的购买态度转变为实际的购买行动，而且始终坚持他自己所选择的产品。

上述 KRLPCA 六个阶段，是宾客从最初接触饭店的某个产品直至转变为购买行为的过程，也是一个完整的思维活动过程。每个阶段的实际效果取决于宾客的三种基本心理状态：认知（Cognition），即宾客个人对产品的认识思维；感情（Heart），即消费者个人对产品或销售产品的人员的情绪偏向；意愿（Desire），即消费者个人在了解产品的效用后所产生的购买动机。我们把 Cognition、Heart、Desire 称为宾客购买的心理密码，简称为 CHD。

相关阅读11-7

市场营销中的"卖点"与"买点"

一、卖点与卖点营销

"卖点"是产品所具有的，销售人员所阐述的，与客户需求联系最紧密的，对客户的购买决定最具影响力的因素。我们在销售工作中介绍的那些特点都是卖点。卖点营销是市场营销中引发消费者购买欲望的一种销售手段或技巧，具体的说是企业为展示自己产品的特点、优点，而提炼的语言和演示。卖点分为两类，一类是令消费者特别容易理解的语言和演示；另一类是极为专业的语言和演示。卖点具有明显的排他性，如果有两个企业都提炼出同样的卖点，那这个卖点其实就不具有了"卖点"的生命价值。常用的卖点营销策略有：① 质量卖点：在产品的质量和档次上做文章；② 功能卖点：增加、减少功能均可作为卖点；③ 颜色卖点：颜色是营造卖点的利器；④ 价格卖点：产品不分贵贱，但在消费者面前却存在等级；⑤ 造型卖点：合理改变形状产品更好卖；⑥ 形象卖点：独特且具深意的产品（或企业）logo让顾客产生购买欲望；⑦ 渠道卖点：运用营销渠道来打造核心优势。

二、买点

买点是指商品所具有的让消费者乐于购买的特点。买点是符合关键人的"个人的具体利益"，它们可以是产品购买和使用过程中、关键人自己非常在意和希望获得的任何东西，这些东西并非局限于产品本身：购买和使用带来的欢愉、生活质量的改善、工作绩效的提高、可以避免的损失、减少的痛苦、看重的人际利益等等，都可以成为买点。

买点是通过发掘消费者的潜在需求，以消费者的潜在需求为基础，指导和规划企业产品开发、广告策划、市场推广、媒体传播。可以说，买点是企业市场运作的基石，是所谓整合营销传播的核心，企业所有的市场行为都围绕着买点而展开，企业所做的一切都是买点的深化和广化。简言之，是先有买点，再有产品，再有产品和品牌的市场。

买点和卖点是决定关键人购买倾向的两类要素，对于任何关键人来说，买点和卖点可以相同、也可以不同。买点有隐性和显性之分，对隐性买点的识别和把握是销售和销售管理工作不可避免的，与人打交道的学问有助于这一问题的处置。买点的寻找和把握也有一定的规律和方法。

二、灵活运用"SMILE"模式，提高饭店产品销售的绩效

兵法有云："知己知彼，百战不殆。"针对前述饭店宾客购买行为各阶段的心理变化，可以用"SMILE"（即"微笑"）作为破译宾客购买行为心理密码的密匙。微笑是人际交往的第一步，也是把饭店与宾客联系起来的纽带。那么，这个密匙（SMILE）包含哪些具体含义呢？

（1）"S"就是指"Serve"，即服务。销售就是服务，优质的服务可以获得宾客的信任和支持，使饭店从老客户那里像滚雪球似的得到更多新客户。为此，要注意服务的心态、素质与技巧。一个成功的饭店员工特别是销售人员，要具有良好的工作态度，要树立"顾客第一"的意识。而良好的服务态度来自于他对客观营销环境和宾客需要的感知程度，当这种感知程度比他人高一点时，他的工作就会显得比其他员工更自觉、更主动。在与宾客交谈时，他会注意观察发现宾客与众不同的特征、特点，并适度地赞美宾客；在宾客购买饭店产品后，他也会适时地感谢宾客。这种礼貌性行为对宾客后续的购买行为会有重大影响。

（2）"M"就是指"mind"，即理智、智能。现在的宾客已进入成熟状态，这表现在宾客从"量的消费"发展到"质的消费"；从关心产品的功能到关心产品的品质及服务；从产品的实用性到给生活带来的品味、充实、美感；从对产品做出好与坏的判断到做出满意与否的判断。这些变化要求饭店要认真了解宾客的购买心理，理智地分析宾客的需要，以饭店产品对宾客的真正效用为导向来与宾客进行交流，真诚地满足宾客不断变化的需求，并根据宾客的要求创造新

产品,持续提高服务质量,以行动消除宾客的疑虑和不信任感。

(3)"I"就是指"Information",即信息。在营销过程中要收集并筛选宾客的信息,不管是开发新产品,还是改进服务方式都要以宾客的信息为基础。饭店开发的新产品是给宾客使用的,宾客是检验新产品质量和效用的最终检验员。

(4)"L"就是指"Learn",即学习。我们提倡饭店与宾客之间的相互学习。饭店与宾客之间存在着不同的价值标准和文化差异,这会成为影响宾客购买行为的重要障碍。这种障碍只有通过相互学习与沟通才能解决,而且主要是饭店要主动向宾客学习,一是学习宾客的立场、观点和思维方式,因为我们要站在宾客的立场,用宾客的思维方式去思考问题;二是学习宾客与众不同的观察力和灵敏的分析能力。

通过学习,使饭店能够用宾客的眼光去发现自己存在的问题,从而改进工作,弥补拓展新业务时的不足,提高顾客稳定性。其次引导宾客的学习,即采用某种方式,使宾客接受信息、改变观念进而使其行为持续地产生转变(宾客的购买行为实际上是一种接受信息、调节适应的行为,宾客会经常评价个人的购买决策及购买策略,然后重复使用或加以修正)。

(5)"E"就是"Evaluate Effect",即饭店要站在宾客的立场来评估产品对宾客的真正效用,并且要在整理宾客关于产品效果的陈述的基础上,按宾客认为重要和满意的指标来评估产品效果,而不是作自以为是的产品效果估计和分析。

三、应对不同类型宾客的销售技巧

按照不同的分类标准,可以将饭店宾客分为不同的类型。在饭店产品的销售过程中,根据不同类型宾客的心理行为特点采取不同的销售技巧,是提高销售成效的关键。

(一)产品要素敏感程度不同的宾客类型及销售技巧

根据宾客对饭店产品的价值、价格、服务和时尚四个因素的敏感程度,可以将饭店宾客分为价值敏感型宾客、服务敏感型宾客、价格型宾客、时尚型宾客四种类型(表11-1)。

表 11-1 产品要素敏感程度不同的宾客类型

		价值敏感型宾客	服务敏感型宾客	价格敏感型宾客	时尚敏感型宾客
敏感度排序	1	价值	服务	价格	时尚
	2	服务	价值	价值	服务
	3	价格	价格	服务	价值
	4	时尚	时尚	时尚	价格

从表11-1中不难看出,在具体的销售过程中,销售人员应设计不同的策略来开展销售工作:对价值敏感型宾客应该优先介绍饭店产品的价值及服务;对于服务敏感型宾客则应该突出饭店的服务特色和服务质量;对于价格型宾客则应该突出价格适中、"物有所值";而对于时尚型宾客则应该注重渲染产品的时尚性和饭店服务的特色及水平。

(二)行为节奏和社交能力不同的宾客类型及销售技巧

根据人的性格向性(内向与外向、重人际与重事物),可以将宾客分为行为节奏和社交能力各有特点的四大类型(图11-1)。

图 11-1 行为节奏和社交能力不同的宾客类型

1. 力量型宾客

力量型的人属于做事爽快,决策果断,以事实和任务为中心,有些人对他们的印象会是他们不善于与人打交道。他们常常会被认为是强权派人物,喜欢支配人和下命令。他们的时间观念很强,讲求高效率,喜欢直入主题,不愿意花时间同别人闲聊,讨厌自己的时间被浪费。他们往往是变革者,若能让他们相信销售人员可以帮助他们,他们行动的速度会很快。

对于力量型的客户,销售人员要时刻注意不要浪费他们的时间,电话要高效,千万别指望在电话中同他们闲聊,谈完正事,马上结束电话。另外,也不要以命令的语气来同他们沟通。

2. 活泼型宾客

活泼型的人基本上也做事爽快,决策果断。但与力量型的人不同的是,他们与人沟通的能力特别强,通常以人为中心,而不是以任务为中心。如果一群人坐在一起,活泼型的人很容易成为交谈的核心,他们很健谈,通常具有丰富的面部表情。他们喜欢在一种友好的环境下与人交流,社会关系对他们来讲很重要。他们追求的是能被其他人认可,希望不辜负其他人对他们的期望。对他们来讲,得到别人的喜欢是很重要的。

对于活泼型的宾客,销售人员要抓住机会积极回应他的热情,谈业务最好不要单刀直入,先拉近感情,如关心一下他的身体或者家人等;一定要充分地赞美和请教他;要在沟通中经常表示对他的支持和并鼓励。

3. 和平型宾客

和平型的人友好、镇静,做起事情来显得不急不躁,属于肯支持人的那种人。他们不喜欢冒险,喜欢按程序做事情。他们往往比较单纯,个人关系、感情、信任、合作对他们很重要。他们喜欢团体活动,希望能参与一些团体,而在这些团体中发挥作用将是他们的梦想。他们做决策一般会较慢。他们也往往会多疑,害怕失去现有的东西,安全感不强,他们不希望与别人发生冲突,在冲突面前可能会退步,所以,在遇到压力时,会趋于附和。

对于和平型的宾客,销售人员要谨慎对待,保持足够的耐心,尽量先建立良好的互动关系,要注重跟他的伙伴友好交流,切不可鲁莽行事。

4. 分析型宾客

分析型的人很难看得懂,他们不太容易向对方表示友好,平时也不太爱讲话。他们工作认真,讨厌不细致、马虎的工作态度。做事动作也缓慢,做决策也很慢。由于他们不太喜欢与人打交道,所以,他们更喜欢通过大量的事实、数据来做判断,以确保他们做的是正确的事情。他们需要在一种他们可以控制的环境下工作,对于那些习以为常、毫无创新的做事方法感到很自在。对很多人来讲,分析型的人显得有些孤僻。

对于分析型的宾客,销售人员首先要给予足够的尊重和关注,其次,在介绍产品时要注意逻辑性,表达要条理分明,如"我们的产品具有很多优势,第一公司信誉好;第二产品质量可靠;第三服务响应时间快;第四价格低。"第三,切忌不要用主观意愿过强的词汇和他们交谈,多用实证和数据。

(三)不同客户的九大营销技巧

1. 随声附和型的顾客

(1) 症状:这类顾客是对什么都不发表意见,不论营销人员说什么都点头称是,或干脆一言不发。

(2) 心理诊断:不论营销人员说什么,此类顾客内心已经决定今天不准备买了,换言之,他只是为了了解产品的信息,想提早结束你对商品的讲解,所以随便点头,随声附和"对",让营销人员不再推销,但内心却害怕如果自己松懈则营销人员乘虚而入,令其尴尬。

(3) 处方:若想扭转局面,让这类顾客说"是",应该干脆问:"先生(小姐),您为什么今天不买?"利用截开式质问,趁顾客疏忽大意的机会攻下,突如其来的质问会使顾客失去辩解的余地,大多会说出真话,这样就可以因地制宜地突破。

2. 强装内行的顾客

(1) 症状:此类顾客认为自己对产品比营销人员精通得多。他会说"我很了解这个产品"、"我与该公司的人很熟"等,还会说一些令营销人员惊慌或不愉快的话。这类顾客硬装内行,有意操纵产品的介绍,常说"我知道,我了解"之类的话。

(2) 心理诊断:此类顾客不希望营销人员占优势,或强制于他,想在周围人面前显眼,但是他知道自己很难对付优秀的营销人员,因此,用"我知道"来防御和保护自己,暗示营销人员"我懂,你不要来骗我"。这种情况下,营销人员要认为他们几乎是对产品没有任何了解。

(3) 处方:应该让顾客中圈套,如果顾客开始说明商品功能特性时,你可假装认同点头称

是，顾客会很得意。当因不懂而不知所措时，你应该说："不错，你对产品了解真详细，你是否现在就买呢？"顾客为了向周围人表示自己了解产品装了不起，故此一问，顾客一时不知如何回答而开始慌张，这时正是你开始介绍产品的最好时机。

3. 虚荣型顾客

（1）症状：此类顾客渴望别人说自己有钱。

（2）心理诊断：此类顾客可能债务满身，但表面上仍要过豪华生活，只要营销人员进行合理的诱导便有可能使其冲动性购买。

（3）处方：对于此类顾客，应附和他，关心他的资产，极力赞扬，假装尊敬他，表示要向他学习。他会顾及面子，咬咬牙买下商品，但他不会把表情写在脸上，因此，这类顾客很容易中圈套。可通过产品时尚外观或某些特殊的功能卖点，给其带来某方面虚荣心的满足。

4. 理智型顾客

（1）症状：此类顾客稳、静，很少开口，总是以怀疑的眼光审视商品，显示出不耐烦的表情，也正因为他的沉稳，会导致营销人员很压抑。

（2）心理诊断：此类顾客一般都注意听营销人员的讲解，他同时也在分析评价营销人员及产品。此类顾客属知识分子发烧友较多，他们细心、安稳、发言不会出错，属于非常理智型购买。

（3）处方：对此类顾客，销售过程中应该有礼貌，诚实且低调，保守一点，别太兴奋，不应有自卑感，相信自己对产品的了解程度，在现场销售中应多强调产品的实用性功能。

5. 冷漠型顾客

（1）症状：买不买无所谓，不介意商品优异，喜欢与不喜欢，也并不是太有礼貌，而且很不容易接近。

（2）心理诊断：此类顾客不喜欢营销人员对他施加压力和推销，喜欢自己实际接触产品，讨厌营销人员介绍产品，表面上什么都不在乎，事实上对很细微的信息也非常关心，注意力比较集中。

（3）处方：对此类顾客，通俗的产品介绍方法并不能奏效，低调介入，通过产品最独有的特点来引起顾客的好奇心，使他突然对产品感兴趣，顾客就自然愿意倾听你对产品的介绍了。

6. 好奇心强的顾客

（1）症状：此类顾客没有购买的任何障碍，他只想把商品的情报（信息）带回去，只要时间允许他都愿意听产品的介绍，那时他的态度就变得谦恭，并且会礼貌地提出一些恰当的问题。

（2）心理诊断：此类顾客只要看上自己喜欢的商品，并激起购买欲，则可随时购买，他们是一时冲动而购买的类型。

（3）处方：应编一些创意性的产品介绍，使顾客兴奋后，时机仍掌握在你手中，一定要让此类顾客觉得这是个"难得的机会"。

7. 人品好的顾客

（1）症状：此类顾客谦虚有礼，对营销人员不但没有排斥，甚至表示敬意。

（2）心理诊断：他们喜欢说真话，决不带半点谎言，又非常认真倾听营销人员对产品的介绍。

(3) 处方：此类顾客应认真对待，然后提示产品的魅力，营销人员应用稳重的态度向顾客显示自己专业方面的能力，展示讲解时，一定要有理有据。重视服务质量及细节，心态平和，不卖弄。

8. 粗野疑心重的顾客

(1) 症状：此类顾客莫名其妙地找麻烦，他的行为似乎在指责一切问题都是由你而起的，故与其关系很容易恶化，他完全不想听你的说明，对于商品的疑心很重，任何人都不容易应付他。

(2) 心理诊断：此类顾客是有私人的烦恼及心理压力，因此想找人发泄。

(3) 处方：应以亲切的态度应付他们，了解顾客背景，语言稳健，不与其争论，避免说一些让对方构成压力的话，否则其会更加急躁。介绍商品时应轻声，有礼貌，应留心他的表情，让顾客觉得你是他的朋友。

9. 挑剔刁难型顾客

(1) 症状：此类顾客对产品功能外观以及服务等具体要求非常苛刻，对营销人员有一种排斥心理。

(2) 心理诊断：此类顾客向来谨慎小心，担心上当受骗，所以尽量多地提出一些超出别人正常思维的问题和细节，以消除内心的顾虑，同时隐藏自己心虚的心理。

(3) 处方：耐心解答顾客提出的所有问题，打消其顾虑，语言一定要强硬，并在讲解过程中将其思路引导到产品的功能、卖点、前卫性以及售后服务的完善性方面来，可以以反问的方式直接发问：“先生（小姐），您觉得这个产品的外观（功能、音质等）怎么样？”一个一个地消除顾客的疑虑，拉近和顾客的距离。

任务三　饭店宾客购买后行为及投诉的处理

一、饭店宾客购买后行为的定义

宾客购买后行为是指宾客在购买饭店产品后，所发生的一切与其所购买的产品以及与提供该产品的饭店有关的外显行为。这些行为作为顾客外在的行动表现，部分能够得到直接的观察和记录，不能直接记录的可以通过调查的方法取得。

可以把宾客购买后行为分为积极的购买后行为和消极的购买后行为。其中，前者是指那些对为宾客提供产品和服务的饭店能产生正面、有利影响的外显性的购买后行为，包括重复购买和正面推荐两种行为；后者是指那些对为顾客提供服务的饭店能产生负面、不利影响的外显性的购买后行为，包括抱怨行为（直接抱怨、私下抱怨）和品牌转换。

二、饭店服务质量与宾客购买行为关系

图 11-2 中，交互质量对消费者消极购买后行为具有显著的负向影响，即饭店员工的态度越好、行为越得体以及专业知识越丰富，顾客的抱怨将越少、品牌忠诚感越强；实体环境质量

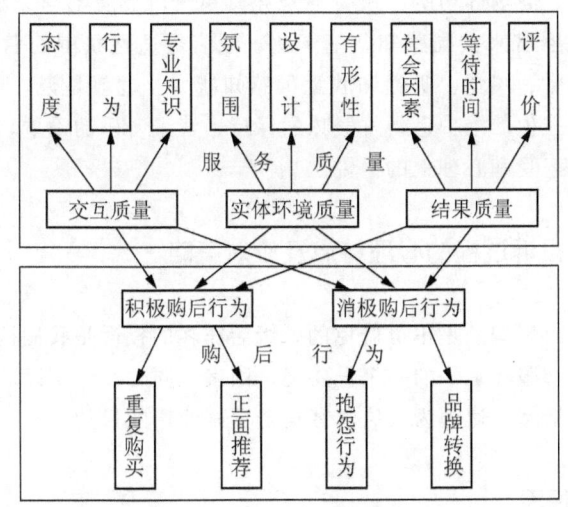

图 11-2 饭店服务质量与宾客购买行为关系概念模型

对消费者积极购买后行为具有显著的正向影响,即饭店氛围越好、设计越科学、越人性化,设施设备越能满足要求,顾客更倾向于向亲友介绍饭店的优点,甚至是重复购买饭店产品;结果质量对消费者积极购买后行为具有显著的正向影响,即顾客对此次入住经历越满意,其将会越乐意向亲友推荐本饭店,且乐于重复消费。

服务质量三因素对购后行为两因素的影响力度不尽相同,结果质量对积极购后行为的影响力最大;其次为交互质量对消极购后行为的影响;最后是实体环境质量对积极购后行为的影响。

三、如何引导宾客导向积极购后行为

1. 重视饭店服务质量及其"保健、激励"双因素

服务质量的提升,不仅能提高顾客的忠诚度,同时也可以降低不利的转换行为与抱怨行为,所以服务质量值得饭店经营管理者重视。其中"结果质量"的影响最为重要,因为它是顾客对于服务结果的最终整体评价,倘若服务的结果达到了顾客的期望值,顾客的满意度将会提高,其有利的购后行为意向将增强,不利的购后行为意向就会随之减弱。

2. 加强饭店员工培训

实证研究表明,虽然饭店员工的态度、行为和专业知识对消费者的积极购后行为构不成显著的正向影响,但是它们却显著地影响着消费者的抱怨行为和转换行为。因此,为了提高饭店的服务质量、减弱消费者消极的购后行为,饭店理应加强对饭店员工的服务意识、专业知识、技能技巧三方面的培训,全面提升服务人员的综合素质。

3. 营造饭店整体性的舒适氛围,突出饭店的人性化设计

研究结果显示饭店的环境氛围、产品设计与消费者积极的购后行为存在着显著的正相关。因此,为了赢得顾客的忠诚,从而获得更多的经营利润,饭店有必要营造良好的环境氛围,突出设施设备、服务产品的人性化设计,体现饭店的人性化关爱。饭店的环境氛围主要表现在大

堂、餐厅、酒吧、客房、商场等场所，顾客不是凭其单个的感觉器官来感知饭店的环境氛围，而是通过他的多种感觉器官来共同感知。基于此，饭店舒适性氛围的营造应强调整体性的特点，必须兼顾顾客的视觉、嗅觉、听觉和肤觉等感知能力。也就是说，饭店建筑装饰的设计、色彩灯光的搭配、清洁卫生的维护、新鲜气味的保持、背景音乐的设置、室内温度的调控等均应给顾客带来感觉上的享受和心理上的愉悦。

四、饭店客房的投诉过程的心理特点及应对策略

在饭店服务过程中出现偏差是不可避免的，饭店宾客的投诉是我们搞好服务工作、弥补工作中的漏洞，提高管理和服务水平的一个重要促进因素。同时，还可以通过解决宾客投诉的问题，消除投诉者的不良情绪，达到为饭店宾客构造美好经历的目的。

（一）引起投诉的原因

宾客的投诉是指宾客主观上认为由于饭店服务工作上的差错而引起宾客的烦恼、麻烦、不满或者损害了他们的利益等情况，而向有关人员和部门进行反映或要求给予处理。投诉是不可避免的，尽管我们不希望出现这种情况。宾客的投诉既可能是饭店服务工作中确实出现了问题，也可能是由于宾客的误解。宾客的投诉具有两重性，一方面会影响饭店的声誉；另一方面，如果从积极方面考虑，投诉也是商机，能使饭店从宾客投诉中发现自身的问题。引起客人投诉的原因是多方面的，有饭店员工服务中的主观原因，也有客观方面的原因。

1. 主观原因

引起投诉的一个主要原因是员工不尊重宾客。宾客如果受到服务员的轻慢就会反感、恼火并可能直接导致投诉。如待客不主动、不热情，说话没有修养、粗俗、冲撞宾客甚至羞辱宾客，无根据乱怀疑宾客拿了饭店的物品，在宾客休息时大声喧哗，不尊重宾客的风俗习惯，未经允许就进入房间等，这些都是不尊重宾客的行为，都可能引起宾客的投诉。

工作不负责任是宾客投诉的另一个原因，主要表现为：工作不主动，对宾客的要求视而不见；没有完成宾客交代的事情；损坏或遗失宾客的物品；清洁卫生工作马马虎虎；食品用具不干净等。

2. 客观原因

客观原因如房间设施损坏后未能及时修理。例如，房间里的空调坏了，太冷或太热或噪音太大；抽水马桶不好使；房间里的灯具出故障；餐厅椅子摔人；电梯关人或拒载。

除了以上提及的原因以外，其他诸如服务收费不合理，结账时多收了宾客的钱，对产品和服务的过度宣传，宾客之间的纠纷等等，都可能导致客人的投诉。

（二）宾客投诉心理分析

1. 客人在投诉时的心理表现

（1）求尊重的心理：

前面谈到，引起客人投诉的一个最重要原因就是不尊重客人，客人由于受到怠慢就可能

引起投诉。投诉的目的就是为了找回尊严，因为尊重是人们的一种很重要的需要。客人在采取了投诉行动之后，都希望别人认为他的投诉是对的，是有道理的，他们希望得到同情、尊重，并希望有关人员、有关部门重视他们的意见，向他们表示歉意，并立即采取相应的处理措施。

(2) 求平衡的心理：

客人在碰到令他们感到烦恼的事之后，感到心理不平衡，觉得窝火，认为自己受到了不公正的待遇。因此，他们可能就会找到有关部门，利用投诉的方式把心里的怨气发泄出来，以求得心理上的平衡。俗话说："水不平则流，人不平则语"，这是正常人寻求心理平衡、保持心理健康的正常方式。而客人之所以投诉，还源于客人对人的主体性和社会角色的认知。宾客花钱是为了寻求愉快美好的经历，如果他得到的是不公平，是烦恼，这种强烈的反差会促使他们选择投诉来找回他们作为宾客的权利。

(3) 求补偿的心理：

如果由于饭店员工的职务性行为或饭店未能履行合同，给宾客造成物质上的损失或精神上的伤害，他们就可能利用投诉的方式来要求有关部门给予物质上的补偿，这也是一种正常的、普遍的心理现象。比如，未履行合同就得尽快退钱，损坏了东西就应立刻修理好，弄丢了物品就得进行赔偿。依据相关的法律法规，由于职务性行为所带来的某些精神伤害，宾客也有权利要求物质或经济赔偿。

(4) 自我表现的心理：

少数宾客投诉的内容是谈看法、提建议，其目的是表现自己见多识广，有丰富的饭店消费经验，这是一种自我意识的表现。

2. 影响宾客是否进行投诉的因素

当宾客在饭店的消费过程中受到了不公平待遇或产生不满时，也不是所有的宾客都能够或者说是愿意向饭店投诉的。影响宾客是否进行投诉的因素主要有以下几种：

(1) 投诉行为本身的成本。投诉行为本身的成本包括两方面：一方面，投诉要耗费一定的财力和时间，比如可能要打几通电话，写一封措词强烈、要求合理的投诉信，或者消耗一定的时间来等待投诉处理结果等。另一方面，投诉给投诉者本人也带来一定的心理和精神负担，特别是当他们不得不再次面对给他们造成伤害的服务或管理人员时，或者是采取司法手段解决问题时，他们的精神负担都会加重。

(2) 宾客的知识和经验。由于宾客本人缺乏必要的知识和经验，可能会导致他们不知道应该向谁投诉，或者是应该怎样去投诉。经过调查，在日本，有21%的饭店宾客不知道应该如何或向谁去抱怨和投诉自己所遭受到的不公正待遇以及不满。

(3) 宾客对于投诉得到圆满答复的可能性的主观判断。当宾客认为投诉得到圆满解决的可能性很低时，他就有可能不投诉。令人吃惊的是，在2000年，针对中国地区饭店业的一项调查的结果显示，有40%—60%的中国宾客对自己的投诉所能带来的满意结果持怀疑态度。

(三) 处理宾客投诉的策略

1. 耐心倾听，弄清真相

宾客来投诉时，一般要由领导出面接待，接待时要有礼貌。要耐心地听宾客把话说完，宾

客可能说得比较多,言辞也可能很激烈,这是正常的,因为他的心里痛苦、愤怒。作为受理投诉的人员,一定要耐心、宽容地倾听宾客的诉说,不能轻易打断,也不要急于解释、辩解,更不能反驳。否则,可能会激怒宾客。要对宾客表示同情、理解,要设法使宾客放松情绪,尽快平静下来。关键还是要设法弄清真相,了解事情发生的原委及宾客的要求。

2. 区别不同情况,采取恰当方式处理

如果弄清宾客的投诉是由于工作人员的差错给宾客带来的麻烦,就要诚恳地给宾客道歉,并以饭店代表的身份对宾客的投诉表示欢迎。一般出面进行道歉的人应该是饭店的重要领导,以此表示诚意,使宾客感到他们的投诉得到了重视,满足其自尊心。

如果发现是由于宾客的误会而导致投诉,那么,首先应该要对宾客的投诉表示诚恳的欢迎,然后再进行解释,消除误解。决不能发现自己没有错误,就趾高气扬地指责宾客。

如果发现由于工作人员的差错或未履行合同而给宾客造成物质损失或严重的精神伤害,首先要道歉,在权限允许范围内,征求宾客的意见,并做出补偿性的处理。如果超越了自己的权限,不能马上解决,也要给宾客订立一个答复的程序和日期。

如果问题比较复杂,一时弄不清真相,不要急于表达处理意见,要先在感情上给宾客以同情、慰藉,记录一下宾客的情况,给宾客订立解决问题的程序和日期,而且一定要履行承诺。

另外,要及时对宾客投诉的基本信息及相应的处理措施进行记录和归档保存。

相关阅读11-8

处理客人投诉的五十条建议

法国人菲利普·布洛克在其所著的《西方企业的服务革命》一书中提出均五十条建议,复录如下,以飨读者。

(1) 对待任何一个新接触的人和对待客人一个样。
(2) 没有无关紧要的接触和不重要的客人。
(3) 投诉不总是容易辨认清楚的。
(4) 没有可以忽视的投诉。
(5) 一份投诉是一次机遇。
(6) 发牢骚的客人并不是在打扰我们,他在行使他的最高权力。
(7) 处理投诉的人一定被认为是企业中最重要的人。
(8) 迅速判明投诉的实质。
(9) 用关键词限定投诉内容。
(10) 每当无理投诉出现高峰时,应当设法查明原因。
(11) 在采取纠正行动之前,应立即对每份投诉作一礼节性的答复。
(12) 要为客人投诉提供方便。
(13) 使用提问调查表以方便对话。
(14) 组织并检查答复投诉后的善后安排。
(15) 接待不满的客人时,要称他的姓,握他的手。

(16) 处理投诉应因人制宜。
(17) 请保持轻松、友好和自信。
(18) 让客人说话。
(19) 要作记录，可能时使用一份印制的表格。
(20) 告诉客人他的问题由你负责处理，并切实去办理。
(21) 要答应采取行动，还要设法使人相信你的许诺。
(22) 要证明投诉登记在案后，你即开始行动。
(23) 告诉客人他的投诉是特殊的。
(24) 不谈与客人无关的私事。
(25) 防止露出羡慕、烦躁或偏执等情绪。
(26) 既要让人说话，又要善于收场。
(27) 学会有效地发挥电话的功用。
(28) 要像对待你的老主顾那样，对待不是你的客人的人。
(29) 决不要在地位高的客人和棘手的问题面前胆怯。
(30) 要核实别人向你传递的消息。
(31) 要让别人听你的话，但扯着嗓门叫喊是徒劳的。
(32) 复述事实莫带偏见。
(33) 切记轻率地作出判断。
(34) 想一想有否立即答复的可能，问一问客人希望你做些什么。
(35) 别急于在电话中商讨解决问题的方案。
(36) 请留下您向客人所做的任何诺言或保证的书面记录。
(37) 如您当场爱莫能助，不妨先宽宽他的心。
(38) 在对话时，对方未说完之前，切莫打断。
(39) 一俟对话完毕，立即采取行动。
(40) 写一份意见书，投给你作为顾客的某个企业。试探一下别人对待你的方式。
(41) 千万别对客人说："您应该……"
(42) 凡是收到和寄出的一切都得签注日期。
(43) 要结识那些多次不满的客人。
(44) 除非万不得已，不用电话答复书信。
(45) 尽快索取你可能需要的补充信息。
(46) 若情况允许，就用幽默致歉。
(47) 受过你服务的客人，可能成为你的朋友。
(48) 总是由客人说了算。
(49) 用典型模式提高速度。
(50) 时刻为客人着想，为客人工作，如同你是客人一样。

任务四 客户忠诚度的建立和维护

一、提供个性化服务

人们的消费观念及消费需求不断向高级阶段发展，消费者已从原有的数量消费、质量消费转向个性化消费。饭店提供的是生活服务，客人的一般心理总是求新、求异、求变的，比如对于异地的各种文化，人们往往表现得乐意接受。如果在服务中一味去迎合客人原有的生活方式，势必导向客户的"移情别恋"，无法取得理想效果。当然，创新服务不能强加于人，要给客人提供多种选择的余地，并尊重客人的选择，做好个性化服务。饭店创新就要遵照顾客的要求去进行，特别是"顾客资料库"中的那20％忠实客户群体。他们大多是某一行业的成功人士，重复购买力强，对于饭店的评价和选择，往往影响着周围许多人，且他们的消费品位变化极快。所以在营销战略上，应把忠诚顾客置于组织结构的中心，通过向会员提供超值和可供选择的服务与之建立长期的紧密性关系。使老顾客不断感受到新的服务和新的变化，提升他们对产品的忠诚度。

二、强化人性化营销

特色服务的推出，其实对每一个饭店而言，都会随着不同时令段而不断推陈出新。作为饭店人最明白，主要的并非单单是环境设施的花样设计，也不在于价格上的优劣，而是最重要的一环：如何落实到推而广之？如何使服务做到深入人心？这才是饭店运营者所关注的最大课题，即成功服务的推出是必要落实到具体实施及宣传推广之上。个性化的服务就要采用个性化的营销。真正抓住顾客心的，似乎正是人文的气息。如果乘坐过新加坡航空公司的班机，相信宾客会对它留下极为深刻的印象，许多乘客甚至认为那是生命中非常值得留恋的美妙时光。新航不是大公司，恐怕也永远成不了世界性的大公司，但它无疑是世界上最好的航空公司之一，其根本的原因在于新航员工所一贯秉持的理念：待顾客如亲人。这种理念深入骨髓、溢于言表，体现于员工的举手投足。从本质上来说，人性化营销并非一种策略，而是一种基本的态度，是信念。

三、注重销售多元化

过去的计划经济发展到今天的市场经济，依靠单体独立作战方式已不再能够维系饭店的生存与发展，这就需要观念的转变、营销策略的根本改变。饭店当前迫在眉睫的是在于实现标准化与国际化接轨。饭店必须以创新和变革去对应个性化和多元化需求的发展，以新的理念、新的服务和新的文化，有针对性地充分满足饭店目标客源市场的一切需求。先进的管理理念注入饭店，完全可以突破饭店营销领域所固有的本土化的局限性市场思维，代之以开阔的全局的市场定位，从而拥有了作为饭店最重要的新生力量，以求实现质的飞跃。资源共享、优势互补的

双赢战略联盟在当前尤为重要。随之而来的不仅是企业间的相互竞争,还有共同利益上的"互动"和"联盟"。

四、实施"饭店 VIP 俱乐部"计划

俱乐部营销是一种网络会员制营销方式。这种方式无论是在国外,还是在国内都已受到日益广泛的关注与应用。最早启用该计划的是香格里拉饭店管理集团和希尔顿饭店集团。1993年,北京希尔顿饭店实施运作并大获成功,从而为国内饭店营销掀开了新的乐章,众多饭店纷纷效仿。它是以建立会员制为发展导向的形式,在运作策略上,完全以顾客需求为中心,充分利用信息资源,从而准确地界定饭店的市场定位,营造饭店的经营特色,以强化饭店品牌效应,并完善激励机制的促销战略,进而通过控制有力、行之高效的电话营销系统,帮助饭店挖掘一批具备高消费能力的忠实客户群体,这些也正是为饭店创造 80% 利润额的那 20% 的忠诚客户。具有效数字统计,运作此计划的饭店中,其 10%—15% 的入住率往往就是此类会员所带来的,并且在餐饮和娱乐方面的收益尤为明显。

通过会员在饭店的频繁消费来提高和稳定饭店的整体收入。在当地商界提高影响力及知名度,既保证客源的巩固与扩充,又能直接体现到饭店总体销售收入的增加,使饭店在当地市场领域占有更高的市场份额。由此,将为饭店打造出符合饭店特色的服务品牌,实实在在做到饭店服务的深入人心,从而大大增强了饭店在当地区的主导地位,充分弥补了饭店现有营销策略的单一和不足。

在"饭店 VIP 俱乐部"中,俱乐部成员之间以及与俱乐部组织者之间往往存在着一种相互渗透、相互支持的结构性关系。他们之间不仅有交易关系,更有伙伴关系、心理关系、情感关系作为关系的坚实基础,因而这种营销体制不是竞争对手可以轻易染指的结构性关系。

"饭店 VIP 俱乐部"项目的运作,具备了一整套专业标准化。它对电话营销方式的环境布置,人力资源的招聘、培训、奖励制度,主题词的设计,都有其专业性的操作要求。一个小小的俱乐部具备了作为一个公司的机构编制,从项目总监到销售经理以及财务、秘书、信息管理部、信使、销售人员完全做到了分工明细化,使饭店营销工作有条不紊突破性地发挥出高质高效水平。"饭店 VIP 俱乐部"已成为很多高星级饭店提高其影响及知名度、创造饭店利润利益最大化、建立忠诚客户资源库的最重要组织形式之一和最佳营销实施方法,符合了我国饭店业国际化发展趋势。

除美国 HMC 公司以外,国内有少数饭店俱乐部项目的专业营销代理公司,也已悄然兴起及运营。这些代理公司在进行"饭店 VIP 俱乐部"项目的操作时,通常是以一个地区一家饭店为合作对象。最大的特色是,代理公司进行全方位的策划和直接投资运作,无需饭店进行经济投资,风险基数低。完全依托于饭店的软硬件设施资源,为会员提供个性化的优惠服务,培养饭店的忠诚顾客,为合作饭店获得经济效益最大化。此类营销产业的推出,属于新形势下真正意义上的现代饭店高效快捷的较新经营理念和最佳"个性营销"实施方案。在其经营、管理、运作的思维模式上所体现的许多新的营销理念及促销策略足以让饭店借鉴和运用。

随着我国综合实力的增强和旅游事业的发展,国际知名饭店集团纷纷涉足中国市场,出现了群雄逐鹿的局面。从国内来看,饭店增长速度过快,潜在供需失衡,微利时代已经来临。展

望世界,中国加入WTO后,连锁经营成为中国饭店业迎接挑战的必然之路。企业应通过一定程度的合作和资源共享来寻求竞争优势,从外部寻求优势互补。

相关阅读11-9

让客户感动得流泪的服务

泰国的东方饭店堪称亚洲饭店之最,几乎天天客满,不提前一个月预定是很难有入住机会的,而且客人大都来自西方发达国家。泰国在亚洲算不上特别发达,但为什么会有如此诱人的饭店呢?大家往往会以为泰国是一个旅游国家,而且又有世界上独有的人妖表演,是不是他们在这方面下了工夫。错了,他们靠的是真功夫,是非同寻常的客户服务,也就是现在经常提到的客户关系管理。

他们的客户服务到底好到什么程度呢?我们不妨通过一个实例来看一下。

一位朋友因公务经常出差泰国,并下榻在东方饭店。第一次入住时良好的饭店环境和服务就给他留下了深刻的印象,当他第二次入住时,几个细节更使他对饭店的好感迅速升级。

那天早上,在他走出房门准备去餐厅的时侯,楼层服务生恭敬地问道:"于先生是要用早餐吗?"朋友很奇怪,反问"你怎么知道我姓于?"服务生说:"我们饭店规定,晚上要背熟所有客人的姓名。"这令他大吃一惊,因为他频繁往返于世界各地,入住过无数高级饭店,但这种情况还是第一次碰到。

朋友高兴地乘电梯下到餐厅所在的楼层,刚刚走出电梯门,餐厅的服务生说:"于先生,里面请",他更加疑惑,因为服务生并没有看到他的房卡,就问:"你知道我姓于?"服务生答:"上面的电话刚刚下来,说您已经下楼了。"如此高的效率让于先生再次大吃一惊。

朋友刚走进餐厅,服务小姐微笑着问:"于先生还要老位子吗?"他的惊讶再次升级,心想"尽管我不是第一次在这里吃饭,但最近的一次也有一年多了,难道这里的服务小姐记忆力那么好?"看到朋友惊讶的目光,服务小姐主动解释说:"我刚刚查过电脑记录,您在去年的6月8日在靠近第二个窗口的位子上用过早餐",朋友听后兴奋地说:"老位子!老位子!"

小姐接着问:"老菜单?一个三明治,一杯咖啡,一个鸡蛋?"朋友现在已经不再惊讶了,"老菜单,就要老菜单!"朋友已经兴奋到了极点。

上餐时餐厅赠送了他一碟小菜,由于这种小菜朋友是第一次看到,就问:"这是什么?",服务生后退两步说:"这是我们特有的小菜",服务生为什么要先后退两步呢,他是怕自己说话时口水不小心落在客人的食品上,这种细致的服务不要说在一般的饭店,就是美国最好的饭店里他都没有见过。这一次早餐给他留下了终生难忘的印象。

后来,由于业务调整的原因,朋友有三年的时间没有再到泰国去,在他生日的时候突然收到了一封东方饭店发来的生日贺卡,里面还附了一封短信,内容是:亲爱的于先生,您已经有3年没有来过我们这里了,我们全体人员都非常想念您,希望能再次见到您。今天是您的生日,祝您生日愉快。

朋友当时激动地热泪盈眶,发誓如果再去泰国,绝对不会到任何其他的饭店,一定要住在东方饭店,而且要说服所有的朋友也像他一样选择。朋友看了一下信封,上面贴着一枚6元的邮票。六块钱就这样买到了一颗心,这就是客户关系管理的魔力。

东方饭店非常重视培养忠实的客户,并且建立了一套完善的客户关系管理体系,使客户入住后可以得到无微不至的人性化服务。迄今为止,世界各国的约 20 万人曾入住过那里,用他们的话说,只要每年有十分之一的老顾客光顾饭店就会永远客满。这就是东方饭店成功的秘诀。

现在客户关系管理的观念已经普遍接受,而且相当一部分企业都已经建立起了自己的客户关系管理系统,但真正能做到东方饭店这样的还并不多见,关键是很多企业还只是处在初始阶段,仅仅是安装一套软件系统,并没有在内心深处去思考如何去贯彻执行,所以大都浮于表面,难见实效。客户关系管理并非只是一套软件系统,而是以全员服务意识为核心贯穿于所有经营环节的一整套全面完善的服务理念和服务体系,是一种企业文化。在这方面,泰国东方饭店的做法值得我们很多企业去认真地学习和借鉴。

据西方营销专家的研究和企业的经验表明:"争取一个新顾客的成本是留住一个老顾客的 5 倍,一个老顾客贡献的利润是新顾客的 16 倍。"这就是现在经常提及的客户关系管理的实质。

项目小结

——核心概念

饭店产品、营销渠道、服务营销、全员营销、购买后行为、宾客投诉

——重要提示

饭店产品由有形的建筑、设备设施和无形的服务构成。做好饭店产品的销售是提高饭店利润的关键。提高服务质量,正确对待和处理宾客的投诉是提高宾客满意度的基础。拥有稳定且不断进行重复消费的客户群是饭店利润的源泉。本项目的学习,我们的重点是理解饭店产品的概念、特点及发展趋势,了解饭店产品设计的基本策略,了解饭店销售的基础知识,掌握饭店产品销售的策略与技巧,掌握引导宾客导向积极购后行为的方法,掌握顾客投诉的原因分析和处理技巧以及建立和维护宾客忠诚度的基本策略。

综合能力训练

基本训练

一、复习与思考

1. 如何理解饭店产品的概念?
2. 饭店产品的发展趋势和设计策略分别有哪些?
3. 如何选择饭店产品的销售渠道?
4. 饭店产品的网络营销、服务营销和全员营销的概念分别是什么?
5. 如何针对不同类型的饭店宾客进行有效的销售?
6. 什么叫饭店宾客购买后行为?如何引导饭店宾客的购买后行为?
7. 饭店宾客投诉时的心理特点有哪些?如何处理宾客的投诉?
8. 如何建立和维护饭店宾客的忠诚度?

二、案例分析

一位客人深夜抵店，行李员带客人进客房后，将钥匙交给客人，并对客房设施做了简单的介绍，然后进入卫生间，打开浴缸水龙头往浴缸内放水，客人看到行李员用手亲自调试水温，几分钟后，行李员出来告诉客人，水已放好，请客人洗个澡，早点休息。客人暗自赞叹该饭店服务真不错。

行李员走后，客人脱衣去卫生间洗澡，却发现浴缸里的水是冰凉的，打开热水龙头，同样是凉水。于是打电话到总台，回答是："对不起，晚上12点以后，无热水供应。"客人无言以对，心想，该饭店从收费标准到硬件设备，最少应算星级饭店，怎么能12点以后就不供应热水呢？可又一想，既然是饭店的规定，也不好再说什么，只能自认倒霉。"不过，如果您需要的话，我让楼层服务员为您烧一桶热水送到房间，好吗？"还未等客人放下电话，前台小姐又补充道。

"那好啊，多谢了！"客人对饭店能够破例为自己提供服务表示感激。

放下电话后，客人开始等待。半个多小时过去了，客人看看表，已经到了凌晨1点，可那桶热水还没送来，又一想，也许楼层烧水不方便，需要再等一会儿。又过了半小时，电视节目也完了，还不见有热水送来，客人无法再等下去了，只好再打电话到总台。

"什么，还没给您送去？"前台服务员表示吃惊，"我已经给楼层说过了啊！要不我再给他们打电话催催。"

"不用了，还是我自己打电话吧。请你把楼层服务台的电话告诉我！"客人心想，既然前台已经通知了，而这么久还没有送来，必定有原因。为了避免再次做无谓的等候，还是亲自问一问好。

于是，按照前台服务员提供的电话号码，客人拨通了楼层服务台的电话，回答是："什么，送水？饭店晚上12点以后就没有热水了！"

问题：

请分析本案例中饭店各部门及服务业在工作中存在的问题，并谈谈应如何处理该客人的投诉。

◆◆◆◆◆◆◆◆ **技能训练** ◆◆◆◆◆◆◆◆

全班同学分成若干个5—7人的小组，以小组为单位，完成以下两个实践训练项目：
1. 查询资料，对"顾客就是上帝"这一观点进行批判性讨论。
2. 设计一个饭店的"VIP俱乐部"项目计划。

拓展学习

塔吉特：比父亲更早知道女儿怀孕
——大数据营销时代顾客数据精准分析的魅力

曾经有一位男性顾客投诉塔吉特商店，是因为商店给他还在读书的女儿寄去一张优惠券。而这张优惠券只用于婴儿用品的购买。这家全美排名第二的零售商，也会犯如此低级的错误？

但后来事情证明，是这位父亲错了，因为在他不知情的情况下，他女儿怀孕了。

一家零售商是如何比一位女孩的亲生父亲更早发现女孩怀孕呢？塔吉特成立于1961年，能如此精准地了解客户需求，这与塔吉特强大的数据分析能力是离不开的。每位顾客初次到塔吉特刷卡消费时，都会获得一组识别编号，内含顾客姓名、信用卡卡号及电子邮件等个人资料。日后凡是顾客在塔吉特商店消费，计算机就会自动记录消费内容、时间等信息。再加上从其他渠道取得的统计资料，塔吉特便能形成一个庞大而完整的数据库，运用于分析顾客购买喜好与需求。

塔吉特的统计师们对孕妇的消费习惯进行了无数次的测试和数据分析，得出了一些非常实用的结论：孕妇在怀孕前三个月过后会大量购买无味的润肤露；有时在头20周，孕妇会补充如钙、镁、锌等营养素；许多顾客都会购买肥皂和棉球，但当有女性除了购买洗手液和毛巾以外，还突然开始采购大批量无味肥皂和特大包装的棉球时，说明她们即将迎来预产期。

通过数据库的整理分析，塔吉特根据客户内在需求，精确选出25中商品，对这25种商品进行细致分析，作为判断和区别孕妇客户群的基本标准。通过精细的数据，甚至可以初步预算出孕妇的预产期，在最合适的时机给客户寄去合适的优惠券。

依靠可靠的大数据营销，塔吉特实现了营业额的直线增长，从2002年的440亿美元增至2010年的670亿美元。

在先进的移动互联网营销时代，大数据营销将发挥更大的实用价值。

项目十二

饭店员工心理与行为的自我管理

学习目标

知识目标：1. 了解饭店员工职业生涯发展的内涵以及自我管理的方法和意义。
2. 了解饭店情绪与工作压力的内涵以及调节情绪与工作压力的方法和意义。
3. 了解职业倦怠的内涵以及自我倦怠的调适方法和意义。
4. 了解学习型员工的内涵以及成为学习型员工的意义。

技能目标：1. 掌握生涯发展自我管理的方法。
2. 学会自我管理情绪与压力。
3. 掌握职业倦怠调适的方法。
4. 掌握成为学习型员工的内涵。

情感目标：1. 对饭店员工的职业发展、工作情绪和工作压力以及工作倦怠有初步的接触，对以后可能接触的职业心理有所准备。
2. 初步产生修炼成为学习型员工的意识。

项目导图

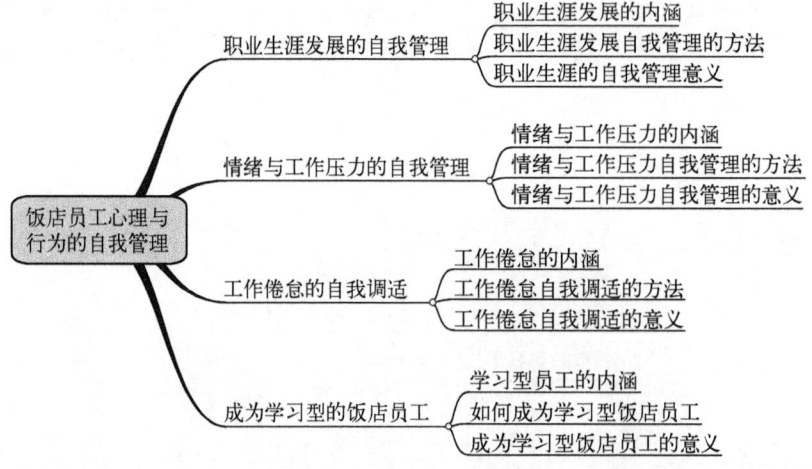

 案例导入

迷途之羊——员工职业生涯规划案例之自我定位

背景资料：

你好！林经理（人事部经理），我是餐饮部陆红，大专学的是饭店与餐饮服务专业，2009年7月大专毕业后到广州工作，先在公司迎宾部做了半年，后被派到客房销售部服务，3个月前主动申请到前厅工作。毕业后的几年里我经过了好几次职位的变动，觉得自己现在对哪一行都学得不深，我真不知道以后该如何选择自己的职业道路，现在所学的专业知识感觉也没有发挥作用，本职工作又开始没有了新鲜感和挑战，总是感到危机重重，您能否给我的职业生涯规划提些建议？

剖析及建议：

这是许多初出茅庐的年轻人容易走进的一个盲区，在这个计划没有变化快的知识经济时代里，有太多的目标会因为现实状况而不断修改，我们总是听到太多诸如"现实太残酷"、"这世界很精彩，可惜我很无奈"的抱怨。所以，职业生涯规划对处于任何职业年龄的人来说都很重要，特别对步入社会不久的年轻人，良好的职业生涯规划将会帮助他们重新认识自己，并对他们的职业发展起到重要的导向性作用。

首先，我们来看一下人生的四个职业发展阶段：

(1) 探索学习阶段：15岁～24岁。

(2) 确立阶段：25岁～44岁。

(3) 维持阶段：45岁～64岁。

(4) 下降阶段：65岁以上。

了解了职业发展的四个阶段，接下来开始规划你的职业生涯。职业生涯规划的第一件事是全面的自我剖析，先了解自己的性格、技能、兴趣，才可以知道自己最适合从事什么样的工作。我们都知道，叫一个外向的、爱交际的人去做会计，他可能会经常出错，派一个学技术或会计的人去跑销售，业绩不会很好。所以，知道自己能干什么和不能干什么，喜欢做什么和不喜欢做什么非常重要，也许一个综合的人才测评会给你准确的答案。你也可以尝试详细地解答以下问题：

(1) 我成长的家庭背景、社会环境如何？

(2) 我的强项有哪些？

(3) 我的弱点是什么？

(4) 我生活着的环境有什么机会？

(5) 我身边的人给我带来了什么威胁？

第二，我们来了解一下霍兰德的六种职业性向：实践性、研究性、社会性、常规性、企业性和艺术性。每一种职业性向都有适合的职业类型与之相匹配，通过测试就可以确定一个人的职业性向，以此正确地选择真正合适自己的职业。

第三，要考虑现在公司给你的职位是否有学习成长空间，是否还能给你提供其他职位，有哪些升迁的机会。如果公司无法提供适合的职位，也不能规划你的升迁路线，那么换工作是最好的选择。在规划自己的职业生涯时，要大处着眼，小处着手，设立阶段发展的目标，比如详细描述出自己三年、五年、甚至十年后的工作和生活环境，然后把目标分解到年度、月度计划，把自己变成大海里一艘有目标的帆船，才能把好方向，让所有的风都变成顺风。

职业生涯规划不是算命，是对自己职业生命的一种精细管理。要把自身的特长强项、兴趣爱好与社会需求捆绑起来考虑，不是一件简单的事情，从自我剖析到制定目标，到正确执行，其中都充满了变数，在竞争越趋白热化的今天，我们唯一可以确定的就是：未来是不确定的，所以要不断地学习充实自己，打造自己的核心竞争力，才能在职场中不断得到升迁。

1. 饭店员工如何进行职业生涯发展的自我管理？
2. 员工应如何进行情绪与压力的自我管理？
3. 怎么处理职业倦怠的问题？
4. 如何才能成为一名学习型员工？

任务一　饭店员工职业生涯发展的自我管理

一、饭店员工职业生涯发展的内涵

饭店是一个劳动密集型行业，饭店的发展离不开员工的发展，因此饭店员工的职业生涯发展就显得尤为重要。饭店员工的职业生涯发展其根本也同于职业生涯发展的根本规律，即：

（1）各阶段均有其独特的需求与必须完成的任务。

（2）强调各个阶段间的关连性，前一阶段为后一阶段的准备或先决条件，后一阶段则有回顾、检讨前一阶段的作用。

（3）生涯发展并非直线进行，虽然大部分的研究都按年龄顺序排列，但事实上各期之间仍有许多循环、转折之处，亦有统整的作用。

（4）职业生涯发展除了具自身内部发展连贯性外，还具有外部环境统合性。

基于学者金树人教授将个人在组织内的职业生涯发展，分为起、承、转、合四个阶段，现将其各阶段、特征及发展任务列表如下（表12-1）。

表12-1　个人在组织内生涯发展四阶段说明一览表

阶　段	特　征	发展任务
起：入行阶段	初生之犊，尝试错误： 1. 第一个正式有报酬而且全职时间的工作。 2. 须与其他同事合作，参与大型研究计划，是个小角色。 3. 工作不尽然与能力完全相符，须调整心态	1. 完成一个初步的职业选择，这个选择当作生涯起跑的基准，筹划下一个目标的训练或进修。 2. 圆一个看得见的梦——从职业或组织的环境中，去展现自己的才华、价值及野心，让少壮的理想在工作生涯中实现。 3. 接受第一个工作所带来的现实考验。 4. 洗尽学生时代的书生味，准备接受组织文化洗礼

(续表)

阶　段	特　征	发展任务
承：表现阶段	驾轻就熟，初露头角： 1. 工作得以开展，能力得以发挥，渐可独立运作，主管较能放手交付责任。 2. 在注意工作业绩，展现专业才能时，也渐注意提高声望	1. 接受并熟习组织的特殊文化，涵容其中，进出自如。 2. 处理并克服抗拒改变的心态。 3. 学习如何恰如其分地在职位上充分发挥潜能。 4. 周旋于主管与同事之间，游刃于工资报酬之外，追求卓越，力争上游。 5. 认同于组织，认同于事业；在组织中寻得定位之处，安身立命
转：中年生涯阶段	独当一面，重责大任： 1. 由执行层提升至管理或策划层次。 2. 工作能结合组织目标与个人专业理念	1. 发展生涯之锚。 2. 专才取向或通才取向。 3. 解决中年危机的困境。 4. 克服高原期的停滞。 5. 面临退休的心理准备
合：交棒阶段	几朝元老，提携后进： 对组织的大方针或未来方向，有决定性的建议权和影响力	1. 做一个称职的顾问。 2. 在工作、家庭与自我发展之间寻求一个适当的平衡点。 3. 为退休作心理准备。 4. 发掘自己进步的新兴趣与资源。 5. 学习接受新的角色。 6. 放手，退休

资料来源：金树人，1992

二、饭店员工职业生涯发展自我管理的方法

对于处在不同阶段饭店员工的职业发展，应当根据自己内在的优势劣势、外在环境的机会威胁进行切合实际的分析，即职业规划发展中常用的工具SWOT分析法，如表12-2所示。

表12-2　职业规划发展中SWOT分析法

内在	S：Strengths 自己的优势	W：Weaknesses 自己的劣势
外在	O：Opportunities 组织的机会	T：Threats 组织的威胁

一个饭店员工职业生涯的发展是基于自我管理与企业管理的基础上，如何发展得更好更快，员工须要借助企业发展管理之外，更多需要进行自我反思及自我调整。美国心理学家波斯纳在1989年提出教师成长的公式：成长＝经验＋反思，同样这也可以推到其他的职业，即"经而不思则不长"。

饭店员工每一阶段的职业发展都需要良好的技能、服务意识和管理能力才能不断脱颖而出。如果没有太多成长和发展绝对不是因为经历少，而更多的是缺少反思。自我的反思就是对自我认知不断探索的过程。美国心理学家Jone和Hary提出关于人自我认识的窗口理论，被称为"乔韩窗口理论"。每个人的自我都有四部分：公开的自我，盲目的自我，秘密的自

我和未知的自我（表12-3）。因此除了反思之外，可以通过他人的反馈减少盲目的自我，人对自己的了解就会更多更客观。因此，在职业生涯自我管理中可以每天记工作反思日记或者每周写工作反思和总结，并有效地与主管领导或同事进行沟通，以得到他人反馈，以便更全面的了解自我。

表12-3　乔韩窗口理论示意图

	自己知道	自己不知道
别人知道	公开的自我	盲目的自我
别人不知道	秘密的自我	未知的自我

　　职业生涯发展除了具自身内部发展连贯性外，还具有外部环境统合性。每个员工都不是脱离企业文化和组织环境而独立存在的，因此在了解自我的情况下同时，还需了解自身以外的环境机会和威胁，如此员工才能有效地调适职业发展。企业文化是一种看不见摸不着的东西，但确实存在于企业，而且深深地影响着员工的行为和心理。因此，员工的职业发展必须切合企业文化才能更好更顺畅地发展。同时组织环境也会直接影响员工的行为和心理，例如，组织所在经济环境萧条必然会影响员工的积极性。反之，员工的发展需要洞察组织所在环境和组织自身的变化，例如，一个员工在经济环境萧条的情况下不是像其他员工一样消极怠慢，而是积极献言献策帮助组织或企业解决问题，这样的人员便会很快从众员工中脱颖而出。

　　综上所述，员工对自我的反思，其本质就是对自我进行优势劣势的分析，并要求自己不断完善劣势；对外在企业文化和组织环境的把握和调控则来自于对外部机会和威胁的分析。因此，员工切合实际做好科学有效的职业发展分析，便能迅速脱颖而出，更好地赢得未来。

三、饭店员工职业生涯的自我管理意义

饭店员工职业生涯的自我管理有着重要的作用，其意义如下：

1. 更好地明确员工职业生涯目标

员工通过对自我的了解与分析，不断进行反思和完善之后，可以更加客观有效地结合自身情况建立一个可行的目标。在可行的目标推动下不断激发自己的兴趣、努力与潜力，从而增加自我效能感，最终可使员工职业生涯达到更高的阶段。

2. 更好地促进企业的发展

企业的发展离不开员工的发展，只有员工提升了发展，企业才能获得更好的发展；而员工的发展也是基于企业的发展的基础上，因此这是一个双赢的过程。所以，员工职业生涯发展更多需要结合企业文化和组织环境。当员工的职业生涯发展与企业共同成长之时，必然会经历企业文化的熏陶和感染，必定受组织环境的影响，当他的发展与外部环境的机会和威胁有效地结合在一起时，便能有效地促进企业的发展。

相关阅读12-1

刘总监当年是一名服务生

在北京某五星级饭店里，有一位人力资源部刘副总监兼培训部经理，在20年前，他还是北京某旅游学院英语系的一位英语系本科生。

该饭店1985年开业时，正是他毕业的时候，为了能够先在北京先生存下来，将来在北京发展自己的事业，他选择了到该饭店工作。

他曾经先后在客房、餐厅、前厅当过服务员，由于在不同的工作岗位上用心、专心和努力工作，而且能把自己学到的英语知识，及时地运用到对国外客人的服务中。

在20年得职业生涯中，他由一个前厅服务员，晋升为领班、主管、前厅部经理，5年前当了培训部经理，两年后，被提拔到了人力资源部总监的位置上。

分析：

从刘总监的就业阅历可以看出：只要你到饭店当服务员，就能解决生存需要，如果做得很好，就能在饭店成就自己的事业，实现自己的人生价值。

任务二　饭店员工情绪与工作压力的自我管理

一、饭店员工情绪与工作压力的内涵

1. 饭店员工的情绪

情绪是个人对客观事物是否符合自己需要的态度体验。那么饭店员工情绪是员工对工作事物是否符合自己需要的态度体验。

员工的情绪不是自发的，是由刺激引起的。引起情绪的刺激多半是外在的，但有时也是内在的。就引起情绪的外在刺激而言，工作中的任何人、事、物的变化都会影响人的情绪。比如得到主管领导和同事的赞扬使人心情愉悦；在工作岗位上得心应手时自我效能感便会很高，遇到顾客斥责时肯定会引起内心情绪的不稳定，有时甚至会被客人击怒。引起情绪的内在刺激，有的是生理的，诸如腺体的分泌、器官功能的失常等都会成为内在刺激而影响情绪。另外有些内在刺激是心理性的，诸如记忆、联想、想象等心理活动。

在工作中，并不是所有事物都能引起员工的情绪反应，只有客观事物与个人需要相联系后人们才会产生情绪反应。凡能满足需要的，就会产生积极的肯定的情绪，如满意、高兴、兴奋等情绪；不能满足需要的就会产生消极的或否定的情绪，如不满、憎恶、愤怒、恐惧等情绪。

员工情绪是个人的主观体验，带有强烈的主观色彩，同样的工作内容或者同样的客人，对

不同的员工可能会产生不同的情绪体验。

2. 饭店员工工作压力

压力（Stress）也叫应激，这一概念最早于1936年由加拿大著名的生理心理学家汉斯·薛利（Hans Selye）提出。他认为压力是表现出某种特殊症状的一种状态，这种状态是由生理系统中因对刺激的反应所引发的非特定性变化所组成的。

从心理学角度来看，压力是指个体在面对威胁性刺激情境中，一时无法消除威胁脱离困境而产生的一种被压迫的感受，经认知后所表现一种情绪体验。它是环境要求个人做出选择或改变的感受，是对未知事件悲观解释的结果。

饭店员工工作压力便是个体在面对维系刺激时，因一时无法摆脱消除困境，经认知后所表现出一种情绪体验。饭店员工的工作压力是属于一种情绪体验，是员工对工作中情景、事件、同事关系、宾客关系等是否符合内在需求的一种情绪体验。

对于饭店员工工作压力的产生主要是有三种应激源：

（1）工作事件：主要指造成员工工作上的变化，并要求员工对其做出调整和适应新的工作情境与事件。它包括员工任务或岗位的变化，也包括工作中的重要事件。员工工作的改变常常会给人带来压力。

（2）挫折与心理冲突：挫折是指员工在从事有目的的工作任务过程中，由于遇到无法克服的障碍和干扰，使任务无法实现或者没有达到预期目标，需要不能得到满足时的一种消极的情绪反应。挫折经验和内心的挫折情感体验，是导致心理压力的另一个非常重要的原因，并且长期以往会造成自我效能感大大降低，同时可能会出现员工消极怠慢的情绪。

（3）非理性观念。美国著名心理学家艾利斯（A. Ellis）认为，使人们难过或痛苦的不是事件本身，而是对事情的不正确的解释和评价。如果某员工有正确的工作观念，就可能愉快地工作，否则有与现实不符合的看法就容易使人产生压力，带来情绪困扰。

许多学者对不合理信念加以归纳简化出三种典型特征，即绝对化要求、过分概括化以及糟糕至极。

绝对化的要求是指员工以自己的意愿为出发点，认为某一事物必定会发生或不会发生的信念。通常与"必须""应该"等词联系在一起。过分概括化是一种以偏概全的思维方式，通常以一件或几件事来评价自身或他人的整体价值。如一次失败就认为自己"一无是处"或"毫无价值"。糟糕至极是一种对客观事物的可能后果非常可怕、非常糟糕，甚至是一种灾难性的预期观念。

3. 饭店员工情绪与工作压力

饭店员工的情绪与工作压力是密不可分的，员工良好的情绪有利于更好地处理工作压力，而合理的处理了工作压力也会产生良好的情绪。员工良好的情绪会给企业带来看不到的利润，因此，员工情绪与工作压力的管理饭店人力资源管理部门在培训和管理中所重视，许多企业提出"快乐工作"、"微笑服务"，建立员工心理咨询室和情绪宣泄室等。

相关阅读12-2

无精打采的小玉

今天前台值班的是来了四个月的小玉，不过她似乎整个人无精打采一样，面无表情，显得有点呆木。这时有客人来咨询饭店有什么特色菜，小玉面无表情地回答："菜单不是有一栏特色菜么？""喂，这服务员怎么这态度？"客人马上怒斥道。"我什么态度了？不是明明告诉你特色菜菜单上写着有啊"……接着客人便更凶了，小玉的情绪似乎像被引爆了的炸药似的，整个前厅充满了火药味。

分析：

客人来到一家饭店时，常常遇到这种情况：服务人员思想懈怠、心不在焉，不是对客人不理不睬，就是无精打采；更有甚者，他们心里似乎满是抵触情绪，客人提出多一点要求时，便显得极不耐烦；客人要投诉时，他们还是满不在乎，言语粗暴，火一下子就冒了起来，甚至大动干戈。其实客人在询问特色菜本身就是一个合理的要求，似乎小玉没有任何工作状态，情绪也不对劲，由于小玉的服务态度饭店就很可能会损失一位客人。

二、饭店员工情绪与工作压力自我管理的方法

饭店员工情绪与工作压力自我管理需要在工作实践中不断探索和调适，以便找到自己合适的方法，下面介绍几种情绪与工作压力自我管理的方法。

（1）积极的心态和思维。积极地解决问题的心态和思维在生活和工作中永远都是一把"斩荆披棘"的宝剑。积极的心态和思维会让我们产生积极的情绪体验，会减缓紧张、焦虑、抑郁。积极的心态和思维会悦纳自己的不良情绪，因为积极心理学首先承认人乃是一个有"喜怒哀乐的人"，然后通过积极努力建立良好的情绪，而不是仅仅试图将不良情绪进行消除，例如通过建立良好的人际关系、多付出来获得幸福感和积极的情绪。

（2）寻求团队的支持。现在大多数员工是在一个组织和团队中工作，团队的力量在于有极大的压力和工作任务之时，不单纯是员工一个人"孤军混战"，正如邓小平同志自嘲说："天塌下来还有高个等着。"这就是跳出自身来看全局，通过自身以外的团队来寻求力量与支持。通过这种方式会大大减少工作压力，此时我们会得到更稳定良好的情绪体验。

（3）化整为零，把工作任务目标分成阶段性小目标。当遇到繁重的工作或者是有挑战的工作之时，先冷静下来思考做好计划，分析可以寻求的资源外，需要把工作分解成几个小任务，统筹安排，然后步步为营。不是整天焦躁不安而无所事事，这样只会造成工作任务的延期完成。

（4）理性控制法，又称其实质是合理情绪疗法。用合乎原则和逻辑性的思维来调控消极的

情绪。当消极的情绪爆发时，人们大多会失去理智，这时，理智如同灯塔一样能将失去方向的情绪拉回正确的归途。正如美国著名心理学家艾利斯（A. Ellis）认为，使人们难过或痛苦的不是事件本身，而是对事情的不正确解释和评价。例如，遇到顾客投诉时，有时会斥责员工，其实并不是员工自身服务不好，但是一些员工便会无法控制自己情绪，而是受顾客的情绪影响。倘若这时，员工认为自己是代表饭店，客人的斥责并不是因为个人原因之时，心理的焦虑和愤怒肯定会减缓，同时，要更进一步找原因，顾客投诉必定是服务或者饭店某些地方存在不足之处。如此合理思考，不仅能有效地解决投诉，还会进一步改进自己的工作方式和完善饭店之不足。那么员工便会在理性思考方式的"指引"下一天天进步。

（5）转移或者寻求宣泄。饭店员工情绪大多具有情境性，当不良情境出现时，如果能够果断转移情境，就可以及时控制自己的情绪。同时发觉自己有不良情绪时，下班之后可以适当选择一种合适的方式来宣泄自己的情绪，比如找一个好朋友聊聊天，看一场引人入胜的电影，适合自己的运动方式等。

三、饭店员工情绪与工作压力自我管理的意义

员工的情绪和工作压力自我管理到位了，便会给团队和组织带来良好的氛围，整个团队和组织也能形成积极的心态和思维方式，更是会带来看不见的利润。饭店员工情绪与工作压力自我管理的意义有以下几点：

（1）员工对自我情绪和工作压力能够适当进行自我管理会大大提高工作效率，会提高服务满意度，便会赢得更多"回头客"，从而自己和团队的业绩会大大提高。

（2）利于形成更加紧密和互助的团队。美国心理学家加利·斯梅尔的长期研究发现，原来心情舒畅、开朗的人，若同一个整天愁眉苦脸、抑郁难解的人相处，不久也会变得情绪沮丧起来，一个人的敏感性和同情心越强，越容易感染上坏情绪，这种传染过程是在不知不觉中完成的，反之亦然。因此，良好的情绪不仅给会自己工作添加助力，也会影响团队其他人情绪，积极良好的情绪便会扩散传染开来，如此积极良好的情绪便成为团队的有利润滑剂，利于形成更加紧密和互助的团队。

（3）利于提升工作能力。员工通过对情绪和工作压力合理的管理，会积极改进自己工作方式和完善自己不足；通过不断改进和完善，工作能力会得到提升，处理工作时自我效能感便会增强，因此员工情绪和工作压力的自我管理会形成一种良性循环。

任务三　饭店员工工作倦怠的自我调适

一、饭店员工工作倦怠的内涵

工作倦怠又称职业倦怠，由美国心理学弗登伯格于1974年首次提出，并用其描述"那些

服务于助人行业的人们因工作时间过长、工作量过大、工作强度过高所体验到的诸如情感耗竭、身心疲劳、工作投入度降低、工作成就感下降等消极状态。"

根据 Maslach 和 Jackson 的界定及其编制的工作倦怠量表（MBI 量表），工作倦怠是一种长期的情绪耗竭和对事物不感兴趣的心理症状，常常发生在需要与人打交道的工作当中，其概念主要包括三个维度的内涵：① 情绪耗竭：指员工情绪资源已耗尽，乃至无法应付工作所需；② 人格解体：指员工以消极、讥诮、冷漠的态度对待顾客；③ 个人成就感低下。工作倦怠感强烈的员工表现出筋疲力尽、麻木不仁及消极的自我评价。

由于饭店工作是一项需要投入大量情绪、工作持续性强、服务对象期望高的行业，因此，饭店员工更容易产生工作倦怠。

由于饭店行业工作的特性容易产生工作倦怠主要有以下几个原因：

（1）饭店员工工作时间长且负荷量大，需要付出大量的体力、脑力和情绪。

（2）工作内容单一。饭店的工作技术性单一而且能在短的时间内熟悉工作，那么员工在面对高度重复和单一的工作内容时，疲劳症状、枯燥感、厌烦和抑郁便会持续出现。

（3）工作缺少自主性。为求管理和服务质量控制的方便，我国饭店大部分采取标准化的服务流程，并通过严格的规章制度和处罚条例确保员工按照流程的规定提供服务，员工处于被动、压抑和紧张之中，工作自主性得不到发挥。

（4）易发生角色冲突。由于受传统观念的影响，把对客服务工作视为比较低下的工作，对饭店工作的热情度、认同感和自豪感低；另一方面饭店服务是直接面对形形色色的客人，饭店要求员工对工作有发自内心的热情，才能提供令客人满意的服务，从而体现个体价值，这种角色上的冲突经常使从业人员处于自我矛盾的境地。

（5）缺少发展晋升的机会。饭店服务属于一个劳动密集型行业，学历参差不齐，由于组织管理越来越扁平化，致使管理岗位减少，许多高学历的员工进入饭店后，并未得到主管的认可，服务技能和工作熟练程度甚至都不急初中高中学历的员工，因此容易产生自我怀疑和工作挫折感，对前途失去信心，易产生工作懈怠。

二、饭店员工工作倦怠自我调适的方法

美国 Maslach（1997）提出了解决倦怠问题的个体策略和组织策略，即对于倦怠的预防和干预，应当同时关注于个体和组织两个方面，而不仅仅是关注企业的干预。对于员工的自我调适也非常重要。

饭店员工工作倦怠自我调适的方法主要有以下几种：

（1）用积极的心态面对服务工作。积极的心态就是积极的解决问题，首先要在观念上调整自己，不管是服务工作还是非服务技术工作，都是一种劳动，都应该值得人们的尊重，所谓劳动光荣。在美国有 70% 的劳动者都是从事服务行业。因此，随着人类社会的发展，没有劳动的贵贱，只有社会的分工不同。其次要学会自我反思，调整目标。虽然有学历但是由于实践少，我们仍需要脚踏实地地学技术学本领，订立更切合实际的目标，如此会使我们的自我效能

感得到提高，对未来就不断会有信心。第三，运用压力自我管理方法，学会时间管理，把事物分轻重缓急，合理分配时间，有效处理事物，把压力转化为提升的动力。

（2）不断学习和提升认知，发现饭店工作的"新"意义。为顾客服务，看似一项非常简单的事情，做起来确不一定能做好，而且还要面对千千万万形形色色的顾客。因此，员工可以从工作中不断挖掘"我们存在"的意义，这样会提高对本职工作的认同感和价值感甚至自豪感。

（3）寻求外部支持。当自己无法排除倦怠的心理时，可以与工作上做得好的领导和同事沟通，还可以求助于专门的职业倦怠心理咨询师、职业生涯顾问等。

三、饭店员工工作倦怠自我调适的意义

饭店员工工作倦怠自我调适始于个体，然后通过个体可转为与之联系的群体方案，群体继而又可以影响组织，这就是Maslach（1997）提出的解决倦怠问题的个体策略影响力。那么员工自我调适的意义在于：

（1）饭店员工以更积极的情绪与工作状态面对工作，便能提高个人工作满意度。个人工作满意度的提高会直接提高个人的工作效率，也更能迅速适应组织和工作带来的变化，便会大大提高自己脱颖而出的机会，增加发展和晋升的机会。

（2）能积极影响群体的情绪。当在群体里的个人积极的形象与工作状态会慢慢"传染"给群体里的其他人时，个体的自我调适便会在群体里产生作用，此时个体调适策略便会转为群体调适方案。

（3）当群体方案在组织中产生了正面影响力的时候，组织也会适时调整。例如，给员工安排定期轮岗、培训学习以及更多的授权服务。那么个体的调适策略就是组织产生良好结果的源泉。因此，员工工作倦怠自我调适不仅要指向于个体，最终仍是要指向组织的发展和企业的发展。

任务四　成为学习型的饭店员工

一、学习型员工的内涵

学习型员工简单的讲就是具有"学习能力"的员工，这种学习能力不是简单的读书学习能力，而是一种学习行为与饭店工作紧密联系的过程，这种学习能力体现在独立自主学习和自主管理并与组织发展相结合的学习行为。

在一个组织的学习型员工必然离不开组织的发展和对组织的思考。当下许多组织提出建立学习型组织。因此只有了解了学习型组织的内涵才能了解学习型员工的内涵。彼得·圣吉认为最成功的学习型组织是具有战略目标为提高学习速度、能力和才能，通过建立愿景并能够发现、尝试和改进组织的思维模式并因此而改变他们的行为。圣吉提出了建立学习型组织的"五项修炼"模型。第一项修炼：自我超越；第二项修炼：改善心智模式；第三项修炼：建立共同愿景；第四项修炼：团队学习；第五项修炼：系统的思考。

二、如何成为学习型饭店员工

学习型员工可以基于学习型组织的基础建立，这样便会把组织的发展与个人的发展紧密联系起来。那么如何成为学习型员工？可以基于学习型组织的"五项修炼"模型。

第一项修炼：自我超越。每一个员工必须有自我超越自我提升的动力。精熟于"自我超越"的人，往往能够不断实现他们内心深处最想实现的愿望，他们对在工作的态度就如同艺术家对待艺术品一般，全心投入、不断创造和超越；并且一个不断自我超越的人能真正孜孜不倦地进行终身学习，而成为终身学习者。在自我超越的过程中需要不断培养和完善自己的自我管理能力、自我启发和自我经营能力，培养对学习的真正兴趣。

第二项修炼：改善心智模式。心智模式实际上就是指心理素质、思维方式和心态。首先，我们通常不易觉察到自己的心智模式的缺陷，但是我们通过在实际工作过程中和结果反馈中来进行反思和审视自己的心智模式。一个具有良好心智模式的员工，说明他心目中具有良好的认知图像，因此认识客观事物就正确，他就容易成功。其次，学会有效地表达自己的想法，当只有他人能容易正确的理解自己的想法时，沟通和工作才是最有效的。第三，学会开放心灵，悦纳不同的想法。当我们虚心和敞开心扉容纳那些与自己不同心智偏好甚至相反想法和意见时，经过细心辨析就会发现自己原有心智模式的缺陷。

第三项修炼：建立与组织紧密联系的个人目标。一个人不断学习的根本动力在于有一个非常明确的目标，一个员工要成为一个学习型员工必须建立于企业发展相关的个人目标。只有个人目标与组织目标相切合才能长效的维持与发展。那么组织也会给予个人目标的实现提供更多的资源支持和机会。

第四项修炼：学会团队合作。工作在组织中的个人必须学会团队合作，学会团队合作首先要学会"一起思考"，可以与团队其他成员进行深度探讨，通过集群的力量来思考和解决问题。其次，把团队其他成员视为真正的工作伙伴，工作的好搭档，学会取长补短，相互欣赏。第三，要消除自我防卫，不要把自己包裹在个人的世界里，也不要老想着工于心计。第四，学会倾听，了解成员和组织的需求，才能更好地协同作战。

第五项修炼：系统思考。系统思考是五项修炼的核心，一个受过专业训练的人应当有系统思维的方式，这也是一个人或组织取得成败的关键。通过学习系统的知识了解组织整体的运营情况，作为员工便能更好理解组织的决策和更好地调节自己的工作方向或行为方式。在训练系统思考时，首先，要整体看组织的运营和管理，不要把每项工作单纯地割裂开来。其次，深刻思考抓住问题和现象的本质。第三，要能用发展的眼光去分析看待事物。

三、成为学习型饭店员工的意义

作为在学习型组织中的个体来讲，只有单个员工个体成为了学习型员工才能构成一个学习型组织。成为学习型饭店员工不仅对员工个人的发展和能力有所帮助，对于饭店的服务也可以与时俱进，与客人更加相符合，对于组织和企业是具有不可估量的推动作用，可以说成为学习员工是饭店发展活动的源泉。

项目小结

——核心概念

职业发展、SWTO 分析法、非理性观念、理性控制法、工作倦怠、自我调适、学习型员工

——重要提示

通过本项目学习了解饭店员工职业生涯发展、情绪与工作压力的自我管理，工作倦怠的自我调适和如何成为学习员工。员工职业生涯发展自我管理实用的 SWOT 分析法。员工情绪调节和工作压力处理的 5 种方法：积极的心态和思维、寻求团队的支持；化整为零，把工作任务目标分成阶段性小目标；理性控制法；转移或者寻求宣泄。其中积极的心态和思维方式在工作倦怠中也能进行有效自我调适，因此，培养积极的心态和思维在生活和工作中都是非常有必要的。对于工作倦怠常用的自我调适常用的方式还有：不断学习提升认知和寻求外部支持。最后一个任务提出了如何成为学习型员工的五项修炼。在回顾前三个任务时，我们能发现只要能成为一个学习型的员工，前面三个问题也便能迎刃而解，并且个人的发展和完善都会给企业和组织带来更好的发展。

综合能力训练

基本训练

一、复习与思考

1. 运用 SWOT 分析法来分析"现在的我"。
2. 员工如何有效进行情绪与工作压力进行有效的自我管理？
3. 员工该如何针对工作倦怠该如何进行自我调适？
4. 学习型员工应具备哪些要素？如何成为学习型员工？

二、案例分析

微笑促进事业的发展

谈到微笑服务促进服务事业的发展，没有什么比美国的希尔顿饭店更为成功的了。当年轻气盛的康纳·希尔顿已经拥有 5100 万美元的时候，他得意洋洋地向他的母亲报捷，老太太对儿子的现有成绩不以为然，但却语重心长地提出了一条建议："事实上你必须把握住比 5 100 万美元更值钱的东西。除了对顾客诚实以外，还要想办法使每一个住进希尔顿饭店的人住过了还想再来。你要想出一种简单、容易、不花本钱而行之久远的办法去吸引顾客，这样你的饭店才有前途。"希尔顿冥思苦想了很久，才终于悟出了母亲所指的那种办法是什么，那就是微笑服务。从此以后，"希尔顿饭店服务员脸上的微笑永远是属于旅客的阳光。"在这条高于一切的经营方针指引下，希尔顿饭店在不到 90 年的时间里，从一家饭店扩展到目前的 210 多家，遍布世界五大洲的各大城市，年利润高达数亿美元。资金则由起家时的 5 000 美元发展到几百亿美元。老希尔顿生前最快乐的事情莫过于乘飞机到世界各国的希尔顿连锁饭店视察工作。但是所有的雇员都知道，他问讯你的第一句话总是那句名言："你今天对客人微笑了没有？"

问题：

1. 员工的微笑服务是怎么促进饭店事业的发展？

2. 你觉得在面对饭店服务时，能每天保持微笑服务吗？如果不能，你会用什么方法来调适自己？

技能训练

记得一本杂志上描述了这样一段关于微笑的话语：一位优秀的女营业员脸上总带着真诚的微笑。一次与人聊天，朋友问她："你一天到晚地笑着，难道就没有不顺心的事吗？"她说："世上谁没有烦恼？关键是不要也不应该被烦恼所支配。到单位上班，我将烦恼留在家里；回到家里，我就把烦恼留在单位，这样，我就总能有个轻松愉快的心情。"

学会微笑服务以下几个方法可以调节一下自己，尽量做到有张有弛：

首先，疲劳时利用微笑来调控情绪。利用工作的间隙作短暂的放松，如：可以想象过去或将要发生的一些美好的人和事；可以想象自己在沙滩上愉悦地漫步，欣赏着美丽的大海；也可以对自己在工作中的表现予以自我奖赏……然后给自己一个微笑。

其次，发生不愉快时采取转移注意法。微笑，是一种愉快的心情的反映，也是一种礼貌和涵养的表现。工作中偶尔会出现一些可能引起不愉快情绪的事，学会转移注意力，避免情绪恶化。

再次，坚信自己能作情绪的主人，做一个积极处理问题的人，不受消极情绪的传染，要始终坚信自己对情绪的驾驭能力。我快乐，所以我笑；我笑，所以我快乐。试试对愤怒的人也始终微笑，能否改变些什么？不管怎么样，要想成为一个善于微笑的人，就要在生活中让自己成为一个快乐的人，要顺应情绪的自然发展规律，及时宣泄，才会经常快乐。

拓展学习

EAP 员工援助计划

员工心理健康是关乎企业生存与发展的大事。美国每年有约100万员工由于心理压力而缺勤，每一个员工的缺勤会造成668美元的损失，40%的人"跳槽"或转行是由于心理压力所致。更换一个雇员要1 000—30 000美元，75%的员工会在工作时间考虑个人问题。超负荷的压力不仅仅损害个体，而且严重破坏了组织的健康。

著名管理顾问尼尔森提出："未来企业经营的重要趋势之一，是企业经营管理者不再像过去那样扮演权威角色，而是要设法以更有效的方法，间接引发员工潜力，创造企业最高效益"20世纪20年代开始兴起的员工援助计划（Employee Assistant Plan，EAP），从根本上把心理健康从个体层面拓展到组织和社会的层面。EAP员工援助计划是一项为工作场所中个人、组织提供咨询服务的工作，它能够帮助管理者了解员工的心理健康状况、职业发展和关心的问题。并提出一系列辅导措施来帮助员工解决这些问题。随后，在组织行为学研究领域出现了组织健康（Organizational Health）的新概念。学者们认为，一个组织、社区和社会，如同人体健康一样，也有好坏之分。其衡量标准是：能正常运作，注重内部发展能力的提升，有效、充分地应对环境变化，合理地变革与和谐发展（Matthew Miles & Pairman）。

EAP由美国人发明，最初用于解决员工酗酒、吸毒和不良药物影响带来的心理障碍。新创企业在机构设置、薪酬方案等诸多方面都处于"试水"阶段，此时用EAP来调整所有人的心态、生态、形态和状态，堪称万全之策。EAP是由企业为员工设置的一套系统的、长期的福利与支持项目。它通过专业人员对组织的诊断、建议和对员工及其家属亲人的专业指导、培训和咨询，帮助员工解决自我及其家庭成员的各种心理和行为问题。从而提高员工在企业中的工作绩效。

完整的EAP可以分成三个部分：一是针对造成问题的外部压力源本身去处理，即减少或消除不适当的管理和环境因素；二是处理压力所造成的反应，即情绪、行为及生理等方面症状的缓解和疏导；三是改变个体自身的弱点，即改变不合理的信念、行为模式和生活方式等。如今，EAP已经发展成一种综合性的服务，其内容包括压力管理、职业心理健康、裁员心理危机、灾难性事件、职业生涯发展、健康生活方式、法律纠纷、理财问题、饮食习惯、减肥等各个方面。解决这些问题的核心目的在于使员工在纷繁复杂的个人问题中得到解脱，减轻员工的压力，增进其心理健康。

截至2004年，世界财富500强中有80%以上的企业建立了EAP项目。日本企业在应用EAP时创造了一种被称为"爱抚"管理的模式。一些企业设置了放松室、发泄室、茶室等，来缓解员工的紧张情绪；或者制订员工健康修改计划和增进健康的方案，帮助员工克服身心疾病，提高健康程度。还有的是设置一系列课程，进行例行健康检查，进行心理卫生的自律训练、性格分析和心理检查等。

EAP是解决企业员工心理和个人问题的有效途径。它将帮助企业发现和解决问题。降低成本。增强组织有效性，对企业具有重要的价值。中国企业现在还没有普遍形成一种以人为本的企业准则，许多企业还是依赖资源和劳动力的劳动密集型企业。但是，随着全球经济一体化进程的加速和企业生存环境高度不确定性变化，国内企业如果不注重人文关怀，不注重员工的个人心理问题，就很可能被残酷的竞争淘汰。

中国有着独特的文化传统和社会、经济现实。在中国，员工酗酒、吸毒、滥用药物、艾滋病、性骚扰等问题并不特别突出。就目前国内企业整体状况来看，员工个人的压力、情绪以及心理健康状况不容乐观，对个人和企业都有较大的负面影响，企业如果忽视这些问题，将对其发展不利。因此，对于中国企业来说，EAP需要解决的个人问题主要应是压力、情绪和心理问题。而且，压力和情绪管理事实上已成为当今和未来企业管理中最紧迫的课题之一。

由于目前国内企业和社会的观念尚不够先进，大多数企业还没有足够地认识到心理问题的重要性，加之国内EAP发展时间太短，只有不到十年时间，而完整意义上的EAP刚刚起步，研究和实践的积累不足，人才的储备也很欠缺。尽管现在社会上有不少压力、心理等方面的培训，但是心理学专业的培训师、咨询师并不多，这必然会影响到培训整体水平。而真正研究过EAP、做过EAP、懂得EAP的人就更少了。所以，EAP的中国之路将面临一个艰难的过程。

项目十三
饭店员工心理与行为的组织管理

学习目标

知识目标：1. 通过本项目的学习，了解饭店员工心理与行为的组织管理的相关知识。
2. 掌握饭店员工应具备的相关素质，了解员工与企业、工作的相匹配的相关知识。
能力目标：能够在工作与管理中表现出人与企业、人与工作相适应度。
情感目标：1. 通过本项目的学习，产生学习和研究员工自身对工作的相关素质了解的兴趣。
2. 初步形成提高自身工作素质和加强对所工作企业的文化理解的意识。

项目导图

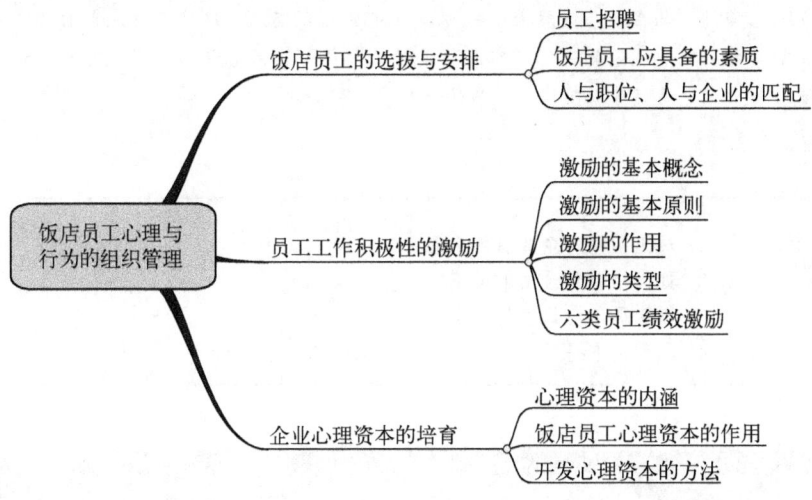

案例导入

当客人突然袭来之际

某日晚上六时许，某饭店的大堂灯光辉煌，宾客如云。总服务台的接待员小马正忙着为团队客人办理入住手续。这时两位香港客人走到柜台前向小马说："我们要一间双人客房。"小马说："请您稍等一下，我马上为这个团办好手续，就替你们找空房。"其中一位姓张的港客说："今晚七点半我们约好朋友在外面吃饭，希望你先替我们办一下。"小马为了尽可能照顾这两位客人，于是一边继续为团队办手续，一边用电脑查找空房。经过核查，所余空房的房间都是218元。他如实告诉了客人。此时那

位先生突然大发脾气："今天早上我曾打电话给你们饭店，问询房价，回答说双人标准间是每间186元，为什么忽然调成218元呢？真是漫天要价！"小马刚要回话，这位姓张的客人突然挥掌向小马的面孔打去，小马没有防备，结果吃了一记耳光！他趔趄了一下，面孔变得煞白，真想回敬对方一下，但他马上想到了自己的身份，决不能意气用事，于是尽量克制，使自己镇定下来，接着用正常的语气向客人解释说："186元的房间已经住满，218元的还有几间空着，由于楼层不同，房金也就不一样，我建议你们住下，尽快把入住手续办好，也好及时外出赴宴。"这时另一位香港客人李先生见他的朋友张先生理亏，想找个台阶下，于是就劝张先生说："这位接待员还算有耐心，既然如此劝说，我们就答应住下吧。"张先生见势也就软了下来。

小马立刻招手要行李员把客人的行李送到房间。然而当时从小马紧握着的那只微微颤抖的手上，可以看出他正在极力压抑内心的委屈。在周围的其他客人都纷纷对张先生的粗鲁行为表示不满。张先生一声不响地和李先生办好手续后，便匆匆去了客房。

那位张先生事后深感自己的不是，终于在离店时到总台向小马表示歉意，对自己的冒失行为深感遗憾。

分析：

客人张先生的所作所为肯定是不对的，而小马的表现是无可非议的。他既不还手，也不用恶语回敬，他懂得作为饭店的从业人员就是得理也应该让人，这样才会多留住两位客人，并让他们拥有一次愉快的住店经历。当然小马在客人突然袭击之际，自然会感到委屈，这就需要克制自己，不与客人发生冲突。小马的宽容举止很典型地体现了"客人总是对的"这句话的真谛，如果饭店员工都能从这个高度来要求自己，饭店的服务质量就可以产生质的飞跃。

1. 员工招聘对企业有什么意义？
2. 如何招聘到合适的员工？
3. 饭店员工应具备哪些素质？
4. 心理资本是什么？对企业和员工有什么意义？

任务一　员工的选拔与安排

一、员工招聘

（一）员工招聘的定义

广义的员工招聘是指企业为了发展的需要，为了安置空缺的岗位，向企业内外吸收、挑选、安置人力资源的全过程。

狭义的员工招聘时指企业为了发展的需要，为了安置空缺的岗位，向企业内外发布有效信

息，集合应聘者的全过程。不包括选拔和安置过程。

从以上两点我们可以认为，员工招聘是指企业为了发展的需要，根据人力资源规划和工作分析的要求，寻找、吸引那些有能力又有兴趣到本组织任职，并从中选出适宜人员予以录用的过程。招聘的核心是通过选拔实现"人—事"匹配。

饭店业员工招聘是把优秀、合格的人员招进饭店并安排在饭店合适岗位上工作的过程，是饭店业人力资源管理的基础性工作。饭店人力资源部能否招聘、甄选与录用到高质量的合格员工，是关系整个饭店员工队伍素质高低的关键。其中员工招聘的途径和方法将直接影响到所招收员工的素质与饭店的经营效益。

（二）招聘程序

1. 制定招聘计划和策略

招聘计划是组织根据发展目标和岗位需求对某一阶段招聘工作所做的安排，包括招聘目标、信息发布的时间与渠道、招聘员工的类型及数量、甄选方案及时间安排等方面。

具体来讲，员工招聘计划包括以下内容：招聘的岗位、要求及其所需人员数量，招聘信息的发布，招聘对象，招聘方法，招聘预算，招聘时间安排。

2. 发布招聘信息及搜寻候选人信息

组织要将招聘信息通过多种渠道向社会发布，向社会公众告知用人计划和要求，确保有更多符合要求的人员前来应聘。

企业可以通过以下方式搜寻候选人信息：①应聘者自己所填的求职表，内容包括性别、年龄、学历、专业、工作经历及业绩等；②推荐材料，即有关组织或个人就某人向本单位写的推荐材料；③调查材料，指对某些岗位人员的招聘，还需要亲自到应聘人员工作过或学习过的单位或向其接触过的有关人员进行调查，以掌握第一手材料。

3. 甄选

甄选的过程一般包括对所有应聘者的情况进行初步的审查、知识与心理素质测试、面试，以确定最终的录用者。

4. 录用

人员录用过程一般可分为试用合同的签订、新员工的安置、岗前培训、试用、正式录用等几个阶段。

试用就是企业对新上岗员工的尝试性使用，这是对员工的能力与潜力、个人品质与心理素质的进一步考核。

员工的正式录用是指试用期满后，对表现良好、符合组织要求的新员工，使其成为组织正式成员的过程。一般由用人部门根据新员工在使用期间的具体表现对其进行考核，做出鉴定，并提交人力资源管理部门。人力资源管理部门对考核合格的员工正式录用，并代表组织与员工签订正式录用合同，正式明确双方的责任、义务与权利。

5. 招聘工作评价

招聘评估主要指对招聘的结果、招聘的成本和招聘的方法等方面进行评估。一般在一次招聘工作结束之后，要对整个评估工作做一个总结和评价，目的是进一步提高下次招聘工作的效率。

对招聘工作的评价一般应从以下两方面进行：一是对招聘工作的效率评价；二是对录用人员的评估。

（三）招聘原则

1. 因事择人原则

所谓因事择人，就是员工的选聘应以实际工作的需要和岗位的空缺情况为出发点，根据岗位对任职者的资格要求选用人员。

2. 公开、公平、公正原则

公开就是要公示招聘信息、招聘方法，这样既可以将招聘工作置于公开监督之下，防止以权谋私、假公济私的现象，又能吸引大量应聘者。公平公正就是确保招聘制度给予合格应征者平等的获选机会。

3. 竞争择优原则

竞争择优原则是指在员工招聘中引入竞争机制，在对应聘者的思想素质、道德品质、业务能力等方面进行全面考察的基础上，按照考查的成绩择优选拔录用员工。

4. 效率优先原则

效率优先原则就是用尽可能低的招聘成本录用到合适的最佳人选。

（四）招聘形式

企业招聘会根据自身发展及自身需求，采取不同的招聘方式。然而不同的招聘方式，会给企业发展带来不同优势。下面将介绍主要的几种招聘方式。

1. 内部选拔

当企业某一岗位或职位发生空缺时，首先应考虑从现有员工中调剂解决，或是在企业内按照有关标准考核提拔。这种方法的优点是可以提供激励因素和培养员工的忠诚度，同时，通过内部招聘，企业比较容易对员工进行全面了解，所需要的培训较之外部人员少，能节约部分培训费用，省时、省力、省资金。并且，被提升的员工熟悉工作环境，可以迅速适应新的工作岗位，实现人与事的更好结合，有利于企业和员工自身的发展。但其缺点是不利于引入新思想，同时，大量从企业内部提升管理人员还会导致人际关系复杂，人际矛盾加剧，经营思想保守、墨守成规等不利后果，并由此产生不公正现象和庇护关系。通常情况下，如果企业内部管理制度有效，员工的工作作风良好，企业不想改变目前的状况时，就可以选用内部招聘的方式来招聘员工；相反，如果企业内部管理效率低，风气又不好，企业想要改变目前的不良状况时，就可以考虑选用外部招聘的方式。

企业内部招聘主要包括企业内部员工的提升和内部职位的调动两种方式。

（1）企业内部员工的提升：

提升内部员工是填补企业内部空缺的最好办法，提升不仅可以将有管理才能的员工放在更合适的位置上，更重要的是对企业员工的工作积极性能产生激励作用。但是，企业内部员工的提升是否能真正起到激励员工努力工作的作用，还取决于企业内部提升工作是否做得完善。如果提升工作没有做好，不仅不能产生对员工的激励作用，反而会起到反作用。有效的内部提升有赖于企业的内部技术规划和内部提升政策，有赖于通过对员工提供教育和培训来帮助管理者确认并开发内部员工的晋升潜力。所以，企业人力资源管理者应掌握好企业内部员工提升的方法，克服主观片面性，真正做到任人唯贤。要使内部提升计划取得成功，必须做好以下几项工作。

① 考察员工是否具有提升的资格，确定提升候选人。确定提升候选人是搞好提升工作的基础。考察一个员工是否具有提升资格，必须严格按照"才、职相称的原则"。通常包括以下四个方面：

a. 个人才能。考察提升候选人首先要考察他的知识面，其次要考察候选人分析问题的能力，最后还要考察提升候选人的管理能力。

b. 个人品德。即考察提升候选人是否达到德才兼备的标准。因为管理人员在其管理范围内起着模范带头作用，其行为举止，道德风范都时刻受到员工的注意和仿效。

c. 个人的工作表现。考察提升候选人的工作表现是对提升候选人原担任的职位、工作进行考核和评价。考察工作表现特别要注意候选人工作的努力程度。

d. 个人的工作年限。工作年限是指提升候选人在企业原职位上的工作时间即工作资历。资历之所以是考虑的条件，是因为任何工作经验的积累都需要一定的工作年限作保障。工作资历一般是提升员工要考虑的因素，但并不意味着提升必须论资排辈。

② 测试提升候选人。在企业内部招聘员工时，必须对候选人进行一些测试，以考察他的管理能力，即测定其分析问题和解决问题的能力、决策能力、领导能力以及人际交往的能力等，以便于确定他是否真正具备晋升的潜力。提升候选人在个人才能、品德、工作表现和工作年限等方面各有优点，在测试中反映出不同的能力，为了避免片面性，必须使每一位提升候选人都具有综合可比性。

③ 确定提升人选。确定提升人选是在测试的基础上，利用测试得来的分数，将非量化的事实转化为可定量比较的事实，做到各尽所能，人尽其用。

（2）企业内部职位的调动：

内部职位的调动是指企业将员工从原来的岗位调往同一层次的空缺岗位去工作。企业内部职位的调动通常由以下原因引起：

① 企业组织结构调整的需要。由于经营环境的变化，企业需要对原先设置的部门进行调整与重新组合或设立新的部门，这种变化必然会涉及职位的调动问题。

② 对员工培养的需要。为了增强员工的适应能力，企业通常会使用流动培训的方式来训练他们。另外，将要提升至管理层的人选，也会被安排在各部门间轮流实习，以便对企业各部门的运作有更清晰的认识，使其更胜任领导岗位的工作。

③ 员工对现任岗位不适应。某些员工通过培训入职后，其所掌握的技能仍与岗位工作要求不相适应，或是掌握的技能和知识远远超过其岗位要求，这时，管理者则应对其进行职位调动，为其选择一个合适的工作岗位，使"人在其位，位得其人"。

④ 调动员工的积极性。某些员工经过长期在同一岗位工作，会对工作岗位失去兴趣，为了调动其工作积极性，需要重新安排该员工到他感兴趣的工作岗位上去。

⑤ 人际关系问题。如果员工在原工作部门产生了较严重的人际关系问题，不利于员工积

极性的发挥，则应对这些员工进行调动，为其创造新的工作环境。

企业内部员工的提升与调动可以使得所有人员都有一个平等竞争的机会，这对于挖掘企业员工的潜力，不断激发他们的工作兴趣和积极性，增强企业凝聚力，节约企业劳动力，促进企业的发展都有着重要的意义。

当然，如果一家企业所有管理职位的选拔和岗位流动都是在企业内部循环往复的进行，其结果必然会使企业的经营理念保守单一，管理缺乏活力和创新，人际关系复杂，最后导致服务质量因缺乏横向比较和创新而下降。

2. 外部招聘

企业外部招聘是管理者通过对企业人事资料的检索，查明和确认在职员工中确实无人能胜任和填补职位空缺时，而从社会中招聘和选择员工。

企业外部招聘主要可以通过以下几个途径来进行：

（1）职业介绍机构与人才交流市场。企业通过职业介绍机构和人才交流市场招聘员工，其优点是：应聘者面广，中间环节少，人员选用耗时较短，并且可以避免裙带关系的形成。缺点是：在招聘过程中，应聘人员的素质高低不齐；招聘时间短，对他们的情况了解不够全面；有些职介机构鱼龙混杂。因此，运用这种招聘方式时，要选择信誉较高的机构，并尽可能多地了解应聘者的情况。

（2）猎头公司。猎头公司是指一些专门为企业招聘高级人才或特殊人才的职业招聘机构。当企业需要雇用对基层有重大影响的高的专业人员或当企业需要多样化经营、开拓新的市场或与其他企业合资经营时，就会委托猎头公司代为其选择人才。猎头公司以其专业优势准确把握关键的职位所需要的工作能力、关键品质，科学评价应聘的人选，从而快捷、有效地完成招聘，而且被聘用的人员不需进一步的培训就可以马上上岗并发挥重大作用，为企业管理带来立竿见影的效果。但这种招聘方式所需费用较高。

（3）校园招聘。大中专院校和职业学校是企业招聘管理人员和专业技术人员的重要途径之一。学生通过三年或四年的系统学习，基本掌握了企业经营管理的基础知识，并初步具备了企业服务与管理的技能，具有专业知识较强、接受新事物能力快、个人素质较高等特点，并且学生在校期间也接受了一定时间的专业训练和专业实习，具有一定的实际工作经验，企业只需进行短时间的培训，就可以上岗工作，并能够很快适应工作需要。应届毕业生年轻、求知欲旺、成才快，录用他们是保证企业员工队伍稳定和提高员工整体素质的有效途径。

（4）公开招聘。公开招聘是指企业利用广播、电视、报纸、杂志、因特网和海报张贴等多种途径向社会公开宣布招聘计划，为社会人员提供一个公平竞争的机会，从而择优录取合格人员的招聘方式。通过公开招聘所吸引的应聘者层次不齐，筛选工作量大，所以不适合急于填补某一关键岗位人员的招聘需要。

企业在招聘员工时，招聘者应认识到，这是一个双向选择的过程，既是招聘企业挑选应聘者，也是应聘者挑选招聘企业的过程。这种双向选择的权力对招聘与应聘双方都应该是平等的。因此，在招收外部员工时，企业管理者应如实向求职者介绍企业的实际情况，以招收到真正乐于在本企业工作的员工。同时，应把招聘员工过程看成是树立企业形象的公关过程。招聘者的态度要和蔼、真诚，要营造出轻松和谐的气氛，给应聘者留下亲切友好的感觉。这样，无论应聘者是否被录用，都会对企业留下良好的印象。

总之，企业员工的招收与录用是企业人力资源管理的一项重要内容。企业应善于通过内、外员工的招收与录用，吸引并留住优秀的服务人员和管理人员，进而激发其工作积极性，并不断提高企业的整体服务质量和管理水平。

相关阅读13-1

招兵买马之误

NLC化学有限公司是一家跨国企业，主要以研制、生产、销售医药、农药为主，耐顿公司是NLC化学有限公司在中国的子公司，主要生产、销售医疗药品，随着生产业务的扩大，为了对生产部门的人力资源进行更为有效的管理开发，2000年初始，分公司总经理把生产部门的经理——于欣和人力资源部门经理——建华叫到办公室，商量在生产部门设立一个处理人事事务的职位，工作主要是生产部与人力资源部的协调工作。最后，总经理说希望通过外部招聘的方式寻找人才。

在走出总经理的办公室后，建华开始了一系列工作，在招聘渠道的选择上，建华设计了两个方案：在本行业专业媒体中做专业人员招聘，费用为3 500元，好处是：对口的人才比例会高些，招聘成本低；不利条件是：企业宣传力度小。另一个方案为在大众媒体上做招聘，费用为8 500元，好处是：企业影响力度很大；不利条件是：非专业人才的比例很高，前期筛选工作量大，招聘成本高；初步选用为第一种方案。总经理看过招聘计划后，认为公司在大陆地区处于初期发展阶段不应放过任何一个宣传企业的机会，于是选择了第二种方案。

其招聘广告刊登的内容如下：

您的就业机会在NLC化学有限公司下属的耐顿公司

1个职位：生产部人力资源主管。

主管生产部和人力资源部两部门协调性工作！抓住机会！充满信心！请把简历寄到：耐顿公司人力资源部收。

在一周内的时间里，人力资源部收到了800多封简历。建华和人力资源部的人员在800份简历中筛出70封有效简历，经筛选后，留下5人。于是他来到生产部门经理于欣的办公室，将此5人的交给简历了于欣，并让于欣直接约见面试。部门经理于欣经筛选后认为可从两人中做选择——李楚和王智勇。他们将所了解的两人资料对比如下：

姓名/性别/学历/年龄/工作时间/以前的工作表现/结果

李楚，男，企业管理学士学位，32，有8年一般人事管理及生产经验，在此之前的两份工作均有良好的表现，可录用。

王智勇，男，企业管理学士学位，32，7年人事管理和生产经验，以前曾在两个单位工作过，第一位主管评价很好，没有第二位主管的评价资料，可录用。从以上的资料可以看出，李楚和王智勇的基本资料相当。但值得注意的是：王智勇在招聘过程中，没有上一个公司主管的评价。公司通知俩人，一周后等待通知。在此期间，李楚在静待佳音；而王智勇打过几次电话给人力资源部经理建华，第一次表示感谢，第二次表示非常想得到这份工作。

于欣在反复考虑后，来到人力资源部经理室，与建华商谈何人可录用，建华说："两位候选人看来似乎都不错，你认为哪一位更合适呢？"于欣说："两位候选人的资格审查都合格了，唯一存在的问题是王智勇的第二家公司主管给的资料太少，但是虽然如此，我也看不出他有何不好的背景，你

的意见呢?"

建华说:"很好,于经理,显然你我对王智勇的面谈表现都有很好的印象,人嘛,有点圆滑,但我想我会很容易与他共事,相信在以后的工作中不会出现大的问题。"于欣说:"既然他将与你共事,当然由你做出最后的决定。"于是,最后决定录用王智勇。

王智勇来到公司工作了六个月,在工作期间,经观察:发现王智勇的工作不如期望得好,指定的工作他经常不能按时完成,有时甚至表现出不胜任其工作的行为,所以引起了管理层的抱怨,显然他对此职位不适合,必须加以处理。

然而,王智勇也很委屈:在来公司工作了一段时间,招聘所描述的公司环境和各方面情况与实际情况并不一样。原来谈好的薪酬待遇在进入公司后又有所减少。工作的性质和面试时所描述的也有所不同,也没有正规的工作说明书作为岗位工作的基础依据。

那么,到底是谁的问题呢?

分析:

此次招聘工作在招聘流程结束后没有对整个招聘工作进行科学的评估,它看似完成了,但实际是个"失败"的结果。耐顿公司总裁也许没有想过:录用王智勇失败的主要原因是企业人力资源管理和流程不足及招聘中出现的种种失误或错误。由于招聘工作不是分离于其他人力资源管理活动而独立存在的,所以它的失败同时反映出企业其他人力资源管理工作的不足。企业需要意识到:在招聘、筛选、录用的整体流程中,每一"点"的失误都可能会给今后企业人力资源管理工作带来一个"面"的损失。企业如何在"招兵买马"中做好伯乐的角色呢?下面我们想细述以上案例在招聘操作中的种种不足。

二、饭店员工应具备的素质

不同的行业对员工的要求不同,所以不是任何人都适合从事饭店行业,如让一个化学或物理专业毕业的学生去从事文学创作一样,也许这个人有着很高的化学或物理知识,但他未必就可以创作出好的文学。接下来将从员工的气质和性格、个性、能力要求、职业意识等方面来描述从事饭店行业的员工应该具备什么素质。

1. 饭店员工的气质要求

饭店工作对服务人员气质的要求一般包括:感受性、灵敏性不宜过强,忍耐性较强,情绪兴奋性不能过弱,适应性、情绪稳定性和灵活性较强,外倾。需要注意的是,虽然人的气质主要是先天形成的,但在工作和生活中也可以通过一定的训练方法加以改变。

气质差异与工作绩效是相关联的。例如,抑郁质的人不适合从事直接与顾客打交道的工作,但由于这类人细心且能较长时间独坐一处工作,从事大饭店餐厅的收银工作就很合适。多血质的人适合担任与顾客直接交往的工作,但由于这类人兴趣广泛且容易转移,通常不够细心,因此让其从事客房服务工作就容易出现差错。由于气质类型是难以改变的,选择适合自己气质类型的工作十分重要。

2. 饭店员工的性格要求

性格是个性心理中最具有核心意义的特征，是个体对现实稳定的态度和习惯化的行为方式的综合，它不仅能改造和隐蔽一个人的气质，而且能促进能力的形成和发展。饭店服务工作对员工的性格要求主要体现在以下几个方面：

（1）热情和真诚：

一个冷漠、让人感觉虚滑的服务人员很难取得顾客的信任。服务人员的热情和真诚能使顾客感到亲切并乐于接受其服务。

（2）宽容和豁达：

宽容而豁达的服务人员使顾客乐意接近。刻薄的服务人员则会导致饭店内部人际关系紧张，使员工工作热情降低，还易破坏饭店员工之间的团结。顾客到饭店消费绝不是来受气的，服务人员态度恶劣对顾客而言无疑是花钱买罪受。

（3）谦虚和随和：

傲慢的人不适合从事服务工作，谦虚的饭店服务人员易受顾客和饭店同事的认可和欢迎。

（4）沉着和冷静：

饭店的顾客来自四面八方，服务人员每天要面对形形色色的顾客。这些顾客的修养、性格各异，背景经历和情绪状态也各不相同。在饭店服务过程中，突发事件和来自顾客的突发要求是难以避免的。如果服务人员能保持沉着和冷静，许多突发情境就不易恶化；反之，事态就容易扩大。因此，服务人员必须具有沉着冷静的性格特征，以应对性格各异的顾客和情境各异的事件。与冷静相反，冲动是优质服务的大敌，冲动性行为会给顾客带来伤害，给饭店带来损失，对服务人员自身也是不利的。

（5）乐观和自信：

乐观或悲观的性格表现具有传染性。一个乐观的服务人员能够影响顾客的心理状态，使他们保持愉悦的心情，或缓解其不良情绪。也就是说，性格乐观的服务人员容易创造乐观、轻松的消费气氛，这对吸引顾客是十分重要的。自信是乐观、沉着、冷静和努力的基础，也是工作成功的基础。

（6）适度主动性：

适度主动性是饭店服务所要求的一个重要心理倾向，是顾客消费的一般要求。顾客往往能够从服务人员的适度主动性中得到尊重和需要的满足。但这里需要强调的是，主动行为要适度，过分的主动可能会引起顾客的反感。

（7）自觉性和自制力：

自觉性是服务人员提高服务水平、努力工作的前提，也是一切工作的基本要求。自觉性是指个体主动克服困难向既定目标努力的程度。自制力是一种对个人的情感、行为的约束力。饭店服务工作不可避免地会遇到一些不愉快的情境，这就要求服务人员能够控制自己的情绪，迅速调节自己的情绪状态。

饭店工作对不同部门的服务人员有不同的要求，如要求客房服务员具有缄默、有恒、自律严谨、认真仔细等性格特征，对餐厅服务员则强调热情、顺从、安详、随机应变等性格特征。

3. 饭店员工的能力要求

(1) 观察力：

服务人员具备敏锐的观察力是提供优质服务的前提。服务人员的观察力主要体现在对顾客、事件和事态的判断上。对顾客的观察主要体现在对其气质、性格、需要、身份、意图、观念和认知的判断以及对顾客的社会阶层、文化和亚文化类型的判断上，服务人员可以通过顾客的言语、表情、动作、穿着、社交范围等方面进行观察判断。观察既是一个运用肉眼和其他感觉器官的过程，更是一个使用大脑的过程。服务人员自身的知识、观念和情感倾向都会影响观察的结果。观察结论的得出实际上是一个服务人员的既有知识、观念、情感与收集到的信息相结合的过程。

观察力的培养需要大量的知识积累，也需要平时的观察练习。注意力集中有利于观察器官正常发挥作用。兴趣是保证观察注意力集中的一个重要方面。

(2) 理解力：

理解力是对顾客传递的信息及情境呈现的信息的表面意义和暗含意义的准确把握能力。

(3) 集中和分配注意力的能力：

注意力是其他能力的基础之一，没有注意力，观察力、理解力也就难以保持。服务人员不仅需要保持注意力的集中，还要合理分配注意力。注意力的发展与毅力密切相关。

(4) 语言表达能力：

语言表达能力是服务人员的基本功，它与思维能力、知识储备、社会交际能力密切相关。语言表达能力不仅包括述说能力，还包括倾听能力、询问能力、应答能力。对于服务人员而言，需要特别注意倾听能力的培养。

(5) 情感控制和表现能力：

人总是对客观事物有情感和情绪的反应，但这种反应根据条件要求应控制在适度范围内。饭店服务人员应具备一定的情绪情感控制能力，特别是消极情绪和情感（如厌恶、气愤等）的控制能力，在工作中能够表现自己的乐观情绪和情感。调节情绪和情感的一个重要方法是淡化不利情境对情绪情感的消极影响，善于控制情绪和情感的人总是着眼于长期有利的结果。如果我们在面对不利情境时，能够认识到现在采取积极、乐观的反应有利于长远，则消极情绪就会得到缓解。经常进行这样的训练，能使我们形成惯化的心理定势，情绪调节和控制能力就会得到增强。

一般而言，情绪情感调节能力的提高是相对级慢的，需要长期的培养、训练。

(6) 随机应变能力：

应变能力是指对突发事件的处理能力。服务人员每天都要面对各种类型的顾客和复杂多变的工作情境，这就要求服务人员能够根据条件的变化从容应对。

(7) 熟练的业务技能：

不同的饭店工作岗位都有基本的工作流程和工作规范，服务人员只有熟练掌握岗位业务技能，才能为顾客提供优质服务。

4. 职业意识的要求

(1) 角色意识：

不论是企业领导、公司职员、政府公务员还是工厂的工人，都是某种社会角色。社会角色是非个性的,不论什么人,也不管他有什么个性,只要他承担了某种角色,就必须按照角色赋予的规范去行动。饭店工作人员所扮演的是服务人员的角色,社会同样对这一角色赋予了规范和期待,如要求服务人员尊重顾客、尽心尽力为顾客服务等。

(2) 形象意识:

饭店服务人员的形象是饭店服务的一部分,服务人员必须具备明确的形象意识。

① 端庄的仪表:仪表指服务人员的外表,包括服务人员的容貌、体态、表情、服装服饰等。服务人员注重自己的仪表,既体现了对顾客和本职工作的尊重,也能增强自己的自信心。

体态和容貌具有先天的特性,但其在一定程度上也可以进行修饰、调整甚至改变。体态和容貌具有重要的表现情感的功能,而审美需要是顾客的客观需要。心理学研究和日常经验都表明,在其他条件相同的情况下,服务人员的体态和容貌对顾客的情绪状态有重要的影响。

服务人员的服装服饰美观大方、整洁合体,与工作环境相和谐,既能够突出其优点,掩饰体态和容貌的缺陷,又能够体现其职业素质,拉近与顾客的距离。

② 得体的风度:服务人员的风度是指服务人员在站立、行走、行动时的姿态、表情以及由此表现出来的个性特征。饭店工作要求服务人员具备自然得体、大方文雅、稳重而朝气蓬勃的风度。

(3) 服务意识:

从顾客的需要出发,尽心尽力为顾客服务,是饭店服务人员应当树立的服务意识。真诚待客、尊重顾客、言行一致、为顾客着想,是服务意识的主要内容。

① 真诚待客:在人际交往中,真诚往往是人们最为看重的品质。服务人员适度的热情以及超越职业式的真诚微笑可以使顾客感受到饭店待客的真诚。真诚待客主要体现为友善而诚恳,热情而亲切,主动而周到。

② 尊重顾客:满足顾客的尊重需要是饭店服务的一项基本要求,也是服务人员必须牢牢树立的意识。尊重顾客主要体现在以下几方面:其一,对顾客各种要求的尊重。要假定顾客的要求都是合理的。其二,对顾客怒气的理解。要假定顾客的怒气都有合理的成分。其三,对顾客的理让。在解决与顾客的冲突时,要克制自己的情绪,照顾顾客的利益。其四,永不争辩。即使顾客不对,也不要抓住不放,要大度、宽容。

③ 言行一致:言行一致是令顾客满意的一个重要因素,是真诚待客的具体体现,也是服务人员必须树立的一种意识,并且要在服务过程中充分体现出来。言行一致的道理很简单,就是说话和行动要统一。服务人员要特别注意工作中对顾客做出的承诺,并将该承诺充分体现在服务中。

④ 为顾客着想:全面周到地为顾客的利益着想是服务人员必须树立的意识。服务人员若做到想顾客之所想,急顾客之所急,自然能够赢得顾客的理解和尊重。

三、人与职位、人与企业的匹配

(一) 企业文化和目标

企业文化是一个组织由其价值观、信念、仪式、符号、处事方式等组成的其特有的文化形

象。企业文化是企业的灵魂,是推动企业发展的不竭动力。它包含着非常丰富的内容,其核心是企业的精神和价值观。这里的价值观不是泛指企业管理中的各种文化现象,而是企业或企业中的员工在从事商品生产与经营中所持有的价值观念。企业文化是实现企业发展目标的有力保证。企业文化建塑的根本目的是用文化力激活生产力,增强凝聚力、执行力和创造力,进而提升企业核心竞争力。

企业文化的首要任务就是培育有个性的企业精神。企业精神是指:企业广大职工在长期的生产经营活动中逐步形成的,由企业的传统、经历、文化和企业领导人的管理哲学共同孕育的,并经过有意识的概括、总结、提炼而得到确立的思想成果和精神力量,必须是集中体现一个企业独特的、具有鲜明的经营思想和个性风格,反映企业的信念和追求,并由企业倡导的一种精神。因为它是企业文化的核心,只有培育具有鲜明个性和丰富内涵的企业精神,才能激发职工最大限度的内在潜力。

确立符合集团实际的企业宗旨是企业生存发展的主要目的和根本追求,它是以企业发展的目标、目的和发展方向来反映企业价值观。企业道德是在企业生产经营实践的基础上,基于对社会和对人生的理解作出的评判事物的伦理准则。企业作风是企业全体干部职工在思想上、工作上和生活上表现出来的态度、行为,体现企业整体素质和对外形象。

 相关阅读13-2

一个靠文化闻名世界的小渔摊

如果我们今天赴美国做商务旅游,很可能会获得这样一项内容的安排:参观美国西雅图市著名的派克鱼市公司。

派克鱼市公司的创始人叫约翰·横山。直到1986年,约翰·横山已经努力工作了20年,目标只有一个,就是使自己在西雅图的一个小鱼摊生意兴隆起来。可他就像许多小本生意人一样,一直维持着几个人的小公司,也谈不上什么成功。

约翰再也按捺不住了,想把生意扩大,他便转向了渔业批发领域。可没想到,只一年的时间就几乎赔光了公司的老本。这时候,约翰·横山真是走到了生死抉择的十字路口。

一天,一个朋友建议他赶紧请个咨询师。他咬咬牙,花钱,请!天知道咨询师能不能拯救他的企业。咨询师吉姆每两周来公司组织大家开一次会,会上只做一件事情:激发大家的斗志。

吉姆帮助大家认识:"我们需要一个远大的目标,一个更大的策略。"终于到了第三次会议时,约翰明白了:"我们要成为举世闻名的!"、"我们可以影响彼此的生活,影响顾客的生活!"

约翰当然是百分之百地忠实于公司目标——"要成为举世闻名的企业"。但是,这不同寻常的目标怎样才能使每一位员工都愿意为它付出呢?大家能不能始终保持不竭的动力去创造举世闻名的奇迹呢?

许多企业老板这时候可能会花费很多时间去教给员工如何干好工作,却几乎不解释工作的重要目标是什么。但是在这里,当新员工加入公司时,从三个月的试用期开始就给他们提供分享"梦想"的机会——要举世闻名!这是一个融入公司文化很重要的培训。

许多公司会把大量的时间花费在寻找最优秀、最聪明、最有天分的应聘者身上,但是在这里,公司所要寻找的就是"志同道合",并帮助员工看到自己在工作中的发展机会。

约翰每隔一周会与全体员工见一次面,一起共进晚餐,一起充分讨论"我们的目标"和怎样达到它。员工会踊跃地给出他们的见解、建议,从中,约翰和管理者、员工一起来调节工作方式,大家始终保持着一致的奋斗目标。尽管这样的"聚会"要耗费人力物力,但是约翰却把它看成是坚持"我们的目标"的重要步骤。

一晃又过去20年了。那个小小的渔摊今天已经大名鼎鼎,很多来到美国的旅游者都会极有兴致地去派克鱼市逛逛,领略那美妙的开刀和开心的传送号子,享受那激发活力的工作气氛。

分析:

企业文化是一个企业的灵魂。它的存在能引领一个企业走向更加广阔的未来,能使一个企业有一个良好的工作氛围,能带动员工们的激情和动力,保持企业的活力。小小的渔摊如今能够大名鼎鼎,靠的就是优良的企业文化,并且始终坚持不懈地做下去。一个企业的成功与否,和它自身所具有的文化有很大的关系。优秀的企业文化能为公司创造良好的企业环境,能为大家树立正确的价值观,能够带领公司人员一起共同奋进。企业文化分为三个结构,其中之一就是精神层,它是企业文化的深层文化,是一个企业的经营哲学,是指导企业行为的基础,并且企业文化是企业的最高目标,是所有人的共同努力的目标是一种精神动力。一个企业的良好风气,是靠企业文化创造出来的。就这个精神层便能说明企业文化对企业的重要性和影响。

(二)慎重选拔员工

1. 员工价值与企业价值的匹配

公司要想实现自己的文化和价值目标,关键是要聘用那些个人价值体系与企业的文化和价值目标相一致的员工。从员工的角度看,如果企业文化(价值体系)与员工对个人的价值定位相脱节,那么员工的绩效就会降低,生产能力就会下降,而且缺乏敬业精神。此外,公司还会对员工施加过度的压力,并可能对其造成感情上的伤害。更具体地说,如果公司的目标是为客户提供人性化的关爱服务,那么,公司越是以人性化的关爱方式来对待自己的员工,员工就越有可能为客户创造人性化的环境。

2. 正直是基础

正直是聘用员工最重要的先决条件。求职者对待自己和他人都必须是诚实的,否则就没有可塑的基础。

3. 员工与客户的匹配

每个企业的互动过程最终都发生在两个人之间——员工和客户,或者说,是设计与客户的联系方法的员工与客户之间。大多数高绩效的商业关系在很大程度上都受到情绪一致性的影响。所以,员工选拔过程应以认真选择首先能适应目标客户,其次能适应企业自身的员工开始。虽然,在互动之初,我们不甚了解客户的情绪状态,但是我们可以先聘用员工,然后再根据特定客户来调整员工的情绪倾向(如销售、服务)。为此,员工的人性特征必须与客户的人

性特征保持一致。企业按照人性化需求对客户进行细分之后,才能匹配员工的情绪特征与客户的情绪特征。其方法之一就是在员工选拔过程中采用典型的性格测定法。接下来,企业就可以根据为特定细分客户交付价值的方式来聘用最合适的"个性员工"。如果员工的特征不符合客户的特征,那么员工就会感到压力重重,而且客户不可能感到满意。在许多情况下,管理层最终会因为员工造成的明显绩效损失而对员工进行严厉的批评,殊不知,绩效损失的始作俑者根本就是员工与客户之间未能达成一致的情绪特征。要想协调二者之间的情绪特征,企业可以针对特定客户的细分"需求"和特定员工的角色来分别创建客户需求档案和员工需求档案。协调员工与客户的关键在于,首先,企业要重视客户所期望的最终情绪状态是什么;其次,企业要聘用那些真正有能力创造这种最终状态的员工。需求档案的范围大大超出了关于职位和任务的常规工作描述。如果在核心招聘过程中,客户与员工的情绪已经达成一致,那么客户和员工的满意度以及员工的效率和绩效都会有所提高。

4. 员工情绪与工作的匹配

每个工作职位都需要特定的感情倾向。例如,如果企业必须聘用真正关爱人的员工来执行某一客户接触的任务,那么所选定的人员必须真正具备内在的关爱品质,这一点至关重要。否则,企业和员工都无法达到满意。在某些情况下,即便是最有效的员工选拔工作也无法发现客户的情绪需求与员工的情绪倾向之间存在的不一致性。因此,企业必须了解各种工作的感情需求,这样,员工才可以在尚未背负失败的"污名"之前被安排到一个更加符合其情绪倾向的岗位上。自由轮换员工岗位的企业可以创造出最大程度减少"污名"的环境。几乎所有的员工都希望具备胜任职位的能力,而只有情绪达成一致,员工才能最大限度地胜任工作。例如,在新成立的互联网企业中,最重要的是聘用忍耐力很强的员工来处理模糊点。如果企业不重视这一情绪特征,那么公司和新员工都将归于失败。

5. 员工工作兴趣

如果员工做的是自己喜欢的事情,那么客户就会喜欢他们的服务,而且企业也会盈利,这是一种隐藏的收益。员工业绩突出,是因为他们喜欢自己的工作,而不是为了报酬。如果员工看中的是报酬,而不是工作本身,那么他们可能选错了职位。报酬是企业完整有效地满足客户需求的成果。

6. 员工的性格类型与人际沟通技能

聘用员工的首要考虑因素是人际沟通技能和性格类型,其次才是技术知识、技能和经验。大多数情况下,员工通过企业培训很容易就掌握相关工作的技术知识和技能,而员工的人际沟通能力是同不断地积累形成,却绝非短时间的培训所能培养出来的。所以,大多数企业在聘用客户接触人员时应该将人际沟通技能作为该职位的首要先决条件,并且负责就招聘职位的技术知识为员工提供充分的培训。在很多情况下,与技术知识丰富但人际互动技能匮乏的员工相比,具备高度人际沟通技能但掌握少量技术知识的员工往往会取得数倍于前者的成就。

7. "喜欢人"的人喜欢人

"喜欢人"的人喜欢人(客户)("People" People like People),同时,客户也更有可能喜欢喜欢人的人。真正喜欢人性互动的员工日益受到重视和欢迎。那些有意识和能力友好对待客户的人员成了各大企业竞相争夺的对象。企业的员工选拔过程应该将乐观开朗的性格和易于接近客户、友好、善于沟通的能力纳入其中,并将其看做是求职者的主要特征。

即使是天生羞怯的员工，如果他们是"喜欢人的人"，换句话说，喜欢与人交往，并帮助别人，那么他们也可以工作得很出色。员工帮助客户的愿望应该是与生俱来的，因为这一愿望是优质服务的基础。只要"喜欢人"的员工就任岗位，企业的人性化文化就会变得更有效，并且能更好地抵御对手的竞争。因为产品和服务的所有其他特性都能很快地被模仿。

8. 态度的意义

态度端正的员工更易于通过学习来获得丰富的经验。消极的态度往往会限制员工对自身丰富经验的充分利用。DLM（Dorothy Lane Market）的主席兼执行总裁（CEO）诺曼·梅尼（Norman Mayne）在聘用员工时，更看重应聘者的态度，而不是"经验"。他一向拒绝聘用那些从竞争对手的培训中获得专业知识的人员。他倾向于根据应聘者的态度来聘用员工，然后再为他们提供 DLM 关于专业产品和客户服务类型的专门知识。诺曼评价道："有经验的人员往往将不良的习惯和继承来的文化带给 DLM，而这些东西往往与我们所信奉的价值相背离。"

企业在招聘员工除了员工本身知识水平外，更为看重员工的态度和性格特征。或者说一个优秀的饭店员工除了过硬的知识和技能水平，还应具有人性友善、同情心和诚实三个重要的性格特征。因为具备这三个性格特征很容易取得宾客的信任，以及为宾客提供良好的服务。

任务二　员工工作积极性的激励

一、激励的基本概念

所谓激励，就是组织通过设计适当的外部奖酬形式和工作环境，以一定的行为规范和惩罚性措施，借助信息沟通来激发、引导、保持和规范组织成员的行为，以有效地实现组织及其成员个人目标的系统活动。这一定义包含以下几方面的内容：

（1）激励的出发点是满足组织成员的各种需要，即通过系统的设计，适当的外部奖酬形式和工作环境，来满足企业员工的外在性需要和内在性需要。

（2）科学的激励工作需要奖励和惩罚并举，既要对员工表现出来的符合企业期望的行为进行奖励，又要对不符合企业期望的行为进行惩罚。

（3）激励贯穿于企业员工工作的全过程，包括对员工个人需要的了解、个性的把握、行为过程的控制和行为结果的评价等。因此，激励工作需要耐心。赫兹伯格说，如何激励员工：锲而不舍。

（4）信息沟通贯穿于激励工作的始末，从激励制度的宣传、企业员工个人的了解，到对员工行为过程的控制和对员工行为结果的评价等都依赖一定的信息沟通。企业组织中信息沟通是否通畅，是否及时、准确、全面，直接影响着激励制度的运用结果和激励工作的成本。

（5）激励的最终目的是在实现组织预期目标的同时，也能让组织成员实现其个人目标，即达到组织目标和员工个人目标在客观上的统一。

二、激励的基本原则

1. 在激励机制中，设置目标是一个关键环节

目标设置必须同时体现组织目标和员工需要的要求。

2. 物质激励和精神激励相结合的原则

物质激励是基础，精神激励是根本。在两者结合的基础上，逐步过渡到以精神激励为主。

3. 引导性原则

外激励措施只有转化为被激励者的自觉意愿，才能取得激励效果。因此，引导性原则是激励过程的内在要求。

4. 合理性原则

激励的合理性原则包括两层含义：其一，激励的措施要适度。要根据所实现目标本身的价值大小确定适当的激励量；其二，奖惩要公平。

5. 明确性原则

激励的明确原则包括三层含义：其一，明确，激励的目的是需要做什么和必须怎么做；其二，公开，特别是分配奖金等大量员工关注的问题时，更为重要。其三，直观，实施物质奖励和精神奖励时都需要直观地表达它们的指标，总结和授予奖励和惩罚的方式。直观性与激励影响的心理效应成正比。

6. 时效性原则

要把握激励的时机，"雪中送炭"和"雨后送伞"的效果是不一样的。激励越及时，越有利于将人们的激情推向高潮，使其创造力连续有效地发挥出来。

7. 正激励与负激励相结合的原则

所谓正激励就是对员工符合组织目标的期望行为进行奖励。所谓负激励就是对员工违背组织目的的非期望行为进行惩罚。正负激励都是必要而有效的，不仅作用于当事人，而且会间接地影响周围其他人。

8. 按需激励原则

激励的起点是满足员工的需要，但员工的需要因人而异、因时而异，并且只有满足最迫切需要（主导需要）的措施，其效价才高，其激励强度才大。因此，领导者必须深入地进行调查研究，不断了解员工需要层次和需要结构的变化趋势，有针对性地采取激励措施，才能收到实效。

三、激励的作用

对一个企业来说，科学的激励制度至少具有以下几个方面的作用：

（1）吸引优秀的人才到企业来。在发达国家的许多企业中，特别是那些竞争力强、实力雄厚的企业，通过各种优惠政策、丰厚的福利待遇、快捷的晋升途径来吸引企业需要的人才。

(2) 开发员工的潜在能力，促进在职员工充分发挥其才能和智慧。

(3) 留住优秀人才。德鲁克（Druker）认为，每一个组织都需要三个方面的绩效，即直接的成果、价值的实现和未来的人力发展。缺少任何一方面的绩效，组织注定非垮不可。因此，每一位管理者都必须在这三个方面均有贡献。在三方面的贡献中，对"未来的人力发展"的贡献就来自激励工作。

相关阅读13-3

> 美国哈佛大学的威廉·詹姆斯（W. James）教授在对员工激励的研究中发现，按时计酬的分配制度仅能让员工发挥20%～30%的能力，如果收到充分激励的话，员工的能力可以发挥出80%～90%，两种情况之间60%的差距就是有效激励的结果。管理学家的研究表明，员工的工作绩效时员工能力和受激励程度的函数，即绩效＝F（能力×激励）。如果把激励制度对员工创造性、革新精神和主动提高自身素质的意愿的影响考虑进去的话，激励对工作绩效的影响就更大了。

(4) 造就良好的竞争环境。科学的激励制度包含有一种竞争精神，它的运行能够创造出一种良性的竞争环境，进而形成良性的竞争机制。在具有竞争性的环境中，组织成员就会收到环境的压力，这种压力将转变为员工努力工作的动力。正如麦格雷戈（Douglas MMc Gregor）所说的："个人与个人之间的竞争，才是激励的主要来源之一。"在这里，员工工作的动力和积极性成了激励工作的间接结果。

四、激励的类型

不同的激励类型对行为过程会产生程度不同的影响，所以激励类型的选择是做好激励工作的一项先决条件。

1. 物质激励与精神激励

虽然二者的目标是一致的，但是它们的作用对象却是不同的。前者作用于人的生理方面，是对人物质需要的满足，后者作用于人的心理方面，是对人精神需要的满足。随着人们物质生活水平的不断提高，人们对精神与情感的需求越来越迫切。比如期望得到爱、尊重、认可、赞美和理解等。

2. 正激励与负激励

所谓正激励就是当一个人的行为符合组织的需要时，通过奖赏的方式来鼓励这种行为，以达到持续和发扬这种行为的目的。所谓负激励就是当一个人的行为不符合组织的需要时，通过制裁的方式来抑制这种行为，以达到减少或消除这种行为的目的。正激励与负激励作为激励的两种不同类型，在于二者的取向相反。但目的都是要对人的行为进行强化。不同的是，正激励起正强化的作用，是对行为的肯定；负激励起负强化的作用，是对行为的否定。

3. 内激励与外激励

所谓内激励是指由内酬引发的、源自于工作人员内心的激励；所谓外激励是指由外酬引发

的、与工作任务本身无直接关系的激励。内酬是指工作任务本身的刺激，即在工作进行过程中所获得的满足感，它与工作任务是同步的，包括：追求成长、锻炼自己、获得认可、自我实现、乐在其中等。内酬所引发的内激励，会产生一种持久性的作用。

外酬是指工作任务完成之后或在工作场所以外所获得的满足感，它与工作任务不是同步的。如果一项又脏又累、谁都不愿干的工作有一个人干了，那可能是因为完成这项任务，将会得到一定的外酬——奖金及其他额外补贴，一旦外酬消失，他的积极性可能就不存了。所以，由外酬引发的外激励是难以持久的。

五、六类员工绩效激励

每一个员工都属于某一种特定的类型，都拥有自己的独特的价值观念与奋斗目标。因此，优秀的管理者必须熟悉员工的类型、了解员工的需求、切实掌握不同的激励技巧。

1. 独立思考型：给予相对的自主权力

独立思考型员工属于那种"希望自由选择并决定工作"的人。不管是受雇于他人还是自己创业，这类人都希望独立组织自己的工作。他们不看重规章制度，不愿在办公室里呆得太久。他们喜欢以自己的方式去行动，厌恶在别人的管束下工作。

2. 生活设计型：提供弹性的工作时空

生活设计型员工信奉的格言是："工作是为了更好地生活。"生活设计型员工希望拥有弹性的工作时空，希望能理想地平衡工作与家庭的关系。他们往往通过努力工作来获取报酬，以便获得足够的时间与财力去享受或安排自己的生活。

3. 个体发展型：创造理想的锻炼机会

个体发展型员工的格言是："我因学习而快乐。"个体发展型员工在选择自己的工作时，往往以能否锻炼提高自己为重要指标。毫无疑问，这些人并不是天生的冒险家。但是，如果工作能提供锻炼提高的机会，他们就有可能采取冒险行动。

4. 雄心勃勃型：增加相应的工作责任

雄心勃勃型员工的格言是："我要不断超越并愿付出相应代价。"雄心勃勃型员工最关心的是自己的地位、特权、发展机会。当他们不得不沿着阶梯缓慢前进时，有可能同时转到另一领域来增加自己所承担的责任，以此来获得满足感。

5. 返璞归真型：调整个人的奋斗目标

返璞归真型员工的格言是："我就是我，我要成为我自己。"返璞归真型员工不愿放弃自己的个性，也不愿为了遵从规则而失去放飞个性的机会。他们富有创造力，但当管理者要求他们必须服从众多的规章时，就会发现他们很难管理。

6. 团队合作型：营造融洽的合作气氛

团队合作型员工的格言是："我需要与人合作，我是团队中的一员。"团队合作型员工对团队有一种特别的忠诚。对他们来说，与团队的其他成员晚上出去喝杯啤酒将是令人惬意的事。他们认为，与人合作是工作中最重要的一部分。

任务三 企业心理资本的培育

一、心理资本的内涵

路桑斯（Luthans）于 2004 年提出了心理资本（Psychological Capital Appreciation，简称：PCA）的概念，即心理资本是个体在成长和发展过程中表现出来的一种积极心理状态或心理能力。其具体表现为：在面对充满挑战性的工作时，有信心并能付出必要的努力来获得成功（自信）；对现在和未来的成功有积极的归因（希望）；对目标锲而不舍，为取得成功在必要时能调整实现目标的途径（乐观）；当身处逆境被问题困扰时，能够持之以恒，迅速复原并超越障碍取得成功（坚韧性）。简言之，心理资本的构成要素主要包括自信或自我效能感（confidence、self-efficacy）、希望（hope）、乐观（optimism）和韧性（resilience）四个方面。此外，路桑斯教授认为未来心理资本还应包括：感恩和宽恕、情绪智力等。根据他的研究可知，心理资本有如下特点：一是属于积极心理学范畴，强调个人的力量和积极性，而不是纠错，反映员工的优点而不是缺点。二是不同于人力资本与社会资本，而是位于两者之上。人力资本体现的是"你知道什么？即员工所受的教育及其知识技能"；社会资本是指"你认识谁？即员工拥有的关系网络和人脉"；而心理资本关注的是"你是谁？你想成为什么？"，意指"从现实之我向可能之我的转变"，关注的重点是个体的心理状态。三是具有投资和收益特性，可以通过特定方式进行投资与开发，将其潜力挖掘出来，进而使饭店获得竞争优势。可见，心理资本超越了人力资本和社会资本，是饭店最稀缺、最有价值、最无法替代和复制的核心资源。因此，心理资本的开发具有极其重要的人力资源管理战略意义。

二、饭店员工心理资本的作用

传统的饭店培训开发大多注重基于岗位需求的知识和业务技能，而忽视了心理资本的相关内容，这往往会引发两种不良后果。

其一，忽视了"感恩"等心理资本开发的员工，一旦接受了所在饭店仅限于知识和技能的培训，获得了人力资本投资后，常常会为了个人的前程，轻易地与所在饭店解除劳动合同而另栖高枝，给饭店造成损失。所以现在的饭店，特别是有些高新技术饭店，在对新招的大学生进行业务能力的培训时，往往会在培训结束后与员工约定服务期限和违约赔偿等，以防止"为他人做嫁衣"情况的出现。

其二，局限于业务知识和技能开发而仅仅解决的是"能干"问题，但没能解决员工的工作动力（即"愿干"）问题。美国学者通过调查发现：按时计酬的职工每天只需发挥 20%～30%的能力，就足以保住个人的饭碗。但若充分调动起员工的积极性、创造性，其潜力可发挥出80%～90%。美国组织行为学家路桑斯教授认为，要在未来全球性的"市场空间"中，如何通过"人"来赢得独特的竞争优势，其答案就是：投资和开发心理资本。路桑斯等人的分组实验与效用分析也同样证明，心理资本的增加能给企业带来效益优势。比如，一个中型企业心理资

本提升2%，每年能给饭店带来1千多万美元的收益，可见，增加心理资本为内容的饭店培训开发势在必行。

相关阅读13-4

投资心理资本有什么回报？

从物质资本、货币资本到人力资本都曾为社会经济发展创造奇迹。

今天，心理资本的提出标志着资本新时代的到来，作为人本开发与管理之源，其回报值将不可估量。

——董克用（中国人民大学公共管理学院院长，中国人力资源管理教学与实践研究会会长）

与人力资本和社会资本一样，心理资本也具有投资和收益特征，也可以通过特定方式进行投资与开发，将其潜力挖掘出来。

从个体层面来说，心理资本是促进个体成长与绩效提升的重要因素；从组织层面来说，心理资本能够帮助企业获取竞争优势。

国外有研究通过效用分析发现，企业心理资本每增加2%投入，平均每年就可能给公司带来20%以上的收入增长。

三、开发心理资本的方法

1. 自我效能感（自信心）的开发

自我效能感也称自我效能信念，是由美国著名心理学家班杜拉提出，也是成功心理学研究的重要心理变量。所谓自我效能信念，是指相信自己具有组织和执行能达到特定成就能力的信念。班杜拉认为，在动因的各种机制中，没有一种比个人效能信念更处于核心地位、更具普遍意义。一个人除非相信自己能通过自己的行动产生所期待的效果，否则他很少具备行动的动机。因而，效能信念是行动的重要基础，人们使用个人效能信念指引自己的生活。自我效能信念开发的具体操作方法为：

第一，让员工寻找和回忆以往拥有的刻骨铭心的成功经验，最好是本职工作岗位上所取得的。如果该员工从来没有这样的经验，可以设定具体的工作或生活情境，比如设定有一定难度、觉得不可能完成的、可衡量的任务目标，让员工去尝试，或者通过诸如"信任背摔"、"高空抓杠"等拓展项目为员工创造成功的心理体验。这是形成自我效能信念最有力的潜在因素。

第二，寻找替代经验。即让每一位员工去寻找一位工作或生活中的榜样，不断复制榜样的思想和行为。最好是选取本企业的英雄模范作为学习的榜样。选取的"榜样"与所要开发心理资本的员工个体的成长经历越相似，对员工自我效能形成过程的影响就会越大。

第三，营造能够有利于培养自我效能的生态环境，包括在企业内部成立学习型组织、与成功者交朋友、拜访成功者等。这有利于自我效能的产生和强化。

第四，生理和心理唤醒。让员工每天坚持运动，保持良好的生理状态，这样有助于人的心理健康；每天上班前集体高声诵读企业、团队或个人使命宣言，或其他中外格言，如《洛克菲勒信条》就是很好的选择。这样经过从生理到心理的唤醒，能增强员工的自信心。比如在松下，员工每天都要朗诵"松下七精神"，唱社歌。松下电器公司上上下下能够同心团结、统一步伐，就得益于这些社训、社歌的熏陶。

2. 希望与乐观的开发

美国心理学家里克·斯奈德认为，希望是在成功的动因（指向目标的能量水平）与路径（实现目标的计划）交叉所产生体验的基础上，形成的一种积极的动机状态。换言之，希望的内涵是一种认知或"思考"状态，在这种状态中，个体能够设定现实而又有挑战性的目标和希望，然后通过自我引导的决心、能量和内控的知觉来达到这些目的。而乐观则是指预期未来会发生积极事情的心理倾向。

现行企业员工管理中面临的最大挑战是：员工的工作热情随着时间的推移逐渐消退，缺少自动自发、积极主动的工作动因。"希望与乐观"的开发，可以采取如下做法：

首先，依据心理学的需求动机理论，对员工进行蕴含希望和乐观的卓越心智模式的开发、修炼和完善。例如，根据动机的"唤醒理论"，即唤醒员工对职业和工作的新认知，消除如"上班就是替老板打工"，"工作只是找个好饭碗"等职场认知黑箱。人们往往过分注重"外职业生涯"，如职位晋升、薪酬多少，而忽视"内职业生涯"，即个体自身内在的品格、知识能力的不断提升。与此同时，可根据有关动机的"自我决定理论"，塑造员工的"卓越心智"以增强员工的自我激励能力。其内在意旨是：职业生涯发展的关键是自我主宰，而不是由环境主导。在工作中无论遇到多么糟糕的领导、下属、抑或企业体制，都应该做自身职场命运的主宰者，而不能成为环境的奴隶。员工由此对自己未来的职业发展持乐观态度，并充满希望。

其次，采用生动有效的操作方法进行开发：一是可采用一些寓言故事如"水煮青蛙"、"谁动了你的奶酪"、"瓶子中的跳蚤"、"被铁链拴住的大象"等启发个体改变旧的思想观念，激活员工勇于"突破自我设限"的动机，设定新的工作目标。工作目标的设定务必可行且有弹性，员工亲自参与制定而不是组织硬性的规定，此外还须设立奖励机制。二是可以通过一些拓展训练项目和做一些能转变人的观念的游戏如"插苹果"等，帮助员工开发"希望"和"乐观"的心理资本。三是对员工进行归因方式的训练以增强人的乐观精神。乐观归因训练的核心思想是学会重新解释和面对过去的失败、错误和挫折。可以以小组为单位，让成员列举自认为失败或遭挫的几个事件，并列出对失败的归因。然后在教练的启发下让小组其他成员帮助个体转变归因风格，即把导致挫败事件归因于自身的、持久性和普遍性的消极归因，转换为外部的、暂时性的与情境有关的积极归因。如此多次反复训练，当员工建立了积极的归因模式后，就能有力地增强其对外部环境的控制力，从而变得乐观向上。

3. 韧性的开发

心理学的"韧性"，也称"弹性（resilience）"。人的生命具有主动应对、调节和适应外部压力的心理能力，不同于生物体受外力后仅仅表现为被动恢复的属性。美国心理学会把韧性定义为：个人面对生活逆境、创伤、悲剧、威胁或其他生活重大压力时的良好适应与应对。心理韧性具有以下三种心理能力：克服逆境、化解危机的能力，耐受压力、良好适应的能力，从创伤中复原的能力。心理韧性的开发可以参考如下操作方法：

第一，采用免疫保护机制，即启动个体过去成功的学习、工作经验。可利用企业、社会及

亲朋好友提供的各种辅助资源帮助个体渡过难关，包括提供物质以及心理上的帮助。现行企业中的EAP员工支持计划就是一种很好的保护机制。

第二，运用NLP法（神经语言程式）事先向员工输入各种积极信念、命题以开发韧性，如"万物皆有恩典"，以此告诉员工把"挫败"当成"机会"；"祸兮福之所倚，福兮祸之所伏"、"每一项错误都是一个累积最后成果的事件"，以此让员工明白辩证思维的重要性。"看山不是山"以此告诉员工肉眼与心眼看世界的不同，要将"肉眼"看世界的生理反应转化为"心眼"看世界的心理反应，等等。从而使员工形成一种积极的应对危机的心理反应认知模式，及时转化消极的观念，如将一时的"失败"视为"反馈"，将"挫折"视为"韧性投资"，将工作中遭遇的"困难压力"视为难得的一次"挑战和成长的机会"。最终使个体在面对困境时有效地化解危机并增强韧性。

第三，极限压力磨练法，即给员工设定超于常规的目标和任务，并告知其明确的奖惩措施，进而激发员工沉睡的意志力和创造力。因为一般人在日常生活状态下都有惰性，完全依靠个体的自我激励是非常有限的，特定时候就需要来自外部压力的"逼迫"。众多奥运冠军的诞生无不是教练高强度、超极限的强制训练的结果。有些企业绩效考核中"末位淘汰制"的运用，就是一种磨练员工开发"职业韧性"心理资本的有效举措。职业韧性不是天然生成的，而是在实际工作和生活中"炼"出来的。当员工在遭遇困境时能够坦然面对，并且具有习惯性的"坚持、坚毅"的耐受力时，个体和组织的心理资本就会有极大的提升。

4. 感恩和宽恕的开发

感恩是指当人们获得一种其所期盼的结果，并把它归因于他人的帮助、努力或赐予时，心中油然而生并体验到的一种感激与喜悦之情。宽恕是处理生活中消极方面的一种积极方法。宽恕是对自己、他人、情境因素和事件中感知到的缺陷、弱点、消极行为的原谅和宽容。把感恩和宽恕结合起来，有助于人们增加心理资本。感恩和宽恕的开发可以参考如下方法：

第一，提高员工对感恩和宽恕的理性认知水平。要让员工认识到，感恩和宽恕是一枚硬币的两面。感恩是拥有高心理资本和职场成功人士的重要特征。宽容大度者昌，心胸狭隘者亡。当员工对自我和他人错误的行为进行了积极的评价，并把它看作是吸取重要教训的机会时，宽恕会得到进一步的发展，并为感恩所用。同样，随着宽恕的不断增加，员工对他人的感恩也会加强。在企业组织中，领导对员工的感恩和宽恕之情不仅能改善绩效，而且能使员工表现出更多的组织公民行为，减少故意破坏、工作压力和工作倦怠的发生率。同样，员工对组织的感恩和宽恕不仅能提高工作的积极主动性，而且能增强对组织的忠诚度，减少离职率。感恩宽恕与怨恨报复的不同反应机理如下：

（1）"感恩宽恕"反应机理：个体组织遇到异己之力→感恩宽恕、以德报怨→自我反思、获得经验→消极力量减少→个体与组织螺旋上升，如此循环，个人和组织不断发展（价值递增）。

（2）"怨恨报复"反应机理：个体组织遇到异己之力→怨恨对抗→遭反击→更大报复、更大打击，如此循环，个人和组织走向衰亡（价值递减）。

第二，通过体验式培训，如利用"感恩节"、"父（母）亲节"、"员工生日Party"等开展感恩培训活动，均是很好地开发感恩宽恕心理资本的好方法。

第三，通过经典的感恩和宽恕的历史和现实故事，并结合体验式团队培训活动进行开发。

例如,"齐桓公拜死敌管仲为相"的故事就有很强的开发意义。齐桓公是我国春秋时期五霸之首。他之所以能成就霸业,贤相管仲起到关键作用,但管仲却是曾经一箭差点儿射死齐桓公的死敌。齐桓公抓住管仲后,原本恨不得吃他的肉、喝他的血,报一箭之仇。但为了寻求霸业,加上管仲的雄才大略,齐桓公不仅原谅了他,还择了一个节日亲自迎接管仲进宫,虚心请教,并拜他为相。这个故事足以印证了宽恕与包容的价值。

项目小结

——核心概念

员工招聘、企业文化、激励、心理资本

——重要提示

本项目主要介绍饭店员工心理与行为的组织管理的相关知识。理解饭店员工应具备的相关素质,了解员工与企业、工作相匹配的知识,从而知道员工与企业之间的依赖关系。以此,来提高员工自身素质来提高服务水平,体现企业文化。并且,加强企业对员工的培养和关心,来刺激员工的服务水平。

综合能力训练

基本训练

一、复习与思考

1. 什么是员工招聘?
2. 员工招聘的程序是什么?原则是什么?
3. 企业文化是什么?
4. 什么是激励?激励的原则是什么?激励的作用是什么?
5. 什么是心理资本?心理资本开发的方法是什么?

二、案例分析

实习生的问题

装饰典雅的某酒店宴会厅灯火辉煌,一席高档宴会正在有条不紊地进行着,只见身着黑色制服的服务员们轻盈穿行在餐桌之间。正当客人准备祝酒时,一位服务员不小心失手打翻了酒杯,酒水洒在了客人身上。"对不起、对不起。"这边歉声未落,只听那边"哗啦"一声,又一位服务员摔破了酒杯,顿时客人的脸上露出了愠色。这时,宴会厅的经理走上前向客人道歉后解释说:"这些服务员是实习生……"顿时客人的脸色由愠色变成了愤怒……第二天客人将投诉电话打到了饭店领导的办公室,愤然表示他们请的一位重要客人对酒店的服务很不满意。

请同学对本案例进行分析?现场督导人员和实习生的问题在哪?

技能训练

1. 结合自己的专业学习和书上的有关内容，以小组为单位，研讨如何做到员工与企业文化的匹配。
2. 结合自己的专业学习和书上的有关内容，以小组为单位，研讨员工心理资本开发的方法。

拓展学习

文化始于有效的领导

沃尔玛极具人性的文化源自山姆·沃尔顿。自创建第一天起，沃尔玛的基本理念就从未发生过变化。只是在1996年，始终与山姆·沃尔顿并肩作战的汤姆·柯林斯对沃尔玛的五项客户承诺进行了轻微地调整。

山姆·沃尔顿哲学理念的一个优秀典范是，3个承诺即尊重员工、服务客户和优秀运作的企业文化。沃尔玛的主要文化战略是确保所有员工共同负责实施文化战略的任一部分。这3个承诺的基础是，"客户是企业最重要的方面"。这些承诺是每天体现在具体行动中的"信念"。

第一个信念是"尊重个人"，沃尔玛的每家商店每天都在实践这一信念。

"员工起决定作用"，这并不是一句空洞的口号，这是沃尔玛的真实状况。我们是一群敬业的、努力工作的、为创造出非凡的业绩而团结在一起的普通人。我们的背景截然不同，有不同的肤色、不同的信仰，但是我们确实相信每一个人都应得到尊重。

——堂·索德奎斯特（DON Sonerquist）
［沃尔玛连锁店公司的高级副总裁（已退休）］

沃尔玛对员工表示尊重的一个独特方法是将员工及其家人的画像印在沃尔玛的商品印刷广告上。这一做法引发了员工无比的自豪感，承认了员工对企业的重要性，并且，通过一种非常公开的方式来承认员工，以体现企业对这些员工的尊重。

第二个信念"服务客户"，是指沃尔玛所建立的双重信任，即始终如一地交付最有效的价值（高质低价的产品）和尽可能好的人性化服务。这两项承诺背后所隐藏的信念是："如果没有客户，我们（沃尔玛）什么都不是"。

沃尔玛的文化始终强调客户服务的重要性。沃尔玛连锁店所在的社区各不相同，因而我们在全国范围内的员工基础也随之多样化。因此，我们可以为每一位走进商店的客户提供预期的客户服务。

——汤姆·考哥林（Tom Coughin）
（沃尔玛连锁店分支机构的总裁兼CEO）

第三个信念是"力争优秀"，它体现出员工应不断努力寻找新的、革命性的方法以为客户实现优秀的价值和人性化服务。

山姆从不满足于产品拥有客户要求的低价格和高品质——在"力争优秀"这一信念还没有流行时，他就对此坚信不疑。

——李·斯科特（Lee Scott）
（沃尔玛公司总裁兼CEO；资料来源：沃尔玛网站）

项目十四

群体中的沟通、宣传及其他社会性行为

学习目标

知识目标：1. 了解群体、沟通、宣传的有关概念。
2. 熟悉群体中的现象及规律。
3. 掌握沟通、宣传的规律。
4. 掌握群体中从众行为、服从行为及众从行为的相关规律。

能力目标：在活动策划中能够利用群体的规律使活动达到比较好的效果。

情感目标：对群体中的一些现象感兴趣，能够在生活和工作中有意识地观察团队中的这些现象，并尝试应用。

项目导图

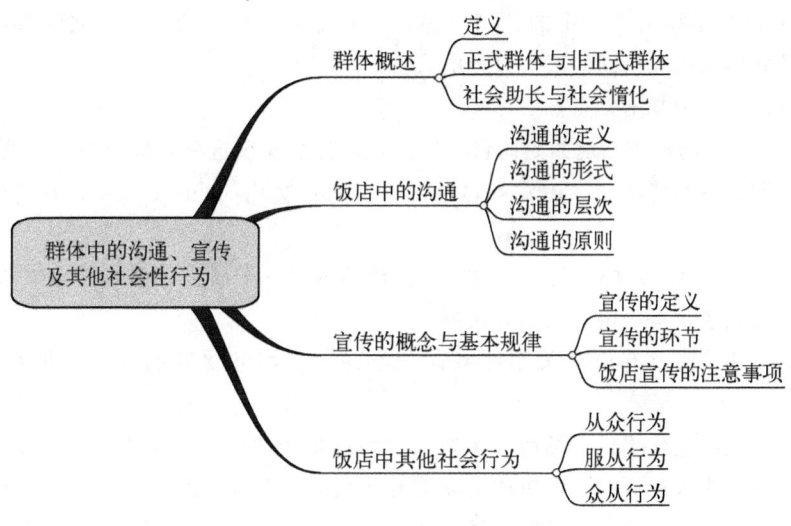

案例导入

许多酒店都提倡客人在住宿期间重复使用毛巾。有实验证明，酒店的提示语会影响饭店宾客重复使用毛巾的概率。

在饭店客房里放了两类标志，其中一个标志是大多数饭店都用的，它的出发点是呼吁客人保护环境，参与环保运动以表达对大自然的崇敬之情。另一个标志则利用了从众心理的影响，它直接告诉客人这样的信息：饭店大多数客人住宿期间至少重复使用过一次毛巾。这些标志被随意摆放在酒店不同房间内。对结果进行分析时，我们发现，当得知多数客人都重复使用过毛巾时，人们重复使用毛巾的概率较通过环保标语高了26%。

这些研究的结果告诉我们，从众心理在说服他人方面的力量不可小觑。当然，用什么方式向他人传达信息对增强说服力也有影响。听众对这样的话反响应该不会太好，"嘿，就是你！快加入我们吧。"一句组织得更为理想的话，如"加入到广大群众中来吧，让我们共同保护环境"能收到更好的效果。

1. 什么是群体？群体对个人行为有什么影响？
2. 在消费活动中有哪些社会行为？服务人员如何利用这些社会行为引导消费？

任务一　群体概述

一、群体定义

群体（group）是指为了一定的共同目标，以一定方式相结合，彼此之间存在相互作用，心理上存在共同感和相互认同的两人以上的人群。

群体具有以下三个基本特点：

（1）群体成员之间具有一定的共同目标。并且，为了实现这一目标，群体通常会制定一系列的规范。长期存在的群体往往还发展起自己特定的亚文化（subculture），有自己的价值观、态度倾向与行动方式。

（2）群体是组织化的人群，具有一定结构。群体内每一个成员，都在群体中占据一定的位置，执行一定的角色，有一定的权利和义务。

（3）群体成员心理上有依存关系和共同感，并存在相互之间的认同、相互作用与相互影响。

群体既为人的社会化提供了场所和手段，又为满足个体各种社会需要提供了条件和保障。群体对消费者有非常大的影响。群体成员在接触和互动过程中，通过心理和行为的相互影响与学习，会产生一些共同的信念、态度和规范，他们会对消费者产生潜移默化的影响。例如用餐的规则、不同的风俗习惯等。

二、群体中的正式群体与非正式群体

社会心理学家梅奥（E. Mayo）20世纪早些时候在霍桑实验中发现，人们的生产率一方面受到有明显表面结构的正式群体的影响，另一方面也受制于缺乏表面结构的非正式群体。由

此，梅奥将具有正式社会结构，其成员有明确地位与社会角色分化，并有相应权利和义务规范的群体称做正式群体（formal group）。而将彼此之间以情感联系作为纽带而联结成的人群称做非正式群体（informal group）。这类群体通常是自发形成的，没有明确的社会角色分化和权利、义务规定。

如果说人们对于正式群体的选择和参与是基于理性思考，是通过参与正式群体来参与社会，明确自己的社会立足点和社会同一性，那么人们对于非正式群体的选择和参与，则主要基于自己情感上的好恶，是通过参与非正式群体来满足自己的情感需要。从个人与社会联系的意义上说，对非正式群体的参与，为人们参与正式群体提供了更多的背景支持。

三、社会助长与社会惰化

1. 社会助长及其原理

社会助长也称社会助长作用，指由个人对他人的意识（包括他人在场或与别人一起活动）所带来的行为效率的提高。与社会助长相反，如果他人在场或与他人一起活动，造成了行为效率的下降，就称为社会阻抑或社会干扰作用。

有研究结果揭示，他人在场或与别人一起工作会带来社会助长租用，但随着任务难度的增加，社会助长作用会逐渐下降，甚至最终逆转为社会干扰。

社会心理学家扎琼克和弗里德曼认为，社会助长产生的原因，在于群体背景增加了人们的内驱力。人们在社会化的过程中，已经学会了将社会情境作为竞争情境看待，在有他人出现的社会情境中，人们会有意无意地感到由社会比较引发的竞争压力，从而使人们行为的内在动力加强。

对于社会干扰机制现象，弗里德曼等人对此解释为：在有些复杂性质的思维工作中，群体背景之所以造成社会干扰作用，是因为他人的存在和由此造成的种种影响，会导致注意力不集中。而对于复杂思维任务的完成，集中注意力显然是一重要条件。

一种特殊的社会助长现象——性别助长。性别助长指对于性意识发展成熟的人，异性有高于同性的特别行为促进作用。有的研究则表明，女性明显比男性更容易得到男性的帮助。"男女搭配，干活不累"，这也可以从另一角度反映出性别助长作用在日常生活中的普遍存在。印象管理是性别助长作用的主要心理机制，并由此引起不同条件下不同特征的男女行为者行为由于异性在场而出现行为朝向，有利于自身形象的增强和抑制效应。

2. 社会惰化的概念及原理

社会惰化也称社会惰化作用，指群体共同完成某一任务时，个人所付出的努力会比单独完成时减少的现象。心理学家们在研究中发现，随着共同完成一件事情的人数增加，每个人所作的个人努力程度也会逐步下降。达谢尔曾经用实验的方法测量在拔河比赛中每个人的用力水平，结果发现：如果个体独自参加实验，那么平均拉力可达630牛顿；但如果是群体一起参与，则参加人数越多，每个人所贡献的平均拉力也越小。在达谢尔的实验中，两人一起拔河时，人均拉力下降到590牛顿；3人时继续下降到533牛顿；8人时仅剩310牛顿。

社会心理学家提出了许多不同的理论，来解释社会惰化出现的原因。如，出现社会惰化的原因是个人被评价焦虑减弱，使个人在群体中的行为责任意识下降，行为动力也相应降低；群

体中的成员认为自己的努力只是群体的一部分，而不愿意付出较大努力等。

在以下几种情境下，倾向于较少出现社会惰化：

（1）将群体中成员的工作明确化，从而让每个人都必须为自己的工作负责。

（2）增强群体的凝聚力，群体有鼓励个人投入的"团队精神"。

（3）群体成员之间关系密切。

（4）个体相信群体中其他成员也像自己一样努力。

（5）让成员相信自己在完成工作任务中起到的作用是无可替代的。

（6）以群体整体成功为目标进行激励引导。

（7）工作本身具有挑战性、号召性或能有效激发个体的卷入水平。

任务二　饭店中的沟通

一、沟通的定义

沟通或称交流是人与人之间交换意见、观点、情况或感情的过程，是将一系列信息从一个人传递到另一个人的双向过程。沟通的结果不但双方互相影响，而且双方还能建立起一定的关系。

沟通包括五个基本因素：沟通的背景、信息发出者、信息内容、信息接受者、信息反馈过程。

（1）信息：指要沟通的内容等。

（2）信息发出者：是沟通过程中的主动因素。

（3）信息的传递：指信息发出者将要传递的内容，通过一定途径，将信息传递给接受者。

（4）信息接受者：是接受信息的对象。

（5）信息反馈过程：收到信息后作出的反应。

二、沟通的形式

沟通的形式有语言性沟通和非语言性沟通两种形式。

（1）语言性沟通：又有书面语言和口头语言等不同形式。口头语言沟通在旅游服务交往中应用较为广泛；书面语言沟通在旅游者与旅游企业之间主要用于资料的宣传。

（2）非语言性沟通：是运用身体运动、姿势、表情、眼神和触觉等进行的沟通。它可以是有意识的或无意识的。非语言性沟通的主要目的是表达感情，维持自我形象，验证语言信息的准确性，调节互动，维持服务与消费的关系。

非语言性沟通主要有以下几种形式：

（1）体语：通过人体运动所表达的信息，如面部表情、步态、手势等。

（2）空间效应：对人们交流时的空间和距离的理解和应用。个体沟通交流时的空间和距离影响个体的自我暴露程度及舒适感。人们交往过程中应用的距离主要可分为四种：

① 亲密距离：人们能互相触摸的距离，用于安慰、爱抚等活动时。

② 个人距离：约一臂长的距离。文化不同的人群交流时的个人距离差异显著。与亲密朋

友交流，护士对病人解释治疗护理操作、进行护患沟通时常用此距离。

③ 社会距离：用于工作单位或社会活动时，一般指在旅游服务时的距离。

④ 公众距离：用于上课、讲演等活动时。

(3) 反应时间：反应时间的快慢可反应出对交流的认真和关注程度。

(4) 环境因素：影响人们传递信息和舒适程度的因素，如光线、噪音、室温等。

三、沟通的层次

沟通有四种层次，随着相互信任程度的增加，层次逐渐升高。

(1) 一般性交谈：是指在社交中一般应酬话。如"你好"、"今天天气真好"之类的语言。

(2) 陈述事实：是报告客观的事实，没有参与个人意见或涉及人与人之间的关系。

(3) 交流意见和感情：在此层次上一般双方都已建立了信任，能自然表达出自己的想法和对各种事物的看法。

(4) 沟通的高峰：是一种短暂的、完全一致的感觉，只有在第三层次时偶尔自发地达到高峰。

在旅游服务沟通中不要强求达到最高层次，只要双方在舒适的情况下沟通，就可达到良好效果。

四、饭店中的沟通原则

在饭店中沟通，通常有组织内的沟通和饭店与消费者的沟通。组织内的沟通主要包括部门与部门的沟通、员工与员工的沟通，上级与下级的沟通等，这些沟通将在管理学有详细讲解。在本项目里我们主要讨论饭店服务者与消费者的沟通。在饭店服务中，要做好与消费者的沟通，就要处理好沟通中的两个重点："听"与"说"。

（一）倾听注意的四个原则

(1) 尊重别人的讲话。你尊重别人的同时，你并不会失去什么，反而会赢得尊重。你不尊重别人，当然也不能赢得别人的尊重。尊重别人的讲话需注意以下3个方面：保持目光的接触；不随意打断对方的谈话；集中注意力听，不做不相关的事情。

(2) 换位思考。不光是沟通过程中，在考虑到任何涉及人的问题时，都要注意换位思考，这也是我们反复强调的一点。因为倾听不只是听谈话的表面内容，还需要从更深层次上领会其内涵，从饭店消费者的角度去看待问题，考虑他所要表达的观点是什么？说话者需要的是什么？他想要解决什么问题或达到什么目标？

(3) 激励。在倾听过程中，要运用积极的身体语言做出反馈，激发别人讲话的兴趣，尽量使其将真实的观点表达出来。丰富的面部表情、热情的态度、积极的响应都能表达对谈话者深层的欣赏和赞同，激发其讲话的兴趣，而不是机械式的点头。

(4) 对别人的讲话不要急于下结论，必要时可以复述宾客的话以确认自己的理解是否正确。

（二）表达时语言运用原则

饭店服务工作大多数通过面对面的人际沟通得以实现。因此，饭店服务人员首先应掌握人际沟通的基本技巧，尤其应掌握人际沟通的语言技巧。

1. 灵活多变原则

长期以来，中国饭店的服务人员被人戏称为人云亦云的"鹦鹉"，此"雅号"的来源就在于服务人员在日常的沟通中缺乏一定的应变能力，表现在语言上就是千篇一律的重复和雷同。大凡有一定消费经验的客人都有同样的体会，即饭店的服务人中似乎只会说几句简单的"请"、"谢谢"、"欢迎光临"、"对不起"、"不好意思"、"您好"等单调的语言，远远没有体现出中国语言所具有的博大精深、诙谐幽默的全部内涵。这种贫乏的语言交流，轻则影响饭店的服务效果，重则引起客人投诉，严重破坏客人的消费情趣和满意程度。因此，在人际沟通中，应本着灵活多变的原则，巧妙运用不同的语言强化沟通效果。

2. 文明礼貌原则

文明礼貌原则即在人际沟通过程中，应学会使用各种文明礼貌用语，应做到以诚相待，以体现自身的修养，表示对沟通对象的尊重。

3. 规范（优雅）幽默原则

在人际沟通中首先应遵守国内国际公认或法定的语言及其具体的语音、文字、词汇等标准，逻辑严密，能体现语言应有的结构美。在沟通中应掌握幽默的分寸，注意区分幽默和讽刺的区别，前者采用一种温和、宽容的态度调动沟通情绪，而后者则采用一种尖刻、辛酸的语言阻止沟通的顺利进行。对于初入饭店者而言，要把握好幽默的"度"的确需要一定的文化灵气，但就饭店服务语言比较单调这一事实，饭店应鼓励服务人员多开口、多锻炼、多积累经验、多研讨学习。

4. 实用营销原则

人际沟通的最终目的是促成双方建立良好的关系，为饭店企业的营销服务。为体现这一原则，要求服务人员在进行沟通时，应具备强烈的岗位推销意识，设身处地地从对方的立场进行考虑，需要并适时加以满足，把解决客人的问题和疑惑作为沟通的出发点和归宿点。以总台工作人员而言，可针对不同类型的客人作不同的岗位推销：商务客人向其推销价较高的商务套房；旅游者则需要景色较好，最能俯瞰本地景色的客房；知名人士和高薪人士则可能喜欢豪华套房；而接待犹豫不决的客人时，可能需要你带他们作实地参观；性格内向的客人，需要你提供多样化的选择。值得一提的是，对餐厅的工作人中而言，除了推销菜式点心外，推销酒水也是很重要的。但是许多女性服务人员的酒水知识却少得可怜，并以自己不喝酒而不懂酒作为理由。实际上，酒水利润是饭店餐饮利润的主要来源之一。

5. 综合沟通原则

在人际沟通过程中，除了运用最基本的语言技巧外，还应综合调动其他状态语、类语言、服饰语、花语、物语、人际空间距离等手段，加强沟通效果。

任务三　宣传的概念与基本规律

一、宣传的定义

宣传是运用各种符号传播一定的观念以影响人们的思想和行动的社会行为,是指一种专门为了服务特定议题(议事日程,agenda)的讯息表现手法,这种手法用于企业或产品上时它通常被称为公关或广告。世界旅游组织的有关研究表明,1997年,全球旅游宣传促销预算中,广告占47.1%,促销活动占28.9%,出版占11.5%,公众信息占3.7%,调研占3.5%,其他占5.2%。具体的花费项目重要有:一是旅游广告,如各种出版物、媒体广告以及其他促销材料(小册子、照片、VCD等);二是公共关系,如邀请记者进行熟悉性旅行,撰写新闻报道或专栏文章;三是促销活动,如参加或举办旅游交易会、为旅行商举办熟悉性论坛等;四是公众信息,如直接传达给个人手中的电话信息等。

宣传具有激励、鼓舞、劝服、引导、批判等多种功能。其基本功能是劝服,即通过多种内容和形式,阐明某种观点,使人们相信并跟着行动。

二、宣传的环节

在宣传的过程中,下列各个环节是决定成败的要素。

1. 确立宣传目标

宣传目标即发起宣传者期望给社会和人们带来的某种变化。目标的设置须顾及受众接受的可能性,在理论上、感情上能引起人们的重要感、归属感。

2. 确定相应的受众范围

任何宣传都须确定相应范围的受众。受众的范围,根据宣传的目的和内容确定。通常从四个方面了解受众,追求宣传效益:① 了解受众的切身利益,宣传的内容应与之相符;② 了解受众接受宣传的态度,对赞成、中立、反对甚至带敌意的不同受众,采用不同的宣传方式;③ 了解受众所处的环境,一些对宣传持中立或反对态度的受众,在一定环境的社会压力下容易改变态度;④ 了解受众接受宣传的能力和水平,如阅读能力、理解水平。

3. 选择宣传内容和宣传形式

这种选择须有助于宣传目标的实现。宣传内容的选择通常贯彻现实性和关联性原则,给受众以科学、现实的思想和理论以及具体、生动的事实材料,否则难以达到宣传目的。同时,所选择的思想、理论和事实材料,须和受众的利益、经验及接受能力相关。宣传形式的选择取决于宣传内容和宣传对象,同时要求鲜明性和多样性。鲜明性表现在准确、生动地表达思想观点,多样性则可通过各种新鲜形式重复思想观点,以加深受众的印象与记忆。

4. 选择使用媒介

大众传播媒介是现代最有效的宣传工具。快速传播媒介(广播、电视、报纸)容易影响受众对日常事件的看法,慢速传播媒介(杂志、电影、书籍)容易影响受众的文化和价值观念。

快速传播媒介影响受众更为广泛，选择宣传媒介要注重符合特定受众的要求。在大众传播媒介迅速发展的时代，受众通过选择性注意、选择性理解和选择性记忆来对付严重的"信息超载"现象，因此，要达到宣传目的，必须了解和分析受众在选择传播媒介时会最注重和最易受哪种媒介的影响。

5. 测量宣传效果

宣传活动并非一次性的单向传播过程。因此，调查、测量宣传效果，不断调整宣传的内容、手段和宣传的步骤，分析、排除反宣传的干扰（如误解、曲解），是进行有效宣传的一项重要程序。宣传效果的测量方法，一般流行控制实验法、调查观察法和内容分析法，而以内容分析法的运用为最多。内容分析法强调以客观、系统、定量的方式来描述和分析传播内容，从而推测受众的理解和反应程度。由于这种方法是一种间接的测量手段，所以宣传家们更主张采用调查观察法进行测量，即通过调查，广泛地了解受众生活、信仰、价值观念、选择传播媒介的习惯等，深入现场去观察、记录受众对宣传的反映。

三、饭店宣传的注意事项

随着饭店业市场竞争越来越激烈，利用广告适时适度地宣传自己，已成为饭店业竞争和经营的一个十分重要的手段和内容。作为饭店企业的经营者、广告策划者，必须在全面了解饭店企业状况的前提下，进行科学定位，严密的策划及广告宣传，就会带来意想不到的效果。

1. 饭店广告的定位

饭店业是一个复杂而系统的综合工程，影响饭店经营的因素很多，涉及价位、特色、服务、环境、位置、知晓率等因素。因此在广告宣传定位上，既要综合考虑相关因素，又要充分体现饭店行业的个性及特点，对某些大型饭店而言，需要整体宣传，全面推广；但在大多数饭店来讲，则需要抓住重点，突出特色，以奇取胜。

2. 注重饭店形象的宣传

无论老牌店还是新开业店，不管规模大小，必须注重企业形象的宣传。饭店要想赢得更多的客源，其特色、价位、环境、服务上就必须给消费者留下好的印象和口碑。因此，新企业也好，老字号也罢，要不遗余力地树形象，做宣传，推品牌。

3. 注重特色品牌的宣传

特色经营可以称作饭店企业的灵魂，没有特色的饭店是没有生命力的。每个饭店都有自己的特色和风格，要通过广告宣传让消费者知道你经营些什么，特点、特色在哪，与别人有什么不同。特别是在饭店经营进入精品化、特色化的今天，这样的宣传尤为重要。

4. 注重在饭店文化上做文章

文化是企业的基因，是饭店无形价值的体现，是推动饭店发展进步的原动力。对饭店内部而言，企业文化的建立与弘扬，能促进员工队伍的凝聚力、提升员工的职业自豪感和认同感。对外而言，能够使顾客在消费有形产品的同时，更有深刻的精神体验。因此，饭店文化宣传也要有一个正确的定位，即宣传什么，怎么宣传，弘扬突出什么文化，要根据饭店自身特点，找准切入点，引起大家的兴趣，留下深刻的印象，为弘扬饭店文化，创导绿色消费，打造各具特色的饭店文化品牌做出应有的贡献。

5. 注意在适合自己特点的广告媒体上做宣传

广告不是点缀，不是装饰，它是企业文化的外延，体验的是经营理念的内涵，有什么样的经营主张就做什么样的广告和媒体选择，千万不能随波逐流。当今社会条件下，媒体形式越来越多，报纸、杂志、广播电视、专业媒体、各种户外广告及互联网等使人目不暇接，且各有各的优势。由于饭店消费对象的不同，作广告要根据自身消费群体范围来确定。

任务四 饭店中的其他社会性行为

一、饭店宾客的从众行为

（一）从众的概念与阿希实验

从众（conformity）指个人的观念与行为由于群体的引导或压力，而向与多数人相一致的方向变化的现象。日常生活中的从众，可以表现为在临时的特定情境中对占优势的行为方式的采纳，如助人情境中跟随大家旁观，商场里跟随大家一起购物等；也可以表现为长期性的对占优势的观念与行为方式的接受，如顺应风俗、习惯、传统等，例如开会形成决议时进行举手表决，少数派由于多数人举手的压力而赞成多数人意见。饭店宾客在进行消费决策时，往往存在跟风行为，如大多数人会选择那些著名的饭店等。

20实际50年代社会心理学家阿希（S. E. Asch）设计了一个有关从众的经典实验，考察了影响从众的各种因素。他原先假定，聪明人在可以顺利看到事情真相时不会从众。但事实证明问题不这么简单，聪明人也会说"白谎"，表面上保持与群体或他人一致。

阿希将被试组成7人小组，请他们参加所谓的知觉判断实验。实验的真正目的，是考察群体压力对从众行为的影响。7名被试中，只有编号为第6的被试为真被试，其他均为实验助手。

被试与其他群体成员都围桌子坐下后，实验者依次呈现50套两张一组的卡片。两张卡片中，一张画有一条标准直线，另一张画有三条直线，其中一条同标准线一样长（图14-1）。被试的任务，是在每呈现一套卡片时，判断三条编号依次为1、2、3的比较线中，哪一条与标准线一样长。

实验开始后，头两次比较平静无事，群体的每一个成员都选用同一条比较线。作为第6号（第6个进行判断）的真被试开始觉得知觉判断很容易、很快。在第三组比较时，实验助手们开始按实验安排故意作错误的判断。被试听着这些判断，困惑越来越大。因为他要等到第6个才说自己的

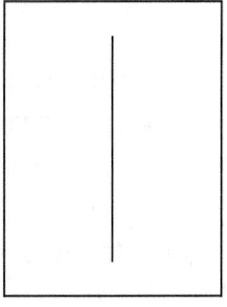
（a）标准线

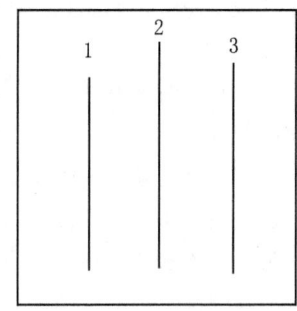
（b）比较线

图14-1 阿希从众实验的图例

看法，必须先听前5个人的判断。结果，他面临一个是相信自己的判断，还是跟随大家一起做错误判断的两难问题。实验结果表明，数十名自己独自判断时正确率超过99%的被试，跟随大家一起做出错误判断的总比率占全部反应的37%，75%的被试至少有一次屈从了群体压力，作了从众的判断。而在一般条件下进行测试（即在不设"全套"的条件下进行单人一组的测试实验），判断错误的则小于1%。

根据外显行为是否从众，及行为与自己内心的判断是否一致，可以将从众行为分为以下三类。

1. 真从众

这种从众不仅在外显行为上与群体保持一致，内心的看法也认同于群体。谢立夫实验中的群体一致便属于这种情况。由于实验情境中没有任何光点移动距离的参照，人们自觉接受了群体的判断，在观点与行为上都与群体保持一致。在阿希实验中，当将卡片线段的差异减小到一定程度时，人们的从众性质也发生了逆转，即由于难于相信自己的判断是否正确，实际上将群体的判断当成了判断的标准。此时已是表内一致的从众。日常生活中一部分个性高度依赖，缺乏作决定能力的人对于群体的跟随，也属于表内一致地从众。与群体相符及真从众是个人与群体理想的关系，它不引起个人心理上的任何冲突。

2. 权宜从众

在有些情况下，个人虽然在行为上保持了与群体的一致，但内心却怀疑群体的选择是错误的，真理在自己心中，只是迫于群体的压力，暂时在行为上保持与群体的一致。这种从众，就是权宜从众。典型的阿希实验中的从众，就是这种类型的从众。因为相关的检查表明，被试实际上可以准确无误地进行正确判断。

在实际生活中，权宜从众是从众的一种主要类型。由于种种利害关系，个人在许多情况下，不管内心看法如何，必须保持行为与群体的一致，否则将由于群体制裁而使个人付出过大的代价。

这类从众由于外显行为同内心观点不相一致，个人处于认知不协调的状态。如果群体压力始终存在，而人们既无法脱离群体，又必须从众时，心理上的调整便趋向于改变个人自身的态度，与群体取得意见上的一致。或者是将自己的行为合理化，找出新的理由，来弥补观点与行为之间的距离，使认识系统实现协调状态。之所以一个人久作一个群体的成员后，最终观点与群体取得了一致，原因正是如此。

3. 不从众

不从众的情况有两类。一类是内心倾向虽与群体一致，但由于某种特殊需要，行动上不能表现出与群体的一致。如在群体由于某种原因而群情激愤时，作为群体的领导者，情感上虽认同于群体，但行动上却需要保持理智，不能用自己的行动鼓励群体的破坏性行动而逞一时之快。这是表内不一致的假不从众情况。

另一类不从众是内心观点与群体不一致，行动上也不从众，这是表内一致的真不从众情况。通常情况，只是在群体对个体缺乏吸引力，因而个人在行动时不需要考虑与群体的一致性时才会出现。

（二）饭店宾客从众的原因

饭店宾客之所以会发生从众行为，是由于群体中其他人的共同行为所产生的压力，这种压力使得旅游者选择和其他人一致的行为。美国多伊奇和格拉德区分了群体的两种不同压力：规划压力和信息压力。

规范压力的产生，在于群体规范对群体成员行为有指引和制约作用。群体规范往往被群体内的大多数成员所接受，反映了大多数成员的态度和意见。如果群体成员的行为符合群体规范，就会受到所属群体的接受和奖励，如果违背群体规范，则相应会受到群体的拒斥和惩罚。群体规范作为一种无形的力量，使得群体成员自觉或者不自觉地保持着大多数人的一致性。饭店宾客在面临饭店消费决策时，对偏离群体的恐惧，使得宾客不得不选择和其他人的一致行为。例如：旅游中，很多消费者选择人多的地方用餐、知名饭店消费等。

信息不足也会导致旅游者不得不以其他人的行为作为参照。虽然旅游者可以通过报纸、电视、网络等媒介获得饭店有关信息，但是，这些信息对宾客而言并不充分。生活经验告诉消费者，在饭店消费过程中，听取他人的意见是非常必要的。如果和其他人的意见一致，宾客就会更加有把握确认自己行为的正确性，这样一来，他人的选择就成了其他宾客行为的参照物。信息量的多少影响着宾客的消费行为，他们掌握的饭店产品与服务的信息量越多，则相应的从众行为就会越少；如果宾客掌握的饭店产品与服务的信息较少，就有可能会更多地采取和大家一致的行为。一般而言，当消费者对一个饭店非常熟悉时，就会不参考其他人的意见而完全按照自己的想法选择消费，以获得最大满足。

（三）影响宾客从众行为的因素

影响宾客从众的因素包括宾客的个人因素和群体因素。

1. 个人因素

不同的宾客者，在从众行为方面存在差异。影响从众行为的个人因素包括个人性别、年龄、社会地位以及个性特征等。

一般认为女性比男性更容易表现出从众行为，如果看到有很多人购买旅游纪念品，相较男性而言，女性更容易动心。

随着年龄的增长，宾客的知识经验逐渐增多，独立性也随之增强，从众行为则相应减少。

旅游者在群体中的地位影响他们的从众行为。宾客在所属群体的地位越低，就会急切希望能够被该群体接纳与喜欢，容易产生对偏离群体的恐惧感，从而倾向于更多地表现出从众行为。如果宾客在群体中的地位较高，就很少担心自己是否被群体所接受，相反为了标新立异，他可能会故意选择与他人不同的消费，以显示自己的与众不同。

消费者的从众行为，与他们个性特征中的智力、自信心、自尊心及社会赞誉需要等关系密切。智力水平较高、自信的消费者较少表现出从众行为。

另外宾客是否具有成功的消费体验及宾客的自我卷入水平也会影响他们的从众行为。

2. 群体因素

宾客的从众行为也受群体因素的影响。

宾客所属群体的规模大小，影响宾客的从众行为。在饭店消费中，消费行为团体人数越多，对个别消费者产生的从众压力也就越大。比如餐饮打包现象，如果打包人数越多，从众打包的人数就越多。

群体的凝聚力也会影响宾客的从众行为。群体凝聚力强，则群体成员拥有更多的共同目标，成员也比较珍视群体的价值，对群体抱有积极的期望，此时个人的选择容易受群体的共同决定所左右；反之，松散的群体，各自为政，矛盾重重，群体对成员很少具有约束力，群体成员之间意见的一致性很低，相应地，群体中个人的从众行为也会大大下降。

宾客的从众行为会受所属群体成员意见一致程度的影响，群体成员意见一致程度高，就更加有可能导致旅游者的从众行为。

此外，人们在日常生活中，非常相信专家学者们的意见，而在消费活动中，也同样如此，宾客更倾向于追随那些在专业领域具有权威的群体。

二、饭店宾客的服从行为

（一）服从行为的概念

服从是指个人依照社会要求、群体规范或者别人的愿望而做出的行为，这种行为是在外界压力的影响下被迫做出的。个人的服从行为是在他人、权威的命令要求下完成的，自己本身并不一定愿意或者并不认同。

在社会生活中，人们可能由于群体规范或权威人物的命令而做出服从行为，但是，并不是在任何场合都会无条件地服从。在饭店消费过程中，消费者所属的群体可能会对他们提出一些要求，使消费者不得不服从。但是，如果群体的要求与宾客的个人需要、兴趣、态度、道德等发生较大冲突时，宾客也会表现出不服从行为。宾客的不服从行为主要有两种形式：其一是抗拒。旅游者面对群体的压力，在行动上拒不采取群体的行为选择，情绪上表现激烈，甚至会和其他人发生争执；其二是消极抵制。当消费者面对不符合自己利益的要求时，对这些要求不愿意执行，但又不愿意直接表达出来，以免引起其他人的反感，这些消费者会采取阳奉阴违的态度，表面上表示服从，但在行为上却是消极抵制。比如自助餐中有的消费者为了躲避因多盛食物而受惩罚，而悄悄把多盛的食物倒掉或带走。

（二）影响饭店宾客服从行为的因素

影响宾客服从行为的主要因素主要包括以下几个：

1. 他人的支持，影响宾客的服从行为

在服从情境中，个人的行为选择和命令者之间存在一定的差异，导致宾客较大的内心冲突。这种内心冲突，迫使宾客需要参照其他人的行为，才能确定自己应该怎样做。如果其他人

服从了命令者的要求，就会对宾客产生服从的压力；如果其他人没有服从命令者的要求，宾客将会将这种拒绝视为支持自己的行为选择。这种支持，会给宾客者以信心和责任，坚定自己行为的看法，从而较少表现出服从行为。

2. 宾客当时的情绪状态，影响他们的服从行为

当一个人心情愉快、精神饱满的时候，更乐于接受他人的意见与建议。相反，当个人境况不佳，心情烦躁的时候，则很难接受他人的意见与建议，固执己见。

3. 宾客的人格特质以及文化背景，影响他们的服从行为

美国学者米尔格拉姆（S. Milgram, 1963）指出：道德发展水平直接影响人们的服从行为。道德发展水平越高，越倾向于安自己的价值观行动，拒绝服从不合理的命令。来自不同文化背景的人，其服从程度也存在差异，如崇尚个人自由、个人主义盛行文化中的个人，较少表现出服从行为。

4. 命令者的权威水平，影响宾客的服从行为

在社会生活中，人的权威来自他的身份、地位、知识、技能、财富等。在宾客的群体活动中，如果命令者具有较高的权威，那么大多数宾客处于对权威人物发自内心的尊敬，或者处于对权威人物可能惩罚的恐惧，即使对那些意见、建议或命令心怀不满，通常也会违心地服从。

（三）让宾客服从饭店服务人员安排的方法

1. 借用他人观点的方法

要让宾客服从饭店服务人员的安排，服务人员可以采取借用他人观点的方法。借用他人观点的方法是希望通过改变他人的观点和态度等来使他人的行为意图或者外在行为发生变化。例如：服务人员对那些大声喧哗影响他人消费行为的消费者，可以指出他的行为影响了其他人的消费，其他宾客对他的行为很生气，通过他人的观点来迫使宾客作出服从行为。

但是，说服的方法对宾客所产生的压力不是万能的，这只能局限于宾客意识到了自己的行为确实危害了他人的利益，而且愿意听取意见，改正自己的错误。

2. "登门槛"方法

"登门槛"方法又称为逐步升级法，是指首先提出一个小的要求，在得到他人的同意后，逐步提高问题的难度，最后达到希望获得的目标。

3. 逐步降级法

逐步降级法与"登门槛"法相反，当希望个人完成某个任务时，先提出一项更大的任务，势必会遭到对方的拒绝，在此基础上降低任务的难度，这时对方往往会接受所提出的要求。

饭店服务人员如果善于使用"登门槛"方法和逐步降级法，就可以有效诱导宾客的服从行为，而且是在不感到他的自由受到侵犯的心理基础上，欣然接受从业者的建议。

三、宾客的众从行为

（一）众从行为概述

在饭店消费过程中，宾客的从众行为和服从行为是十分常见的现象，但是在某些情况下，有些宾客坚持自己的看法，力排众议，反而使得其他宾客接受了自己的观点和看法。这种与从众行为完全相反的行为我们称之为众从行为，即多数人的观点和判断受到群体内少数成员的影响，从而改变自身的观点和看法，并采取和少数人一致的行为。例如：在群体消费决策中，由于某个人提出的备选方案特别出色，其他人纷纷放弃自己的方案，多数人向少数人，甚至向个别人靠拢，产生众从现象。

（二）团队消费中中心人物与众从行为

我们在日常生活中可以观察到，群体中总存在着这样或那样的中心人物，这些人本身可能并没有行政上的职位，但是他们在群体中发挥着领导的作用。在团队消费中就存在这种现象。某些宾客很容易就成为消费团天然的"领导"，他的消费行为与建议为他人接纳并为其他人所效仿。

一般饭店消费中的中心人物具有以下特征：

1. 有丰富的社会经验或者消费经验

有丰富社会经验或者消费经验的宾客往往对饭店产品与服务的信息掌握比较多，当消费团展开讨论时，他们能够提供许多信息，他们会以雄辩和暗示其他宾客"我的建议是十分合理的"，从而导致宾客的众从行为。

2. 意志坚定、情绪稳定

能够成为中心人物的宾客，大都具有一定的生活阅历，在日常生活中就表现出较强的领导能力，在遇到困难时能够冷静处理。

3. 较强的人际交往能力，性格外向

一般中心人物的宾客具有良好的社会交往能力，能够很好地和消费团体中其他人沟通。他们大都交游较广，几乎和消费团体中所有成员都有交往。他们交游十分丰富的知识储备，兴趣多样，交游一定的亲和力，能让其他宾客乐意接受。他们善于察言观色，了解其他人时细致入微，对其他人的喜怒哀乐较为敏感，在交往方式上灵活多变。

（三）饭店服务人员做好中心人物的工作策略

对于饭店服务人员来说，正确认识中心人物在消费活动过程中的作用是十分必要的。为了使团队消费活动能够顺利进行，饭店服务者要注意做好以下工作：

1. 正确识别出中心人物

饭店服务人员在接待团队消费前有必要对团队成员进行了解，了解团队成员的年龄、职

业、消费经验等；在开始接待宾客时注意观察，观察宾客的性格、与成员的互动、提出建议的可行性等；分析出在消费活动中可能的中心人物，对这些中心人物加以注意。要想正确快速识别出团队中的中心人物，需要饭店服务人员平时在工作中仔细观察，不断总结经验，积累经验。

2. 发挥中心人物的积极作用

中心人物在旅游活动过程中可以发挥积极的作用，帮助饭店服务人员高质量地完成接待服务工作。但是，饭店服务人员如果没有和中心人物沟通好，他们也会发挥消极的作用。饭店服务人员应该主动和中心人物沟通交流，诚恳地就消费过程中出现的问题展开讨论，获得中心人物的理解和配合，使中心人物成为饭店服务人员与消费团队成员的重要沟通桥梁。

3. 树立旅游团队中的中心人物

如果消费团中没有自发产生的中心人物，饭店服务人员需要通过观察和交流，选择出合适的人员作为中心人物。同时，在饭店服务工作中，树立这些被选中的宾客的权威形象，引导他们承担部分饭店服务工作。例如：在餐饮消费活动中，动员他们帮助服务员做好主客沟通的工作，帮助照顾消费团队中需要特别照顾的宾客。

4. 注意中心人物的变换

在有些消费团队中，由于相识不久，彼此了解并不深入，有些宾客因为各种原因脱颖而出，成为中心人物。但是，随着宾客之间了解程度的不断加深，一些更有消费经验、更能代表全体利益的宾客会得到大家的认可，从而取代先前的中心人物，成为新的中心人物。饭店服务人员必须敏锐地观察到这一变换过程，处理好和这些新旧中心人物的关系，充分利用众从行为的原理，做好饭店服务工作。

项目小结

——核心概念

正式群体与非正式群体、社会助长、社会惰化、宣传、沟通、从众行为、服从行为、众从行为

——重要提示

饭店服务人员要将饭店服务信息传达给宾客或潜在宾客，必须经过沟通与宣传。在沟通与宣传过程中饭店服务人员经常面对的是消费群体，因此饭店服务人员必须了解群体、沟通与宣传的特点及规律才能做好饭店服务工作。

综合能力训练

基本训练

一、复习与思考

1. 什么叫社会助长和社会惰化？
2. 饭店在沟通时要注意哪些原则？
3. 饭店在宣传时要注意哪些事项？

4. 如何引导宾客的从众行为？
5. 让宾客服从服务人员安排的方法有哪些？
6. 旅游团队中心人物的作用有哪些？如何做好中心人物的工作？

二、案例分析

旅游群体中的非正式群体

小李接了一个旅游团，刚开始和其他团队也差不多。但过了两天，小李发现有几位客人常常喜欢聚在一起，吃饭的时候喜欢坐在同一桌，等车的时候喜欢在一起聊，拍照的时候也总是相互帮助，慢慢就形成了两派客人。有一次，张先生和胡先生在进电梯的时候相互撞了一下，可他们竟然从一楼吵到十二楼。结果胡先生那一派吃了亏。后来，去游览的时候，胡先生那一派在他们喜欢的地方足足多玩了一个小时，这也意味着让张先生一派客人干等了一个多小时。小李被挨骂了还不算，他还不明白这些人到底怎么了。

问题：
1. 旅游团团员之间的"对砍"是一种什么现象？
2. 饭店服务人员应如何对待？

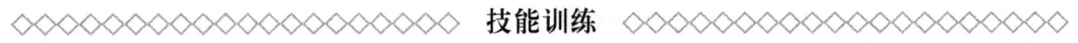 技能训练

请你根据从众现象为酒店策划一起"光盘"活动。

相关信息："光盘行动"开展近一年，浪费粮食的现象仍不在少数，食客的节约意识还需提高。几乎没动筷子的凉皮、带着牙印的大半拉馒头稀里哗啦都倒进了垃圾桶。据央视报道，我国每年浪费掉的粮食总量高达700亿斤，餐桌浪费2 000亿元，全国一年的餐饮浪费就相当于倒掉了2亿人一年的口粮。2013年初网络上曾发起"光盘行动"，号召大家吃光自己盘子中的食物，拒绝浪费；北京市餐饮行业协会等也发出《厉行节约反对浪费倡议书》，全聚德、呷哺呷哺、嘉和一品等10家大型餐饮连锁企业响应，为减少浪费提供半份菜、免费打包等服务。该行动在取得良好开端的同时，更难得是需要"持之以恒"。

📐 拓展学习

喜达屋酒店微信营销案例

喜达屋集团是全球最大的饭店及娱乐休闲集团之一，以其饭店的高档豪华著称。集团的品牌包括喜来登酒店、圣·瑞吉斯酒店、威斯汀酒店、福朋酒店、至尊精选、W饭店（W Hotels）、雅乐轩。现在喜达屋已成为中国最大的五星级和四星级酒店运营商，喜达屋在中国目前已开设了63家酒店，中国成为仅次于美国的喜达屋第二大酒店市场。但在高端酒店竞争日益激烈的大趋势下，喜达屋集团希望通过随视传媒的网络营销经验帮助其提升服务优势口碑。

在传播前，随视对喜达屋酒店进行深入的调查，发现目前酒店用户具有网购习惯移动化的

趋势，于是果断建议喜达屋客户看准商机，利用快速成长的移动客户端微信进行社会化营销。率先提出在微信平台开展真人客户服务，提供及时应答沟通服务，并通过微信，吸引更多高端精英人群关注和加入SPG俱乐部，同时也为其会员提供更加尊享的移动化服务，争取在同类型酒店营销市场占领先机。

喜达屋酒店通过两大阶段实现招募粉丝到口碑分享、优化服务目标，占领了同类型酒店的营销先机。

第一阶段：资源整合，立体招募价值粉丝/会员。

用喜达屋自有资源（酒店内宣传物料、官网、官方微博、百度搜索品牌专区等），以二维码作为导入口，吸引品牌兴趣粉丝；同时借助微信的周边功能覆盖酒店附近高价值用户，成为微信平台第一个同时运用"摇一摇"、"附近的的人"功能的企业。微信用户一旦与SPG俱乐部微信账号建立好友关系，不仅可以收到最新活动信息、酒店优惠、在线预订等服务，还有机会抽奖赢得澳门免费酒店住宿以及参与"欢享之夜"预订酒店赢积分活动。

第二阶段：动静结合，智能维护。

静：内容吸引，口碑分享。贴合SPG会员尊贵身份和阶层品位，软性传递SPG酒店和会员活动，让每一条传递信息做到具有价值性而不是打扰。让微信好友在获得利益信息的同时，不断增强对SPG俱乐部以及喜达屋集团的品牌好感。为了更好地激发SPG好友在微信分享，前期招募期通过澳门免费酒店住宿大奖吸引，刺激和激发粉丝主动分享给自己手机及社交朋友。

动：真人客服。SPG俱乐部官方微信实现与喜达屋强大的客服中心对接，率先实现真人化专业客户服务，让SPG尊享服务始终伴用户身边。

喜达屋酒店实现了微信智能化，是指定制化技术开发及智慧管理数据。包含以下几个方面：

1. 官方会员注册引导：开放官方微信接口，用户通过微信即可注册成为SPG俱乐部会员，让潜在需求在第一时间实现转化。

2. 关键词自动应答：基于微信公众账号的自定义接口开发，实现关键词自动应答信息的菜单式管理设置，实现精准便捷的客服响应，优于现有公众账号后台手动管理。

3. 数据智能化管理：基于微信的消息接口开发，实现客人咨询提问批量导出、好友分组管理等多重数据管理技术，为品牌后续推广提供数据化支持。

从2013年10月中旬开始，运营上线54天，增加微信号好友超20 000人，访问酒店会员活动网站超过60 000人，吸引新注册会员达5 930人，用户微信咨询超过6 000次，共达成1 192份意向订单。并且喜达屋酒店集团成为首家运用微信客服的国际酒店品牌，明显提升了品牌忠诚度、喜好和体验度、参与度。